DEGUSTANDO CERVEJA

TUDO O QUE VOCÊ PRECISA SABER PARA AVALIAR E APRECIAR A BEBIDA

RANDY MOSHER

Tradução: Marcio Caparica

Gerente/Publisher: Luís Américo Tousi Botelho
Coordenação Editorial: Verônica Pirani de Oliveira
Prospecção: Andreza Fernandes dos Passos de Paula, Dolores Crisci Manzano, Paloma Marques Santos
Administrativo: Marina P. Alves
Comercial: Aldair Novais Pereira
Comunicação e Eventos: Tania Mayumi Doyama Natal

Edição de Texto: Margaret Sutherland, Sarah Guare
Produção de Texto: Jennifer Jepson Smith
Direção de Arte: Alethea Morrison
Projeto Gráfico: Dan O. Williams, Alethea Morrison
Fotografias: créditos na página 357
Fotografias da Capa: © Jonathan Levin (foto do autor, no verso); © Mars Vilaubi (frente e verso); © 2000 Visual Language® (lombada)
Infográficos: Randy Mosher; exceto página 212: Dan Williams
Revisão Técnica: Fábio de Faria e Souza Campos
Coordenação de Revisão de Texto: Marcelo Nardeli
Preparação de Texto: Gabriela Lopes Adami
Revisão de Texto: Karen Daikuzono
Editoração Eletrônica: Marcio S. Barreto
Impressão e Acabamento: Gráfica CS

Título original: *Tasting Beer*

Editora Senac São Paulo
Av. Engenheiro Eusébio Stevaux, 823 – Prédio Editora
Jurubatuba – CEP 04696-000 – São Paulo – SP
Tel. (11) 2187-4450
editora@sp.senac.br
https://www.editorasenacsp.com.br

Dados Internacionais de Catalogação na Publicação (CIP)
(Jeane Passos de Souza – CRB 8ª/6189)

Mosher, Randy
Degustando cerveja: tudo o que você precisa saber para avaliar e apreciar a bebida / Randy Mosher; tradução Marcio Caparica. – São Paulo: Editora Senac São Paulo, 2020.

Título original: Tasting beer: an insider's guide to the world's greatest drink.
Glossário
ISBN 978-85-396-3053-0 (impresso/2020)
e-ISBN 978-85-396-3054-7 (ePub/2020)

1. Cerveja 2. Cerveja – História 3. Cerveja – Degustação 4. Cervejas – Processos de fabricação I. Título II. Caparica, Marcio

20-1052t CDD – 641.23
BISAC CKB007000

Índice para catálogo sistemático:
1. Cerveja : Alimentos e bebidas 641.23

SUMÁRIO

NOTA DO EDITOR

No imaginário popular, a cerveja nem sempre tem o mesmo *status* de sofisticação que o vinho, sendo vista muitas vezes como uma bebida mais banal ou pouco complexa. No entanto, nesta obra Randy Mosher nos mostra o quanto esse pré-julgamento é injusto: a história da cerveja é tão antiga quanto a do vinho e a variedade que ela oferece – de estilos, ingredientes, sabores e aromas – desde seu surgimento a tornam uma bebida fascinante e plural, capaz de agradar os gostos mais distintos. Durante a fabricação – seja ela em grande escala, seja artesanal, seja caseira –, cada escolha do cervejeiro pode resultar em uma bebida completamente diferente.

Essa complexidade pode parecer difícil de compreender a princípio, mas ela é explicada de maneira descomplicada pelo autor, cuja linguagem lembra mais uma conversa com o leitor na mesa de bar do que um texto científico – embora não deixe de lado a rigorosidade e a riqueza de detalhes no que diz respeito aos aspectos técnicos.

Dividido em catorze capítulos que passam pelo histórico da bebida, as etapas da produção, os aspectos de uma análise sensorial e os métodos de avaliação, explicando também os principais estilos de cerveja ao redor do globo, o livro conta ainda com um glossário de termos cervejeiros e com um mapa de sabores que complementam o conteúdo e o tornam bastante acessível.

Este lançamento do Senac São Paulo funciona como vários livros em um, fornecendo informações essenciais para quem, movido por um interesse pessoal ou profissional, deseja se iniciar ou se aprofundar no mundo das cervejas.

Este livro é dedicado ao meu pai.
Ele não era muito fã de cerveja, mas desde muito cedo teve a paciência de me ensinar a descobrir as maneiras como tudo no mundo funciona.

AGRADECIMENTOS

Um livro como este só se torna realidade em uma comunidade como a que degusta boa cerveja na América do Norte. Seus criadores e apoiadores são numerosos demais para mencionar aqui – mas vocês sabem quem são.

Com relação aos detalhes específicos, agradeço a Lyn Kruger e Keith Lemcke, do Siebel Institute, por tantas informações técnicas e por permitirem que eu afiasse minhas habilidades e compartilhasse minha história com seus alunos.

Agradeço ao meu editor técnico, Stan Heironymous; à minha esposa, Nancy, pela revisão do texto e por me fazer evitar a voz passiva; e a mais uma porção de pessoas que conferiram parte do livro ou ele todo, como Ed Bronson, Steve Hamburg e Tom Schmidlin. Um grande obrigado a Pat Fahey, da Cicerone, que questionou tudo nesta segunda edição, o que foi incrivelmente útil.

Obrigado a Dick Cantwell, Ken Grossman, Jim Koch, Marty Jones, Mark Linsner, Andy Musser, e Charlie Papazian pelas várias dicas. Agradeço também aos outros membros (além de Ray Daniels e Pat Fahey) de nosso Beer and Food Working Group: Lindsay Barr, *chef* Adam Dulye, Nicole Garneau, PhD, e Julia Herz.

Agradecimentos especiais ao Jonathan Levin pelo retrato.

Ao Ray Daniels, obrigado por suas observações, pela amizade e por me manter honesto.

Também gostaria de agradecer aos meus parceiros e colaboradores nas duas cervejarias perto de casa, 5 Rabbit Cerveceria e Forbidden Root Botanic Beer, por me incluírem em sua jornada.

Outros que ajudaram a fazer o livro levantar voo foram Sam Calagione e minha agente, Clare Pelino, além dos muitos profissionais de primeira na editora Storey Publishing, especialmente Sarah Guare.

Por fim, este livro não teria acontecido sem a comunidade acolhedora e solidária de cervejeiros, profissionais da cerveja e entusiastas do mundo todo. Um brinde a todos!

PREFÁCIO
À SEGUNDA EDIÇÃO

A PRIMEIRA EDIÇÃO DE *DEGUSTANDO CERVEJA* saiu em 2009, um ano depois de eu desenvolver e fundar o programa de certificação Cicerone. Eu logo comecei a recomendar o livro para quem estava em busca de um material capaz de orientar seus estudos para o teste de primeiro nível do programa, a categoria Certified Beer Server.*

Ao longo dos anos, a conexão entre o Cicerone e a obra continuou, tanto que há quem pense que Randy e eu nos organizamos para criar um texto que serviria às necessidades do programa. Não é o caso. Na verdade, é uma coincidência fortuita o fato de que nossas trajetórias pelo mundo da cerveja nos levaram a criar contribuições complementares, mais ou menos ao mesmo tempo. O Cicerone desafia os profissionais da cerveja a aprender sobre essa bebida e sua cultura; *Degustando cerveja* responde às questões apresentadas por todos os alunos de cervejaria e, no processo, oferece um texto excelente para ajudar nesse aprendizado.

Esta segunda edição do livro expande o seu conteúdo, cobrindo alguns tópicos essenciais que vão além do primeiro nível na jornada do Cicerone, como os sistemas de chope. Além disso, acredito que o entendimento integrado sobre a cerveja que essa edição apresenta serviria àqueles que estão estudando para os exames de qualquer nível do programa. As conexões e percepções que o livro oferece o ajudarão a organizar e integrar todos os detalhes aprendidos de uma variedade de fontes, transformando-os em uma compreensão mais sólida e cheia de nuances acerca da cerveja.

Mas a obra vai muito além do mero conhecimento teórico: sua organização e apresentação sinalizam as décadas que Randy passou *refletindo* sobre a cerveja. O espectro amplo e aprofundado de seus estudos levou-o a encontrar respostas para questões jamais pensadas por quem tem uma visão muito restrita. O resultado é que ele possui – e demonstra – uma compreensão incomum do universo da cerveja como um todo.

Melhor ainda: dada a profundidade de sua exploração e o volume imenso de conhecimento que ele apresenta, seria de se esperar que seu texto fosse pesado e laborioso. Mas também não é o caso – pelo contrário, Randy escreve com uma voz mais casual, porém acurada. O texto resultante não poderia ser mais fácil de ler. E sua longa experiência profissional em apresentar informações de forma gráfica convertem-se em uma variedade de ilustrações que esclarecem o assunto de maneiras que as palavras por si só jamais seriam capazes.

A verdadeira magia do trabalho de Randy vem de suas "sacadas", de seu conhecimento de longa data sobre como os muitos fatos a respeito da cerveja se conectam de maneiras complexas e variadas para criar essa coisa viva e pulsante que nós capturamos com a mera palavra "cerveja". Se você deseja aprender mais sobre a degustação de forma teórica ou se simplesmente quer acumular um entendimento básico sobre cerveja, este livro vai satisfazer sua sede de maneira memorável e prazerosa.

— Ray Daniels
Fundador e diretor do
Cicerone Certification Program

* "Servidor de cerveja certificado", em tradução livre. (N. E.)

PREFÁCIO
À PRIMEIRA EDIÇÃO

Quando conheci Randy Mosher, ele estava vindo em minha direção com um martelo nas mãos e um sorriso maníaco no rosto. Estávamos no Chicago's Real Ale Festival, em 1998, e ele estava ajudando a preparar barris da verdadeira cerveja Ale – não filtrada, não pasteurizada e naturalmente carbonatada – para servir. Seu entusiasmo era contagiante, tão vivaz quanto as cervejas armazenadas naqueles barris. Vim a conhecer melhor o Randy nos últimos cinco anos, trabalhando a seu lado no conselho administrativo da Brewers Association.* Ele mereceu seu posto como representante da American Homebrewers Association,* mas com o tempo ficou evidente que sua perspectiva, seu conhecimento e sua paixão abrangiam todo o mundo dos amantes e produtores de cerveja: entusiastas, amadores, profissionais e além.

Randy é um verdadeiro "evangelizador" da cerveja – neste livro, e em todos os aspectos de sua vida regada a cerveja, ele "salva as almas" de caneco em caneco. *Degustando cerveja* associa a experiência de escolher e de beber a cerveja com a quantidade exata de informações técnicas e científicas necessárias para explicar os eventos – mas não a ponto de fazer os novatos no assunto se sentirem oprimidos. Randy não prega aqui suas preferências pessoais. Ele celebra o fato de que o paladar de cada um é único.

Esta obra é como uma coleção de vários livros excelentes reunidos em um: a história da cerveja, a ciência de sua fabricação, as disciplinas da degustação e da avaliação, a ampla gama de estilos de cerveja, as combinações da cerveja com a comida, a terminologia cervejeira – está tudo aqui. Trata-se de um "canecão" repleto de conhecimento, que Randy preenche até transbordar. Espero que *Degustando cerveja* encontre seu lugar entre profissionais assim como entre os entusiastas da bebida. Não consigo pensar em ferramenta melhor para cervejeiros, bartenders, conhecedores, *chefs*, vendedores e todos aqueles no comércio que queiram aprimorar seu QI em cerveja.

Apesar de a história da cerveja ser tão antiga quanto a do vinho, e do fato de que há mais estilos e sabores de cerveja que os de vinho, ela ainda é considerada uma bebida de menor complexidade por muitos especialistas em comida e bebida. Com sua obra, Randy ajuda a dissipar esse mito. Grande parte da cerveja vendida ao redor do mundo é uma variação sutil do estilo Lager leve, mas Randy aponta que séculos antes da *Reinheitsgebot*, as cervejas já eram feitas com ingredientes tão diversos como mel, murta, cranberry e coentro. As cervejarias artesanais de hoje revigoraram essa antiga tradição usando especiarias, ervas, açúcares, frutas e muito mais. Randy dedica a mesma atenção para cada uma das diversas e entusiasmantes cervejas que os apreciadores estão descobrindo, desde os tipos excêntricos e exóticos aos estilos mais populares e clássicos.

Conforme a cultura internacional da cerveja evolui, os cervejeiros por trás dessas bebidas artesanais tão empolgantes estão alcançando um crescimento e um reconhecimento desproporcionais em relação àqueles dos produtores industriais e dos conglomerados de cerveja leve. Depois de ler esse livro, é fácil entender por quê. A cultura cervejeira é tremendamente diversa, notável e cheia de nuances. Como escreve Randy, "como qualquer obra de arte, a cerveja requer um contexto adequado para ser verdadeiramente cativante". E *Degustando cerveja* nos oferece contexto de sobra. Encha a cara com a leitura sobre a bebida (para adultos) mais amada e registrada do mundo. Saúde!

— Sam Calagione

Proprietário da cervejaria artesanal Dogfish Head e autor do livro *Brewing Up a Business*

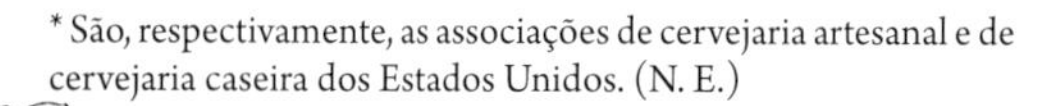

* São, respectivamente, as associações de cervejaria artesanal e de cervejaria caseira dos Estados Unidos. (N. E.)

INTRODUÇÃO

Ao LER ESTAS PALAVRAS, preste atenção no copo cheio de cerveja em suas mãos. Olhe bem de perto. Estude a rica coloração e a leve viscosidade desse líquido. Observe a maneira como a luz dança sobre os realces; veja as bolhas se formarem e subirem preguiçosamente através da cerveja, somando-se à espuma cremosa do topo, silenciosa e pacífica como a neve.

Leve o copo aos lábios, mas, primeiramente, faça uma pausa para inalar e ponderar sobre o aroma. Sorva a fundação de malte, que talvez lembre o sabor do pão, do caramelo ou de algo torrado; o contraponto verde-vivo do lúpulo; e talvez o turbilhão de especiarias e frutas, terra e madeira. Esses aromas são capazes de fazer neurônios dispararem nos recantos felizes esquecidos em sua memória, uma experiência tão poderosa quanto qualquer outra forma de arte.

Finalmente, sinta o gosto. A cerveja inunda a boca, gelada e cortante ou quente e saborosa. Observe as primeiras tonalidades de sabor e o matiz acre da carbonatação. Conforme a cerveja se aquece dentro da boca, ela exala uma nova rodada de sabores e sensações: doçura maltada, lúpulos herbais, um toque de queimado – todos compondo uma gradação agridoce. Não é um sabor único; é uma experiência cinemática, em constante evolução, que se desenrola conforme se bebe. Uma exalação suave presenteia o nariz com uma nova camada de perfume de cerveja. Esses prazeres vêm sendo saboreados há milênios.

Se você é capaz de ler o significado nessas sensações, toda a história da fabricação e seu longo processo se revelam naquela cerveja, desde os campos dourados de cevada até a cervejaria repleta de vapores e o trabalho incessante do primeiro micro-organismo domesticado – a levedura.

O grande final chega como um sabor residual que desaparece lentamente, com traços duradouros de resina, queimado ou mel, concluindo talvez com uma sensação gentil e acalentadora de álcool na garganta. O copo vazio, agora esgotado, veste apenas um pouco de espuma, sem qualquer modéstia...

BEM-VINDO À CERVEJA

EU GOSTARIA QUE A EXPERIÊNCIA DE tomar cerveja sempre fosse assim tão emocionante – e quando ela é boa, pode ser mesmo. Mas, verdade seja dita, nem sempre damos à cerveja a atenção que ela merece, e quem mais perde com isso somos nós mesmos. Como qualquer outro aspecto de uma vida vivida conscientemente, degustar cerveja da melhor forma possível, isto é, aproveitando tudo o que ela tem a oferecer, requer instrução, experiência e uma mentalidade adequada.

Isso não significa que aprender a compreender melhor e a apreciar a cerveja seja um trabalho duro – na verdade, é uma das coisas mais prazerosas que se pode fazer. Mas, para obter o máximo dessa bebida, você vai ter de se esforçar um pouco. Este livro apresenta a experiência da cerveja em toda a sua glória, de maneira lógica e sistemática. A cerveja pode ser humilde, mas não é simples.

Ela é feita em quase todos os lugares onde crescem grãos – com exceção, ironicamente, de sua terra natal no Oriente Médio. Ela atravessa toda uma gama que vai do sagrado ao profano, tendo participado, com igual fervor, de mistérios religiosos ancestrais e de farras juvenis debochadas. Seja por seu papel nutricional essencial e como fonte segura de água, seja como um luxo inacessível, há uma cerveja para satisfazer qualquer necessidade ou capricho. Ela pode ser colhida com foices, fabricada em barris e bebida por meio de juncos, ou conjurada com o pressionar de um botão em cervejarias automatizadas da era espacial. Ela pode ser uma mercadoria industrial sem rosto ou uma criação artística tão estimada e hipnotizante quanto o vinho mais requintado. Clara ou escura, forte ou fraca, gasosa ou choca, engarrafada ou na pressão, a cerveja adaptou-se fluidamente para se apresentar em todos os papéis para os quais foi convocada – e o faz com extraordinária elegância. Ela é a bebida universal.

Mesmo assim, e apesar de seu currículo impressionante, é surpreendente como as pessoas não sabem quase nada a seu respeito. Mesmo os conceitos mais básicos são incertos: "o que é cerveja?", "do que ela é feita?", "por que a cerveja escura é escura?"... Se permanecermos desinformados, possivelmente ficaremos aprisionados em nosso próprio mundo cervejeiro limitado, sem jamais saber dos deleites que estamos perdendo – como qual cerveja pode ser perfeita para um sanduíche de churrasco, ou quando é aceitável mandar uma cerveja ruim de volta ao fornecedor. Com um pouco de informação, esse extraordinário universo é aberto para nós.

A cerveja é um assunto complicado, mais difícil de compreender do que o vinho em termos do que realmente está no copo. Ela pode ser feita a partir de dúzias de ingredientes, processada de centenas de formas diferentes. O cervejeiro constrói uma receita que vai gerar um produto de acordo com sua visão. Cada leva requer uma sucessão de escolhas, as quais podem ser percebidas ao degustar, quando se entende do processo. Os diversos estilos não são pontos de chegada fixos, e sim margens difusas, que se transformam com o passar das gerações, cada qual com seu passado, presente e futuro. Finalmente, o que não falta é informação errada – *muita* informação errada.

"O azeite do malte e os sumos do néctar jovial
Tornaram minha musa mais valente que Heitor."
– Richard Brathwaite, *Barnabae Itinerarium* (1638)

As dimensões da cerveja

De forma concisa e visual, esse livro pretende introduzi-lo ao vasto mundo da cerveja, dando as ferramentas para compreendê-la e, mais importante, apreciá-la.

A cerveja tem uma história que precede a civilização, e, de maneira particular, ela nos moldou tanto quanto nós a moldamos. Nossa relação complexa com essa bebida é a chave para compreender seus variados papéis na sociedade, e isso, por sua vez, ajuda a dar sentido à riqueza de cores, intensidades e sabores que formam a família da cerveja.

A cerveja é democrática: ela não depende dos terrenos mais caros ou de designações geográficas limitadas. As várias escolhas feitas pelo malteador e pelo cervejeiro criam aromas, sabores, texturas e cores, transformando alguns recursos simples em obras de arte requintadas. Qualquer pessoa com habilidade, paixão e criatividade pode aprender a fazer grandes cervejas. Para o apreciador, cada relance, cada lufada reveladora e gole deliberado de cerveja são como um olhar para dentro da alma do homem ou da mulher que a fabricou. Essa dependência de um ser humano – e não de um toque celestial – é um dos maiores deleites da cerveja.

"Um rabo de saia faz com que os homens
As palavras pelas espadas troquem
E, discutindo, ponham fim à
farra animada
Enquanto barris de cerveja saborosa
Põem fim às conversas desastrosas
E costumam transformar a
birra em gargalhada."

— trecho de *In Praise of Ale (1888), uma coleção de antigas poesias inglesas sobre a cerveja. Autor desconhecido.**

* "Elogio à cerveja", em tradução livre. (N. E.)

Como um fã apaixonado da cerveja, você pode ser convocado para compartilhar esses encantos com outras pessoas. Assim como tantas coisas, aqui a apresentação é metade do negócio. Não se trata de trapaça: uma grande cerveja servida no copo perfeito, na temperatura exata e no melhor ambiente deve sempre ser a meta. Qualquer coisa abaixo disso prejudica tanto o apreciador como o cervejeiro.

Ao fim deste livro, e com bastante prática por conta própria, você estará no caminho de compreender todos os aspectos que se unem para formar a maravilha que é uma cerveja bem feita e degustada com prazer.

A comunidade da cerveja

Gemütlichkeit é uma palavra alemã que significa aconchego, geralmente usada para descrever aquela atmosfera feliz e acolhedora dos bares decorados com móveis de madeira rústica e animais empalhados, que se encontra em lugares como o estado de Wisconsin, nos Estados Unidos. É uma palavra incrível, porque tem uma conotação mais ampla e mais importante: estou falando daquele senso natural de comunidade, no qual as pessoas em um certo ambiente decidem deixar as diferenças e suspeitas de lado e conscientemente se esforçam para serem amigáveis. Os tchecos, os alemães, os russos e os dinamarqueses têm conceitos similares em suas línguas, mas nós temos que pegar emprestada a expressão alemã.

Sem dúvida há algo especial quanto à cerveja. Repare na alegria que mal pode ser contida naquelas pinturas de Bruegel em que os camponeses bebem cerveja e dançam, apesar de suas vidas difíceis e desafiadoras. A civilização e a civilidade prosperam onde houver cerveja. A cerveja une as pessoas em um mesmo patamar há milênios.

O mercado da cerveja compartilha boa parte dessa mesma camaradagem. Em uma era na qual os competidores de um mesmo negócio abominam-se como se fossem rivais na Guerra Fria, é difícil encontrar esse tipo de antipatia entre os cervejeiros. O pessoal do marketing pode se enfrentar em briga de foice, enquanto os cervejeiros costumam

***Peasant dance*, por Pieter Bruegel, o Velho (1568).**
Há milênios, a cerveja atua como um elemento que mantém a trama da sociedade unida. Neste quadro, os camponeses do século XVI festejam.

ser amigos. Talvez seja apenas a satisfação de ser membro de um clube de pessoas que sabem com certeza que o que fazem da vida torna muitas pessoas felizes.

A cerveja hoje em dia

A situação está se tornando cada vez mais interessante para a boa cerveja. Os estilos clássicos continuam significativos, mas quem está realmente fazendo acontecer são os cervejeiros criativos que querem de qualquer maneira elevar sua arte e desenvolver suas reputações, encorajados por seus fãs, sempre em busca do próximo grande achado. Por todas as partes, os cervejeiros procuram maneiras de tornar suas criações mais únicas, incorporando ingredientes locais e atitudes culturais ao seu produto final, muitas vezes de maneira arrebatadora. Há cervejarias especializadas em cervejas selvagens, espontâneas e envelhecidas em madeira; cervejas botânicas culinárias e produzidas com ingredientes locais; cervejas fabricadas em fazendas; cervejas etnocêntricas; cervejas em cask (barril típico inglês); Session Beers de baixo teor alcóolico; cervejas históricas perdidas, e muito mais.

Apesar de haver vários exemplos de sutileza, a maioria das cervejas artesanais é forte, às vezes até agressiva – um antídoto para tantas bebidas insípidas e sem personalidade que existem por aí. As grandes tradições cervejeiras da Grã-Bretanha, da Alemanha e da Bélgica podem ser colocadas em prática com atenção reverente à autenticidade, ou podem ser consideradas como meros pontos de partida.

Há uma corrida armamentista em curso. Do uso massivo de lúpulo à "imperialização" de todo estilo imaginável, os cervejeiros artesanais estão carregando no sabor. No topo estão as cervejas de alta densidade (supergravity),* que atualmente alcançam até 27% de teor alcoólico, nível que quase se equipara ao do vinho do Porto e está próximo de alguns destilados. Algumas, como a Samuel Adams Utopias, são vendidas por mais de 200 dólares – preços estratosféricos para o mundo das cervejas, mas uma pechincha para os padrões exigentes do mundo dos destilados exóticos. Ao mesmo tempo, nunca houve um interesse maior por Session Beers, que trazem em si muito sabor com baixa densidade.

Na Inglaterra, a Real Ale, que um dia já foi a bebida nacional, tornou-se uma cerveja especial, e os pubs estão sendo abandonados de forma alarmante por questões de preço, das restrições para dirigir embriagado, entre outros fatores. As clássicas cervejas belgas que nós tanto amamos representam apenas 15% de seu mercado local. A Alemanha ama suas cervejas, e com razão, mas, quando se considera a mesmice de grande parte delas, fica claro que a área está pronta para ser conquistada. Pode-se dizer o mesmo da República Tcheca. Mas, em todas essas capitais sagradas da cerveja, uma nova geração de cervejeiros está rompendo tradições engessadas, buscando fazer com que suas cervejas locais se tornem novamente mais significativas, inovadoras e empolgantes – chegando muitas vezes a abandonar totalmente as velhas receitas.

Cada vez mais o passado inspira o futuro. Muitos estilos obscuros estão sendo revividos: basta observar a explosão, nos Estados Unidos, das cervejas Gose, picantes e salgadas, assim como de outras cervejas do norte da Alemanha consideradas "fora da lei". Jogadas na caçamba de lixo pelo "maquinário moderno" no início do século XX, esses estilos, junto de outros considerados antiquados, estão sendo bem recebidos por cervejeiros e apreciadores ávidos em virtude de suas misturas irresistíveis de autenticidade e criatividade.

Seja qual for a realidade histórica das cervejas Farmhouse (ou "de fazenda", isto é, cervejas rurais feitas com os ingredientes da região), essa noção tem um charme todo especial em nosso mundo industrializado de hoje. Por consequência, os cervejeiros estão traduzindo esse conceito por meio de cervejas fáceis de beber e cheias de personalidade, muitas vezes fabricadas com toques rústicos como carvalho e micro-organismos selvagens, trazendo muita profundidade a essas criações que, de outra forma, seriam simples.

O lúpulo, que há até pouco tempo ameaçava subjugar a tudo em um oceano de amargor esverdeado, agora está retornando à sua posição correta como apenas *uma* das maneiras de se fazer uma cerveja deliciosa e característica. No entanto, o lúpulo continua tão popular que o tipo India Pale Ale (ou IPA) desdobrou-se em todo um leque de

* Cervejas produzidas a partir de um mosto com alta concentração de açúcar. (N. E.)

Sam Adams Utopias em repouso.
Os barris são outra tecnologia antiquada que estão retornando por motivos de sabor.

Cones de *Sitka spruce*.
O lúpulo pode ser a principal maneira de conferir sabor, mas a cerveja continua sendo um produto botânico. Sementes como essas ainda são utilizadas no Alasca, remetendo às cervejas dos primeiros exploradores.

variações – clara, vermelha, preta, de centeio, belga, Brett e Session; assim como as India Pale Lagers.

Ao mesmo tempo, muitos cervejeiros artesanais querem ir além do lúpulo, ao procurar fabricar algo significativo utilizando alimentos e tradições de bebidas locais, além de plantas nativas. Do Alasca até a Austrália, há um interesse enorme em se criar cervejas que incorporem os ingredientes locais, como estróbilos de *Sitka spruce* (espécie de árvore conífera), wattleseeds da Austrália tostadas (sementes comestíveis de plantas australianas), madeira de imburana, figo-do-diabo, doce de leite, arroz vermelho, castanhas, figos, alecrim-do-norte, cupuaçu, absinto (a planta) e sabugueiro. É uma aventura emocionante.

Fruit Beers (cervejas com frutas) finalmente se tornaram algo sério: alguns cervejeiros estão criando cervejas com um impacto frutado mais ou menos nas linhas dos vinhos mais refinados. O açúcar também saiu do armário, e os cervejeiros estão usando suas variantes mais exóticas – como o piloncillo, a rapadura e o candi sugar – para suavizar o corpo e aumentar a drinkability (isto é, a "facilidade de beber") das cervejas mais fortes. Cervejas feitas de trigo, de centeio, de trigo-sarraceno e outras bases multiplicam-se. As de estilo Pumpkin Ale, feitas com abóbora, são populares na época do Halloween; e cervejas picantes, feitas com pimenta, despontam de vez em quando, assim como as técnicas ancestrais de fabricação com pedras e malte tostado. Os barris de madeira acabaram encontrando espaço nas cervejarias, muitas vezes emprestando notas de baunilha e de coco tostado para cervejas fortes depois de alguns meses de envelhecimento.

O falecido – e saudoso – crítico de cerveja Michael Jackson gostava de chocar o público da Europa nos anos 1990 dizendo que os Estados Unidos eram o melhor lugar do mundo para se beber cerveja. Ele estava correto: hoje ainda há mais estilos, mais opções e mais cervejas repletas de sabor e personalidade nesse país do que em qualquer outro lugar. Mas nem sempre foi assim: até o meio da década de 1970, havia apenas uma quantidade pífia de cervejas norte-americanas que valia a pena beber. No entanto, a ausência de uma tradição cervejeira viva a ser preservada deixou espaço aberto para que a população desse país construísse uma cultura cervejeira totalmente nova, do zero. Uma nova geração de cervejeiros estadunidenses tomou para si essa tarefa com paixão e imaginação, e em poucas décadas seus esforços colocaram a cerveja artesanal na crista da onda do que é desejável, memorável e descolado – mesmo que ainda não ocupe uma fatia grande do mercado.

O sucesso de suas cervejas artesanais saborosas e cheias de personalidade inspirou o resto do mundo, e hoje esse se tornou um movimento absolutamente nacional. Frank Zappa já disse: "um país não é um país de verdade se não tiver uma cerveja e uma linha aérea". Hoje em dia, talvez uma cervejaria artesanal ou até uma IPA poderiam ser medidas mais adequadas, já que elas estão por toda parte, e outras mais ainda estão por vir. Fabricar cervejas é um negócio, é claro, mas é bem mais que apenas isso: trata-se de um *movimento*, com dimensões artísticas, sociais e políticas. Dados os obstáculos – de distribuição, de obtenção de matérias-primas, equipamentos e lucros; de impostos, de competitividade, etc. –, esse senso de missão é o que ajuda os cervejeiros a enfrentar tantos empecilhos.

Outras batalhas ainda estão por vir. Como não conseguem inovar muito por conta própria, as cervejarias multinacionais estão "fagocitando" várias das cervejarias artesanais mais bem-sucedidas, em uma tentativa de se aproximar de seus consumidores mais jovens e antenados e de assimilar histórias de marca mais autênticas. Isso por si só não é um problema, mas já é possível enxergar algumas manobras para que elas solidifiquem seus portfólios e excluam as marcas independentes de suas poderosas redes de distribuição – um movimento bastante preocupante para os pequenos cervejeiros e que deveria ser igualmente alarmante também para os entusiastas da bebida.

No passado, a maioria dessas marcas compradas deixou de se transformar nas armas poderosas que se pretendia. Depois do que aconteceu nos anos 1990, as grandes cervejarias aprenderam a não tentar reinventar suas aquisições do mundo artesanal transformando-as em sua própria imagem; mas só com o tempo saberemos se elas serão capazes de resistir à tentação de meter o dedo onde não são chamadas e se vão conseguir chegar aonde queriam com essas empresas.

Apesar das possíveis ameaças, esta é uma boa época para as cervejas. Os cervejeiros artesanais de todas as partes mantêm-se fiéis à sua paixão por produzir cervejas deliciosas e criativas, permanecendo próximos aos seus fãs, e sustentam o tipo de negócio capaz de orgulhar a todos nós. Isso sem dúvida merece um brinde.

A cerveja realmente é a melhor bebida do mundo. Ela pode matar a sede ou a fome, o frio ou o calor; pode apresentar-se com simplicidade ou ser digna da mais profunda meditação. É uma bebida com milhares de aromas, um amplo leque de cores e uma gama de personalidades tão diversa quanto as das pessoas que a fabricam e a bebem. Ela tem dez mil anos de história, cheia de deuses, deusas, heróis e canções para celebrar suas glórias. Ela nos une. A cerveja nos faz feliz.

Neste livro, eu espero auxiliá-lo a compreender os muitos detalhes que tornam a cerveja – e nossa relação com ela – algo tão mágico. Com esforço e informação, você é capaz de ganhar o poder de observar suas profundezas cor de âmbar, aproximar-se dela com sentidos mais aguçados e descobrir em seu interior o verdadeiro significado da cerveja.

"Aqui, encha-me o copo, até o alto,
Quero-o de todo cheio, repleto:
Tolo é quem hesita, não me negue sequer um dedo,
Mesmo que eu acabe indo beber no túmulo.
Aqui, rapazes, ergam os copos, bebam por aí,
Bebamos até secar o universo inteiro,
Partamos e bebamos tudo o que há,
Pois se um dia ficarmos sóbrios, faleceremos."

– Mr. Philips, "Bachanalian song", parte da coletânea *In Praise of Ale* (1888)

CAPÍTULO 1

A HISTÓRIA DA CERVEJA

Chamamos de "cerveja" a grande categoria de bebidas alcoólicas que têm o amido como base e que são produzidas sem destilação. No mundo industrializado de hoje, por razões de custo, textura ou tradição, ela costuma ser fabricada com malte de cevada e a adição de outros grãos, como arroz, milho, trigo ou aveia; e é temperada com lúpulo. Essa é uma fatia muito pequena de todas as cervejas possíveis: ao longo da história, e nas diversas culturas das sociedades pré-industriais, muitas outras variações podem ser encontradas. Todo vegetal com bastante amido que se pode imaginar já foi utilizado em sua produção, até mesmo a mandioca e o milhete.

O AMIDO NOS GRÃOS não está pronto para ser fermentado pela levedura, então é preciso utilizar algum processo químico para quebrar os carboidratos em açúcares fermentáveis. Para fazer a chicha dos Andes, as mulheres mastigam o milho, e as enzimas presentes em sua saliva realizam esse processo; no saquê (sim, ele é um tipo de cerveja, não de vinho), o fungo *Aspergillus* é utilizado para obter as enzimas necessárias. Felizmente, grãos como a cevada e o trigo já contêm enzimas capazes de fazer essa tarefa quando têm a oportunidade.

Nos dias de hoje, a cerveja não é essencial para nossa sobrevivência – nós a conhecemos apenas como um "mimo" saboroso, mas, na época em que não havia saneamento adequado – apenas um ou dois séculos atrás –, ela era uma das poucas fontes de água potável barata e segura. Dependendo da maneira como foi fabricada, a cerveja também contém bastante proteína e carboidrato, por isso ganhou o apelido de "pão líquido". Além disso, ela contém álcool, o qual é estimado há tempos por sua habilidade de "aliviar" as tensões sociais e criar uma sensação de bem-estar, apesar dos riscos para aqueles que exageram no consumo.

Cerveja de milhete feita em Bobo-Dioulasso, Burkina Faso.
Fazer cerveja é uma tradição global, quase tão ampla quanto a própria humanidade.

A cerveja pode ser fabricada para se adequar aos mais variados gostos e para servir aos mais diferentes propósitos: na maioria dos contextos culturais, é comum encontrar uma gama de cervejas, das mais fracas às mais fortes, preenchendo diferentes papéis ao longo do dia, das estações ou da sociedade.

Aqueles que estudam o nascimento das civilizações e das cervejas percebem que os dois eventos aconteceram mais ou menos na mesma época. A cevada foi um dos primeiros grãos a serem cultivados, e o fato de que surgiu em sua forma domesticada já com as características corretas para se fazer cerveja é bastante revelador. Abandonar a vida nômade por um prato de mingau é uma coisa – mas, quando a cerveja entra no pacote, a proposta fica bem mais difícil de recusar.

Acredito que viver "espremidas" nas cidades criava certa tensão entre as pessoas, mas isso pôde ser atenuado por um "lubrificante social" como a cerveja, servida em outra instituição tão amada, a taverna, que surgiu pouco depois da bebida.

Por outro lado, em muitas eras e lugares, beber cerveja não era uma escolha de consumo casual, e sim algo muito mais significativo: os povos antigos do Oriente Médio tinham deuses e deusas dedicados a essa bebida, tanto que descreveram a criação da cerveja em seus contos épicos. Na Epopeia de Gilgamesh, da Suméria, o homem selvagem torna-se civilizado após um gole de cerveja. Nas lendas egípcias, a cerveja salva o mundo. Por milênios, ela foi premiada com o *status* mais elevado possível em diversas culturas. É nossa obrigação para com a cerveja compreendê-la, cultivá-la e respeitá-la. Como todas as formas de arte criadas pelo homem, ela sobrevive apenas por nossa vontade. Nós extraímos dela aquilo que nela investimos.

Um breve histórico

A história da cerveja é um assunto amplo e fascinante, e merece uma atenção muito maior do que a que serei capaz de proporcionar neste pequeno capítulo. O que espero fazer aqui é oferecer ao menos as noções gerais para que o resto das peças, especialmente no que tange aos estilos de cerveja, encaixem-se na moldura que estou montando.

O INÍCIO DA AGRICULTURA

Essa história tem início por volta de 22000 a.C., quando a última Era Glacial chegou ao fim e as mudanças climáticas tornaram mais habitável a área do Oriente Médio que hoje é conhecida como Curdistão. Conforme se assentavam na região, as pessoas colhiam plantas selvagens, inclusive algumas gramíneas, que entre outras coisas serviam como boa fonte de nutrição. Indícios químicos em um lugar chamado Göbekli Tepe, na Turquia, apontam que provavelmente já se fazia cerveja com essas gramíneas por volta de 15000 a.C. Por irem guardando as melhores sementes e replantando-as ano após ano, os habitantes desenvolveram esses grãos até chegarem no centeio e no trigo, e, com isso, tornaram-se fazendeiros. E cervejeiros.

Essas gramíneas domesticadas possuíam sementes grandes e repletas de amido, que serviam bem para produzir alimentos e bebidas. Seus trigos continham boa quantidade de uma proteína grudenta chamada glúten, que dá estrutura para o pão fermentado, e os grãos podiam ser facilmente debulhados sem a casca – outra característica vital para fazer um bom pão. As cevadas tinham uma quantidade menor de glúten em comparação com o trigo, e muitas de suas variedades debulhavam-se com a casca intacta – duas características muito úteis para fazer cerveja. A história completa é bastante complicada, mas, mesmo nessa era primordial, os fundamentos já estavam lá para se fazer cerveja de cevada e pão de trigo.

Curdistão.
Considera-se que os montes dessa região do Oriente Médio sejam a terra natal de muitas das gramíneas domesticadas.

A primeira cerveja?
Recipientes e resíduos sugerem que já se fazia cerveja por volta de 15000 a.C. nos arredores do complexo de templos de Göbekli Tepe, na Turquia.

Indícios encontrados recentemente apontam que a manufatura da cerveja no centro da China data de épocas tão primordiais quanto às das regiões mencionadas anteriormente; uma bebida que era feita primeiro com o arroz, e então, de forma contemporânea à ascensão das civilizações no Oriente próximo, também com a cevada e o sorgo (planta semelhante ao milho e comum na África, na Índia e na China).

Não está claro como foi descoberta a mosturação, processo em que há a conversão do amido em açúcares menores com o uso de enzimas. Uma das hipóteses é que o passo essencial da malteação (isto é, o ato de germinar o grão e então secá-lo, o que também ativa as enzimas que quebram os amidos) originalmente era feito para preservar os grãos e aumentar seu valor nutritivo; e, em um dia em que o prato do dia provavelmente estava muito sem graça, alguém conseguiu animar um pouco as coisas ao descobrir que, misturando-se o malte com água quente, em poucos minutos se obtém um caldo que é bastante doce – um sabor bem parecido com o de alguns cereais matinais.

Investir seu futuro no cultivo dessas pequenas sementes foi um passo corajoso para esses povos ancestrais. A criação de animais servia bem para o estilo de vida nômade, no qual as pessoas seguiam as manadas de estação em estação em busca de novos pastos. Os grãos não são muito fáceis de levar consigo, portanto, colocar suas fichas na agricultura significava perder certa liberdade. Pessoalmente, mais que o pão ou o mingau, acho que essa perda se torna muito mais aceitável quando se recebe a cerveja em troca. Aqueles mais estudados que eu consideram que a cerveja é um dos fatores que tornaram possível o fato de as pessoas desafiarem sua natureza e se ajuntarem nos ambientes populosos

Hino a Ninkasi (trecho)

"Ninkasi, você é aquela que espalha
o mosto cozido sobre grandes esteiras de junco,
subjuga a friagem.
Você é aquela que segura com ambas as mãos
o grande mosto doce,
preparando-o com mel e vinho."

– Traduzido para o inglês por Miguel Civil

das cidades. Sem dúvida, hoje é verdade que ela ajuda a aliviar tensões e torna as cidades muito mais habitáveis. Longe de mim apontar o dedo para alguém, mas observe os lugares nos quais a cerveja é estritamente proibida. É fácil perceber o contraste.

Parece que o vinho e a cerveja foram desenvolvidos mais ou menos na mesma época e no mesmo lugar. Mesmo nesses primórdios, o vinho era um produto muito mais requintado, comumente reservado para a realeza e para outros tipos mais metidos, enquanto *todo mundo* bebia cerveja. Os gregos, e os romanos em seguida, propagaram essa noção da superioridade do vinho que chega a nós em descendência direta até os dias de hoje. Leve isso em consideração da próxima vez que você estiver batendo a cabeça na parede de tanta frustração por causa dessa aura automática de classe e *status* que muitos conferem ao vinho em detrimento da cerveja. Eu acredito que temos o poder de mudar um pouco essa noção, mas é importante entender o que estamos enfrentando.

Tabuleta suméria cuneiforme.
Essa antiga tabuleta da Mesopotâmia registra a repartição da cerveja. A escrita pode ter sido inventada para controlar o inventário e a movimentação dos grãos e de outros produtos agrícolas.

A CERVEJA NAS CIVILIZAÇÕES ANTIGAS

Os sumérios foram a primeira grande civilização do Oriente Médio antigo. Eles gostavam muito de cerveja. Sua palavra para cerveja, *kaš*, literalmente significa "aquilo que a boca deseja", e isso já nos dá uma boa ideia de como essa bebida era algo central em sua cultura. Por volta de 3000 a.C., a arte de fazer cerveja já estava bem estabelecida entre eles, como fica evidente por seu vocabulário extenso de ingredientes, recipientes e tipos de cerveja. Estufas para malte tornavam possível que se fizesse cerveja vermelha, castanha e preta, e havia cervejas frescas e envelhecidas, fortes e fracas – e até mesmo uma cerveja diet, de nome *eb-la*, que quer dizer "reduz a cintura". Já se sabia que a levedura era o poder por trás da cerveja, mas sua natureza permaneceria um mistério por mais cinco mil anos.

Naquela época, as mulheres eram as fabricantes e as revendedoras de cerveja, como continuaram sendo na Europa por toda a Idade Média. Por isso, não surpreende que a divindade da cerveja dos sumérios, Ninkasi, era mulher e filha de Ninhursag, a Deusa Mãe. Há um poema intricado, o "Hino a Ninkasi", que descreve o processo de preparação da cerveja.

A cevada era malteada, seca e moída. Ela era usada dessa forma ou então moldada em bolos cônicos e levada para assar. Ao assar os bolos, certa caramelização era adicionada e, presume-se, dava-se início à conversão enzimática do amido em carboidrato. Os bolos tornavam-se, portanto, um tipo de "mosto instantâneo", e jogá-los na água quente seria uma maneira simples de dar início à produção de cerveja. Em geral, ela era bebida em um recipiente comunitário por meio de canudos compridos, tipicamente feitos de junco. Indivíduos de maior *status* possuíam canudos feitos de materiais mais preciosos.

Cervejeiros no Egito, cerca de 2325 a.C.
A cerveja, junto do pão e das cebolas, era o que sustentava o Egito Antigo.

Os babilônios, os fenícios, os acadianos, os hititas e outros povos antigos do Oriente Médio também adoravam cerveja. A Bíblia menciona o vinho com frequência, e um elemento chamado *shekar*, que geralmente é traduzido como "bebida forte". Os estudiosos parecem ter chegado à conclusão de que isso pode ser uma referência à cerveja, mas também pode aludir a qualquer tipo de álcool que não seja o vinho feito de uva, incluindo uma cerveja reforçada com tâmaras, figos ou mel, ou ainda outros vinhos feitos com esses ingredientes.

No entanto, é só atravessar o deserto e chegar ao Egito para encontrar a presença massiva da cerveja. Ali, as cervejarias eram associadas aos templos e tinham mais ou menos o mesmo tamanho dos brewpubs* de hoje. A cerveja egípcia era chamada de *hekt* ou *hqt*, e por causa de sua produção em grande escala, fazer cerveja era função dos homens. A bebida era um pilar tão importante para a vida egípcia que ter uma cervejaria em miniatura era vista como algo essencial para garantir uma vida feliz após a morte. Considera-se que a cerveja, junto do pão e das cebolas, servia de combustível para projetos de construção monumentais, como as pirâmides. Assim como na Mesopotâmia, ela geralmente era feita de bolos de cevada malteada especialmente preparados para isso. Grande parte dela era engarrafada em jarros altos de argila com selos especiais.

Há uma lenda na mitologia egípcia que demonstra o valor dado à cerveja. Sekhmet, uma mulher com cabeça de leão, era a deusa da destruição, do sangue e da renovação cíclica. Seu pai, Ra, o chefe dos deuses do Egito, achava que a humanidade estava deixando a desejar e não o adorava mais da maneira como ele estava acostumado. Então, ele enviou Sekhmet para ensinar uma lição às pessoas. As coisas saíram do controle, com muito sangue sendo derramado e diversas pancadarias. Se Sekhmet continuasse à

"Que você tenha pão que não esfarele e cerveja que não azede."
— Ebers Papyrus (1552 a.C.)

* Brewpubs são bares ou pubs que produzem sua própria cerveja e a comercializam no próprio estabelecimento na forma de chope. (N. E.)

solta, a humanidade seria destruída. De repente, alguém teve a brilhante ideia de dar oitenta mil jarros de cerveja vermelha para a deusa beber no lugar daquele sangue todo. E, só para garantir, eles batizaram a bebida com raiz de mandrágora, um poderoso sedativo. Ela bebeu, caiu no sono, e a humanidade se salvou. Quem não teria carinho pela cerveja depois de correr um risco como esse?

Vestígios dessa tradição cervejeira ancestral ainda existem no Egito e no sul do Sudão, na forma de uma bebida tradicional primitiva chamada *bouza*. Os produtores desses locais ainda fazem bolos de cevada malteada para obter essa cerveja nutritiva e cheia de grumos.

OS GREGOS ACREDITAVAM QUE O VINHO era a bebida das pessoas civilizadas; para eles, beber cerveja era a característica que definia a barbárie. Seu desprezo pela cerveja, no entanto, não os impediu de "roubar" Sabázio (posteriormente denominado Átis), um deus da cerveja bem estiloso, de dois povos cervejeiros ao norte, os lídios e os frígios, destituindo essa divindade de sua dignidade, emperiquitando-o com uma coroa de folhas e mudando seu nome para Dionísio, transformando-o em seu próprio deus do vinho.

Os indícios do apreço que os frígios tinham pela cerveja chegam até nós por meio de seu famoso governante, o rei Midas. Na década de 1950, arqueólogos escavaram um monte antigo em Gordion, na Turquia, até chegarem a uma pesada estrutura de madeira. Ao adentrá-la, eles encontraram um sepulcro e determinaram que pertencia ao próprio Midas, cercado pelos restos de um banquete funerário. Os objetos foram recuperados e colocados à mostra, e raspas dos caldeirões e dos recipientes das bebidas foram armazenados para posterior análise. Alguns anos mais tarde, um professor da Universidade da Pensilvânia chamado Patrick McGovern se deparou com eles – ele estava usando a arqueologia molecular para pesquisar a história dos primórdios do vinho. Aplicando métodos analíticos sofisticados, como a cromatografia de gases, McGovern buscava certas moléculas de substâncias que ofereceriam pistas a respeito da natureza das bebidas e das comidas antigas. O que ele descobriu com seu time, além de um ensopado de carneiro com lentilhas, foi uma bebida que continha cevada, uvas e mel.

Jarro persa em forma de bota, cerca de 200-10 a.C.
Sem dúvida eles tinham noção da tendência que esse recipiente tinha de provocar lambança quando o líquido no bico da bota escorresse. Será que beber do sapato de alguém era parte de um jogo, como acontece hoje?

A equipe de McGovern promoveu uma festa para anunciar os resultados e pediu que Sam Calagione, da cervejaria artesanal Dogfish Head, fizesse a cerveja. Ela acabou se tornando um produto regular, a Midas Touch ("toque de midas"). É impossível dizer o quanto essa cerveja se assemelha com aquela antiga, mas ela é deliciosa e nos dá uma ideia de como seriam as vidas desses antigos amantes da cerveja.

Condimentos das antigas cervejas setentrionais.
Zimbro, mel, cranberries e uma erva chamada ulmeira eram utilizados nas cervejas milhares de anos atrás – e ainda há quem os use nas cervejas de hoje.

OS ROMANOS, assim como os gregos, de quem absorveram a cultura, nunca foram muito fãs de cerveja. Isso demonstra um fato importante quanto à geografia da cerveja: há uma linha abaixo da qual as uvas passam a crescer bem e o vinho se torna então a bebida dominante. Mais para o norte dessa linha, os antigos romanos encontraram bebedores de cerveja entusiasmados nas bordas de seu império.

Bebidas feitas de grãos misturados com mel ou frutas apareceram por todo o norte da Europa antiga. O mel é uma boa fonte de açúcar fermentável, apesar de escassa, e as uvas já carregam leveduras em si. A camada esbranquiçada que se vê na superfície das uvas não é nada mais que as leveduras em seu *habitat* natural. Já se sabia disso nos tempos mais primórdios, e parece que às vezes eram colocadas uvas ou uvas-passas na mistura para fazer a fermentação da cerveja alavancar.

Outros ingredientes acabaram encontrando espaço na cerveja e em outras bebidas. Imagens de vagens de papoula sugerem que o ópio estava envolvido em rituais dionisíacos. Mais além, o povo cita

Levedura ao natural.
Essa camada esbranquiçada encontrada na pele das uvas e de muitas outras frutas nada mais é do que a mesma levedura da cerveja.

(situados onde hoje fica a Ucrânia) parece ter tido muito apreço pelo cânhamo. Os escritores gregos da época descrevem tendas que mais pareciam saunas, em que se colocavam rochas quentes e sobre as quais se jogava o cânhamo, de onde, relata Heródoto, saía "um vapor incomparável a nenhum outro da Grécia. Os citas o apreciam tanto que chegam a urrar de prazer".

Análises químicas de amostras de sepulturas da Idade do Bronze revelaram cevada, mel, cranberries e duas ervas: ulmeira e alecrim-do-norte (*Filipendula ulmaria* e *Myrica gale*, respectivamente). Na época, a adoção generalizada do lúpulo ainda era um futuro distante. A *Kalevala*, obra épica dos finlandeses e húngaros, inclui um relato delicioso sobre a criação da cerveja, muito mais extenso que aquele que narra a criação da Terra. Segundo ele, Osmotar, o Cervejeiro, com o auxílio da "donzela mágica" Kalevatar, está buscando desesperadamente algo que fermente a cerveja que ela quer produzir. Eles experimentam com cones de pinheiro e baba de urso, até recorrerem ao mel, que funciona maravilhosamente bem: "ao alto da bacia de bétula/espumando mais e mais e mais alto".

Também há uma tradição robusta e muito antiga de se incorporar zimbro às cervejas setentrionais, que resiste até hoje na cerveja rural sem lúpulo finlandesa chamada Sahti – uma preparação deliciosa e forte, feita de malte e centeio, na qual se coloca zimbro tanto na água como na mistura. Os galhos de zimbro são usados para filtrar o líquido, e também é tradição beber em taças feitas dessa madeira.

UM POUCO MAIS AO SUL, nas ilhas britânicas, cervejas condimentadas com urze eram produzidas pelos pictos, os habitantes originais da região, que construíram o Stonehenge antes de serem desalojados pelos celtas. Há uma história romântica e pitoresca (descrita no poema "Heather Ale", de Robert Louis Stevenson) sobre o último dos pictos, que prefere que seu filho seja jogado da beira de um precipício a revelar o "segredo" da cerveja de urze para os celtas dominantes. Como é difícil encontrar qualquer lugar no norte da Escócia que não tenha uma urze por perto, também não é muito difícil desvendar qual seria o segredo... Mesmo assim, é uma ótima história.

Os bárbaros bebedores de cerveja deixaram ao mundo vários legados, e um dos principais foi o barril de madeira. Esse é um feito tecnológico de incrível duração, que mantém o mesmo formato e a mesma maneira de ser construído desde que foi criado, por volta do ano 0 d.C. Na metade do

A lenda da cerveja de urze dos pictos. Conta-se que o último dos pictos preferiu ser morto a revelar o "segredo" da cerveja de urze (seja ele qual for) para os celtas invasores.

século XX, os barris foram em grande parte excluídos do uso cotidiano na produção da cerveja, e agora retornam em alguns casos específicos. Para o vinho e os destilados, nada mais funciona exatamente da mesma maneira.

A CERVEJA NA IDADE MÉDIA

Na Idade Média, a cerveja e sua produção alcançaram o padrão familiar pré-moderno: as mulheres a fabricavam em uma escala doméstica e sua venda oferecia uma fonte de renda confiável para viúvas ou outras pessoas que necessitavam de um dinheirinho honesto. Também havia cervejarias institucionais, fossem elas monásticas ou propriedade da nobreza, assim como algumas cervejarias comerciais ou "coletivas". Essas se tornaram mais comuns com o passar do tempo.

Antes de 1000 d.C., quase toda a cerveja da Europa era feita sem lúpulo, condimentada com uma mistura cara chamada gruit, vendida pelo proprietário local do *Gruitrecht* (ou "direito ao *gruit*"), o qual era um dos figurões de sempre: igreja, estado, ou uma combinação dos dois. A aquisição desse composto era obrigatória para os cervejeiros e funcionava como uma forma primitiva de coletar impostos. Uma comprovação acerca da importância do *gruit* ainda resiste em Bruges, na Bélgica, na forma de um edifício opulento, que agora funciona como um museu da vida camponesa medieval.

A composição do *gruit* era um grande segredo e suas especiarias eram misturadas a grãos moídos para confundir ainda mais os potenciais falsificadores. O alecrim-do-norte era uma erva comumente mencionada: trata-se de uma planta com um bom sabor um tanto resinado e que lembra pinha, não muito distante do lúpulo. O mil-folhas ou milefólio (*Achillea millefolium*) era outra, apesar de ter um amargor áspero que não agrada ao paladar moderno. Uma terceira erva, *Ledum palustre*, conhecida como "alecrim-dos-pântanos", parece ter sido menos apreciada que o alecrim-do-norte. Ela possui um amargor mentolado e

O quartel-general da Gruitrecht (que agora é o Gruuthusemuseum) em Bruges, construído no século XVI.
Esse edifício imponente serve como recordação do enorme poder do *gruit* nos tempos medievais.

resinado, e algumas fontes históricas sugerem que teria propriedades alucinógenas, apesar de que isso parece não ser verdade. No entanto, de fato ela é levemente tóxica e funciona muito bem como repelente de insetos. Essa "poção das bruxas" era complementada com quaisquer condimentos culinários que estivessem à mão: zimbro, cominho, anis, e possivelmente outras especiarias exóticas, como canela, noz-moscada e gengibre. Eu já experimentei uma boa quantidade de *gruits* caseiros e posso atestar que ou os gostos mudaram bastante desde aquela época, ou tem algo importante nessa fórmula que ainda não descobrimos.

Cervejas com lúpulo

Os vestígios químicos da presença do lúpulo na cerveja situam sua primeira aparição no ano de 550 a.C. em Pombia, perto do lago Maggiore no norte da Itália, mas esse pode ter sido um falso início. Seriam necessários outros 1.500 anos, aproximadamente, até que ele começasse a prevalecer na cerveja europeia.

As primeiras cervejas com lúpulo surgiram antes do ano 1000 d.C. na cidade de Bremen, no norte da Alemanha, na região de Hansa. Muitas das pioneiras no uso desse componente eram cidades "livres", fora do alcance da igreja, e por isso não eram obrigadas a usar o *gruit*. Naquela época, os cervejeiros que utilizavam essa mistura eram conhecidos como "cervejeiros vermelhos", pois produziam cervejas de coloração marrom ou âmbar. Quem usava lúpulo produzia "cerveja branca", que geralmente incluía uma quantia considerável de trigo em sua mistura, junto da cevada. As guildas* de cada tipo de cerveja eram totalmente distintas, e as cidades costumavam ser conhecidas por um tipo ou por outro. Os cervejeiros de Bremen e de Hamburgo mandavam uma quantidade enorme de cerveja para Amsterdã, na Holanda, cidade que começava a entrar em ascensão e estava sedenta pelo sabor incrível e

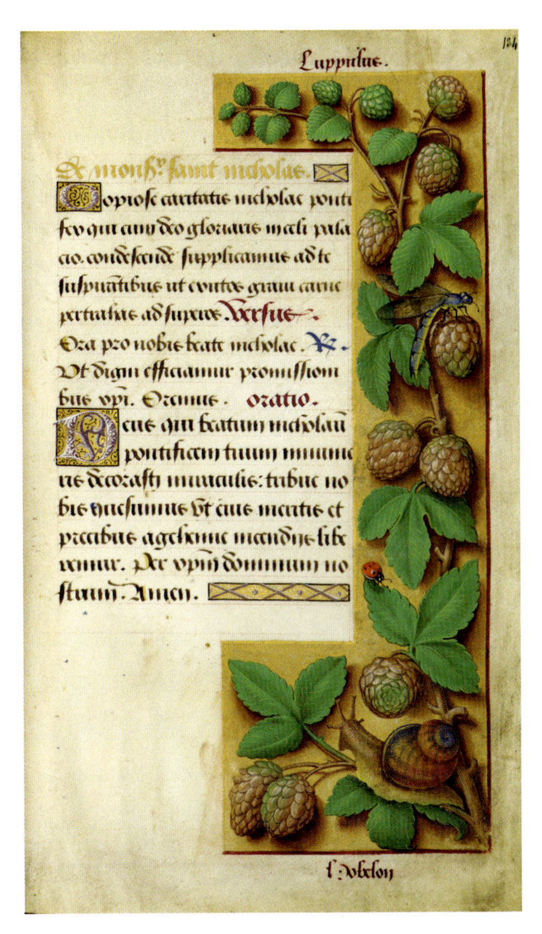

Imagem do lúpulo em um manuscrito, cerca de 1500.
O lúpulo provavelmente era uma tendência recente na época em que foi imortalizado nesse livro de orações.

refrescante dessa cerveja importada. Foram precisos mais uns cem anos até que os cervejeiros locais se dessem conta de que poderiam produzir a cerveja branca de lúpulo em Amsterdã, e logo que o fizeram começaram a exportar para Flandres, repetindo o ciclo. A cerveja de lúpulo, então, acabou desembarcando na Inglaterra, levada por uma onda de imigrantes flamengos, e até o ano de 1500 ela já estaria bem estabelecida ali.

* Durante a Idade Média, indivíduos com ofícios e interesses comuns (como negociantes, artesãos, etc.) se agrupavam em guildas buscando assistência e proteção. (N. E.)

A cerveja lupulada fez sucesso não só por ter um ótimo sabor, mas também porque o lúpulo possui propriedades conservantes, capazes de retardar a multiplicação de algumas bactérias que estragam a cerveja. Isso permitia que cervejas fortes para serem servidas à mesa permanecessem possíveis de se beber por alguns meses, em vez de apenas algumas semanas. Apesar de sofrer algumas reclamações por ser "desprezivelmente" estrangeira, esse tipo de cerveja foi acolhido na Inglaterra sem muito drama, e por volta de 1600 toda cerveja inglesa já apresentava alguma quantidade de lúpulo.

Conforme o norte da Europa florescia, a cerveja lupulada tornou-se o padrão. Regiões mais ao sul, como a Itália e a Espanha, praticamente não tinham uma cultura cervejeira – a Itália estava (com razão) bastante satisfeita com seus vinhos maravilhosos, e os muçulmanos, abstêmios, não foram expulsos da Espanha até 1614. O "agito" cervejeiro estava acontecendo nos estados germânicos, em Flandres, nos Países Baixos e na Inglaterra havia quinhentos anos – apesar de a cultura da cerveja artesanal ter nascido na Itália, na Espanha e em outros lugares. Por isso as culturas cervejeiras do norte são a origem de todos os estilos clássicos que abordarei em detalhes adiante neste livro.

A ascensão da cerveja Porter

As mudanças que culminariam na Revolução Industrial tiveram início na Inglaterra na metade do século XVII. Vários projetos de grandes obras públicas para abrir canais e melhorar as condições dos cais afetariam a produção da cerveja, já que facilitariam o acesso a matérias-primas e mercados distantes. Além disso, fazendeiros eram expulsos de suas terras, pois o acesso a áreas de cultivo e de pasto que até então haviam sido comuns passou a ser restringido. Grande parte dessas pessoas buscou uma nova vida nas cidades.

Simultaneamente, Londres passava por maus bocados: enfrentou uma guerra civil em 1642 e as turbulências que se seguiram durante a liderança de Oliver Cromwell, entre 1653 e 1658; a praga, em 1665; e o incêndio devastador de 1666. Este último acontecimento na verdade acabou servindo de estímulo para um novo crescimento e desenvolvimento; tanto os camponeses como a nobreza correram para a cidade para tentar fazer fortuna. E uma certeza todos nós temos: o trabalho duro deixa as pessoas com bastante sede.

Mais ou menos nessa época, um tipo de malte castanho e barato vindo de Hertfordshire estava disponível em Londres e passou a ser adotado como o padrão na região. Como sempre, as cervejas eram produzidas em diversos níveis de intensidade, e as mais fortes eram envelhecidas até que adquirissem um sabor meio azedo. Essa cerveja envelhecida era chamada de stale (algo como "velha"), mas não em um sentido pejorativo, já que ela era vendida por um preço maior do que o da cerveja fresca, chamada de running (ou "corrente"). Os clientes dos bares gostavam de pedir misturas de duas, três ou até cinco cervejas distintas, o que deve ter mantido os funcionários dos bares bastante ocupados. Uma história muito conhecida afirma que a cerveja Porter foi inventada em outubro de 1722 por Ralph Harwood, em sua cervejaria Bell Brewery, localizada em Shoreditch, para substituir essas misturas, particularmente uma delas chamada de three threads ("três fios"). Não há qualquer indício de que isso seja verdade; e a história não aparece até 1810, no livro *Picture of London*, quase um século depois da suposta invenção.

Independentemente do motivo de sua criação, esse novo estilo de cerveja marrom e lupulada foi um sucesso, e já na década de 1720 tinha sido batizado de Porter. Como era necessária uma quantidade grande de capital para armazenar a cerveja durante o longo período até sua maturação, os endinheirados começaram a comprar lotes de cerveja nova para deixá-la envelhecer por um ano ou mais, o que preparou o terreno para que, pouco tempo depois, as cervejarias produtoras de Porter se tornassem enormes empreendimentos.

Com o auxílio de novas tecnologias como a máquina a vapor, a instrumentação e o ferro fundido, a escala de produção elevou-se a níveis excepcionais, levando ao surgimento das maiores cervejarias do mundo até então. Em 1796, a Whitbread sozinha fabricava pouco mais de 33 milhões de litros por ano. Juntas, as cervejarias

Porter de Londres produziam mais de 196 milhões de litros em 1810. Na época, os bancos eram o único negócio que exigia mais dinheiro para financiar do que as cervejarias. Essa nova escala industrial era importante, porque aumentava a pressão sobre os cervejeiros para que encontrassem maneiras de tornar o processo mais eficiente – as quais, em um contexto artesanal, eram insignificantes. Em um mercado competitivo, o sucesso e o fracasso de um negócio dependem dessa eficiência; mas, enquanto as cervejarias se esforçam para extrair o máximo do mínimo, o cliente nem sempre é beneficiado. As críticas de cerveja da época estão repletas de comentários saudosos, insistindo que a cerveja era muito melhor nos bons e velhos tempos. Parte disso é nostalgia pura e simples, é claro, mas quando se confere as receitas é possível perceber que muitas mudanças ocorridas com o passar do tempo raramente têm a intenção de melhorar o sabor da cerveja.

Os detalhes da ascensão da cerveja Pale Ale também são bem fascinantes (e serão discutidos no capítulo 9), mas em grande parte não passam de uma consequência da industrialização da cerveja iniciada pela Porter. Ambas detinham uma influência enorme, que se estendia bem além da Grã-Bretanha. A Inglaterra era a superpotência da época, então suas tendências culturais eram acompanhadas de perto, e ocasionalmente também eram adotadas. Mesmo na Alemanha, que em geral é muito ligada à tradição, surgiu um interesse pela Porter, e o sucesso global da Pale Ale foi um dos fatores que forçaram os patriarcas de Plzeň a criarem sua célebre Golden Lager. Mas estamos nos adiantando.

Cervejaria Westminster Ale and Porter, em Horseferry Road, Londres, cerca de 1840.
A cerveja Porter, fabricada em escala gigantesca, era um grande negócio na Londres da era vitoriana.

MUDANÇAS TECNOLÓGICAS NA FABRICAÇÃO DE CERVEJA (DE 1700 A 1900)

Máquina a vapor

Motores movidos a vapor aptos para a mineração já existiam por volta de 1700, mas eles só se tornaram algo prático de se utilizar na indústria cervejeira após os aperfeiçoamentos feitos por James Watt e outros inventores. O primeiro motor a vapor instalado em uma cervejaria data de 1784, em Londres. O vapor substituiu o trabalho que antes era feito por moinhos d'água e por cavalos em várias tarefas, e tornou possível a fabricação de cerveja em escala industrial.

Termômetro

Apesar de esta tecnologia já existir havia algum tempo, foi Gabriel Fahrenheit, em 1714, quem criou o primeiro termômetro de mercúrio e desenvolveu uma escala-padrão. A escala Celsius foi concebida anos depois, em 1742. James Baverstock foi o primeiro cervejeiro a investigar com seriedade o uso de um termômetro, mas teve de esconder seus esforços de sua família conservadora, que se opunha a "ideias modernosas". Michael Combrune, em 1784, escreveu um texto detalhando a utilização do termômetro na produção de cerveja. Esse aparelho tornou possível um nível de consistência muito maior do que os métodos empíricos utilizados até então, e permitiu que se fizessem pesquisas mais minuciosas sobre a dinâmica dos procedimentos na fabricação de cerveja.

Motor a vapor em uma cervejaria, República Tcheca.
Nas primeiras cervejarias industriais, o vapor movia praticamente qualquer coisa que podia ser movimentada.

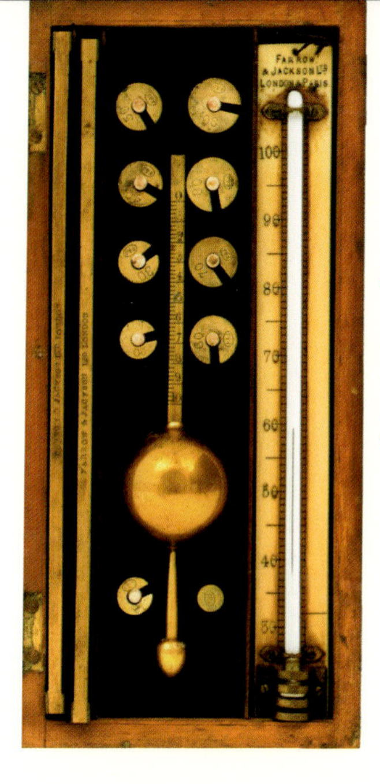

Antigo densímetro Sikes, da Farrow and Jackson Ltd. (Londres e Paris). A instrumentação era tão importante quanto as tecnologias mais potentes, ajudando a obter eficiência e consistência.

Densímetro

Este é um instrumento que mede a densidade específica e é usado para medir a quantidade de açúcar e de outros sólidos dissolvidos no mosto de cerveja (isto é, no líquido doce e drenado da mistura que é fermentada para fazer cerveja). Em 1785, John Richardson escreveu o primeiro livro a detalhar as medições feitas com o densímetro na fabricação de cerveja, o que teve implicações enormes para a maneira como se fazia a bebida até então e, mais que qualquer outra tecnologia, alterou seu sabor ao forçar os cervejeiros a formularem suas receitas com o rendimento em mente.

Levedura e fermentação

Por volta de 1680, o microscopista holandês Anton van Leeuwenhoek foi o primeiro a observar e a descrever as células de levedura. Entre 1834 e 1835, três cientistas diferentes revelaram, de forma independente, que elas eram organismos vivos. Em 1876, Louis Pasteur escreveu sua famosa obra *Études sur la Bière*,* que detalha as causas das "doenças" da cerveja e como preveni-las. Com a ajuda de Pasteur, Emil Christian Hansen isolou a primeira cultura pura, em oposição às culturas mistas que eram usadas na época para fazer cerveja. Apesar de possibilitarem uma bebida mais consistente e, em média, melhor, o uso generalizado das culturas puras só aconteceu em meados do século XX. Muitos cervejeiros lamentaram o abandono das culturas de fermentação mistas, que eram mais complexas - apesar de admitirem, ao mesmo tempo, a necessidade de se fazê-lo.

Refrigeração

Esta invenção foi resultado de séculos de trabalho feito por vários gênios. O norte-americano Alexander Twining, em 1859, foi considerado o criador da primeira unidade comercial de refrigeração. Máquinas com o sistema de refrigeração avançado de dimetil éter, criadas pelo engenheiro alemão Carl von Linde, foram instaladas na cervejaria Spaten em 1873. Tal invenção oferecia um benefício óbvio quando comparada aos blocos de gelo que eram cortados de rios e lagos congelados e utilizados até então como a única forma de refrigeração disponível. A logística era complicada, e o gelo natural também apresentava um risco à saúde por causa da poluição das águas. Por volta de 1890, a refrigeração artificial já havia se tornado o padrão para grandes cervejarias em todos os lugares.

Secagem do malte

Com o passar do tempo, houve uma transição gradual dos fornos de fogo direto, alimentados com lenha, para estufas de calor indireto, alimentadas com carvão, coque ou outros combustíveis. Por volta de 1700, a maioria dos malteadores e cervejeiros ingleses (que produziam o próprio malte) havia migrado para o calor indireto a fim de obter malte sem fumaça - apesar de que o malte castanho continuou a ser tostado com o uso de fogueiras até meados do século XX (e, atualmente, cervejas defumadas são uma especialidade de Bamberg, na Alemanha). A invenção mais dramática com relação à secagem do malte foi o torrador cilíndrico, patenteado por Daniel Wheeler em 1817: esse dispositivo transformou para sempre a produção de cerveja, assim como o sabor das cervejas Porter e Stout, já que uma pequena quantidade desse malte muito mais escuro era bem mais econômica do que as grandes quantidades de maltes castanhos e âmbar usados anteriormente. O malte cristal/caramelo foi um desenvolvimento posterior (mas anterior a 1870) de origem desconhecida.

---

* "Estudos sobre a cerveja." (N. E.)

Cerveja Lager fermentada a frio

Em algum ponto entre 1400 e 1500, uma cerveja fermentada a frio chamada Lager veio ao mundo na Alemanha – ou talvez na região da Boêmia. O como, o quando e o porquê são ainda grandes mistérios da história da cerveja. A lenda que se costuma contar inclui monges bávaros fermentando em cavernas dos Alpes, mas isso não faz muito sentido. Uma montanha não é um lugar bom para se fazer ou vender cerveja... A cevada vem de campos distantes, lá embaixo no território, e também é lá onde estão os clientes. Os grãos teriam que ser içados para o alto, e a cerveja, transportada para baixo em barris pesados de madeira. As cavernas de gelo são um pouco frias demais, e as de rocha, um pouco quentes demais.

As primeiras menções à cerveja Lager supostamente acontecem em 1420, em registros vindos de Munique, mas isso não está muito bem documentado. Depois, na cidade de Nabburg, no nordeste da Baviera, fronteira com a Boêmia, encontrou-se o seguinte relato: "um faz a fermentação quente, ou no topo; mas, em 1474, pela primeira vez alguém tentou fazer a cerveja pela fermentação

Barris de cerveja Lager, da Pilsner Urquell, na República Tcheca.
Apesar de agora estarem aposentados, durante séculos esses enormes barris de carvalho foram os recipientes-padrão para se fazer cerveja Lager.

fria, ou de fundo, e preservar parte do que foi produzido para o verão". Essa preferência sazonal deve ter se estabelecido nessa época, mas em 1539 uma proibição de se fazer cerveja na Baviera durante o verão lhe deu a força de uma lei. No entanto, essa data parece ser um pouco tardia demais para explicar as menções iniciais.

A levedura da Lager, *Saccharomyces pastorianus*, é um tipo híbrido entre a Ale e outra levedura, *S. bayanus*, uma espécie tolerante ao frio e osmofílica (isto é, capaz de sobreviver em meios com alta pressão osmótica, como aqueles ricos em açúcar), encontrada pela primeira vez em bétulas, na Patagônia, mas mais recentemente também na China e no Tibete. Dados genômicos parecem indicar que essa hibridização pode ter ocorrido múltiplas vezes, sugerindo que pelo menos uma linha Lager na verdade é uma linha Ale, não um híbrido. A descoberta na Patagônia colocou em questão a linha do tempo de toda essa história, mas situá-la na Eurásia significa que uma data devidamente antiga é possível. Seja qual for a história verdadeira, já por volta de 1600 a Lager parece ter se tornado bastante dominante na Baviera e em regiões próximas, como a Boêmia. A Lager se tornou uma cultura cervejeira jovial e colocou os bávaros no mapa da cerveja.

Por não ter saída para o mar – e por ter abrigado uma quantidade considerável de tumultos políticos com o passar dos séculos –, a Baviera chegou um pouco atrasada na festa da industrialização. No entanto, em meados do século XIX as coisas já estavam melhorando e os avanços de mecanização, de instrumentação e de secagem foram todos colocados em bom uso. Muitos dos que consideramos estilos clássicos de cerveja Lager foram reinventados nesse período. Os progressos em microbiologia inaugurados por Pasteur, seguidos pelo trabalho de Emil Christian Hansen com leveduras foram especialmente bem recebidos pelos cervejeiros produtores de Lager. Com seus sabores limpos e puros, as cervejas Lager se beneficiam da consistência de culturas puras – e, portanto, os cervejeiros alemães rapidamente passaram a adotá-las. Cervejeiros ingleses da época também experimentaram utilizá-las, mas, por causa de seu ciclo bastante breve de produção de cerveja, decidiram que elas seriam desnecessárias; de forma que culturas mistas ainda são empregadas hoje em algumas cervejarias inglesas.

NA CIDADE DE PLZEŇ, EM 1842, vários fatores aconteceram em conjunto para criar uma cerveja que eventualmente dominaria o mercado mundial. Essa cerveja, a Pilsner (ou Pilsen), foi uma confluência de ingredientes, tecnologias e um plano de negócios adequado para a época.

Os líderes das comunidades achavam que seria uma boa ideia construir uma cervejaria de bom tamanho para fazer Lager e tirar proveito do *boom* que existia para esse tipo de cerveja, bem como da qualidade extremamente alta do malte e do lúpulo da região. Diz a lenda que um cervejeiro chamado Josef Groll na verdade errou a receita e, em vez de obter uma cerveja escura no estilo de Munique, conseguiu uma cerveja muito mais clara – mas isso parece improvável por várias razões. Acredito que quando os historiadores pesquisarem um pouco mais a fundo, provavelmente descobriremos que as peças para esse cenário já estavam postas antes de 1842, e talvez também a cerveja, em pequena escala. O que os patriarcas de Plzeň fizeram foi apostar nessa cerveja, possivelmente tentando embarcar na enorme popularidade das Pale Ales inglesas, que pareciam estar por toda parte na época. De qualquer forma, a cerveja Pilsner, clara, límpida e efervescente, foi um grande sucesso e levou fama mundial para sua pequena terra natal.

A Baviera passou a fazer parte da Alemanha em 1871, na unificação alemã, e logo buscou impor suas estritas leis de pureza de cerveja: pouco depois de 1900, a *Reinheitsgebot* tinha poder de lei por toda a Alemanha. Na época, a Alemanha setentrional era a terra da cerveja branca. Suas cervejas tinham mais em comum com a Bélgica do que com a Baviera. Elas eram feitas com uma proporção de trigo – muitas vezes defumadas, às vezes ácidas –, utilizando ervas como coentro e açúcares como melaço e mel, que eram muito populares. As cervejas dessa época, como a Grodziskie (Grätzer), a Lichtenhainer, a Kottbusser, a Broyhan Alt e a Gose podem ser maravilhosas, e os cervejeiros artesanais de hoje estão começando a perceber isso. Há uma tendência com relação à Gose, e algumas das outras também estão sendo feitas de vez em quando. Os cervejeiros caseiros da Polônia estão se interessando de maneira especial pela Grodziske, uma cerveja Ale prussiana feita apenas com malte de trigo defumado – tanto que chegaram a entrevistar empregados antigos de cervejarias e ressuscitar a linhagem de levedura correta. De toda as cervejas Ale do norte da Alemanha, apenas a Berliner Weisse e as deliciosas Ales especiais do vale do Reno, como Kölsch e Düsseldorfer Alt, sobreviveram de forma significativa em seu território natal.

Quando o rebuliço da Segunda Guerra Mundial começou, todos os clássicos estilos de cerveja Ale alemã que conhecemos hoje já estavam bem estabelecidos.

Bélgica e França

O quadro foi diferente na Bélgica. A modernização veio aos trancos e barrancos, a partir da metade do século XIX. Ao final do século, a maioria das cervejarias de grande escala estava fazendo cervejas Lager de estilo bávaro, dentre as quais a Stella Artois é o exemplo mais conhecido. Registros escritos daquela época descrevem várias das cervejarias históricas belgas como lugares pequenos e abatidos.

A cultura cervejeira original da Bélgica gravitava ao redor das cervejas de trigo. Mesmo aquelas consideradas como feitas de malte de cevada – como a L'Orge d'Anvers (a cerveja de cevada da Antuérpia) – muitas vezes contavam com um punhado de trigo e de aveia na mistura. Vários desses estilos antigos nos são familiares hoje: a Witbier, a Lambic e a Flanders Brown (apesar de que hoje esse estilo é feito sem trigo); mas muitas das que eram populares na época desapareceram, como a Bière de Mechelen, a Peetermann, a Diest, entre muitas outras.

A cerveja belga tem raízes que chegam até a Idade Média. Aqueles camponeses que dançam nas pinturas de Bruegel provavelmente bebiam algo parecido com a Lambic – a cerveja ácida, de fermentação espontânea, da região de Bruxelas. A Witbier também tem uma genealogia antiga. No entanto, muitas das que pensamos ser cervejas antigas e tradicionais, como as trapistas, as Ales claras belgas e as Saisons, na verdade são criações do século XX. (Aquilo que você já ouviu por aí nem sempre é a história de verdade.)

A Bélgica já passou por maus bocados: espremida entre superpotências rivais, ela já foi dominada por franceses, holandeses, alemães, espanhóis e austro-húngaros. Duas guerras mundiais devastadoras foram travadas em seu solo, e elas trouxeram consigo ocupações estrangeiras calamitosas.

OS BELGAS ADORAM BEBER CERVEJA. Estatísticas publicadas no livro de Georges Lacambre, em 1851, demonstram que "para uma população de aproximadamente quatro milhões de indivíduos, [os belgas] fabricavam no mínimo oito ou nove milhões de hectolitros de cerveja por ano", sem que a exportação fosse um grande negócio. Isso resulta em um pint (0,58 litro, na verdade) de cerveja por pessoa por dia – mais ou menos o dobro do

Especiarias.
Seguindo tradições ancestrais, muitas das cervejas de estilo belga contêm combinações sutis de especiarias exóticas, como coentro, casca de laranja amarga, pimenta-da-guiné, cominho e anis-estrelado.

consumo de hoje. (Caso você esteja se perguntando, atualmente os tchecos são os maiores bebedores de cerveja, consumindo pouco mais de 0,4 litro por dia por pessoa.)

Por volta de 1900, a indústria cervejeira belga estava em baixa, e então aconteceu a Primeira Guerra Mundial. Apesar dos percalços, os cervejeiros belgas deram um jeito de se recuperar. As décadas de 1920 e 1930 testemunharam a introdução

Uma cervejaria do século XV.
Vitrais da catedral de Notre-Dame, em Tournai, na Bélgica, cerca de 1500.

***Opération de la brasserie,* aquarela de Jean-Louis-Joseph Hoyer (1762-1829).**
Em média escala, a fabricação de cerveja continuava sendo um processo bastante manual.

das cervejas mais refinadas, fortes e de alta densidade, que formam nossas impressões de hoje sobre a Bélgica. Milagrosamente, o antigo estilo Lambic conseguiu sobreviver.

A Bélgica nunca teve uma lei de pureza da cerveja. Isso quer dizer que nunca houve a remoção das antigas especiarias, ervas e açúcares que um dia foram comuns na produção de cerveja europeia. Coentro, casca de laranja, cominho, pimenta-da-guiné (uma especiaria pungente e apimentada) e vários tipos de açúcares abriram caminho até a cerveja belga, muitas vezes de maneira bem sutil. No entanto, o já citado Lacambre repara que essas são "especiarias inglesas", as quais realmente eram comuns em receitas inglesas do século XVIII e início do século XIX, especialmente aquelas feitas em propriedades privadas. Essa complexidade histórica só as torna ainda mais atraentes.

A fabricação de cerveja belga está sujeita ao mesmo tipo de "pilsnerização" e de consolidação que aflige muitas das regiões cervejeiras tradicionais da Europa. Mas, graças ao poderoso mercado de exportação – metade das cervejas da Bélgica não fica no país –, o cenário conta com uma abundância de produtos artesanais fascinantes, e também começa a ser habitado por cervejeiros artesanais inovadores, que injetam um tanto de criatividade e inovação. Para um apreciador de cerveja em busca de novas experiências, a Bélgica é um mundo encantado do mais alto nível.

Máquina de gelo de Linde, cerca de 1880.
Os primeiros equipamentos de refrigeração eram meio estranhos, mas transformaram para sempre a sazonalidade da fabricação da cerveja.

O NORTE DA FRANÇA, particularmente a região do Nord, que faz fronteira com Flandres, tem uma tradição cervejeira que se mistura à da Bélgica. Várias cervejarias pequenas já faziam suas próprias interpretações de alta fermentação das cervejas claras – as chamadas Bières de Mars (Märzens) –, e Bocks que eram tão populares como as Lagers em outros lugares da França. Essas, especialmente as versões duplas, renasceram como as Bières de Garde que conhecemos hoje.

Mais para o sul da França, a cerveja Lager de barril vinha da região da Alsácia-Lorena, que fazia fronteira com a Alemanha ao leste. Em 1871, quando a Alemanha anexou a região depois da guerra franco-prussiana, a Alsácia estava produzindo a maioria da cerveja francesa. Louis Pasteur estava entre aqueles que se enfureceram com esse ato de guerra e fez o que pôde para reconstruir a indústria cervejeira francesa como algo maior e melhor, capaz de produzir uma bebida mundialmente esplêndida, que ele gostava de chamar de "cerveja da vingança". Ele publicou seu célebre *Études sur la bière* em 1876, o qual demonstrava as razões pelas quais a cerveja estragava e sugeria métodos para evitar isso. Esse trabalho teve uma importância enorme e surtiu efeitos para muito além da França, em todos os recantos do mundo cervejeiro industrializado.

América do Norte

Os primeiros colonizadores da América trouxeram consigo o apreço pela cerveja, mas fabricá-la era extremamente difícil no Novo Mundo por algumas razões: a cevada não crescia bem nas regiões do Sul, como a Virgínia, ou no norte da Nova Inglaterra; e o malte importado era caro e só estava disponível ocasionalmente. As pessoas continuaram se esforçando durante o século XVII e início do XVIII, mas, após várias gerações, os gostos mudaram – depois de encararem cervejas feitas de melado, de abóbora seca e, como registrou uma cantiga, de "lascas de nogueira", não é difícil entender a razão. O acesso facilitado a destilados baratos colaborou para que o rum e o uísque substituíssem a cerveja na maioria das regiões, e a cidra também era fácil de se fazer nas fazendas. Por volta de 1800, o consumo de destilados era dez vezes maior que o de cerveja, medindo-se em galões. Ao refazer as contas, levando em conta a quantidade de álcool consumido, a proporção está mais próxima de 200 para 1.

A cerveja nunca foi algo adequado para áreas remotas, e esses espaços amplos dominaram a América do Norte por muito tempo. Fazer cerveja requer um clima amigável e muita infraestrutura, especialmente uma fonte constante de água limpa. Os ingredientes da cerveja são pesados e difíceis de se transportar por terra, e o mesmo também ocorre com o produto final. Seja na Virgínia Ocidental, seja na Dakota do Norte, o uísque, o rum e a cidra eram as escolhas mais lógicas para a maioria das pessoas.

No entanto, independentemente da maneira como as pessoas obtinham seu álcool, a cerveja feita em pequena escala permanecia importante nessa época do nascimento da América. A famosa receita de George Washington, que levava um pouco de melado com um punhado de farelo, provavelmente era comum. Ele era um destilador em escala comercial e tinha acesso a vinho Madeira importado e a outros produtos para quem bebia "a sério"; ainda assim, a cerveja em pequena escala era vital para o funcionamento de sua propriedade. A ideia era adicionar apenas o sabor suficiente para que ela se tornasse palatável e fosse uma fonte de água segura tanto para mestres quanto para escravos e serviçais. Depois da Revolução Americana, de 1776, Thomas Jefferson considerou que a cerveja era um caminho mais comedido para uma população que nadava em destilados, então começou a fazer experimentos com a fabricação de cerveja em Monticello, sem, no entanto, obter grandes resultados.

A exceção a essa falta de cerveja aconteceu na Pensilvânia e em partes de Nova York e Massachusetts. Onde houvesse alemães ou holandeses, sempre haveria demanda por cerveja, e esses imigrantes estabeleceram-se em terras que eram capazes de oferecer as matérias-primas para sua bebida favorita. Os holandeses chegaram a Nova Amsterdã (hoje Nova York) em 1630, e a fabricação de cerveja teve início por lá dois anos mais tarde. A produção de cerveja era uma indústria importante; tanto que a primeira rua pavimentada da cidade foi a Brouwer (Brewer) Street – a "rua do cervejeiro". A fabricação de cerveja continuou depois que os holandeses cederam a Nova Holanda para os ingleses em 1664, mas o principal centro transferiu-se para o sul. A Filadélfia tornou-se a Milwaukee de seu tempo: um centro cervejeiro famoso por suas cervejas Porter e Ale até o início da revolução da cerveja Lager.

Uma cervejaria em Monticello?
Thomas Jefferson esboçou esta planta para uma pequena cervejaria em sua propriedade no norte da Virgínia. Pelo que se sabe, ela nunca foi construída.

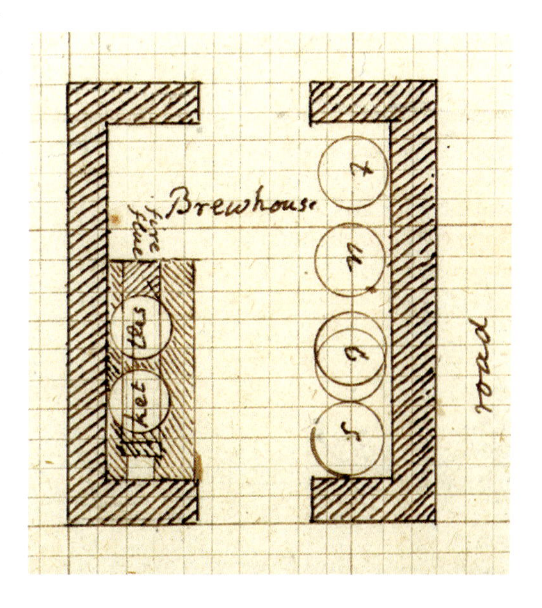

O Canadá, que nunca rompeu seus laços com a Grã-Bretanha, manteve sua própria versão da cultura cervejeira anglófila, pelo menos em Ontário.

SÉCULO XIX

O caos político gerado pelas exigências por um governo democrático na Alemanha e na Boêmia fez com que várias pessoas se deslocassem na década de 1840. Aquelas que vieram para a América sentiam uma forte atração pela cerveja, uma "cultura do prazer", como definiu a escritora Maureen Ogle (autora de *Ambitious Brew**). Para elas, um mundo sem a alegria de algumas cervejas Lager bebidas em um jardim numa tarde de domingo era simplesmente inconcebível. Eram homens cheios de ambição, habilidade e determinação, e que se propuseram a reconstruir sua cultura cervejeira do zero.

Muitos cervejeiros permaneceram pequenos e estavam felizes em servir suas comunidades locais, mas outros tinham planos grandiosos. O coronel Pabst, August Busch e os irmãos Uihlein de Schlitz sonhavam em possuir marcas que se estendessem de costa a costa. Essa ideia era um tanto incoerente na época, pois poucos eram os produtos, não importa quais, que dispunham desse tipo de distribuição; mas, conforme foram surgindo novas melhorias tecnológicas, esses homens rapidamente fizeram uso delas para atingir seus objetivos. Máquinas a vapor, vagões refrigerados, pasteurização, telégrafos e refrigeração artificial eram algumas dessas ferramentas. Sua visão de negócios e as habilidades organizacionais necessárias para que isso acontecesse eram impressionantes.

Os Estados Unidos, em 1890, estavam dominados pela ideia de ser uma nação e de ter seu próprio destino, mas ainda tentavam unir-se como um povo depois de meio século nos quais ondas sucessivas de imigrantes chegavam às suas margens, vindas de lugares como a Alemanha, a Irlanda, a Itália, entre outros. Cada grupo tinha sua própria comunidade, mas a ordem do dia era tornar-se um "americano de verdade". Uma maneira de criar uma cultura compartilhada acabou sendo consumir marcas de produtos nacionais feitas em fábricas modernas, que eram rigidamente consistentes onde quer que se encontrassem. Marcas nacionais, como os picles da Heinz, o café Folgers, os enlatados Del Monte e os refrigerantes Coca-Cola eram algumas delas, mas havia muitas outras. Havia um quê de modernidade em tudo isso (algo do que nos afastamos, felizmente); mas, naqueles tempos impetuosos, o pão de forma (1928) realmente era algo fantástico.

Os mesmos impulsos guiaram os gostos populares com relação à cerveja. Em meados do século XIX, as saborosas cervejas Lager de Munique eram predominantes. Mais para o fim do século, as cervejas Pilsner, claras e límpidas, e outras cervejas inspiradas pela Boêmia começaram a conquistar a imaginação do público. Além do fato de que esse estilo refrescante combina naturalmente com o clima quente de grande parte dos Estados Unidos, a adição de milho ou arroz compensava a propensão da cevada, cheia de proteína, de formar uma "névoa" branca (turbidez), e essas cervejas eram vistas como algo simplesmente mais moderno e elegante que suas predecessoras castanhas. Quando a Lei Seca teve início, quem comandava o cenário eram as cervejas Pale Lager.

INÍCIO DO SÉCULO XX

O golpe duplo da guerra contra a Alemanha seguida pela Lei Seca (dois eventos que não deixam de estar relacionados) teve um efeito devastador na indústria cervejeira e especialmente na cultura cervejeira dos Estados Unidos. Americanos de origem alemã basicamente tiveram que viver na clandestinidade. Os *biergärten** foram fechados. A família real inglesa mudou seu nome de Casa de Saxe-Coburg e Gotha para Casa de Windsor. Das aproximadamente 1,3 mil cervejarias que estavam em atividade pouco antes desse experimento social desastroso ter início, apenas 756 estavam abertas um ano depois de a Lei Seca ser revogada, e várias dessas estavam fadadas ao fracasso.

Toda uma geração cresceu enxergando o álcool como um fruto proibido, o que apenas o tornou

* "Cerveja ambiciosa", em tradução livre. (N. E.)

* Locais com áreas externas nas quais se servia cerveja. (N. E.)

mais atraente, mas de uma maneira meio sinistra e suja. A qualidade despencou. Pior ainda, como a cerveja só podia ser fabricada em locações absolutamente corruptas, como Chicago, os destilados começaram a se estabelecer em praticamente todos os outros lugares, e o coquetel tomou conta da imaginação de quem gosta de beber como uma opção moderna e sofisticada. Apesar de a indústria da cerveja ter recuperado seu patamar no final da década de 1950, a cerveja nos Estados Unidos ainda sofre com esse raciocínio perverso, mesmo tantos anos depois.

A competição com a indústria do refrigerante também foi um obstáculo: de 135 milhões de dólares em 1919, as vendas dessa bebida alcançaram 750 milhões em 1947 e duplicaram uma década depois. Os refrigerantes serviam bem à necessidade de uma bebida gostosa, refrescante e comedida – papel que tinha sido ocupado apenas pela cerveja por milhares de anos.

Quando a Lei Seca chegou ao fim, a cerveja começou lentamente a sair do buraco: as Lager escuras ao estilo de Munique praticamente já eram história, tendo sido substituídas pelas Pilsners refrescantes, tornadas mais leves pela adição de arroz ou milho. O consumo também migrou dos estabelecimentos para o lar: antes da Lei Seca, 75% das cervejas eram servidas em torneiras de chope em vez de serem engarrafadas, mas até 1945 essa proporção já havia se invertido, de forma que três quartos de toda a produção de cerveja era envasada e cada vez mais vendida para se levar para casa. Isso significava que a cerveja se tornou mais disponível para as mulheres, e elas também se tornaram mais envolvidas em sua compra.

Completando barris ilegalmente, cerca de 1933.
Tecnicamente, o consumo de álcool era ilegal durante a Lei Seca, mas havia várias brechas na lei; em cidades como Chicago, a corrupção permitia que a fabricação de cerveja atingisse uma escala imensa com pouca interferência.

A PRIMEIRA CERVEJA EM LATA foi lançada pela Kruger Brewing Company de Newark, Nova Jersey, em 1935. As novas latas eram leves, gelavam rapidamente e ocupavam menos espaço na geladeira que as garrafas, características que eram muito apreciadas pelas mulheres. Quando batalhões de soldados retornaram da Segunda Guerra Mundial, depois de terem experimentado a cerveja enlatada na intensa arena da guerra, as latas mostraram ser algo perfeito para o lar. Elas tornaram-se um sucesso.

Soldados celebram o fim da guerra com latas de cerveja.
A Segunda Guerra Mundial trouxe mudanças enormes para a maneira como a cerveja era envasada e consumida. As primeiras latas de "ponta cônica" podiam ser preenchidas em uma fileira de engarrafamento normal, mas rapidamente foram substituídas por outras opções mais baratas.

As latas, aliás, são algo neutro com relação ao seu efeito sobre o produto que abrigam, apesar de serem vistas por pessoas esnobes na década de 1980 como um indicador de classes sociais mais baixas, nas quais se encontravam os "zé latinhas". Inicialmente feitas de aço, e agora de alumínio, as latas são revestidas de um material inerte à cerveja e têm a vantagem de ser totalmente opacas e recicláveis. As cervejas artesanais enlatadas vêm se proliferando e crescem mais rápido que o mercado da cerveja artesanal como um todo.

MEADOS DO SÉCULO XX

Outra história do século passado da qual não dá para escapar é a da consolidação de mercado. Havia 4.131 cervejarias nos Estados Unidos em 1873. Um século depois, havia pouco mais de cem. Isso não é algo único da indústria cervejeira, nem dos Estados Unidos; é um fato, no mundo dos negócios, que com o passar do tempo a eficiência das operações maiores, aliada ao marketing nacional, à vulnerabilidade dos produtores mais fracos e à necessidade de se obter dinheiro para crescer em conjunto fazem com que os grandes se tornem cada vez maiores, enquanto os menores são deixados de lado.

Por razões ligadas à consolidação e à situação relativamente madura do mercado, as décadas de 1950 e 1960 ofereceram uma corrida acirrada para se alcançar o patamar mais baixo no que se refere à qualidade da cerveja e ao preço. Marcas mais baratas surgiram, seguidas pelas ultrabaratas – um movimento que só foi contido pela exigência do governo federal de que cervejas deveriam conter pelo menos 50% de malte. O fundo do poço chegou primeiro com as cervejas da marca do supermercado e em seguida com uma cerveja genérica que vinha em latas sem qualquer tipo de marca.

UMA VARIEDADE DE ADITIVOS foi utilizada para tornar essas cervejas baratas mais palatáveis. Descobriu-se que sais de cobalto melhoravam dramaticamente a espuma da cerveja, e isso foi considerado um presente divino, até que as pessoas começaram a passar mal e o produto foi recolhido. No final da década de 1980, a maioria desses aditivos já tinha desaparecido, e também deve-se apontar que nem todas as cervejarias apelaram para esses extremos a fim de reduzir o preço.

Toda essa pressão financeira exigiu muito do processo de produção. Conforme a quantidade de malte foi caindo, tornou-se cada vez mais difícil fabricar um produto que lembrasse cerveja o suficiente para merecer esse nome, e os cervejeiros eram pressionados a avançar mais rapidamente pelo ciclo de produção. A fermentação contínua era, e ainda é, uma obsessão entre aqueles que querem modernizar a produção da cerveja. Nesse processo, o mosto é incluído em uma ponta do fermentador e a cerveja finalizada sai da outra. Como a esteira em um forno, isso resolve vários problemas na produção de cerveja em lote. Os cervejeiros da Schlitz acharam que tinham feito uma boa descoberta quando ligaram seu fermentador contínuo em 1973, e com razão. Mas os primeiros lotes de cerveja saíram altamente amanteigadas e intragáveis. Esse grande passo em falso coincidiu com uma condenação por suborno que trouxe uma vigilância governamental intensa sobre a empresa, o que condenou a marca a se esconder para sempre nas sombras, como um morto-vivo.

A ÚLTIMA PARTE da história da cerveja industrial norte-americana é o sucesso da cerveja light. A ideia já vinha circulando por algum tempo. A Miller adquiriu uma marca apática, a Lite, que inicialmente pertencia à Gablinger e depois fez parte da família Meister Brau. Em 1975, a Miller fez com a Lite a mesma coisa que sua companhia-mãe, a Philip Morris, havia feito com a Marlboro décadas antes: pegou uma marca voltada para o público feminino e a reposicionou com uma dose alta de testosterona, dessa vez por meio de estrelas do esporte mais velhas, os cowboys da época. *Bam!* A Lite e seus vários imitadores dispararam para o topo das vendas, ultrapassando as cervejas regulares em níveis de produção em 2005. Como qualquer outro produto de sucesso, a Lite simplesmente captou o momento e apresentou seu produto a um segmento de mercado sedento por suas qualidades específicas.

Esse movimento em direção a cervejas leves e claras alcançou seu ponto mais baixo com o lançamento da Miller Clear em 1993. Essa cerveja transparente, despojada de quase toda a cor e o sabor por um processo de filtração em carbono acabou indo – felizmente – meio longe demais. Bem quietinha, ela se enfiou no quarto escuro das marcas fracassadas.

Cerveja sem nome. As coisas ficaram tão feias na década de 1970 que havia mercado para uma cerveja tão barata que sequer tinha marca.

A cerveja ao redor do mundo, no século XX e além

Na Europa, fatores similares de economia e preferência de consumo aturaram no século passado, mas os detalhes se desenrolaram de maneira diferente.

A consolidação e o afunilamento do mercado para os agentes mais fracos tiveram seu papel, mas, como não houve um bloqueio catastrófico como aconteceu nos Estados Unidos durante a Lei Seca, isso levou muito mais tempo para acontecer – praticamente uma morte lenta. As nações cervejeiras clássicas têm uma base de fãs quase fanática por seus produtos tradicionais, como a Real Ale e a Lager feita de puro malte. Esses fãs estão longe de serem a maioria, mas em alguns lugares eles são organizados e fazem bastante barulho.

Mesmo naquele solo sagrado dos "nerds" da cerveja que é a Bélgica, as Pilsners ocupam 70% do mercado. Durante o século passado, esse estilo destruiu e ocupou o espaço de muitas especialidades locais. Atualmente, a Alemanha tem sua rede extensa de cervejarias locais, mas a maioria faz produtos parecidos, e a pressão para se consolidar ainda está bem viva. De certa maneira, os Estados Unidos tiveram a sorte de passar pelo pior desse processo uma ou duas gerações atrás. Quando eles chegaram ao fundo do poço com relação ao número de cervejarias e de cervejas interessantes no fim da década de 1970, não havia por lá uma cultura cervejeira, então eles fizeram aquilo que os estadunidenses fazem de melhor: se reinventaram.

No entanto, alguns bolsões de cervejas de verdade, cheias de personalidade, conseguiram sobreviver, mesmo em um país afogado em Pilsner como a Alemanha. Ultimamente tenho recebido e-mails de pessoas na Alemanha que estão experimentando com variedades "radicais". Das alegres Session Beers do Reno à Weissbier de Berlim e de Jena, passando pelo parque de diversões cervejeiro que é Bamberg, no norte da Baviera, há cervejas especiais dignas de se comentar, e suas histórias serão contadas no capítulo 11.

Em alguns lugares, como na Itália e na Dinamarca, onde não há uma história recente de tradições locais relevantes, pequenos cervejeiros construíram um cenário interessante do zero. Nesse momento, a Itália parece estar em um caminho inspirado pela Bélgica, enquanto o cenário dinamarquês de cerveja artesanal está começando a lembrar o parquinho do lúpulo que é a produção de cerveja artesanal estadunidense. Também há muita coisa interessante acontecendo no Japão desde que o governo reduziu a exigência de um tamanho mínimo para as cervejarias, passando para um tamanho razoável. Apesar das dificuldades econômicas, de mercado e de regulamentação, as cervejarias artesanais estão brotando na América Latina, com cenas particularmente vibrantes no Brasil, no Chile e no México avançando rapidamente. É uma época muito empolgante para a boa cerveja.

O MOVIMENTO CAMRA DA INGLATERRA

O produto clássico das cervejarias da Inglaterra há muito tempo é a Real Ale (ou "Ale verdadeira"), carbonatada naturalmente em casks. Lá pelo fim da década de 1960, ela estava sob a ameaça das grandes cervejarias, que buscavam "modernizar" o produto com a substituição por barris carbonatados artificialmente ou tanques enormes, recarregados por caminhões-pipa. Em 1971, a Campaign for Real Ale (CAMRA) foi criada para combater essa tendência, fazendo uso da pressão pública e da política para garantir que esse tipo de cerveja continue sendo uma opção viável nos pubs da Grã-Bretanha. Esse movimento também faz algumas publicações e conduz uma quantidade de festivais de Real Ale pelo país, entre eles o Great British Beer Festival, que ocorre todo ano em agosto. Em 2016, a campanha contava com 175 mil membros.

Apesar de sua retidão moral e da quantidade formidável de afiliados, a CAMRA não tem sido capaz de preservar a posição da Real Ale como a bebida nacional, e hoje foi ultrapassada pelas Lager e pelas cervejas em kegs* para se tornar como um produto especial, constituindo apenas 17% das cervejas vendidas em pubs em 2013; além de estar disponível em menos da metade dos pubs da nação. As forças econômicas e o comportamento de consumo podem ser combatidos e até levemente modificados, mas no fim das contas o poder das cervejas Lager sempre vence.

* Kegs são equivalentes aos barris de chope encontrados no Brasil. (N. E.)

Estados Unidos, de 1970 até o presente

Hoje é difícil de imaginar, mesmo por quem estava presente, como o horizonte da cerveja estadunidense era miserável em 1977. Na época, havia menos de cinquenta empresas produtoras de cerveja com menos de cem cervejarias – o número mais baixo dos últimos duzentos anos. Ainda havia poucas cervejarias regionais, muitas das quais hoje vão de vento em popa, mas naquele momento elas produziam um conjunto de produtos tímidos e insossos, voltados para uma base de clientes cada vez mais idosa. As poucas que ainda fabricavam uma cerveja Bock sazonal geralmente não faziam mais que tingir suas Lager claras com um toque de corante caramelo. Ninguém parecia se importar com o *produto*.

Para ser justo com os honrados homens de família que fizeram essas instituições quase cair no esquecimento, o século XX foi bem cruel com as cervejarias, especialmente as regionais: mudanças nos padrões de consumo e uma cultura nacional novinha em folha significavam que não havia uma real necessidade por elas, e a luta pela sobrevivência depois da Lei Seca transformou-se em décadas de uma competição canibal de redução de preços, barateamento do produto e consolidação. Havia um toque de orgulho aqui e ali, mas honestamente não havia muito com o que se formar uma cultura.

Mais ou menos nessa época, em um canto distante e pacato de São Francisco, um jovem de espírito inquieto e com a carteira mais recheada do que a maioria das pessoas esbarrou em uma dessas últimas cervejarias locais que ainda fabricavam um produto histórico e interessante. A cervejaria se chamava Anchor, e a cerveja, Steam. Em 1965, Fritz Maytag comprou a Anchor e dedicou sua vida a fazer com que ela voltasse a ter importância. A maioria considera que essa reformulação total da icônica Steam Beer, em 1971, foi o

Cervejaria Anchor.
Tecnicamente, a Anchor é a última sobrevivente de uma tradição que um dia foi muito difundida, mas a reinvenção da Steam Beer em 1971 tornou-a a primeira cervejaria artesanal dos tempos modernos.

início da cerveja artesanal moderna nos Estados Unidos. É justo que essa primeira cervejaria artesanal também mantenha um elo vivo com as tradições cervejeiras autênticas do país e tenha o tipo de bagagem histórica descolada que é impossível de inventar.

Enquanto Fritz Maytag estava ocupado resgatando a cervejaria Anchor em São Francisco, várias outras coisas aconteciam. Os jovens estadunidenses haviam experimentado pessoalmente as cervejas clássicas da Europa, seja enquanto serviam em bases militares, seja enquanto mochilavam pelo continente. O *Whole Earth Catalog** foi lançado, e, apesar de mal falar de cerveja, para muitos de nós ele indicava o caminho para um futuro com um mercado mais afável e gentil com produtos interessantes feitos à mão em todas as categorias, uma temática que ressoa ainda hoje com a mesma força. Michael Jackson estava trabalhando duro em sua obra *World Guide to Beer,** publicado pela primeira vez em 1977. Livros sobre a fabricação caseira de cerveja começavam a escapar para fora da Inglaterra, exigindo ingredientes esquisitos, como melaço; e Fred Eckhardt publicou um livro pequeno, mas muito detalhado tecnicamente, chamado *A Treatise on Lager Beer.** A produção caseira de cerveja ainda era ilegal – um lapso da lei aprovada logo depois da revogação da Lei Seca –, mas ninguém parecia se importar muito. É difícil exagerar a importância da cervejaria caseira como uma fonte de ideias e paixão para pessoas que fazem a cervejaria acontecer. Sem ela, o cenário da cerveja hoje seria bem diferente.

A primeira microcervejaria de verdade foi a New Albion Brewing, em Sonoma, na Califórnia, aberta por Jack McAuliffe em 1976. Ela não durou muito, mas a produção de cerveja caseira logo começou a fazer sucesso, e com um suprimento constante de sujeitos fazendo cerveja e amigos que comentavam "Cara, essa cerveja é ótima. Você deveria abrir uma cervejaria", em pouco tempo um bom número deles resolveu seguir os conselhos de seus colegas. Os poucos se tornaram muitos, e no início da década de 1990 já havia centenas de cervejarias e brewpubs produzindo uma gama enorme de cervejas saborosas, e, às vezes, até magníficas.

Nesse início da década de 1990, a cerveja artesanal apresentava um crescimento de 45% ao ano e começava a atrair uns tipos desagradáveis – e por "tipo desagradável" eu quero dizer um pessoal que só se interessava pelo aspecto financeiro da cerveja artesanal, o que não basta para o empreendimento dar certo. Nenhuma cervejaria que tentou já começar grande foi bem-sucedida. Na virada do século, o mercado passou por um abalo, mas o lado bom foi que sobrou uma boa quantidade de equipamento usado sendo vendido por um bom preço.

A indústria da cerveja artesanal é bem mais sofisticada hoje em dia. A qualidade da cerveja é alta, já se aprendeu a fazer o marketing de forma correta para que a história se espalhe e a perspicácia nos negócios alcançou a paixão pela cerveja, sem, no entanto, ultrapassá-la. O crescimento estabilizou-se em robustos 10% a 15% ao ano, e a categoria agora ocupa 11% da produção do mercado estadunidense e por volta de 19% da renda (estatísticas de 2014). A América do Norte abriga as cervejas mais diversas, criativas e deliciosas do planeta. O falecido autor Michael Jackson gostava de chocar o público europeu com essas observações.

Por mais de cem anos, a direção da indústria cervejeira era determinada por seus atores de maior porte. Hoje, com a estagnação das grandes cervejarias e o florescimento contínuo das cervejarias artesanais, isso não acontece mais. Eu torço para que estejamos partindo rumo a uma era em que o mercado de cerveja se torne algo mais ou menos como o do vinho, com várias opções. Quando se escuta August Busch IV dizer "uma ampla gama de opções para o consumidor é o futuro da cerveja nos Estados Unidos", é apenas uma questão de olhar para dentro de si e comprovar que ele está certo.

* "Catálogo da terra inteira", "Guia mundial da cerveja" e "Um tratado sobre cerveja Lager", respectivamente, em tradução livre. (N. E.)

Cerveja artesanal sofisticada. Apesar da florescente popularidade das IPAs, a cerveja artesanal começou como uma maneira de restaurar a variedade do mercado de cervejas americano.

O mercado da cerveja

Desde seus primórdios, a cerveja foi vendida dentro de um sistema altamente regulamentado. O Código de Hamurábi ameaçava afogar no rio as cervejeiras que enganassem seus clientes; e as sanções de hoje podem ser quase tão severas quanto. Por milhares de anos, os governos sentiram a necessidade de manter vivas as contribuições da cerveja à sociedade – considerando-as enquanto um artigo passível de taxação e enquanto bebida alcoólica – sem permitir que ela provocasse problemas demais. Como o ser humano é corruptível por natureza, e por causa do que está em jogo para todas as partes envolvidas, é inevitável que esses esforços possam ser mal utilizados de vez em quando.

Nos Estados Unidos, muitos aspectos da regulamentação das bebidas alcoólicas estão sob responsabilidade de cada estado, principalmente no que se refere à sua venda.

Por causa de alguns excessos cometidos nos bares de propriedade das cervejarias antes da Lei Seca, na maioria dos estados estabeleceu-se um sistema de distribuição em três patamares depois que a lei foi revogada. Costuma-se abrir exceções para brewpubs e, às vezes, para microcervejarias e microvinícolas, mas em geral as bebidas alcoólicas devem partir da cervejaria (ou importadora) para uma distribuidora, e dali para uma revendedora. Em muitos estados, as distribuidoras estão protegidas por leis de franquia, que estabelecem os limites e as obrigações nas relações entre essas partes.

O lado positivo é que as leis de franquia dão às distribuidoras incentivos para investirem nas marcas com que trabalham, já que têm a garantia de que elas não podem ser eliminadas sem aviso prévio pelos caprichos de uma cervejaria. O lado ruim é que esse investimento nem sempre acontece, e há casos em que as distribuidoras mantiveram marcas numa espécie de prisão, na qual elas não recebiam apoio, mas também não tinham permissão para procurar outra distribuidora que lhes desse mais atenção. Com o passar dos anos, as leis de franquia deixaram muitas pessoas infelizes e estão constantemente na berlinda em assembleias legislativas, já que ambos os lados lutam para deslocar a balança a seu favor.

As mentes mais razoáveis da indústria cervejeira compreendem a necessidade de se trabalhar com distribuidoras. Um dos argumentos a favor desse sistema de três patamares é que ele impede que as cervejarias controlem as revendedoras diretamente. Para conferir o que acontece quando esse é o caso, basta olhar para o que ocorre na Inglaterra: lá, as cervejarias historicamente controlaram a imensa maioria dos pubs, seja por propriedade direta, seja por empréstimos em condições excepcionalmente generosas. Nessa situação, a estratégia de marketing se torna gastar seu orçamento tentando deixar seus pubs cada vez mais confortáveis e vistosos para atrair os consumidores. Isso gerou alguns lugares deslumbrantes, mas costuma limitar a variedade de cerveja a um punhado de produtos fabricados pela mesma cervejaria, mais uma cerveja "convidada" de brinde, muitas vezes retirada do portfólio de uma cervejaria irmã. Depois que a Monopolies Commission* obrigou as cervejarias a abrirem seu mercado, um pequeno número de grandes corporações multinacionais tomou o controle, trazendo consigo sua tendência a negociar apenas com as cervejarias maiores e a manter o número de opções do consumidor bastante limitado. Se você já tentou encontrar a produção de uma cervejaria local em uma franquia de restaurantes estadunidense

* Comissão de Monopólios, órgão público britânico criado para investigar e regulamentar fusões, monopólios, práticas anticompetitivas, etc., do setor público e de certas indústrias privatizadas. (N. E.)

Uma torneira de Real Ale no balcão do Euston Flyer em King's Cross, Londres.
A glória de vários pubs ingleses era bancada pelas cervejarias, que insistiam na venda exclusiva de seus produtos – ou simplesmente eram as donas dos pubs.

(e quem de nós já não tentou?), você entende o que eu quero dizer.

Os Estados Unidos estão tão completamente dominados pelos figurões (a Anheuser-Busch tinha 46% do mercado estadunidense em 2014) que, se tivessem permissão para ser proprietários dos pubs, isso facilmente poderia se tornar uma maneira de restringir o acesso dos consumidores a marcas menores.

Para cervejarias iniciantes, a distribuição é uma questão espinhosa. No começo, a maioria ainda está tentando se encontrar, esforçando-se para descobrir como é seu mercado e confrontando-se com as complexidades do negócio. Em geral, as distribuidoras gostam mais de trabalhar com marcas um pouco mais maduras, que já ajustaram suas áreas de produção e de marketing. Em vários estados, as cervejarias que funcionam abaixo de certo tamanho têm permissão para distribuir seu próprio produto. As distribuidoras consideram que essa é uma violação de seu direito pétreo ao sistema de três patamares, mas pode-se argumentar que é melhor para elas mesmas que as microcervejarias tenham permissão para gerirem por conta própria até que estejam prontas para entrar no mercado com um passo mais sofisticado.

AS LEIS DE CONTROLE DE BEBIDAS NOS Estados Unidos são um amontoado de regulações, às vezes sem pé nem cabeça, com variações insanas de lugar para lugar. Há regiões que permitem o consumo de álcool, há aquelas que o proíbem e as que permitem que ele seja adquirido apenas em restaurantes e clubes privados. Há um condado em Maryland que é a própria distribuidora, entre várias outras práticas que seriam risíveis não fosse o poder que têm de podar nossa capacidade de usufruir de produtos legais da maneira que mais nos convém.

Graças a uma suavização gradual do clima político e a muito trabalho duro e conjunto de entusiastas e profissionais, algumas das velhas regulamentações estão tornando-se vítimas da racionalidade. Restrições de teor alcoólico para as cervejas na Carolina do Norte e vários outros estados foram removidas, e as restrições anticompetitivas quanto ao tamanho da embalagem na Flórida foram suspensas. Ainda há muito mais a ser feito, e as forças que trabalham por uma nova Lei Seca estão sempre tentando trazer o passado de volta; então, todos nós que gostamos de uma boa cerveja devemos permanecer vigilantes e a postos para lutar por ela. A Brewers Association mantém uma lista de pessoas que já manifestaram interesse em manter aberto seu acesso à boa cerveja e as convoca sempre que necessário para conseguir uma pressão de base em questões relacionadas à cerveja.

Enfim, a cerveja é um excelente espelho da História. Sempre fico impressionado pela quantidade de histórias que cada cerveja tem para contar. Quando ergo um copo e reflito a seu respeito, percebo que cada aspecto dessa mistura de malte, lúpulo e espuma é consequência de uma cadeia de acontecimentos notável, que começou mais ou menos dez mil anos atrás. Que bebida profunda.

Trecho de *Let There Be Beer!**

"Joe e seu comparsa estavam sentados em uma das cabines de madeira simples em frente ao longo e reluzente balcão de cerveja da Hofbräu-Haus, um bar tão longo e reluzente quanto a vida. Uma estrada estreita em linha reta até o céu.

O colega de Joe ergueu dois dedos e bradou, 'Zwei dunkels, Fritz' para o garçom, um gnomo alemão muito simpático, mais baixo que os garotos, tão ativo quanto a levedura da cerveja.

A cerveja chegou. Joe viu a integridade da Würzburger pela primeira vez, e foi completamente arrebatado. Não havia outra bebida no mundo igual a essa – a espuma era como um creme, era possível comê-la com uma colher."

– Bob Brown, 1934

* "Que haja cerveja", em tradução livre. (N. E.)

CAPÍTULO 2

AVALIAÇÃO SENSORIAL

Por que degustar cerveja? O mundo não seria um lugar melhor se nós pudéssemos simplesmente beber, curtir e relaxar? Claro que há ocasiões em que uma abordagem não crítica é uma boa pedida. Mas há muitas outras que requerem uma abordagem mais focada e estruturada.

CERVEJEIROS GRANDES E PEQUENOS têm que avaliar suas cervejas constantemente para conferir a consistência, a ausência de defeitos e a adequação à sua fatia de mercado. Mesmo para as pequenas cervejarias, implementar um programa de avaliação sensorial estruturado pode render bons retornos. Outros membros do mercado cervejeiro também precisam saber distinguir o que é bom do que é ruim, diferenciar um estilo de outro, policiar suas próprias operações e tentar determinar quais cervejas vão oferecer as sensações mais irresistíveis para seus clientes. E mesmo para os degustadores casuais, dedicar-se a desenvolver uma técnica de degustação e o vocabulário adequado pode ajudar a extrair mais experiência, significado e prazer a cada cerveja degustada.

Entendendo nossos sentidos

A sensação começa com o estímulo e termina com a percepção. Espalhadas pela interface onde nossos sentidos encontram o mundo exterior, as terminações nervosas disparam de maneiras específicas quando são estimuladas por uma imensa variedade de substâncias químicas, enviando sinais em uma jornada desenfreada que atravessa várias estações de processamento e, muitas vezes, passa por partes emocionais do cérebro antes de chegar ao "andar de cima", isto é, à parte cognitiva do cérebro. Os sinais codificados, simples no início, são processados em diversos estágios até que começam a se expressar como pensamentos, memórias e, finalmente, linguagem.

O gosto e o cheiro, ou, em termos técnicos, o paladar e o olfato formam nossos sentidos químicos, auxiliados por algumas "sensações na boca". É um sistema minuciosamente afinado por centenas de milhões de anos de evolução, sem dúvida muito mais antigo que sensos "mais importantes" como a audição e a visão. Praticamente todas as criaturas do planeta têm algum tipo de capacidade nessa área. Por muito tempo, os cientistas tinham certo preconceito contra esses sentidos que nos mantêm vivos, considerando-os primitivos e indignos de estudo. As últimas décadas revelaram como eles estavam errados.

Nossos sentidos nos ajudam a navegar esse mundo sublime e perigoso em que vivemos. Os sentidos químicos nos dão informações sobre comida e bebida; valor nutricional, digestibilidade e toxicidade, maturação, e muito mais. Além disso, o olfato é uma ferramenta de comunicação importante – como qualquer pessoa que já viu um cachorro fazendo xixi em uma árvore pode atestar. Descobriu-se recentemente que o sentido do paladar pode ter outro papel oculto, servindo de primeira linha de defesa contra micro-organismos invasores. As células que captam os sabores podem ser encontradas por toda a cavidade nasal e do intestino, assim como em vários órgãos e até nos ossos. Parece que algumas proteínas amargas presentes na superfície de bactérias podem estimular essas células gustativas, as quais passam a liberar compostos químicos que, direta ou indiretamente, dão início ao ataque contra os invasores, agindo de maneira muito mais rápida do que o sistema imunológico.

Como os sentidos químicos são extremamente antigos, eles são processados de maneiras bem diferentes da visão e da audição, e muitas vezes podem nos parecer estranhos e ilógicos. Os sinais de paladar, por exemplo, alcançam primeiro o bulbo no sistema nervoso central, que é a parte mais primitiva do cérebro, responsável por controlar nossos batimentos cardíacos e nossa respiração. É o bulbo que decide se aquilo é algo de que gostamos – ou não. Os sinais olfativos abrem caminho até a amígdala cerebral e o hipocampo, outras regiões ancestrais do cérebro que estão envolvidas com as emoções e com a memória. Pode parecer estranho, mas na verdade faz todo sentido. Às vezes, os aromas representam ameaças ou oportunidades com as quais devemos lidar com força e velocidade. As emoções criam ação direta, muitas vezes além do controle de nosso cérebro racional. Se um macaco na floresta sente o cheiro de uma fruta madura, ele não tem necessidade de saber o nome da espécie – tudo o que sabe é que tem de se mover até aquele lugar para repetir o banquete que teve na estação passada.

É frustrante para nós, especialmente quando estamos tentando lidar com o desafio de ser bons degustadores; queremos que nossos cérebros sejam lógicos, mas eles não são. Queremos transformar os aromas em um vocabulário, mas nossos cérebros não estão estruturados para que isso aconteça facilmente. De muitas maneiras, aprender a lidar com a estranheza de nosso próprio ser está no âmago do processo de se tornar um mestre de degustação. Estamos tão acostumados ao aprendizado visual e linguístico que sentimos dificuldade quando temos que fazer as coisas de maneira diferente.

Eu lhe prometo, no entanto, que é possível adestrar esses recantos ocultos de nosso ser e colocar seus talentos ímpares para trabalhar nesses propósitos. Mas você vai ter que aprender a se soltar primeiro, relaxar e deixar que eles façam o que fazem de melhor, depois escutar com atenção quando eles começarem a falar.

O OLFATO, O PALADAR E AS SENSAÇÕES NA BOCA são os principais sentidos que utilizamos para interagir com a cerveja, mas outros sentidos também colaboram com a degustação. Se você aprender a fazer bom uso deles, eles lhe contarão tudo que você quer saber sobre uma cerveja. Apesar de serem sentidos distintos, nosso cérebro os reúne de maneiras que costumam ser úteis, mas que ao mesmo tempo tornam mais difícil separar o que é cada um. Nós todos temos uma ideia sobre o que é um "sabor", mas na realidade isso não é um sentido, e sim uma impressão criada pela combinação de estímulos sensoriais dos três sentidos químicos, possivelmente influenciada pelos outros sentidos e até por processos cognitivos, como a percepção de marca.

Por consequência, é necessário aprender a distinguir cada sentido separadamente quando preciso, e fazer uso mais acurado da linguagem. É comum dizer que algo tem um aroma doce, mas isso simplesmente não é possível; a doçura é um gosto sentido puramente na boca. A realidade é que para coisas como o caramelo, o chocolate e a baunilha, nossas associações cotidianas estão tão distorcidas na direção do doce que não há como deixar de descrevê-las dessa maneira. Assim, parte de se treinar como degustador é "destreinar" seu cérebro, que tão prestativamente sintetiza essas coisas todas, para então aprender a "descascar" todas as camadas.

O sentido do paladar

Assim como os demais sentidos químicos, o paladar evoluiu para nos dar pistas importantes sobre o que é bom e o que é ruim em nosso ambiente, para nos guiar na direção de alimentos nutricionalmente desejáveis e nos afastar de venenos em potencial. Ele é tão importante para nossa sobrevivência que está ligado ao nosso cérebro por meio de três trilhas diferentes, de maneira que, se uma delas se danificar, ainda há dois estepes capazes de realizar o trabalho – a mesma redundância que se aplica em naves espaciais, por exemplo.

Se você olhar sua língua de perto, vai reparar que ela está coberta de pequenas protuberâncias. Essas são as papilas gustativas, e encravados em grupos específicos delas estão os chamados botões gustativos. Cada um de nós tem entre dois mil e oito mil botões gustativos em nossas línguas, com quantidades menores em outras partes da boca, nas quais eles desempenham diferentes funções. Cada botão gustativo é um aglomerado de células sensoriais ao redor de um poro central que permite a entrada de líquidos, os quais entram em contato com as células. Cada célula sensorial é sensível a um grupo de substâncias químicas específicas. Há por volta de quarenta tipos de receptores diferentes já identificados em humanos, e mais da metade deles são específicos para o amargor. No entanto, cada vez mais deles estão sendo identificados.

O mapa da língua, do jeito que aprendemos na escola, mostra as áreas de sensibilidade aos vários gostos: doce na frente, azedo nas laterais, etc. É uma mentira, que quase nada tem a ver com a realidade fisiológica. O mapa da língua teve sua origem com a frenologia, uma pseudociência que associava os

O antigo mapa da língua.
Um produto errôneo do charlatanismo do século XIX, ainda difícil de ser eliminado dos livros didáticos.

Um novo mapa da língua.
Há três regiões sensíveis ao gosto na língua, mas a metade frontal tem sensibilidade igual para todos os sabores. O amargor é percebido com um pouco mais de intensidade nas papilas circunvaladas da parte de trás, e as papilas foliadas nas laterais são levemente mais sensíveis ao azedo.

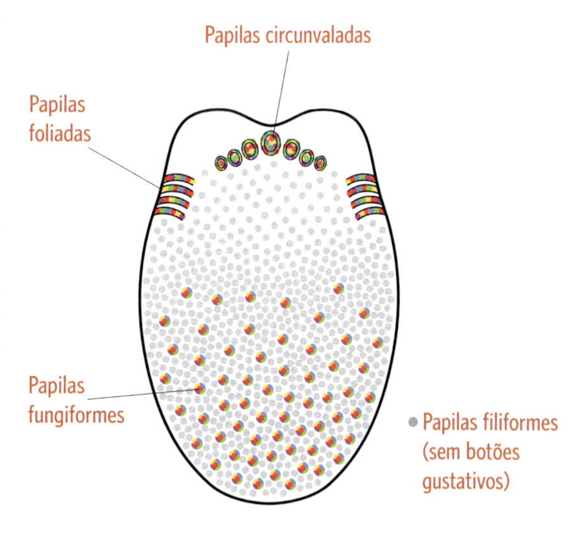

calombos e as cavidades do crânio a propensões morais, e que posteriormente foi perpetuada por alguns mapeamentos entusiastas, mas com dados duvidosos. O mapa da língua se encravou em nossa base de conhecimento comum e até hoje se mostra muito difícil de ser extirpado.

Existe certa localização da sensibilidade dos sabores ao longo da língua, mas a maior parte dela é sensível a todos os seis sabores (confira a ilustração a seguir). A língua está coberta de papilas filiformes, as menores protuberâncias que conseguimos enxergar e sentir. Elas não contêm botões gustativos e são puramente mecânicas. Há diferentes grupos de papilas que contêm botões gustativos em áreas específicas da língua. As protuberâncias maiores espalhadas pelas papilas filiformes nos dois terços frontais da língua são as papilas fungiformes (em formato de cogumelo), um pouco mais concentradas nas margens. Cada uma delas tem uma quantidade de botões gustativos distintos alojados em suas laterais, não em seu topo. Com apenas pequenas variações, esses botões gustativos são igualmente sensíveis aos sabores doce, amargo, azedo, salgado e umami, assim como sabores recém-descobertos, como o da gordura.

Na parte de trás da língua fica uma fileira de grandes papilas circunvaladas; nas laterais, mais para o fundo da língua, ficam as papilas foliadas. As papilas circunvaladas parecem ser especialmente sensíveis ao amargor, à doçura e à gordura, razão pela qual engolir é considerado como parte do processo de degustação de cerveja; as células nas papilas foliadas são um pouco mais sensíveis à gordura e especialmente ao azedo, motivo por que um gole de limão (ou de cerveja Lambic ácida) dispara uma sensação aguda localizada nas laterais da parte de trás da língua. Descobriu-se também que a acidez em altos níveis pode disparar uma sensação dolorosa na boca.

Um detalhe celular é especialmente importante para os degustadores: o sabor ácido e o sabor salgado disparam mecanismos relativamente simples, que reagem instantaneamente. O sabor doce, o amargo e todos os outros operam por meio de um processo em duas partes que incorpora os chamados receptores acoplados à proteína G. O lado positivo é que essas respostas de sabor demoram um pouco mais para serem registradas que o salgado e o azedo. Ter consciência disso nos ajuda a compreender a maneira como um gole de cerveja se desenrola com o tempo.

Cerveja doce.
Estilos de cerveja como a Doppelbock, a Milk Stout e a Scotch Ale costumam ter uma doçura residual.

Os gostos básicos

DOCE

Essa sensação familiar desenvolveu-se para nos alertar quanto aos alimentos com muito poder nutricional em um ambiente em que eles costumavam ser bastante escassos. Mesmo bebês prematuros respondem automaticamente a sabores doces com a amamentação. Agora que bebidas e comidas doces estão à mão, essa sensação muitas vezes nos faz um desserviço – algum recôndito escuro de nossos cérebros ainda pensa que as comidas doces fazem bem, e nós as consumimos em excesso.

Quase sempre há alguma doçura na cerveja, apesar de que isso só se torna um fator majoritário em alguns estilos cheios de sabor, como a Scotch Ale, a Doppelbock e a Milk Stout, em que há uma quantidade significativa de açúcar residual. O álcool, em níveis altos, às vezes também tem um sabor adocicado. A doçura é importante na maioria das cervejas como um elemento de equilíbrio, apesar de ser suprimida pelo amargor do lúpulo, pelo malte torrado ou pela acidez.

AZEDO

Esses sensores detectam íons de hidrogênio, assim como todos os medidores de pH. A acidez (ou falta dela) é um indicador bastante confiável para determinar se uma fruta está madura e também sinaliza se uma comida está estragada – e essa pode ter sido a utilidade evolutiva desse gosto.

O mecanismo celular é bastante simples, o que justifica a reação instantânea que temos ao experimentar comidas e bebidas ácidas. A cerveja é uma bebida moderadamente ácida, em geral com um pH de 4 a 4,5 – com exceção das cervejas ácidas belgas (de pH 3,4 a 3,9) –, então a acidez tem um papel coadjuvante. A ocasião para de fato se prestar atenção à acidez é em Fruit Beers, nas quais ela está fortemente associada ao brilho das características frutadas.

Essa Cherry Lambic (de cereja) não tradicional tem apenas um toque de amargor e muitos sabores doces e azedos, diferentemente da maioria das cervejas.

SALGADO

Esses botões gustativos respondem a íons de sódio e, também, até certo ponto, aos de potássio. Esses sais são vitais para muitos processos celulares e devem ser obtidos do meio-ambiente. Na cerveja, o sal não costuma atuar no sabor, mas, quando está presente – como parte de águas ricas em minerais ou adicionado de propósito –, ele costuma aumentar os sabores e torná-los mais intensos.

AMARGO

Desde as primeiras cervejas, diferentes ervas amargas têm sido utilizadas para equilibrar o sabor doce do malte, incrementar suas características refrescantes e aumentar consideravelmente o peso da bebida. Historicamente, o apreço pelo amargor na cerveja aumenta e diminui em ondas – e parece que estamos na crista de uma delas agora.

Os gostos amargos geralmente ocupam um papel pequeno na culinária, o que faz com que a cerveja realmente se destaque das outras bebidas e comidas. O amargor é um gosto adquirido, e nós podemos testemunhar isso conforme vemos nossos amigos penetrando no mundo das cervejas artesanais. No entanto, há uma boa razão para que hesitem: o amargor é um sinal de alerta contra substâncias venenosas.

O gosto amargo na natureza. As primeiras plantas que surgiram provavelmente eram presas fáceis. Conforme foram sendo atacadas, elas passaram a desenvolver mecanismos de defesa, como espinhos, cascas mais grossas e substâncias tóxicas. Essa grande vitória, no entanto, não durou muito, já que os animais rapidamente desenvolveram a habilidade de reconhecer venenos como a estricnina, o cianeto e os alcaloides. Para tornarem-se eficazes, essas percepções tinham de estar associadas a um alerta poderoso, instantâneo e aversivo: assim nasceu a sensação de amargor.

A evolução prosseguiu e os animais desenvolveram a habilidade de reconhecer uma gama enorme de substâncias químicas amargas. Do mesmo modo, as plantas descobriram que um truque convincente funcionava tão bem quanto a ameaça de verdade, e começaram a produzir substâncias químicas completamente inofensivas, como aquelas encontradas no lúpulo, que disparavam a aversão ao amargo dos animais com a mesma eficácia e assim mantinham os herbívoros distantes.

Genes do amargor. Os genes receptores responsáveis pela sensação do gosto amargo – chamados TAS2R – têm maior incidência em animais herbívoros, e nos carnívoros ela é muito baixa ou até inexistente. Atualmente, já foram identificados 25 genes receptores do amargo nos humanos. Quanto mais genes, mais substâncias químicas potencialmente tóxicas pode-se detectar, apesar de que esses receptores também podem servir a outros propósitos. Eles já foram encontrados em toda a extensão do intestino humano e em outros lugares menos óbvios, como nos pulmões e no nariz. Sabe-se que alguns deles enviam sinais para o cérebro de maneira a modificar o comportamento – pelo menos nos ratos –, e os receptores desse sabor no intestino e no pâncreas estão envolvidos com a produção de insulina em resposta aos níveis de açúcar do sangue. Por sua vez, receptores de amargor no nariz reagem a sinais químicos de algumas bactérias patogênicas.

Como nós temos receptores diversos, somos capazes de perceber as diferenças em certos tipos de gostos amargos. O amargor limpo e suave do lúpulo combina-se com a cerveja perfeitamente, pelo menos para nossos paladares modernos. As sensações oferecidas pela genciana e pelo absinto são penetrantes e podem ser desagradavelmente secos. O amargor aveludado do lúpulo, associado ao seu poder preservativo, pode ser uma razão importante para o fato de ele ter dominado tão completamente o mundo da cerveja.

No entanto, o amargor da cerveja não se deve apenas ao lúpulo: os maltes escuros também são bastante amargos. A reação de Maillard – fonte de grande parte da cor e do sabor da cerveja – produz elementos químicos que emprestam seus aromas torrados e maltados, mas também convertem os ácidos fenólicos em substâncias químicas chamadas lactonas, as quais podem ser fortemente amargas nos maltes escuros, semelhante ao que ocorre no café.

Mordida vagarosa. O amargor pode levar um tempo razoável para ser registrado por

Cone do lúpulo.
Por mais de mil anos, o lúpulo oferece um contraponto amargo à estrutura maltada da cerveja.

completo em nossas línguas. Quando se experimenta uma cerveja moderadamente amarga de, digamos, 40 IBU* (International Bitterness Unit, a unidade internacional de amargor), contra a mesma cerveja incrementada para 120 IBU, o sabor será exatamente o mesmo durante os primeiros dez segundos. Demora um pouco para que o amargor cresça na língua, e ele pode crescer e crescer por quase um minuto. Por isso é preciso ficar de olho no relógio quando se realiza esse experimento e forçar-se a prestar atenção por muito mais tempo do que se está acostumado. Recentemente, estive em uma sala repleta de profissionais que foram submetidos a esse exercício sem explicação prévia e vi que quase metade dos presentes no recinto não conseguia distinguir uma da outra. É mais difícil do que se pensa.

Não é fácil apontar um nível específico de amargor, mesmo para os degustadores mais treinados. Nossa precisão pode não ser melhor que 20%; portanto, uma bebida de 40 IBU e de 50 IBU têm um sabor bastante similar.

Dessa forma, observe como o amargor da cerveja parece uma montanha-russa, aumentando lentamente até o nível máximo, permanecendo nesse ponto por alguns momentos, até começar a descer por um longo caminho. Durante todo esse tempo, os outros sabores da cerveja estão indo e vindo: a acidez no início, seguida pela doçura e um tanto

* No Brasil, também é utilizado o termo UA, de "unidades de amargor", referindo-se à quantidade (em mg) de alfa-ácidos por litro de cerveja. (N. E.)

de adstringência, que interage com o amargor – de forma agradável ou nem tanto. Você provavelmente já percebeu que o amargor realmente toma conta do palato, e, portanto, depois de uma cerveja com níveis extremamente altos de lúpulo, pode-se levar algum tempo até que o palato se recupere. Se você está planejando uma sessão de degustação ou um jantar, tenha isso em mente.

Também é importante fazer a distinção entre o aroma do lúpulo e o amargor em sua língua. São duas coisas fisiologicamente diferentes, mas como vimos o aroma e o gosto não vivem em compartimentos totalmente separados em nossos cérebros, então distingui-los requer um pouco de esforço.

Lembre-se também de que o amargor é sempre considerado em contexto com o resto da cerveja; portanto, ao comparar duas cervejas com o mesmo nível de lúpulo, a que tem mais malte vai parecer menos amarga que a outra. Os cervejeiros sabem disso quando buscam o equilíbrio em suas cervejas. Nós, degustadores, também devemos ter isso em mente, e não confiar apenas nos números para avaliarmos como devemos nos sentir quanto a qualquer cerveja. Preste atenção, pois os níveis de IBU nos rótulos das cervejas muitas vezes se baseiam nos cálculos das cervejarias, não em análises químicas verdadeiras, e o amargor começa a diminuir antes mesmo de a cerveja ser envasada.

Amargor na cerveja. Essa sensação é derivada de cinco substâncias químicas presentes no lúpulo e conhecidas como alfa-ácidos, que são extraídas e transformadas quimicamente, ou isomerizadas, pelo calor da fervura. Todos os lúpulos produzem uma sensação parecida de amargor, mas com graus variáveis. Aquelas com uma proporção maior de um alfa-ácido, o cohumulone, têm a reputação de possuírem um amargor mais grosseiro, mas isso é alvo de debates acalorados. Quando chega ao mercado, o poder de amargor do lúpulo é indicado em uma porcentagem simples de alfa-ácidos, com valores que variam entre 2% e 20%.

Em teoria, lúpulos utilizados puramente para deixar um gosto amargo deveriam todos ter o mesmo sabor depois que seus perfis de óleos essenciais particulares fossem dissipados pelo longo tempo de fervura, o qual é típico do processo de se fazer cerveja. Os cervejeiros desconfiam de que não seja bem assim, e costumam escolher lúpulos de sabor amargo que complementem – ou pelo menos não entrem em conflito – a personalidade dos lúpulos de aroma.

Cervejeiros que se dedicam à guerra armamentista do amargor estão começando a alcançar alguns limites. A solubilidade dos lúpulos diminui conforme se aumenta a concentração, tornando difícil alcançar níveis muito altos, especialmente levando-se em conta o alto preço do lúpulo hoje em dia. A sabedoria comum da indústria costumava afirmar que 100 IBU era o nível máximo, mas algumas análises de cerveja realizadas recentemente obtiveram resultados bem superiores a essa marca. Entretanto, há um debate a respeito da linearidade dos testes que se costuma fazer e sobre o que eles estão realmente detectando quando alcançam os extremos da escala. Atualmente, existe uma cerveja à venda que foi avaliada com 658 IBU, mas o significado químico e sensorial desse valor é questionado. Acima de certo nível, um amargor de lúpulo pode simplesmente não ser mais detectável. Não importa a química, um nível desses claramente é uma bobagem.

UMAMI (GLUTAMATO)

Apesar de esse sabor ser conhecido há mais de mil anos, não foi até o ano 2000 que se descobriu uma base genética para seu receptor, confirmando que ele é um sabor primário detectado pela língua. O termo japonês *umami* pode ser traduzido como "delícia", e essa palavra resume uma característica saborosa encontrada em várias comidas e, ocasionalmente, na cerveja. Essas sensações têm origem em um grupo de aminoácidos, as subunidades que formam as proteínas. Inosinatos, guanilatos e glutamatos são os principais responsáveis por esse sabor e estão presentes em muitos tipos de comida diferentes. O umami é encontrado em carnes maturadas, peixes oleosos, cogumelos, comidas fermentadas (especialmente em produtos de soja), queijos maturados (chegando a 10% do peso no queijo parmesão), tomates maduros, algas e muitos outros alimentos.

O umami começa a ser perceptível em cervejas apenas depois de um longo tempo de maturação. Primeiramente, um sabor de carne saboroso pode surgir e, com tempo suficiente, notas de sabor reminiscentes do molho de soja podem aparecer. Atualmente isso ainda não foi muito estudado, mas o umami é um agente importante na harmonização entre cerveja e comida.

KOKUMI

Irmão do umami, o kokumi é outro gosto que indica a presença de material rico em proteínas. Em vez de ser detectável como um sabor por si só, o kokumi ressalta os gostos doce, salgado e umami, e por essa razão vem sendo muito estudado como um aditivo alimentar. Ele também pode ser percebido como algo que realça a "espessura" na boca. Suas implicações não são muito claras, mas, em um estudo japonês realizado em 2015, os peptídeos que podem ser captados pelos receptores dos canais de cálcio em nossas línguas foram identificados na cerveja, mas não no saquê ou no vinho. A glutationa, presente na cerveja como um resultado da quebra das leveduras, tem um sabor kokumi intenso.

GORDURA

Este é o achado mais recente da família de gostos e foi adicionado apenas com a descoberta de seus receptores em 2005. Assim como o açúcar, esse receptor procura alimentos com alto poder nutritivo e pode ficar maluco com o mundo de batatinha frita fácil em que vivemos. Não é claro se esse receptor atua de alguma maneira na degustação da cerveja, já que ela é um produto sem gorduras.

E MAIS...

Novas descobertas sugerem que poderia haver mais uma boa quantidade de receptores de gosto identificáveis. Parece que podemos ter a habilidade de detectar cálcio, alguns metais, carbonatação (por meio de uma enzima e de um receptor de azedo), água e talvez até mesmo o álcool. Apesar de não percebermos esses sabores diretamente, talvez sejamos capazes de sentir o gosto de carboidratos, como o amido e as dextrinas, e até mesmo ser capazes de discriminar entre eles de alguma forma oculta.

UM MAPA MUITO SIMPLIFICADO DO SISTEMA DE PERCEPÇÃO DE SABORES DO NOSSO CÉREBRO

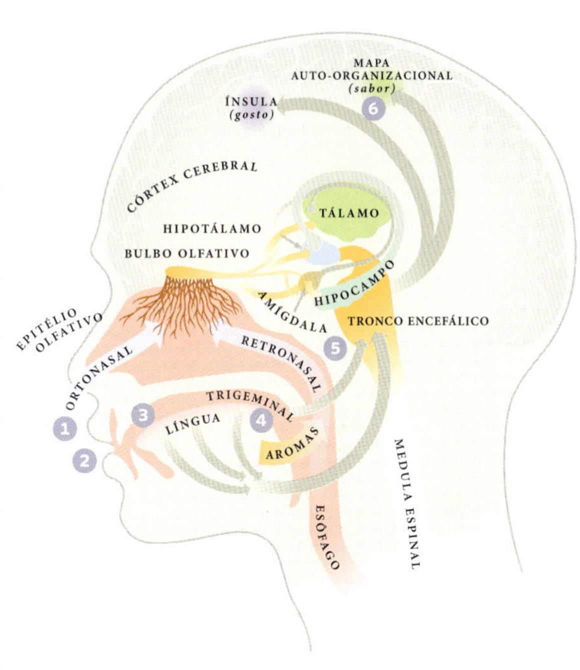

1 Olfação ortonasal: os odores penetram nossos narizes e disparam respostas das células sensoriais presentes na parte superior do nariz.

2 Gosto: os sensores na língua e em outras regiões enviam sinais sobre os gostos básicos pelo tronco encefálico e em seguida para os centros superiores.

3 Sensação na boca: sensores de tato e dor na boca dão informações adicionais sobre a textura e o caráter da comida e das bebidas.

4 Liberação de glicosídeos: enzimas na saliva e micróbios residentes na boca quebram essas moléculas especializadas, liberando o aroma.

5 Olfação retronasal: uma exalação pelo nariz oferece outra oportunidade de perceber o aroma.

6 Sabor: nossos cérebros sintetizam isso tudo em uma sensação chamada "sabor".

Aroma e olfato

Nosso sistema olfativo percebe uma ampla gama de moléculas suspensas no ar. É um sistema imensamente mais complexo que o paladar. Os humanos têm por volta de vinte milhões de neurônios olfativos na parte superior da cavidade nasal. (Os cães de caça têm dez vezes mais, e os ursos, mais ainda, fazendo de nós praticamente os fracotes olfativos do reino animal.)

Os humanos têm por volta de mil tipos de receptores diferentes. Pesquisas recentes sugerem que somos capazes de distinguir pouco mais de um trilhão de aromas – apesar de sermos bem menos hábeis para identificá-los ou descrevê-los. Por meio de um conjunto limitado de tipos de receptores, as combinações de sinais criam essa vasta gama de aromas perceptíveis: em vez do modelo clássico de "chave e fechadura", parece que as moléculas de aromas recaem sobre bolsos com proteínas sensíveis em sua superfície – essa estrutura significa que uma grande quantidade de substâncias químicas pode afetar cada receptor de maneiras diferentes, e também sugere que a mesma molécula é capaz de interagir com vários receptores diferentes. Isso cria um conjunto grande de informações que são mapeadas pelo nosso córtex olfativo; então, nosso cérebro interpreta os padrões e repassa os resultados como aromas distintos e específicos.

O aroma inebriante da cerveja. Sem seu amplo conjunto de aromas, a cerveja seria uma bebida monótona e sem vida.

Além das sensibilidades puramente químicas, parece que nós somos capazes de discriminar entre substâncias químicas que diferem entre si por isótopos dos elementos de que são compostos, sugerindo que algumas células olfativas são capazes de "ler" os níveis de energia em que as moléculas vibram.

Mais importante que isso, a maneira como o sentido do olfato funciona em nossos cérebros é diferente dos demais sentidos: em vez de prosseguirem direto para o tálamo, que é o guardião das formas de cognição mais avançadas, os sinais olfativos passam por algumas regiões bem antigas e inconscientes do cérebro, como o hipotálamo, onde são registrados o apetite, a raiva, e o medo; o hipocampo, regulador das memórias; e a amígdala, um importante centro de emoções.

NÓS PERCEBEMOS OS AROMAS de duas maneiras diferentes. A primeira é a mais previsível: por meio dos cheiros que penetram nossos narizes quando inspiramos. O nome disso é olfação ortonasal, e ela desencadeia componentes emocionais e de memória, mas também possui um lado analítico que nos permite compreender nosso ambiente aromático. A segunda maneira é a olfação conhecida como retronasal, a qual envolve aromas que alcançam nosso nariz vindos da parte de trás de nossa boca e da garganta. Ela é diferente por várias razões: primeiro, a comida ou bebida já foi mastigada e aquecida, o que faz com que uma porção considerável de aromas seja liberada. Dentro da boca, o alimento foi submetido aos efeitos das enzimas salivares e das enzimas que são secretadas pelo conjunto complexo de bactérias que também vivem ali. Essas enzimas quebram vários tipos de substâncias químicas, mas o grupo que nos interessa aqui são os glicosídeos, moléculas complexas que são compostas de moléculas de carboidratos ligadas a outras substâncias químicas – nesse caso, substâncias aromáticas. Quando os glicosídeos são quebrados, eles soltam seus parceiros aromáticos e liberam uma boa quantidade de aroma na boca. Esse é um fator especialmente importante para o aroma do lúpulo. Sabe-se que uma boa quantidade do aroma do lúpulo adicionado à cerveja durante a fermentação é perdida, em grande parte levada pelo gás dióxido de carbono (CO_2). Os glicosídeos permanecem intactos até alcançarem nossas bocas, onde liberam uma agradável explosão de sabor.

Finalmente, na degustação retronasal, nossos cérebros combinam o aroma com o sabor e as sensações na boca, associando-os em uma percepção que vai além do aroma puro e simples. Esse sabor também parece ser processado de maneira a disparar impressões de familiaridade, preferência ou desprazer, e podem também estar conectados com a saciedade, a sensação de ter comido o suficiente.

Eu não incomodaria você com toda essa neuroanatomia se essa informação não fosse genuinamente útil para a degustação da cerveja. Os aromas podem provocar respostas psicológicas poderosas na forma de memórias e de emoções, mas nós sofremos com o vocabulário. Ficar com "aquela palavra" literalmente presa na ponta da língua é uma experiência comum e frustrante. Nós todos temos muita dificuldade com isso no início, mas com a prática torna-se possível recuperar uma memória antiga por meio de um aroma e mantê-la por tempo o suficiente para que ela comece a fazer sentido. Ela vem da casa da minha avó? Da cozinha, de uma comida? Do que está no quintal? Flores? Rosas? E então, *bam!* Ela nos atinge como um raio. A melhor abordagem é simplesmente falar o que vem à mente, qualquer descrição ou pensamento, não importa se for esquisito. Essas impressões quase nunca estarão erradas, então não as edite ou conteste. Aliás, esse tipo de expansão mental também provoca um crescimento pessoal bem interessante.

DO PONTO DE VISTA DE UM CERVEJEIRO, essas experiências cheias de carga psicológica oferecem a possibilidade de fazer arte. Elas tornam possível formular uma cerveja que regularmente traz memórias felizes da infância, associadas a, digamos, biscoitos de aveia; ou seja, que crie afinidades poderosas, mesmo que seu público não esteja ciente dessas conexões. Eu sempre digo aos meus alunos de formulação de receitas: "Como todo artista, seu trabalho é bagunçar a cabeça das pessoas". É ótimo ter esse tipo de ferramenta à sua disposição.

Compreendendo a nós mesmos

No mundo estranho da experiência sensorial, dois mais dois dificilmente é igual a quatro. Apesar de termos uma sensibilidade requintada e sermos melhores que as máquinas para muitas tarefas, ainda estamos longe de sermos perfeitos em muitos quesitos – o que gera alguns resultados bem interessantes.

Primeiro, a sensibilidade de cada pessoa varia com relação a diferentes substâncias químicas. Uma cerveja pode parecer enjoativamente amanteigada para um degustador e confortavelmente caramelada para outro. O fenol, em certas formas, é abjeto na cerveja, adicionando um mau cheiro de incêndio elétrico, porém até 20% das pessoas são totalmente incapazes de percebê-lo. Se você é um cervejeiro, isso deveria deixar você bem preocupado. A maioria dos bons degustadores que eu conheço tenta lidar com essa questão de duas formas: realmente calibrando seus palatos com o uso de uma série de substâncias químicas em diferentes concentrações, ou simplesmente prestando atenção quando fazem uma degustação crítica e comparando suas próprias reações às de seus colegas. Se você é sempre aquela pessoa na mesa que não consegue captar um certo aroma, é bem possível que você tenha uma sensibilidade menor que a de outras pessoas.

Cada um de nós tem sensibilidades dramaticamente diferentes para cada sabor e aroma, e podemos associar níveis de prazer ou de aversão completamente distintos a cada sensação. A cerveja pode parecer harmoniosa, agradável e balanceada para uma pessoa e ter um sabor difícil e intragável para outra. As experiências de degustação que temos ao longo da vida persistem com força em nossa memória, modulando cada mordida e gole que damos. Cultural, biográfica e geneticamente falando, cada um de nós é absolutamente único. Nós todos habitamos mundos completamente diferentes quando se trata de nossos sentidos.

Nossas histórias pessoais afetam nossas reações a certos aromas, assim como nossas afinidades culturais. Algumas sensações são universalmente boas ou ruins: o amor pelo doce, a repulsa pela carne apodrecida e a sensibilidade ao cheiro de bolor, todos esses estão entre as substâncias odoríferas mais poderosas de que se tem conhecimento. Entretanto, muitas sensações, como o amargor que já discutimos, são gostos adquiridos que nos afetam de acordo com nossos genes e com a maneira como fomos criados, assim como nossa disposição para ir em busca de seus prazeres.

Em geral, as mulheres são degustadoras um pouco mais sensíveis que os homens e também se saem melhor quanto ao vocabulário de sabor. Conforme envelhecemos, nós nos tornamos menos sensíveis, mas felizmente isso pode ser mais que compensado com treino e experiência, então há esperanças para aqueles entre nós que já não são tão jovens.

VAMOS COMEÇAR pelo lugar mais simples possível: a intensidade dos diversos gostos sobre a língua. Não há muitos deles: doce, azedo, salgado, amargo, umami e poucos outros. Seria de se esperar que, se há um consenso, ele deveria ocorrer aqui, certo? Bem, sim e não. Existem experiências compartilhadas – é só reparar na maneira harmoniosa como as culinárias se desenvolvem e o afeto tremendo que as pessoas sentem por elas. Na superfície, todos nós parecemos ser bem semelhantes, mas, quando se olha mais de perto, as diferenças podem ser vastas.

Todos temos sensibilidades diferentes aos gostos na língua, e divergimos particularmente quanto ao amargor. Por ser uma sensação meio obscura que tem como objetivo nos alertar quanto à ingestão de materiais potencialmente tóxicos (como a estricnina, o cianeto e os alcaloides), o apreço pelo gosto amargo é algo adquirido, já que somos geneticamente programados para encará-lo com suspeitas.

Quase 20% das pessoas – as mulheres um pouco mais – são particularmente sensíveis ao amargo: é uma característica de um grupo conhecido como "superdegustadores", e, como é de se imaginar, essa sensibilidade tem um papel muito importante nas preferências à mesa. No outro extremo, 40% das pessoas são conhecidas como "não degustadores", pois são muito menos sensíveis a todos os gostos, especialmente o amargo. Os outros 40% que restam ficam no meio-termo. Essas diferenças são causadas por duas cópias de um receptor de amargor particular, que vêm nas versões sensível e insensível. Quando se tem duas cópias do receptor sensível, a pessoa é um superdegustador; quando não se tem nenhum, é um não degustador; e o restante está no meio do caminho entre eles.

O mundo dos vinhos passou anos humilhando qualquer pessoa que não adorasse os vinhos grandiosos, escuros, tânicos. Consequentemente, os superdegustadores muitas vezes tinham que esconder suas predileções por vinhos mais doces, menos tânicos. Depois de alguma reflexão, hoje há certo interesse em acolher esses degustadores mais sensíveis: alguns clubes de vinho estão até pedindo para as pessoas preencherem questionários para ajudá-los a identificar seu "vinótipo". Talvez estejamos alcançando um ponto em que podemos falar de "zitótipos" para os bebedores de cerveja.

As mesmas diferenças de sensibilidade ocorrem com os aromas: por volta de 10% da população é incapaz de sentir um ou mais dos sabores colaterais da cerveja, como o diacetil ou o dimetil sulfeto, enquanto outros podem ser altamente sensíveis a eles. Eu sou particularmente sensível a aromas de terra e de bolor; mas conheço pessoas que são supersensíveis a aromas metálicos, de diacetil, e outros. Um treinamento formal ajuda a diminuir os degraus, trazendo a sensibilidade para o nível fisiológico máximo. Os painéis de controle de qualidade de sabor treinam e calibram seus degustadores; respostas intensas ou fracas a estímulos em particular são levadas em conta na avaliação. Uma razão pela qual eu recomendo tanto que se atue como juiz em competições de cerveja como uma ferramenta para treinar é porque os juízes de competições ganham uma noção de quais são suas sensibilidades e quais são seus pontos cegos em comparação com os outros juízes da mesa. Se a sua resposta regularmente difere da resposta dos outros, então você aprende a levar isso em conta na maneira como você avalia a cerveja.

PRÁTICAS DE DESENVOLVIMENTO SENSORIAL

- **Saia para caminhar ou dirija com a janela aberta.** Preste atenção de verdade em como os cheiros mudam de lugar para lugar. Acho que metade da habilidade de degustação é simplesmente ser capaz de se concentrar. Eu particularmente gosto de fazer isso em Chicago na hora do almoço.

- Da próxima vez que você pedir uma cerveja, **faça anotações** em seu guardanapo sobre o aroma, o sabor, a textura e o retrogosto. Os verdadeiros "nerds" da cerveja levam consigo um caderno, igual aos observadores de pássaros. Não é muito importante guardar as anotações; o que importa é o ato de fazer o registro.

- **Vá a uma degustação de vinhos.** Às vezes, sair da zona de conforto nos joga em um estado de consciência mais elevado.

- **Seja juiz em competições** de cervejeiros caseiros! Há clubes e eventos por toda parte e eles sempre estão em busca de ajuda. Ser forçado a encarar algumas rodadas de cerveja de maneira estruturada na presença de outros degustadores mais experientes é de longe a melhor maneira de aprimorar suas habilidades de degustação, e de quebra você vai fazer novos amigos.

Diferenças culturais enormes também existem no paladar. Nosso mundo perceptivo é moldado pela acumulação contínua de gostos, texturas, aromas e experiências sensoriais, transformando-nos em bibliotecas ambulantes dessas sensações passadas. Essas não são memórias passivas, e sim interventoras ativas, que dão forma às nossas experiências de maneiras que só agora estamos começando a compreender. Assim como acontece com a linguagem, nossas experiências sensoriais transformam nossos cérebros, interferindo na percepção. As diferenças de cultura para cultura podem ser bem dramáticas.

E indo além, nós mesmos quando adultos somos muito diferentes de nossa versão mais jovem – provavelmente você se lembra de brigar por ter de comer brócolis ou couve quando criança, já que o leve sabor amargo era amplificado pelas lentes do sistema de percepção imaturo. Sabe-se que as crianças são muito mais sensíveis que os adultos ao gosto amargo; e, do mesmo modo, com seus sentidos químicos reduzidos, as pessoas idosas podem colocar duas ou três vezes mais sal em uma tigela de sopa do que alguém de meia-idade.

Nossos corpos e cérebros também se transformam ao longo do dia. O conceito de biorritmos pode soar como uma falsa invenção da pseudociência moderna, mas há conhecimento de verdade por trás dessa noção. Nossos palatos estão mais afinados pela manhã, o que explica por que os painéis de degustação de cerveja geralmente acontecem nesse período. E qual é o seu humor? Você está com fome? Com sede? Isso também altera sua percepção.

Não chega a surpreender o fato de que o nível de experiência também modifica a maneira como se percebe as coisas: eu já notei que os entusiastas de cerveja mais novos tendem a prestar atenção em alguns fatores-chave – como o sabor da levedura ou de torrado, por exemplo – e, por consequência, tendem a buscar mais esse fator em particular quando degustam. Talvez isso explique por quê, nos sites mais populares de avaliação de cerveja, há tantas notas que favorecem a intensidade em vez do sabor balanceado ou da complexidade. Com a experiência, os apreciadores da cerveja expandem seu vocabulário e seus interesses.

Com um pouco de esforço, os degustadores também aprendem a avaliar a adequação de estilo de uma cerveja. Os muito experientes conseguem fazer duas coisas diferentes simultaneamente: desconstruir os sabores, os aromas e até os ingredientes que compõem uma cerveja, e desenvolver uma opinião sobre a cerveja como um todo integrado. Em geral, não se vê degustadores altamente experientes correndo atrás de níveis malucos de amargor. Na minha experiência, a maioria dos grandes cervejeiros não aprecia nada que seja mais exótico que uma Pilsner ou uma Pale Ale bem feita.

Se você está se sentindo bem inseguro a seu respeito depois de ler isso tudo, muito bom. Ter consciência de suas próprias habilidades, suas preferências de degustação e sua sensibilidade com relação às necessidades das pessoas a nosso redor são sinais de um degustador maduro e capaz.

Percepção multissensorial

Além de nossas variações individuais, é possível encontrar ainda mais esquisitice em outros fenômenos que afetam a maneira como percebemos as coisas. Nós podemos pensar que conhecemos um aroma ou sabor em particular, mas na verdade ele pode mudar de acordo com a concentração ou com o contexto; pode apresentar-se de maneira diferente e afetar os sabores das outras coisas na mistura.

Algumas substâncias químicas mudam de caráter conforme aumentam em quantidade; ou seja, quando se coloca mais e mais de algum componente, o resultado não é apenas uma versão mais forte da mesma coisa – ela se transforma no cheiro de alguma outra coisa. Certa substância química, a chamada o-aminoacetofenona, tem aroma de malte em concentrações de partes por bilhão, de tacos em partes por milhão, e é similar a uvas Concórdia em partes por mil – tanto que é utilizada em refrigerantes de uva. É claro que esse é um exemplo extremo, mas considere um éster frutado, o acetato de etila: em níveis baixos, ele confere um sabor de fruta agradável às cervejas Ale. No entanto, quando se atinge determinado patamar, ele se apresenta como um forte cheiro de solvente, parecido com esmalte de unha, do qual inclusive é um dos componentes.

Outro exemplo é o "efeito matriz", o qual envolve interações entre sabores que ou alteram uns aos outros, ou fazem surgir sensações completamente novas. O café costuma ser citado como um exemplo clássico: apesar do fato de que há mais de mil substâncias químicas de sabor já identificadas, nenhuma delas tem um sabor exatamente igual ao do café, e ninguém sabe o que é responsável por essa "cafezidade". Esse também é um fenômeno comum na reação de Maillard, ou caramelização, importante na carne assada e na cerveja, em que maltes tostados contribuem muito para o sabor e para o aroma.

Efeitos matriz também podem alterar a maneira como uma substância química é percebida. Na cerveja clara, o dimetil sulfeto (um composto de enxofre que pode causar alguns sabores colaterais) dá o sabor de creme de milho. Nas cervejas escuras, no entanto, ele apresenta um aroma de suco de tomate – algo muito útil de se saber caso você esteja avaliando cervejas escuras.

A capacidade de "mascarar" (atenuação) é um fenômeno em que a presença de uma substância química esconde o sabor de outra. Na cerveja, a carbonatação e a acidez mascaram o lúpulo, e altos níveis de etanol podem mascarar algumas características da oxidação. A baunilha é uma substância bem conhecida por mascarar outras, com a habilidade de arredondar as arestas de sabores mais ásperos em praticamente qualquer coisa.

Na "potencialização" ocorre exatamente o contrário: a presença de uma substância química incrementa ou amplia outra. Os efeitos do sal e da pimenta na comida são os exemplos mais familiares; o do umami é outro. A cerveja em si pode incrementar outros sabores, razão pela qual ela pode ser ótima para cozinhar e como acompanhamento para alguns pratos.

Sensações na boca

Este é um termo genérico que se refere às sensações em nossas bocas que não são o gosto nem o aroma. A cerveja tem impacto nos nervos em nossa boca com uma porção de texturas que acrescentam profundidade, que agradam ao palato e colaboram com sua habilidade de harmonizar com a comida. Às vezes elas são chamadas de sensações trigeminais, por causa do nervo trigêmeo, que envia os sinais sobre calor, frio, textura e certas sensações químicas, como mentolação, apimentado e adstringência da boca. Esse é um indício incrível de que nossos sistemas sensoriais usam todo tipo de truque para extrair o máximo de informações de cada gole.

A cerveja oferece uma gama de sensações que nenhuma outra bebida consegue igualar. Muitas dessas sensações são bastante agradáveis – considere o formigamento da carbonatação ou o corpo levemente pesado da cerveja. Outras, como a cremosidade, podem ser adequadas ou não, dependendo do estilo da cerveja. Algumas também podem ser bem negativas: a aridez da adstringência raramente é bem-vinda, exceto em doses muito pequenas, nas quais ela pode realçar o fim e aumentar as características refrescantes da cerveja. Apesar de haver diversas sensações na cerveja, deve-se tentar separá-las para conseguir experimentar essa bebida em cada uma de suas gloriosas dimensões.

VAMOS COMEÇAR COM O CORPO, aquela sensação de peso sobre a língua ou de densidade que toda cerveja tem em um grau ou outro. Muitas pessoas presumem que o corpo da cerveja vem dos carboidratos ou de amidos não fermentados – e sem dúvida eles contribuem para a sensação de doçura e opulência em estilos como as Doppelbocks ou as Scotch Ales, que contêm muitos carboidratos não fermentados. No entanto, o corpo de uma cerveja vem de uma rede de proteínas trazidas por seu ingrediente principal, o malte. Dispersas em líquidos e sob as condições corretas, essas proteínas se entrelaçam para criar um estado de matéria conhecido como coloide. Elas formam um tipo de rede em 3D, por meio da qual aprisionam a água e aumentam a viscosidade. Todas as crianças conhecem bem os coloides na forma de gelatina, aquela massa trêmula de água adocicada e colorida, que milagrosamente ganha forma graças a uma pitada de proteína. A cerveja é exatamente o mesmo tipo de coloide, embora seja muito menos densa.

Espuma, fabulosa espuma.
Certas proteínas da cevada fornecem estrutura para a espuma persistente da cerveja.

Essa estrutura coloidal é a responsável pela persistência da espuma da cerveja no topo de nossas canecas. A mesma rede de proteínas se expande para formar a camada superficial das bolhas, aprisionando o CO_2.

A CREMOSIDADE ESTÁ INTIMAMENTE ligada à sensação do corpo da cerveja, que às vezes é descrita como "oleosa". Essa característica, importante e comum nas cervejas de trigo e nas que levam aveia e centeio, lembra a textura escorregadia do mingau de aveia. Ela vem dos carboidratos complexos e pegajosos, chamados de glucanos e pentosanos, que estão presentes nos grãos. Como eles tornam o respingar mais difícil e reduzem o rendimento, os malteadores tomam o cuidado de mantê-los em níveis baixos, mas eles são abundantes em grãos não maltados e também em versões maltadas do centeio, da aveia e do trigo. Da próxima vez que você saborear uma Hefeweizen, uma Oatmeal Stout, uma Rye IPA ou uma Witbier belga, repare nessa característica cremosa. Se ela não estiver presente, algo está errado.

No outro lado do espectro, você vai encontrar a agudeza dos taninos ou a agressividade da adstringência. Na maioria das cervejas, sua presença é mínima, mas, quando estão presentes, essas características podem se apoderar do sabor. Suas fontes e causas variam. A maioria dos materiais de origem vegetal – sejam eles cascas de cevada, sejam cones de lúpulo, uvas ou madeira – contém substâncias chamadas polifenóis, que exercem várias funções nas células vegetais. Um desses papéis é ter um sabor horrível a fim de tornar a planta menos apetitosa para os animais herbívoros. Dependendo das variedades e das condições de manufatura, os polifenóis adstringentes podem ir parar nas cervejas e, em altas doses, podem torná-las bem desagradáveis.

A ADSTRINGÊNCIA aparece tardiamente ao se degustar uma cerveja, isto é, depois que a doçura do malte diminuiu, às vezes transformando o amargor límpido em uma aspereza de travar a boca – o que pode deixar o degustador com uma vontade de raspar esse sabor agressivo da língua com qualquer objeto que tiver por perto.

Os TANINOS estão presentes nos grãos, concentrados nas cascas e nas camadas exteriores dos grãos de malte. Seus níveis variam de acordo com a variedade e com as condições de cultivo: climas moderados parecem produzir menos; há mais polifenol na cevada de climas frios ou quentes, as quais frequentemente são variedades com seis fileiras. Elas têm núcleos mais delgados, que contribuem para que se tenha mais casca com relação ao peso do grão como um todo. Os cervejeiros sabem escolher seus maltes com cuidado.

A extração do polifenol durante a fabricação da cerveja é muito sensível ao pH, aumentando dramaticamente quanto mais alcalina for a água; portanto, controlar a química da água é crucial para se fazer cervejas mais macias e sem sabores residuais desagradáveis. O lúpulo também contém material tânico em suas folhas, e as cervejas com bastante lúpulo podem ser desagradáveis e acres se feitas com água que contém minerais alcalinos demais.

Os adjuntos variam muito. O milho contém muito pouco tanino, enquanto o arroz tem uma quantidade razoável. Cervejas como a Budweiser, que incorporam o arroz como adjunto, muitas vezes são conhecidas por ter um sabor vivaz e um pouco agressivo – uma das características definidoras da marca. Como fazem seus produtos inteiramente com o arroz, os produtores de saquê são muito sensíveis ao estalo da adstringência tânica. A principal medida da qualidade do saquê é o quanto da parte exterior do grão de arroz foi fresada. Os saquês mais caros usam pedaços extraídos do centro do grão de arroz do tamanho da cabeça de um alfinete, região com o mínimo de tanino, o que torna essas bebidas de luxo excepcionalmente macias e caras.

Frutas, ervas e especiarias também apresentam algum tanino, mas com frequência seus efeitos são abafados pelas características mais intensas desses ingredientes, como a acidez ou os aromas mais picantes. A madeira – especialmente o carvalho, que em geral é utilizado nos barris – contém material tânico de sobra, o qual é usado na produção de vinho e adiciona peso ao vinho tinto, o que cria um equilíbrio importante e o ajuda a harmonizar bem com comidas fortes e com carne. Cervejas armazenadas em barris de bourbon costumam ter sabores tão fortes que a nota final tânica é obscurecida, mas as mais selvagens e ácidas, como as Lambics e as Flanders Red Ales, tipicamente exibem uma nota final suave de tanino de carvalho.

A CARBONATAÇÃO tem que ser incluída em qualquer discussão sobre a sensação da bebida na boca. Apesar de sua natureza simples – é apenas gás carbônico dissolvido no líquido –, ela tem um grande efeito sobre as características da cerveja. Suas bolhas atiçam nossos palatos e é bem possível que a carbonatação seja um gosto da língua, assim como o doce e o amargo. O movimento físico das bolhas traz turbulência para dentro de nossas bocas, limpando-as da gordura e de outros sabores fortes da comida.

Os cervejeiros afinam com cuidado a carbonatação de acordo com o estilo e as particularidades da cerveja. A carbonatação das Cask Ales tradicionais da Grã-Bretanha tende a ser bem baixa, adicionando apenas uma pitada de clareza e elevando os aromas de malte e lúpulo para fora do copo. A carbonatação baixa é uma característica muito importante desse estilo, o que permite que os sabores transpareçam completamente. A carbonatação das Ales costuma ser mais alta fora da Grã-Bretanha. Como ela é servida gelada, a Lager precisa ter um nível mais alto de carbonatação. Em geral, as cervejas da Bélgica, especialmente as de abadia, tendem a ser altamente carbonatadas, impulsionando o aroma e uma drinkability seca, a qual é aclamada pelos bebedores da região. As Gueuze Lambic têm tantas bolhas quanto um vinho espumante, enquanto as Lambic tradicionais podem ser praticamente sem gás. As cervejas alemãs de trigo também têm uma carga alta de carbonatação, o que parece equilibrar sua cremosidade de milk-shake, outra de suas qualidades essenciais.

Com o sabor forte do malte ou a explosão de lúpulos que se encontra nas cervejas modernas, as sensações na boca podem nunca ser a primeira coisa a se pensar quando se bebe sua marca favorita. No entanto, é recompensador ter isso em mente quando se faz uma degustação crítica ou quando se bebe apenas por diversão. Esses encantos sutis somam muito à profundidade de nossa bebida predileta, e sem eles nós teríamos que encarar algo muito mais simples, menos equilibrado e muito menos fascinante. E o que sua boca pensaria disso?

Percepção visual e multimodal

A cerveja realmente é muito bonita. A humanidade louva sua cor profunda e límpida e sua espuma branca e cremosa há milhares de anos, e fazer isso hoje ainda nos dá o mesmo prazer. Do copo sobre a mesa aos aromas da cerveja formando espuma, às cenas e sons do bar, entre outros exemplos, nosso mundo geralmente parece ser mais sólido e confiável.

Isso, no entanto, não passa de uma ilusão – nada mais que uma projeção criada por nossas percepções altamente imprecisas. A sabedoria ancestral já apontava isso e a ciência moderna cada vez mais comprova essa verdade desconcertante. Apesar de nossa tendência de "ver para crer", o que vemos nem sempre significa que é real.

De todos os nossos sentidos, a visão é aquele em que mais confiamos – afinal, nós dirigimos, miramos em nosso alvo, escolhemos nossos parceiros e realizamos muitas outras tarefas que dependem de um alto nível de confiança visual. Nossos olhos oferecem uma visão espetacularmente detalhada do mundo, mas não estão imunes a enganos, como a ilusão de ótica mais simples é capaz de demonstrar. Quando se trata de comida e bebida, nossa confiança na visão é um grande problema, porque ela pode nos forçar (ou induzir?) a sentir o sabor e o aroma que estamos vendo, mesmo que eles não estejam realmente lá.

Nossos sentidos estão profundamente entrelaçados, trabalhando em conjunto para combinar múltiplas vias de informação em um único quadro. Se vemos cores escuras em uma cerveja, por exemplo, quase sempre encontramos sabores mais pesados nela, mesmo que eles não estejam presentes. Isso pode acontecer até quando fazemos um esforço consciente para evitar, pois isolar uma única fonte sensorial não é fácil. Além disso, ao contrário dos sentidos químicos, o sistema visual está ligado aos centros superiores de consciência, o que lhe dá o poder de bancar o mandachuva. Por mais convincentes que sejam, no entanto, os indícios visuais não fornecem informações sobre os milhares de aromas, sabores e sensações da cerveja na boca. Isolar o aroma e o sabor torna-se mais fácil conforme se desenvolve o próprio vocabulário e a técnica, mas é necessário praticar.

Pesquisas já demonstraram que quando avaliadores de vinho são apresentados com vinhos brancos tingidos com pigmentos vermelhos, suas respostas não correspondem a notas de pêssego e frutas cítricas, como era de se esperar, mas de amoras e cerejas. Essa é a razão pela qual não é incomum que os vinhos e às vezes as cervejas sejam avaliados em copos pretos. Você pode estar rindo desses apreciadores de vinho bobos, mas não se esqueça de que nós somos tão bobos quanto eles. Antes de existirem as cervejas artesanais nos Estados Unidos, as cervejas escuras ou Bock eram em geral produzidas jogando-se um pouco de corante caramelo em Lagers claras, e os consumidores da época achavam que elas eram bastante satisfatórias. E eu também.

HÁ INÚMERAS MANEIRAS DE CRIAR cada uma das cores de cerveja. Os cervejeiros podem escolher dúzias de maltes, dos mais pálidos aos quase esturricados. Cada tom carrega um conjunto diferente de sabores, além de que maltes da mesma cor podem ter sabores dramaticamente diferentes dependendo das particularidades de como foram secos. Para cada tipo de cerveja, há muitos caminhos de ingredientes diferentes que levam à mesma cor.

Degustadores experientes fazem o possível para não dar atenção demais para o que estão enxergando. As fichas em competições de cerveja raramente dão mais que 10% do total de pontos para a aparência, mas qualquer um que já avaliou um conjunto de cervejas sabe como aquilo que os olhos captam pode ser sedutor. Uma cerveja que é clara demais ou escura demais para seu estilo vai distorcer a experiência. Esse truque é usado ao contrário nas Black IPAs, que têm uma cor castanha profunda, mas, se forem bem feitas, apresentam um caráter torrado muito leve – nossos cérebros vão fabricá-lo de qualquer maneira. Peça para alguém servir um teste cego para você e confira por si mesmo.

Portanto, não importa se estamos fabricando uma cerveja ou servindo-a, nós todos precisamos compreender a importância dos sinais visuais e tentar acertá-los sempre que possível.

Há muito falatório por aí sobre copos de cerveja e de vinho, e não importa o que provam a física ou a fisiologia, uma coisa é certa: quando se apresenta a mesma bebida em dois copos diferentes, aquele que é considerado mais "especial" sem dúvida vai fazer as pessoas prestarem mais atenção e obterem mais prazer de seu conteúdo. Quando eu conduzo sessões de degustação, eu costumo usar copos de vinho. Todas as vezes alguém olha torto e solta um comentário como "Nossa, cerveja num copo de vinho?". Eu acredito com todas

Nós bebemos com os olhos. Os degustadores têm que estar cientes de que nossos olhos são capazes de sobrepujar os outros sentidos e fazer-nos sentir sabores que não estão presentes.

as forças que as pessoas levam a cerveja mais a sério em um contexto que as obriga a encará-la de maneira diferente do que fariam normalmente. Há muito tempo os cervejeiros belgas fazem dos copos uma parte importante da experiência de degustação de cerveja, e ganham muito com isso.

Tudo isso indica a importância de uma boa apresentação, e pesquisas recentes no campo da percepção sensorial cruzada demonstram que, às vezes, mesmo os detalhes que parecem insignificantes podem ter um efeito notável: um morango, por exemplo, parece ter um sabor mais doce em um prato branco do que em um prato preto, e mais doce em um prato redondo do que em um prato quadrado.

Fatores cognitivos

Outros tipos de informação podem alterar profundamente a maneira como experimentamos comidas e bebidas. Simplesmente ler a palavra "sal", por exemplo, dispara atividades no cérebro que realmente nos fazem processar a sensação de salgado. Eu não sei se isso já foi feito, mas se servissem para entusiastas da cerveja duas Pale Ales idênticas, uma com um rótulo indicando 30 IBU e outra indicando 60 IBU, eu apostaria meu rico dinheirinho que uma boa maioria dos degustadores chegaria à conclusão de que a cerveja com o rótulo de 60 IBU tem um gosto mais amargo. Nós gostamos de pensar que estamos imunes a esse tipo de manipulação, mas repetidas vezes já se demonstrou que isso não é verdade.

Criaturas sociais que somos, temos um desejo intenso de nos adaptar ao grupo – e nossos sentidos químicos fazem de tudo para dar uma mãozinha. Bastam algumas palavras no rótulo, alguns comentários em um site de cervejas ou um colega de mesa persuasivo que logo encontramos o sabor sugerido na bebida, esteja ele lá ou não. Essa é a razão pela qual as avaliações de cerveja costumam ser feitas em silêncio até que se termina de dar todas as notas, com discussões em seguida.

Já foi comprovado que apresentar as informações de preço ou a avaliação de um *expert* a respeito de um vinho alterará a percepção de qualidade e a preferência dos degustadores. Outros fatores como o prestígio da marca e a raridade do produto são igualmente persuasivos. Quando damos atenção seletivamente a esse tipo de informação, alteramos mais ainda nossas tendências perceptivas.

Os profissionais de marketing sabem, há décadas, que a embalagem não serve apenas para oferecer funcionalidade e informações básicas. As marcas e suas histórias abrem o caminho emocional e criam expectativas que predispõem o consumidor a estar satisfeito com o produto. Você pode chamar isso de enganação, mas o marketing e a embalagem são mesmo capazes de alterar a maneira como percebemos o sabor de um produto. É por isso que as competições sérias sempre são feitas às cegas, e é uma razão convincente para se duvidar dos sites de avaliação on-line. Pode ser um bom exercício separar algumas de suas cervejas favoritas, mais uma ou duas desconhecidas, e pedir para alguém servi-las para você às cegas. Você pode se surpreender com suas reações genuínas e não contaminadas.

Bem, então como podemos permanecer "fortes" quando nossos sentidos armam esse tipo de armadilha contra nós mesmos? Primeiro, permaneça atento, e sempre tente manter seus sentidos focados naquilo de que for possível obter mais informações. Em segundo, realmente se concentre nas sensações e deixe que as informações tomem conta de você. O aroma se beneficia particularmente de uma mente bastante aberta e compreensiva. Primeiro reúna e registre suas impressões e depois as categorize; tente estar sempre aberto para sensações inesperadas. Mantenha esse modelo em sua cabeça o mais detalhado e atualizado possível. Essa atenção com a mente aberta está no âmago de uma degustação bem-sucedida – mas, quando paramos para pensar, essa é uma maneira de se viver a vida como um todo.

Um dia você também pode receber "o chamado" para espalhar a mensagem da boa cerveja. Um palato bem viajado, uma técnica de degustação sólida e um vocabulário amplo serão suas melhores ferramentas para orientar as pessoas durante suas experiências com a cerveja. Possuir uma percepção aguda de todas as partes e os componentes de qualquer cerveja que lhe for oferecida vai permitir que você apresente as informações mais relevantes para seu público, e permitirá que eles desenvolvam a confiança para se tornarem degustadores experientes. E eu nem preciso mencionar como sua própria experiência com a cerveja vai ser mais satisfatória.

O ato de degustar

Como entusiastas da cerveja, nós sabemos a diferença entre beber simplesmente por prazer e a atividade mais séria chamada degustação. Beber é feito sem esforço intelectual nem estrutura, enquanto degustar segue algumas regras. Beber acontece naturalmente, enquanto degustar requer treinamento e esforço. Dominar a degustação abre muitas portas e nos dá a seriedade e o prestígio para nos elevarmos no mundo da cerveja.

Mas o que isso significa, exatamente? O objetivo da degustação é recuperar o máximo de informações possível da cerveja que se tem à mão. Ao degustar, em geral tem-se um propósito ou um resultado desejado, que podem variar muito. Os degustadores que fazem parte do painel sensorial de uma cervejaria, quando fazem o controle de qualidade, estão em busca de defeitos sensoriais (os chamados off-flavors) e de quaisquer desvios das especificações de sabor da cerveja. Para profissionais que servem cerveja, o controle de qualidade pode se preocupar mais com questões ligadas à idade da cerveja e a problemas na linha de chope.

Não importa qual é a situação, nós todos estamos trabalhando com ferramentas e estruturas específicas de nossos corpos e mentes. Com uma boa técnica, treinamento e prática, podemos extrair muitas informações da menor das amostras de cerveja. Algumas regras e práticas simples tornam esse trabalho possível.

Comecemos com o copo. Um copo para vinho branco é ideal, mas milhões de cervejas são experimentadas e avaliadas todos os anos com copos de plástico transparentes. Independentemente do que você usa, não encha mais que um terço do copo, já que é importante deixar algum espaço para que os aromas se acumulem.

Certifique-se de que a cerveja esteja na temperatura adequada, com as Lagers e as Ales mais leves em uma temperatura fresca, sem se esquecer de que a cerveja esquenta rapidamente depois de servida. Se uma cerveja está gelada demais, basta segurá-la em sua mão mantendo bastante contato entre a pele e o copo, e agite-a gentilmente, para que ela se aqueça mais rápido.

Coloque-se na intenção de degustar – não de beber. Recentemente, eu tive a sorte de passar três dias com a equipe da Cicerone sob a tutela do Dr. Bill Simpson, o diretor executivo da Aroxa, uma empresa que produz diversas amostras de padrões de sabores para cervejarias e outras indústrias. A primeira instrução que ele nos deu foi que pegássemos os copos com as amostras de cerveja e os girássemos em sentido anti-horário em 45 rpm. "Isso é para sua memória muscular", explicou. "Eu quero que seu cérebro saiba que sempre que você fizer isso, você tem a intenção de degustar." A velocidade e a direção eram um pouco incomuns, criando um estímulo pavloviano para nossos cérebros.

Nós temos que trabalhar com várias partes do cérebro distintas para sermos bem-sucedidos, e nem todas elas estão sob nosso controle consciente. Muitas delas, como a amígdala cerebral, criam o mundo misterioso de nossas emoções. Você tem que enganá-las sempre que possível e acreditar que vão se alinhar com sua prática, o que sempre acontece mais cedo ou mais tarde. Esse pequeno truque de girar o copo é apenas uma das técnicas para conseguir isso.

Um questionário de degustação pode ajudá-lo a prestar atenção a cada detalhe da cerveja e até mesmo sugerir sabores específicos para se investigar, mas até mesmo uma folha de papel em branco pode ser útil. O simples ato de escrever nos força a ser mais detalhistas em nossa degustação, e olhar para as palavras que escrevemos faz as ideias percorrerem outros caminhos em nossos cérebros, adicionando uma nova camada de compreensão e memória à experiência. Quando temos um lápis em mãos, estamos prontos para degustar. Realizar a degustação em um lugar silencioso com o mínimo de distrações também é bastante útil.

Sirva a cerveja. Derrame-a direto no centro do copo para que se forme um pouco de espuma. Concentre-se. Você consegue sentir algum aroma com o copo ainda sobre a mesa? Experimente pegar o copo e deslizá-lo sob seu nariz, uma técnica apelidada de "degustação de passagem". Que aromas você sente? Pode parecer estranho, mas há algumas substâncias químicas altamente voláteis que são mais bem percebidas a distância e em inspirações breves, para que seu nariz não se acostume com o aroma.

Em seguida, segure o copo embaixo do nariz e inspire brevemente algumas vezes. O que você percebe? Considere todo o vocabulário da cerveja e tente categorizar o que você está experimentando: o espectro de aromas de pão, de caramelo, de açúcar queimado, de tostado ou queimado do malte; ou talvez as notas herbáceas, florais ou frutadas do lúpulo; ou ainda as notas de especiarias, frutadas ou selvagens da levedura. Se você realmente não estiver captando muito, experimente tapar o copo com uma mão e girá-lo gentilmente, então aspire-o com o nariz assim que retirar a mão. Se a cerveja parece gelada, aqueça-a levemente. Se o aroma despertar uma memória, persiga-a até sua origem – talvez uma loja de doces, a cozinha de sua avó ou outra memória de infância. Muitas vezes, isso é o estímulo que faltava para se recuperar um termo específico de seu vocabulário.

O objetivo é partir dos termos mais genéricos para termos de aromas específicos e, quando possível, substâncias químicas individuais. Com treinamento e experiência, isso se torna cada vez mais fácil, mas se você é um iniciante, basta permitir que suas impressões o levem para onde for, e tentar ser o mais específico possível.

Permita-se observar a cerveja por um momento, depois de ter feito algumas anotações sobre o aroma. A espuma é abundante e estável? Como é o brilho e a cor? É uma aparência apetitosa? Tenha em mente, no entanto, que os aspectos visuais da cerveja são limitados e podem ser enganosos.

Agora, tome um gole. Com a cerveja em sua boca, preste atenção na maneira como o sabor se transforma segundo a segundo. A acidez é registrada de imediato, então a doçura aparece e – espere um pouco – lá vem o amargor, acumulando-se lentamente. Em cervejas com bastante lúpulo isso pode levar um minuto ou mais para acontecer por

Derramando uma dose.
Não tenha medo de criar um pouco de espuma; o objetivo é preencher mais ou menos um terço do copo para uma degustação crítica.

Tipos e técnicas de degustação. As diferentes substâncias químicas da cerveja respondem a técnicas distintas. Conheça-as e adicione-as às técnicas de seu arsenal degustativo.

completo. Não tenha pressa para engolir. Permita que a cerveja se aqueça na base da boca, e então deixe que ela deslize lentamente garganta abaixo. Enquanto isso acontece, respire gentilmente pelo nariz com os lábios fechados. Esse é o olfato retronasal, uma parte muito importante do processo, bem diferente de sentir o aroma pelas narinas.

Também é importante tentar separar entre si os sabores da língua (como o doce, o amargo e o azedo) dos aromas. Pode-se pensar que essa seria uma tarefa fácil, mas, parafraseando o Dr. McCoy de *Star Trek*, caramba, nós não somos máquinas! Nossos cérebros confundem o gosto e o aroma, especialmente quando a substância já está em nossas bocas. É necessário fazer um esforço especial para separá-los.

O que está acontecendo, então? Quando se sente o sabor retronasal, a cerveja já foi atacada por enzimas salivares e bacterianas, liberando aromas. Nosso cérebro combina esse aroma com o gosto e as sensações na boca, criando a informação mais complexa, que é o sabor. Aprenda a prestar atenção nessa impressão retronasal, já que muitas vezes é possível obter várias informações preciosas dela.

Não se esqueça também da textura ou das sensações na boca causadas pela cerveja. A rede coloidal de proteínas adiciona viscosidade, o que contribui para o corpo da cerveja, e os carboidratos pegajosos como os glucanos criam texturas escorregadias e cremosas. A carbonatação é uma característica óbvia. Em cervejas mais fortes, os álcoois podem ser percebidos pela língua como "quentes" ou irritantes.

Depois que a cerveja deixou sua boca, o sabor permanece por algum tempo, com um amargor persistente e talvez outras sensações, como a adstringência ou o calor dos álcoois. Um gole de cerveja tem início, meio e fim, e talvez até um resquício. Cada parte é crucial. Uma cerveja realmente boa tem aromas e sabores excelentes do começo ao fim.

Nunca é demais falar da importância de praticar. Para se tornar realmente bom, é necessário participar regularmente de algum tipo de atividade de degustação formal. O Beer Judge Certification Program (programa de certificação para se tornar juiz de cerveja) é algo que vale a pena conferir: eles não oferecem aulas regulares, mas têm materiais gratuitos à disposição, e as pessoas que estão planejando fazer esse exame costumam montar grupos de estudo informais, os quais se encontram regularmente para experimentar cervejas e discutir seus estilos.

Há aulas formais oferecidas por escolas de cervejaria, universidades e escolas de culinária. Essas aulas são a melhor maneira de se aprender sobre sabores de cerveja específicos, como o do diacetil ou o do dimetil sulfeto. Você vai se deparar com eles várias vezes se começar a avaliar cervejas regularmente, mas é bom passar por uma sessão de treinamento em que essas substâncias químicas estejam evidenciadas em níveis gritantes nas cervejas, para que se obtenha uma familiaridade instantânea e alguma ideia do que buscar no contexto de uma cerveja de verdade. É possível até reunir um grupo para dividir o preço das amostras de padrões de sabores da Siebel, da Aroxa ou de outra empresa, e fazer isso por conta própria. Sem dúvida é uma experiência que expande os horizontes.

ESTEJA PREPARADO PARA PERCORRER um caminho bastante longo. Não há atalho para dominar essa arte refinada e peculiar. Eu já me dedico a isso há 25 anos, e constantemente me surpreendo; é raro que eu saia de uma degustação sem ter aprendido algo completamente novo. Esse é um projeto para a vida toda, de forma que nunca se chega a um lugar final, apenas se torna gradualmente melhor, pouco a pouco. Com um pouco de experiência, você vai desenvolver sua confiança, e isso deixa tudo mais divertido, é claro.

Seja obstinado. Logo chegará o dia em que você estará sentado em um jantar e, sem parar para pensar, vai pegar um copo d'água, girá-lo em sentido anti-horário e dar algumas fungadas críticas antes de se tocar e voltar à realidade... Quando esse momento chegar, você vai ter certeza de que se tornou um degustador.

CAPÍTULO 3

A FABRICAÇÃO E O VOCABULÁRIO DOS SABORES DE CERVEJA

Cada sensação encontrada em um copo de cerveja tem origem nas decisões tomadas pelo cervejeiro e pelo malteador durante sua fabricação. O leve sabor de castanhas e traços de uva-passa? Vêm do malte de Pale Ale, levemente tostado e com uma pitada de malte cristal. O perfume verde e picante do lúpulo? É o resultado da escolha e da utilização cuidadosa de lúpulos aromáticos na cervejaria, e talvez também no fermentador. E toda essa complexidade é formada pelas obras misteriosas de uma cepa específica de leveduras sob certas condições.

A HABILIDADE DE DESCONSTRUIR uma cerveja, de penetrar na cabeça do cervejeiro, é o que separa o degustador casual do degustador sério. Para aqueles que compreendem a maneira como os ingredientes da cerveja e seus processos criam sabores, a cerveja é um livro aberto. Compreender os ingredientes e o processo de fabricação é o fundamento de suas experiências práticas de degustação de cerveja. O objetivo é obter mais prazer e uma compreensão maior do que está no copo. Para que isso seja obtido, nós vamos ter que acompanhar bem de perto o processo de fabricação da cerveja.

As megacervejarias de hoje, com seu maquinário brilhante e inoxidável, basicamente fazem as mesmas coisas com o malte, a água, o lúpulo e as leveduras que faziam as tinas simples de madeira e argila de nossos ancestrais. O processo até parece ser simples, e o fato de que pode ser elevado a níveis de arte extremamente altos por pessoas em seus porões e garagens com alguns caldeirões e panelas gigantes atesta que isso é verdade. Mas, por mais que ele pareça simples, a bioquímica envolvida é insanamente complexa. Nosso objetivo aqui é *realmente* conhecer a cerveja; e, para que isso aconteça, vamos ter que mergulhar fundo e aprender tudo o que acontece por trás desse líquido lindo e reluzente.

Lidando com o vocabulário

A melhor estimativa até o momento situa a quantidade de substâncias químicas presentes na cerveja entre mil e duas mil. Ninguém espera aprender a reconhecer cada uma delas, mas obter um bom entendimento do vocabulário associado aos sabores da cerveja é uma das tarefas mais importantes que podemos realizar como degustadores. Associar a palavra correta a um aroma em particular é crucial para identificar aromas específicos e comunicar-se com outras pessoas. Se você acha que isso é difícil, seja bem-vindo ao clube – *todo mundo* sofre com o vocabulário. Assim como dar os nomes para as cores do arco-íris, isso deveria ser brincadeira de criança, mas acaba sendo frustrantemente difícil. A ciência explica que isso não se deve à nossa memória fraca ou a uma falta de sensibilidade ou de esforço – o problema é bem mais profundo.

Em primeiro lugar, nós não temos realmente as palavras para descrever muitos dos aromas que encontramos na cerveja. Nós temos um bom resultado no que se refere ao malte, já que o processo químico da secagem é a onipresente reação de Maillard – origem da maioria dos sabores de pão, de caramelo, de tostado e de torrado presentes na cerveja e nos alimentos –, e, portanto, o vocabulário do malte é facilmente derivado do vocabulário dos alimentos, o que dá conta do recado. O lúpulo já apresenta um desafio maior: com mais de quatrocentos compostos aromáticos já identificados, nós ainda estamos limitados a utilizar palavras praticamente inúteis como "condimentado" (palavra-código que indica que se sentiu um cheiro de lúpulo Czech Saaz). Sim, alguns lúpulos realmente têm um aroma que lembra o de grama, de ervas, de frutas cítricas, ou que remete a frutas silvestres, urina de gato ou frutas tropicais, mas apenas até certo ponto. Nós sofremos para construir uma ponte que leve essas memórias aromáticas vívidas e distintas ao caldo químico confuso que são os aromas de lúpulo.

Nossos cérebros não formam palavras para aromas com facilidade. Para degustadores de cerveja, isso seria muito útil, mas esse truque nunca ofereceu alguma vantagem evolutiva e, portanto, nossa fiação neural permanece incapaz de realizar essa tarefa.

Um problema específico é o da organização: para se traduzir uma percepção em linguagem, ela precisa ser organizada por meio de algum referencial lógico, ou codificada semanticamente, como as cores do arco-íris que já mencionamos. Nós somos capazes de agrupar os aromas em categorias amplas, como florais ou condimentados, mas organizá-los com maior precisão pode ser um desafio. A organização semântica dos termos de aromas não é um sistema de arquivamento bem ordenado; é algo meio bagunçado e pouco compreendido. Há indícios de que ela acontece em um nível bem abaixo de nossa consciência e possivelmente inclui um componente emocional forte. Tente organizar isso.

A ESPIRAL DO AROMA DA CERVEJA

Esta espiral simplificada organiza os aromas da cerveja por tipo, com categorias amplas divididas em aromas mais específicos. Conforme se esforçam para identificar os aromas na cerveja, os degustadores deveriam aprender a navegar do genérico ao mais específico. Para maiores detalhes sobre o vocabulário de aromas da cerveja, confira as tabelas do anexo, a partir da página 351.

Como se tudo isso já não fosse complicado o suficiente, foi demonstrado que a linguagem é capaz de realmente interferir no processo de degustação: enquanto sofremos para nos familiarizar com o vocabulário mais comum e associá-lo ao que encontramos no copo, há indícios de que as palavras podem alterar nossa percepção de aromas, especialmente quando ainda somos novatos no campo da degustação. A tendência é que as pessoas se atenham aos termos do vocabulário conforme os compreendem, e, se não os encontram durante uma degustação, tendem a ignorar outras impressões que não se encaixem perfeitamente nessa descrição. Isso varia de sabor para sabor. Alguns são fáceis – o diacetil, por exemplo, realmente se encaixa bem em sua descrição como algo com cheiro amanteigado, mas outras substâncias químicas aromáticas da cerveja mal se encaixam nas palavras que o vocabulário lhes atrela. O acetaldeído é um excelente exemplo: o termo mais

DESCONSTRUINDO A CERVEJA

Aroma: derivado de ingredientes como o malte e o lúpulo, mas modificado e ampliado pela levedura.

Espuma/colarinho: vem das proteínas de comprimento médio presentes no malte e em adjuntos, como o trigo, a aveia e o centeio. É afetada pela maceração, por iso-alfa-ácidos do lúpulo e possivelmente pela filtração.

Cor: primariamente derivada da secagem dos maltes escolhidos para a fabricação, mas afetada por detalhes na mosturação e na fervura, e até em certo grau pela fermentação e pela filtração.

Carbonatação: dióxido de carbono (CO_2), subproduto da fermentação realizada pela levedura.

Corpo: formado pelas proteínas dos maltes, afetado pela fermentação e pelos procedimentos de filtragem; além do dulçor dos maltes, das decisões da cervejaria e da fermentação.

Sensações na boca: sensações transmitidas pelos nervos na boca capazes de detectar texturas, calor e frio, adstringência, etc.

Sabor: uma síntese feita pelo cérebro com base no aroma, no gosto, nas sensações na boca e em outros sentidos, até mesmo em nossas expectativas. Boa parte de sua complexidade vem do aroma, mas ele é vivenciado de forma diferente.

Álcool: quantidades maiores de material fermentável significam mais álcool, entre outras coisas.

Gosto: sensações percebidas primariamente na língua. Dulçor, amargor e acidez são as mais importantes na cerveja.

comumente associado a ele é o de maçãs verdes, e algumas pessoas realmente compreendem isso. Mas ele também lembra maçã madura, grama molhada, miolo de abóbora, abacate ou tinta látex, e às vezes também vem com uma característica que lembra solvente – por isso, não é de surpreender que ele seja difícil para muitos degustadores. É necessário, portanto, aprender as palavras, mas manter a mente aberta e não permitir que elas guiem sua experiência por completo.

Conforme aprendemos sobre os aromas nos mais variados contextos e concentrações, trocamos o vocabulário de aprendiz por termos próprios mais sofisticados. Isso quer dizer que não há decoreba de palavras e fórmulas químicas capaz de transformar alguém em um degustador experiente. Um livro como esse pode auxiliar a estabelecer uma estrutura, mas no fim das contas cabe a cada um de nós fazer o esforço para construir um mapa interno do mundo maravilhoso da cerveja, um aroma frustrante por cada vez.

Cerveja e ingredientes de fabricação

A cerveja é um produto agrícola, mas a grande maioria das matérias-primas de sua fabricação – cevada e lúpulo – é comprada e vendida como *commodity*. Isso é bem diferente do mundo do vinho, no qual as uvas, situadas a poucos metros umas das outras, podem ser dramaticamente diferentes por causa do microclima, do tipo de solo, da exposição ao sol e de outras variáveis. No vinho, a mão da natureza é soberana, mas na fabricação da cerveja é a mão dos humanos que fica evidente, e para mim esse é um dos fatores mais fascinantes. Há algumas ocasiões em que o *terroir* (isto é, as características associadas ao solo, ao clima, aos tipos de plantas e a outros fatores locais) realmente faz a diferença para a cerveja, e nós vamos tratar disso mais tarde. Mas tinta sempre é tinta – o que importa é a mão que guia o pincel. Seu objetivo deve ser conhecer os cervejeiros por meio de sua arte: ou seja, de suas cervejas.

As escolhas começam pelo malteador. Em algumas etapas, a cevada mais fértil e uniforme é induzida a germinar; e, quando isso acontece, ela se transforma radicalmente. Por meio de uma série fantasticamente complexa de transformações, ativadas por enzimas, a semente prepara seus estoques de amido para alimentar uma planta nova, alheia ao fato de que o malteador tem outros planos para ela. Os detalhes da germinação controlada têm efeitos enormes sobre as características do malte para a fabricação e o sabor da cerveja. No ponto desejado, aplica-se calor para interromper o processo, e é durante esse processo de secagem que os sabores maltados da cerveja são criados – do caráter de grãos mais delicado, que remete ao pão, passando por dúzias de gradações de caramelo, âmbar e marrom tostado, até os tons de café *espresso* dos maltes negros.

E nós nem começamos a fabricar cerveja ainda.

De qualquer maneira, as escolhas prosseguem por todo o processo: a formulação das receitas, os procedimentos da cervejaria, as leveduras, as fermentações, a carbonatação, a filtração, o envase e muito mais. Centenas de pequenos passos atuam em conjunto com a tradição, a tecnologia e as demandas de mercado, e às vezes com a determinação pura e simples do cervejeiro de disponibilizar uma cerveja peculiar.

Administrar essa complexidade com mão hábil requer uma personalidade especial. Os melhores cervejeiros que já conheci exibiam uma mistura de curiosidade, criatividade e disposição para correr riscos, associada a uma obsessão quase fanática por cada detalhezinho. Eram pessoas especiais, com certeza, e alguns dos maiores tesouros do mundo da cerveja.

Os detalhes da fabricação de cerveja podem parecer técnicos, mas eu posso garantir que eles são o corpo e a alma de qualquer cerveja. Comece a buscá-los na próxima vez que você erguer uma caneca, e você poderá encontrá-los praticamente saltando da borda.

ÁGUA

A cerveja é em grande parte composta de água. É claro que isso vai influenciar seu sabor.

Em primeiro lugar, a água – chamada de "água cervejeira" (*liquor*, em inglês) quando utilizada na fabricação da cerveja – não é insípida. Até ela se transformar em seu gole de cerveja, a água às vezes tem que percorrer distâncias incríveis ao longo de grandes períodos de tempo. No caminho, ela entra em contato com diferentes tipos de solo e com areia, rochas e outros materiais. Como a água é um solvente sem igual, ela dissolve vários minerais em sua jornada, e estes marcam presença na forma de íons – componentes de moléculas que se quebram e flutuam livremente nessa solução mágica que é a água. Dá até para sentir o gosto de alguns: aquele gosto duro de giz, o gosto redondo do cloreto, que abre o palato, e o picante gosto de gesso do sulfato – todos transmitem suas características para a cerveja.

Mas os minerais da água contribuem com mais do que apenas seus sabores: os íons da água usada são quimicamente ativos e têm efeitos importantes no processo de fabricação da cerveja. Cada estilo de cerveja e processo de fabricação têm sua água ideal. Somente no fim dos anos 1800 os cervejeiros aprenderam a ajustar a composição química de sua água local; antes disso, eles estavam limitados aos estilos que conseguiam fabricar com as características da água que encontravam, o que foi um fator importante na evolução de muitos dos estilos clássicos de cerveja.

A água importa, sim.
Ela possui sabores próprios e tem um papel importante nos processos químicos da fabricação da cerveja.

VOCABULÁRIO SENSORIAL
SULFATO

TIPO: sabor, aroma.

DESCRITORES: gesso, reboco, sulfato.

LIMIAR NA CERVEJA: varia, mas raras vezes vai além do sutil.

ADEQUAÇÃO: pode ser perceptível e prazeroso em algumas Pale Ales e IPAs fabricadas com água de alto teor de sulfato, como as cervejas de Burton-on-Trent, na Inglaterra, e raramente na Dortmunder Lager.

ORIGEM: íons de sulfato de cálcio na água da fabricação de cerveja.

OBSERVAÇÃO: embora a água tenha um efeito muito importante sobre as características da cerveja, ele nem sempre é percebido com facilidade no sabor. O aroma de gesso a que nos referimos aqui pode ser sinal de uma mistura de dióxido de enxofre e sulfeto de hidrogênio que se forma na água com altos níveis de enxofre.

O CALCÁRIO, um tipo comum de rocha, é composto principalmente de carbonato de cálcio (às vezes, carbonato de magnésio em uma rocha similar chamada dolomita). A água que passa sobre, sob ou através do calcário costuma dissolver um pouco da pedra em sua passagem. A água pura não consegue fazer isso: é apenas quando o gás carbônico (ou dióxido de carbono) da atmosfera está dissolvido na água que ela se torna ácida o suficiente para capturar um pouco desse mineral, criando um tipo de água dura, que é levemente alcalina. Como o calcário é comum, a água dura carbonatada também é, mas esse não é um tipo de água ideal para fabricar várias cervejas. Em cervejas claras, sua alcalinidade faz com que os lúpulos ganhem um sabor acre adstringente e afeta a composição química do mosto. Apenas com a adição de maltes escuros – um tanto ácidos por si só – é que essa água alcalina com um gostinho de giz começa a funcionar. E quando se mantém o nível de lúpulo baixo – aí, sim, obtém-se uma cerveja campeã. As famosas cervejas escuras de Munique e Dublin são dois exemplos disso.

A GIPSITA, ou sulfato de cálcio, é um mineral mais incomum, porém essencial para um estilo de cerveja importante: no século XIX, depois de se tornarem famosos por uma cerveja escura e doce conhecida como Burton Ale, os cervejeiros da vila de Burton-on-Trent, na Inglaterra, tiveram a felicidade de descobrir que a água de seus poços era perfeita para se fazer um novo estilo de cerveja vivaz, seca e cheia de lúpulo chamada India Pale Ale. Até hoje, na cerveja Bass servida como chope, às vezes é possível sentir o aroma de gesso, uma característica chamada de "fedor de Burton".

O SAL (CLORETO DE SÓDIO) pode ser encontrado em quantidades perceptíveis em algumas águas utilizadas na fabricação de cerveja – a água de composição mineral complexa de Dortmund, na Alemanha, é um exemplo famoso. O sal também pode ser adicionado de propósito, como acontece com a Gose, uma cerveja branca alemã que está passando por certo renascimento nos Estados Unidos. Em pequenas quantidades, ele faz com que a cerveja tenha um sabor um pouco mais intenso e gorduroso – e isso é fácil de testar polvilhando alguns grãos de sal em sua cerveja (ou até mesmo em um copo d'água) e deixando que eles se dissolvam.

Para algumas cervejas, os melhores minerais não são realmente minerais. Os cervejeiros da cidade tcheca de Plzeň associaram suas águas extremamente suaves com um procedimento de mosturação elaborado e assim criaram uma das cervejas clássicas do mundo, a Pilsner. Águas livres de minerais não são adequadas para a maioria das cervejas ou dos métodos de fabricação, mas, é claro, quando a água é muito suave fica mais fácil para o cervejeiro simplesmente adicionar os minerais necessários. Alguns cervejeiros retiram todos os minerais de sua água e depois a reconstituem para que se adeque a determinado estilo. Os métodos para conseguir isso consomem tempo e às vezes são caros, então costumam ser utilizados com maior frequência em regiões nas quais a água local é realmente problemática.

É importante que a água utilizada na fabricação seja potável e de boa qualidade, o que significa livre de contaminantes orgânicos, pesticidas, metais pesados, ferro, enxofre e outras substâncias tóxicas. Mesmo quando não são prejudiciais para os seres humanos, alguns minérios – o ferro, por exemplo – podem ser tóxicos para a levedura e contribuem para que se forme a turbidez ou para que surjam sabores desagradáveis. O ferro, quando presente na cerveja, causa um sabor metálico de sangue. Pequenas quantidades de metais como o cobre e o zinco são vitais para a nutrição das leveduras, tanto que os funcionários de uma megacervejaria novinha em folha, toda feita de aço inoxidável, tiveram que substituir um cano de aço inoxidável de dois metros por outro de cobre, para garantir a saúde de suas leveduras. Muitas vezes adiciona-se zinco como nutriente para as leveduras.

Em resumo: toda essa mitologia tão linda de águas polares ou fontes límpidas nas serras são nada mais, nada menos que mentiras deslavadas.

VOCABULÁRIO SENSORIAL

METÁLICO

TIPO: sabor, aroma.[1]

DESCRITORES: metálico, sangue, ferro, cobre, amargo.

LIMIAR NA CERVEJA: 0,15 ppm (ferro).

ADEQUAÇÃO: nunca.

ORIGEM: ferro, cobre ou outros elementos ocasionalmente presentes seja na fonte da água, seja em equipamentos de fabricação antigos. Há quem diga que alguns sabores metálicos são resultado da oxidação de lipídios (gorduras), que por sua vez podem ser catalisados por íons metálicos. Não se consegue sentir o cheiro do ferro diretamente, mas ele interage com oxidases lipídicas presentes dentro do corpo ou sobre ele, o que faz com que elas sejam quebradas e liberem oct-1-en-3-ona, que tem o odor típico de ferro. Se você suspeita que a cerveja contenha ferro, um truque bem útil é esfregar um pouco dela nas costas da mão; isso faz com que uma quantidade maior da substância química aromática seja liberada, ampliando o odor quando você cheirar sua mão.

A MÁGICA DA CEVADA

A cevada é o grão perfeito para fazer cerveja. Além de conter uma reserva grande de amidos que podem ser convertidos em açúcar e cascas que formam uma cama de filtragem perfeita, ela também contém as ferramentas – na forma de enzimas – que são capazes de fazer todo o trabalho sem que se tenha de adicionar nada além de água quente. As populações neolíticas de dez mil anos atrás já sabiam o que era necessário para produzir cerveja; então, elas selecionavam as gramíneas selvagens com as qualidades ideais para serem replantadas e, em um tempo relativamente curto, desenvolveram a cevada domesticada.

O sistema enzimático excepcional da cevada faz dela o grão perfeito para se produzir cerveja, já que permite que os amidos armazenados nos densos grãos sejam quebrados em açúcares simples, os quais a levedura consegue transformar em álcool. As enzimas são parte essencial de vários aspectos do processo de fabricação, que seria praticamente impossível sem elas. Funções cruciais como a malteação, a mosturação e a fermentação dependem todas das enzimas, as quais são proteínas especializadas capazes de auxiliar a realização das reações químicas.

Para que uma reação química aconteça, deve-se ultrapassar uma barreira energética – algo mais ou menos parecido com o ato de jogar algo por cima de um muro. As enzimas reduzem a quantidade de energia necessária para que uma substância passe de um estado químico a outro. Na fabricação da cerveja, o amido precisa ser quebrado em açúcares mais simples: é possível realizar isso utilizando a força bruta de ácidos fortes ou de altas temperaturas, mas as enzimas presentes na cevada têm a habilidade de fazer com que essas reações aconteçam em quantidades de calor bem modestas. Nós vamos encontrar as enzimas em várias etapas do processo.

A cevada utilizada na fabricação de cerveja vem em duas formas: a de duas fileiras e a de seis fileiras, que recebem esses nomes obviamente pelo fato de que, quando observadas de cima, elas apresentam duas fileiras de grãos ou seis. Os tipos de duas fileiras produzem grãos mais roliços e preferem climas mais frios, enquanto os de seis fileiras têm grãos menos redondos e geralmente crescem em lugares mais quentes e secos. Do ponto de vista do cervejeiro, uma diferença importante é o nível de proteína, relevante para a fabricação da cerveja por várias razões: as proteínas criam e sustentam a espuma da cerveja, são responsáveis pela sensação viscosa do corpo, trazem consigo um arsenal de enzimas úteis para a fabricação da bebida e, quando quebradas, fornecem nutrientes para as leveduras.

Mas nem tudo é um mar de rosas. Um excesso do tipo errado de proteína pode causar problemas para a cerveja, muitas vezes na forma de uma turbidez a frio (chill haze) e de instabilidade de armazenamento. Por essa razão, cervejas puro malte costumam ser feitas de malte de duas fileiras, enquanto a de seis fileiras tradicionalmente é

1 Ainda não se sabe ao certo se os sabores metálicos na boca são gostos ou sensações trigeminais, como os efeitos elétricos. (N. A.)

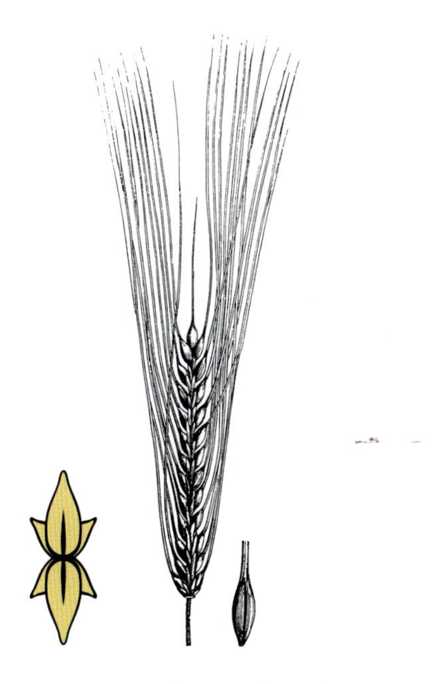

Espiga de cevada com duas fileiras
(vista superior e vista lateral).

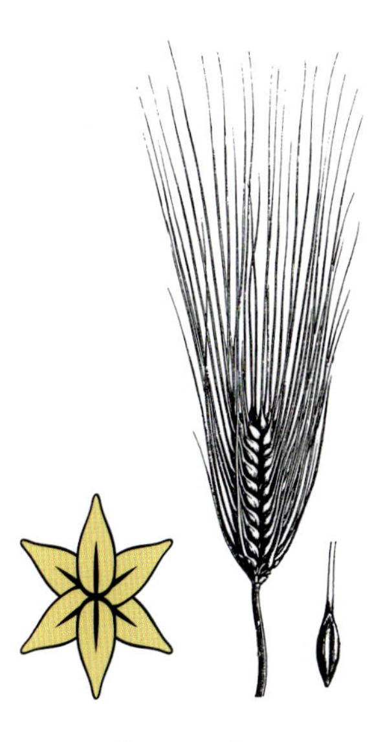

Espiga de cevada com seis fileiras
(vista superior e vista lateral).

As sementes desta planta vêm sendo utilizadas para se fazer cerveja há dez mil anos. Esses dois tipos de cevada variam na quantidade de grãos que possuem ao redor do galho central. As cevadas de duas fileiras produzem grãos mais roliços com níveis menores de proteína, mais adequados para cervejas puro malte.

---

utilizada em cervejas de produção em massa, em que as enzimas adicionais são utilizadas para quebrar os amidos dos grãos de arroz ou de milho, que não possuem as próprias enzimas.

FAZENDO MALTE

O processo de produção do malte tem início com a seleção de cevadas de alto nível para então submergi-las em água por um período de dois a quatro dias, até que alcancem um percentual de água superior a 40%. Isso reidrata os grãos e ativa as enzimas em seu interior, deixando-os prontos para crescer. A cevada então deve ser colocada em um local fresco e arejado, já que as sementes necessitam de oxigênio nesse estágio. Pequenas raízes surgem em uma ponta, e um broto chamado acróspira cresce escondido sob a casca.

Quando esse broto alcança certo tamanho, o malteador interrompe o processo por meio da aplicação de calor. O comprimento do broto é um indicador confiável do estado do processo de malteação, uma medida conhecida como modificação. Em um malte bem modificado, permite-se que o broto cresça até chegar a um comprimento igual ao do grão. A maior parte dos maltes modernos é completamente modificada e a mosturação pode ser feita com procedimentos relativamente simples. No passado, nem todo malte era bem modificado, o que deixava para trás algumas "pedrinhas" que não liberam seu extrato com facilidade e requerem uma moagem mais intensiva – o que, em geral, costuma incluir até algum tempo de fervura – para se gelatinizar e liberar seus amidos por completo.

A essa altura, os grãos encharcados, instáveis e relativamente insípidos são levados à estufa de secagem. Utiliza-se calor indireto para primeiro secar os grãos e em seguida tostá-los. A tostagem é a origem de quase todo o sabor do malte, mesmo nos mais claros.

A REAÇÃO DE MAILLARD, às vezes chamada de "escurecimento não enzimático", é o termo utilizado para descrever coletivamente os processos químicos do escurecimento. É importante compreendê-los, pois eles são peças relevantes na criação do sabor, da aparência e do aroma da cerveja. A reação de Maillard descreve todos os escurecimentos costumeiramente encontrados ao cozinhar, inclusive o que acontece quando seu hambúrguer é frito, bem como as delícias das cebolas caramelizadas e o caráter torrado do café e do chocolate.

Os detalhes são bem complicados, mas o que você precisa saber é o seguinte: ao pegar alguma forma de açúcar ou carboidrato e combiná-lo com algum material que contenha nitrogênio

VOCABULÁRIO DOS SABORES DO MALTE

Este gráfico organiza a maioria dos sabores mais comuns de malte em cinco categorias amplas, e então subdivide cada categoria em uma gama de cores que vai do mais claro ao mais escuro. Perceba que as cores se aproximam dos tons em que esses sabores costumam ser encontrados. As flechas com indicações de graus Lovibond apontam para a cor da cerveja em SRM (Standard Reference Method, o método de referência-padrão, que é a escala utilizada para avaliar os tons de cerveja).*

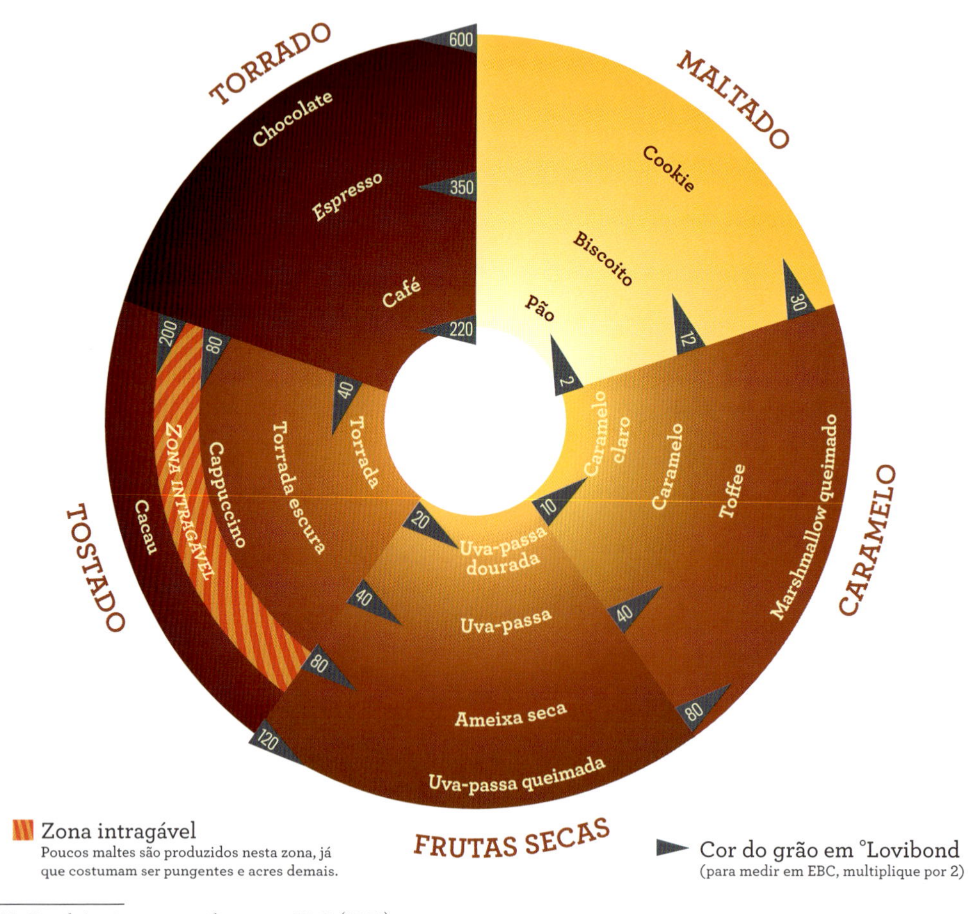

* No Brasil, é mais comum utilizar graus EBC. (N. E.)

(tipicamente derivado de uma proteína), acrescentando calor na presença de umidade, obtém-se uma gama de sabores, aromas e cores escurecidos/de queimado. Os componentes da cor são conhecidos como melanoidinas, e consistem em moléculas grandes e coloridas de tons avermelhados ou amarelados. Elas não têm um aroma que somos capazes de discernir. Provavelmente é importante apontar que o termo "melanoidina" muitas vezes é usado para se referir a todos os sabores da reação de Maillard, mas isso está incorreto: o aroma do malte tostado vem de pequenas moléculas em forma de anel chamadas heterocíclicas, que contêm sequências colaterais com enxofre, nitrogênio ou oxigênio ligadas a seus anéis de carbono. Essas são substâncias odoríferas muito potentes, com limiares na área de poucas partes por bilhão ou menos ainda.

Na reação de Maillard, cada combinação distinta de açúcares, amidos, e materiais contendo nitrogênio produzem produtos finais levemente diferentes. Além disso, cada pequena diferença em tempo, temperatura, pH, nível de umidade e outras variáveis cria um perfil de sabor diferente. É possível produzir dois maltes diferentes, de cor similar, mas de sabores distintos alterando-se a quantidade de umidade durante a secagem. Ao tostá-lo a seco, consegue-se o tostado agudo de um malte chamado de "biscoito" (Biscuit) ou "âmbar" (Amber). Ao torrá-lo úmido, obtém-se o malte melanoidina, conhecido por seu caráter forte de cookies ou de toffee.

Quando se começa a combinar os maltes em uma receita de cerveja, os mesmos princípios são aplicados. Há diversas maneiras de se fazer uma cerveja castanha. Por exemplo, grandes quantidades de um malte moderadamente colorido ou uma pitada de malte altamente torrado produzirão cervejas com a mesma cor, mas sabores dramaticamente diferentes. Preste atenção a isso tudo, porque quando a questão é compreender o aroma do malte e o sabor das cervejas, a reação de Maillard é um fator importantíssimo.

CARAMELIZAÇÃO é o termo usado para um processo de escurecimento mais simples; é o que acontece quando se coloca açúcar na frigideira e se permite que ele seja aquecido até mudar de cor. Como esse processo requer açúcares em vez de amidos, ele só acontece em níveis importantes em maltes cristal/caramelo. Esses maltes passam por um processo de açucaração e liquefação antes de serem levados à estufa para estimular a quebra dos amidos em açúcares, a fim de que se forme

TIPOS DE MALTE E COR DA CERVEJA

Este gráfico serve para dar uma ideia aproximada da cor fornecida por quantidades variadas de tipos diferentes de malte nas receitas de cerveja.

bastante caramelo quando forem secos ou torrados até atingir a cor desejada. Isso se traduz em uma ampla gama de sabores de caramelo, uvas-passas, ameixas secas e açúcares queimados.

A cor do grão se expressa em graus Lovibond (nos Estados Unidos) ou em unidades EBC (European Brewery Convention, ou Convenção Europeia de Cervejaria, cuja unidade equivale a 1,97 graus Lovibond).

Tipos de malte

A secagem do malte produz uma ampla gama de cores, que vão de meros 2 graus Lovibond (ou menos) nos maltes Pilsner mais claros até acima de 500 graus Lovibond no malte Black mais torrado. Essa gama deixa uma paleta de cores enorme à disposição do cervejeiro. Malteadores e cervejeiros organizam os variados tons de malte em diversas categorias de acordo com as maneiras como são feitos ou utilizados, da seguinte forma:

Maltes-base: esses são secos apenas o suficiente para que possam perfazer o total de maltes da receita. Mesmo nas cervejas mais escuras – como a Stout, por exemplo – a maioria dos grãos será de malte-base. Os maltes Pilsner, Pale, Vienna e Munich incluem-se nessa categoria, apesar de que os mais escuros podem servir como maltes de coloração em vez de maltes-base em certas cervejas.

COR: 1,2 a 15 graus Lovibond. 

PILSNER: o malte mais claro disponível.

MALTE PALE ALE: clássico para Ales claras, mas também para vários outros usos.

MALTE VIENNA: malte europeu que produz cervejas ambar, como a Oktoberfest.

MALTE MILD ALE: base clássica para as Ales britânicas escuras.

MALTE MUNICH: produz uma cerveja de tons âmbar profundos; doce e caramelizada, com traços de tostado.

Maltes de coloração: esses são utilizados em pequenas quantidades, de no máximo 20% da receita. Os maltes Amber/Biscuit e maltes melanoidina entram nesse grupo, assim como o Brown.

COR: 15 a 200 graus Lovibond.

AROMÁTICO/MELANOIDINA/DARK MUNICH: cervejas castanhas e âmbar; doces e caramelizadas.

AMBER/BISCUIT: sabor tostado, nítido.

MALTE BROWN: clássico para cerveja Porter; torrado que vai do macio ao mais nítido.

CHOCOLATE CLARO: usos diversos; torra de nitidez mediana.

Malte caramelo ou cristal: esse é um tipo de processo especial em que o malte molhado passa por um processo de açucaração e liquefação a uma temperatura de aproximadamente 66 °C. O resultado é uma textura quebradiça e crocante e uma gama de sabores de caramelo, uva-passa e açúcar queimado que são perceptíveis até em pequenas quantidades – sabores potentes que tornam fácil pesar a mão. Maltes cristal, especialmente por volta das tonalidades 60 Lovibond (120 EBC) facilmente estragam a cerveja, pois criam uma nota oxidada "de couro" bem distinta. Apesar de raros, maltes caramelo extremamente escuros, de tons entre 170 e 210 Lovibond (de 340 a 410 EBC), possuem aromas achocolatados agradáveis. Um malte cristal/caramelo especial com pouca cor, chamado de malte dextrina, é muitas vezes utilizado para aumentar o corpo e a solidez do colarinho nas cervejas claras. Os detalhes do processo de secagem são cruciais para se desenvolver um caráter de sabor específico. Cada malteador produz seu malte cristal/caramelo de maneira um pouco diferente, então nunca há dois com o mesmo sabor, mesmo que possuam a mesma cor.

COR: 10 a 210 graus Lovibond (malte dextrina: 1,2 a 2,5 graus Lovibond). (Todos os fabricantes produzem uma gama de cores. Não há uma terminologia comum além dos números.)

Maltes e grãos torrados: incluídos aqui estão os maltes chocolate e os vários tons de malte Black. Eles realmente têm aromas e sabores muito similares aos do café, do chocolate e de outros alimentos altamente tostados. Pode parecer contraditório, mas é importante compreender que, conforme a cor aumenta, a intensidade de sabor do malte torrado na verdade diminui. Os maltes Black mais escuros são os mais suaves e mais achocolatados, enquanto os maltes chocolate mais claros na verdade são os de sabor mais nítido e pungente. Isso faz sentido quando se percebe que, em temperaturas mais altas, grande parte das substâncias químicas que dão sabor são destruídas ou evaporam, e alguns processos que reduzem o amargor na verdade aceleram esse processo. O uso típico é de 10% ou menos.

COR: 180 a 600 graus Lovibond. ●●●●●

CHOCOLATE: torra forte para cervejas mais escuras.

BLACK: clássico para as Porters e Stouts modernas.

RÖSTMALZ: malte alemão escuro, às vezes tem sua casca retirada para um sabor mais suave.

CEVADA TORRADA: cevada torrada, não malteada, é um clássico nas Stouts irlandesas.

ADJUNTOS

Apesar de a cevada ser de longe o grão mais dominante na maioria dos estilos clássicos de cerveja, desde os tempos mais primórdios os cervejeiros já reconheciam o valor de grãos alternativos, ou adjuntos, para a brassagem. Há várias razões para utilizá-los. Cervejas de trigo, Oatmeal Stouts e cervejas de centeio, por exemplo, todas exigem grãos específicos além da cevada malteada. No caso da American Lager produzida em escala industrial, adiciona-se milho, arroz ou várias formas de açúcar para tornar o sabor mais leve; isso geralmente resulta, também, na diminuição dos preços. Com poucas exceções, as cervejas mais baratas são feitas com maior quantidade de adjunto. Antigamente, em algumas regiões da Inglaterra, os indivíduos pobres que não conseguiam comprar bebida de qualidade eram chamados de grouters, por causa da cerveja de aveia grossa e barata que bebiam.*

NAS CERVEJAS DE HOJE, o adjunto é usado mais por causa da textura do que do sabor. Todas tendem a ter um aroma menos assertivo que o malte de cevada. Trigo, aveia e centeio servem para dar uma textura cremosa e fornecer uma boa retenção de colarinho para as cervejas. Esses grãos costumam ser utilizados mesmo nas cervejas em que essas características não são reconhecidas abertamente. Há quem afirme ser capaz de detectar certa leveza e efervescência com toque de limão, que seria derivada do trigo, mas eu mesmo nunca detectei nada parecido. O milho e o arroz sempre deixam a cerveja com menos corpo. Sua escassez de proteínas significa que eles contribuem com quase nada além de açúcares fermentáveis. No entanto, é possível detectar um tom delicadamente acre do arroz na Budweiser e uma qualidade cremosa sutil em muitas cervejas que utilizam o milho como seu adjunto primário, como a Miller Genuine Draft.

Grãos especiais maltados, como o trigo e o centeio, podem ser adicionados diretamente à mosturação sem que sejam necessários procedimentos especiais de cozimento, que são exigidos por outros produtos adjuntos crus, mas sua falta de casca às vezes exige que se adicione material filtrador extra, como cascas de arroz, para auxiliar no escoamento do mosto. Existem grãos pré-gelatinizados à disposição, em geral produtos em flocos, como a aveia. Eles podem ser adicionados diretamente à mosturação sem pré-cozimento, mas as cascas de arroz também são recomendadas nesse caso. Grãos crus e não maltados requerem algum procedimento de cozimento que gelatinize seus amidos. Em breve discutiremos esse processo com maiores detalhes.

"O trigo é como um homem rico,
Que é elegante e bem-sucedido,
A aveia é como um grupo de garotas,
Que riem e que dançam,
O centeio é um homem avarento,
Sempre pequeno, magro e marrento,
Mas a cevada, livre e barbada,
É o monarca deste reinado."

– A. T.

* *Grout* era uma espécie de mingau grosso. (N. E.)

A arte da receita

Antes que produza uma só gota, o cervejeiro tem de decidir o que vai entrar na cerveja. Ela vai ser forte? Qual é a cor desejada? E o amargor? Os sabores primários? O equilíbrio? Terá elementos de fundo? Ingredientes incomuns e bem malucos?

A maioria dos cervejeiros decide primeiro essas características, e algumas outras mais, para então determinar a quantidade de cada elemento a fim de que a cerveja desejada se materialize. Parâmetros como a densidade – que diz respeito à quantidade de açúcares e outros elementos sólidos no mosto não fermentado – vêm em primeiro lugar. Um, dois ou até uma dúzia ou mais de maltes podem ser combinados em uma brassagem. Calcular a densidade é fácil: cada malte tem um potencial de rendimento, e cada cervejaria e procedimento de mosturação apresentam determinada capacidade, que, depois de alguma experiência, costuma ser bem compreendida pelo cervejeiro. Então é só uma questão de fazer as contas. Por sua vez, o cálculo da cor não é tão direto, já que ela não se acumula de forma linear, e há algumas diferenças nas maneiras de medir as cores dos diferentes maltes. No entanto, há algumas fórmulas que levam essas diferenças em conta quando se elabora uma receita.

Do mesmo modo, os lúpulos precisam ser levados em consideração: o cervejeiro tem de planejar tanto o aroma quanto o amargor, características que funcionam de maneira antagônica. Para extrair o amargor, o lúpulo tem de ser fervido com vigor – isso expulsa os óleos aromáticos voláteis. Dessa forma, o lúpulo costuma ser adicionado logo no começo para se obter amargor, e no final para se conseguir aroma. Cada variedade apresenta certa quantidade de substâncias amargas, dependendo da região e do ano, e cada lote de lúpulo contém uma análise que indica seu potencial de amargor no momento em que foi feita a colheita. No entanto, os lúpulos são um produto altamente perecível, então vão perdendo o aroma e o poder de fornecer amargor mesmo quando armazenados em temperaturas baixas. Assim, o cervejeiro tem de decidir as quantias de cada tipo de lúpulo que vai colocar e em que momento irá fazê-lo para produzir uma quantidade específica de amargor e aroma na cerveja. Isso pode ser feito manualmente, mas cada vez mais tem-se contado com o auxílio de programas de computador.

O EQUILÍBRIO é uma característica bem subjetiva, que não se presta muito a cálculos numéricos. Entretanto, uma medida chamada de proporção de unidades de amargor para unidades de densidade – ou BU/GU, de Bitterness Unit/ Gravity Unity (confira as páginas 112-114) – pode ser útil: trata-se de uma expressão numérica capaz de refletir que, em qualquer nível de equilíbrio considerado, a quantidade de amargor vinda do lúpulo precisa aumentar conforme a densidade aumenta. O que constitui um equilíbrio adequado varia de acordo com quem está bebendo e com o estilo de cerveja, mas mesmo as Doppelbock ou as Scotch Ales mais maltadas necessitam de algum amargor de lúpulo atrelado. Até mesmo uma Double IPA de amarrar a língua deveria ter um toque de malte na retaguarda.

É comum pensar no equilíbrio como um balanceamento entre o amargor do lúpulo e a doçura do malte, mas há muitos outros elementos envolvidos. O malte escuro, por exemplo, atua no lado amargo da equação, junto do lúpulo. Com habilidade, é possível criar um equilíbrio entre os três pilares do malte torrado, do amargor do lúpulo e do malte doce, o que constrói uma experiência bem empolgante de beber. Em cervejas especiais, o equilíbrio pode ser algo totalmente diferente. Cervejas ácidas apoiam-se no jogo do azedo contra o doce ou amadeirado, já que o lúpulo costuma ser suprimido. Elementos como fumaça, pimentas, frutas, ervas e especiarias, todos podem entrar em jogo para criar um equilíbrio.

A palavra "equilíbrio" é um termo da indústria, mas eu particularmente o considero um pouco estático. Em nossa percepção, não há um balanço real, apenas uma mudança constante de ponto focal; portanto, do ponto de vista do cervejeiro, o tipo de contraste dinâmico que surge ao sobrepor elementos distintos é uma noção mais adequada.

Os cervejeiros utilizam as mesmas técnicas usadas pelos *chefs* – ou qualquer outro tipo de artista: contraste, harmonia, sobreposição, surpresa. Os melhores cervejeiros têm um brilho nos olhos e a habilidade de nos tocar diretamente ao oferecer não apenas um copo de cerveja, mas, sim, uma verdadeira experiência.

Quando feito corretamente, o ato de fazer cerveja é uma questão de ter ideias. Uma impressão poderosa pode ser feita com força bruta, mas às vezes um sussurro fala mais alto que um berro. No fim, todas as grandes cervejas contam uma história.

DEGUSTAÇÃO DE INGREDIENTES

Fazer esse tipo de degustação é uma forma de se familiarizar com os sabores dos ingredientes da produção de cerveja. Trata-se simplesmente de colocar sobre a mesa vários tipos diferentes de malte, lúpulo e água e permitir que cada pessoa experimente ou sinta o cheiro de cada um. Pode-se experimentar todos de uma só vez ou apenas uma categoria por sessão. Todos os ingredientes podem ser encontrados em lojas para cervejeiros caseiros (ou podem ser encomendados pelo correio, se necessário). Veja a seguir como pode ser feito cada passo dessa degustação.

Malte

Reúna porções de meio quilo dos maltes Pilsner, Pale, Munich, Biscuit, alguns maltes cristal de cores diferentes e um malte escuro. Disponha-os sobre a mesa e permita que todos sintam seu aroma e depois seu sabor. Se estiver se sentindo mais ousado, encha alguns copinhos de café com os tipos mais claros, triturados grosseiramente, e cubra-os com água aquecida a 77 °C. Preste atenção nos aromas e na doçura que surgem nos minutos seguintes. Isso é brassagem!

Lúpulo

Compre algumas variedades diferentes de lúpulo em pequenas quantidades. As mais recomendadas são a Saaz, a Hallertau, a Kent Goldings e a Cascades, que propiciarão uma ideia de como são usadas nas cervejas artesanais da República Tcheca, da Alemanha, da Inglaterra e dos Estados Unidos, respectivamente. É preferível que se usem lúpulos inteiros, mas não há problema se eles estiverem em pellets.* Coloque-os sobre pratos (os profissionais utilizam pratos de papel roxo, para ressaltar a cor verde do lúpulo) e esfregue uma quantidade pequena de cada um deles entre as mãos, um de cada vez, para liberar os aromas. Em seguida, faça uma concha com as mãos e sinta os aromas. Recomenda-se limpar as mãos com lenços umedecidos sem cheiro ou com álcool entre um lúpulo e outro. Não se dê o trabalho de experimentar o gosto do lúpulo ou fazer um chazinho, pois não funciona.

Água

Compre garrafas de diversos tipos de água e experimente. A água destilada não é nada mais que algo molhado; a Evian é uma água dura e alcalina com certa pegada e um corpo mineral; águas carbonatadas simples como a Perrier demonstram os efeitos poderosos da carbonatação, com sua textura borbulhante e um pouco de acidez, que afetam o sabor da cerveja. Também acrescente um pouco de sal de mesa à água destilada para demonstrar esse sabor: coloque mais ou menos 0,1 grama de sal em um litro de água e você deve obter algo que se aproxima de uma concentração de 85 ppm (partes por milhão). A água deve ter um sabor pleno e rico, mas não muito salgado.

* Pellets são cones inteiros de lúpulo triturados, nos quais parte da matéria vegetal é descartada e o pó resultante é comprimido novamente. Isso aumenta a concentração de substâncias de amargor e aroma. (N. E.)

Mosturação e clarificação

No âmago da produção da cerveja está a etapa de fazer aquele "mingau mágico", processo conhecido como mosturação: mistura-se o malte triturado com a água cervejeira quente (os aprendizes recebiam multa se chamassem esse líquido só de "água"), depois deixa-se essa mistura descansar. Em poucos minutos, as enzimas presentes no malte convertem o amido dos grãos em açúcares menores. O resultado é um líquido doce – chamado de mosto – que então pode ser escoado.

A qualidade da moagem do malte é crucial: se ficar grosseiro, irregular demais, a mosturação extrairá pouco açúcar; se for fino demais, as cascas que supostamente formarão uma cama de filtragem tornam-se inúteis, e o que você vai obter é praticamente um concreto feito de vegetal. Um moinho de malte de tamanho completo tem até seis rolos e pode pesar toneladas – ou seja, isso é algo que os cervejeiros levam bem a sério.

Há vários sistemas enzimáticos na mosturação que atendem a diferentes funções. Cada um tem uma faixa de temperatura ideal e outros fatores que devem se encontrar em condições ótimas, como o pH, os íons minerais, a concentração, entre outros. Cada enzima é mais ativa quando dentro de uma temperatura específica; abaixo dela, não funcionam, e em uma temperatura um pouco mais alta, são destruídas pelo calor, pondo fim à sua atividade.

Algumas enzimas quebram os carboidratos complexos, como o glucano e o pentosano, no mosto. Outras quebram as proteínas em partes menores de diversos comprimentos – as menores são críticas para a nutrição das leveduras. Proteínas de tamanho médio são importantes para formar o corpo e a espuma da cerveja. Proteínas longas têm de ser quebradas para evitar que formem turbidez e causem instabilidade na cerveja pronta.

O EVENTO PRINCIPAL é a conversão do amido em açúcar. Amidos são polímeros de açúcares, o que significa que são moléculas longas formadas por várias moléculas menores de glicose. No mosto, as enzimas liberam maltose, um açúcar de duas unidades, além de outros mais longos com níveis de fermentabilidade variados. O genial do sistema enzimático do malte é que há duas enzimas que funcionam em temperaturas levemente diferentes: uma cria um mosto completamente fermentável e a outra forma um mosto que não consegue ser fermentado por completo. Ao variar a temperatura da mosturação, o cervejeiro consegue ajustar a fermentabilidade do mosto e, como consequência, regular o dulçor ou a secura da cerveja.

À temperatura de 63 °C, obtém-se um mosto altamente fermentável, o que leva a uma cerveja mais "seca". A 68 °C, o mosto terá uma boa proporção de açúcares não fermentáveis, o que resulta em uma cerveja mais doce. Na prática, a maioria das cervejas atinge algum ponto intermediário entre esses dois extremos. Essa é apenas uma simplificação do que realmente acontece, mas serve para dar uma ideia da importância das decisões tomadas pelo cervejeiro na produção da bebida.

Depois que a mosturação cumpriu seu papel, aumenta-se a temperatura, o que põe fim à atividade enzimática e estabelece a proporção de açúcares fermentáveis e não fermentáveis – processo chamado de "mash out".

Há vários procedimentos de mosturação utilizados atualmente. O mais básico é o de infusão simples, em que se acrescenta água quente aos grãos e se permite que a mistura descanse por uma hora. Uma variação desse processo é a chamada "infusão escalonada". Em cervejas de estilos ingleses, isso pode acontecer em apenas duas rampas de temperatura, mas, em alguns métodos rústicos, como o utilizado na Sahti finlandesa, são empregadas várias pequenas rampas, desde a temperatura ambiente até a quase fervura. O processo mais complexo de todos é o tradicional alemão de decocção. Nesse

Clarificando o mosto.
O cervejeiro Brad Landman confere o progresso de lavagem dos grãos na Wynkoop, o primeiro brewpub do Colorado.

método, mais ou menos um terço do mosto é removido da tina, elevado por meio de uma série de rampas e brevemente fervido antes de retornar à tina para criar uma elevação da temperatura geral. Decocções acontecem em versões de uma, duas ou três etapas, e a mais complexa delas leva mais de seis horas para ser executada. Hoje em dia, esses métodos são raros, por razões de economia de tempo e uso de energia, mas a maneira como adicionam camadas de sabor caramelizado complexo ainda tem muito valor.

Ao final do processo de mosturação, chega a hora de separar o mosto doce da matriz de cascas e pedaços de grãos conhecida como "bagaço" (processo de clarificação do mosto). A maioria das cervejarias utiliza uma tina com a parte do fundo perfurada, mas às vezes a própria tina de mosturação atinge esse propósito. Conforme o mosto doce escorre para a tina de fervura, mais água quente é jogada por cima do mosto, em um processo chamado de "lavagem" (ou sparging). O processo como um todo leva por volta de uma hora.

Lúpulo

Uma vez na tina de fervura, o mosto ferve rapidamente e a primeira leva de lúpulo é adicionada.

Vamos parar por alguns instantes e considerar o que essa planta sem igual ofereceu ao mundo da cerveja. O lúpulo, uma trepadeira da família das urtigas e parente próximo da maconha, vem sendo cultivado desde tempos ancestrais, apesar de não marcar presença regularmente nas cervejas até mais ou menos mil anos atrás. As partes úteis para a produção de cerveja são seus cones, e, apesar do fato de que muitos cervejeiros os chamam de flores, na verdade eles são, botanicamente falando, amentos ou estróbilos.

Lúpulos são cultivados entre as latitudes de 35 e 55 graus, tanto no hemisfério Sul como no Norte, e precisam de períodos de luz solar com certa duração no verão para estimular a produção dos cones. Essas são plantas grandes e vistosas que podem se tornar belas plantas ornamentais, apesar de sua vulnerabilidade a pragas e doenças. No Velho Mundo, as variedades mais valorizadas estão ligadas a localidades muito específicas: a Saaz obtém sua característica "condimentada" do solo laranja da Boêmia ocidental; a Hallertau herbal cresce no distrito de mesmo nome no norte da Baviera; e, na região próxima ao sudeste de Londres, a East Kent Golding desenvolve seu chamativo sabor apimentado verde, que há dois séculos é muito estimado nas Ales claras mais refinadas. Existem mais de duzentas variedades de lúpulo ao redor do mundo, e outras mais surgem todos os dias.

Os Estados Unidos possuem sua própria leva de lúpulos, hoje perto de Yakima, em Washington, e em outros lugares do noroeste, apesar de que uma indústria incipiente está retornando à região dos Grandes Lagos, que um dia já foi o coração dos lúpulos no país. As variedades europeias clássicas que crescem na América do Norte não têm o mesmo sabor daquelas cultivadas em suas terras natais, mas elas ainda possuem qualidades desejáveis para a produção de cerveja. As variedades que mais se aproximam dos lúpulos "nobres" da Europa (discutidos posteriormente neste capítulo) também já foram desenvolvidas.

Dentro dos cones do lúpulo, há uma pequena haste interna que une as partes com folhas. Ao redor dessa haste, estão minúsculos glóbulos dourados cheios de uma substância pungente e reluzente chamada lupulina. Ela contém as resinas amargas e os óleos aromáticos que são tão valorizados na cerveja. As resinas podem ser divididas em alfa-ácidos e beta-ácidos, sendo os alfa os mais importantes dos dois e o fator que mede o poder de amargor do lúpulo. O conteúdo de alfa-ácidos do lúpulo varia de 2% nos menos amargos até quase 20% nos tipos superalfa (lúpulos com altas concentrações de alfa-ácidos).

RAZÃO E CONFUSÃO NAS AFIRMAÇÕES DAS PROPAGANDAS DE CERVEJA

As propagandas de cerveja muitas vezes usam os termos e conceitos listados a seguir para vender seus produtos. Aqui está o que eu penso deles:

Água

Você vai se deparar com descrições como "azul da cor do mar" e "água da serra". Os cervejeiros precisam de água excelente, e sim, houve um tempo em que eles tinham de fazer a cerveja com a água local do jeito que ela era, então, quanto melhor a água, melhor a cerveja, pelo menos em teoria. A maioria das cervejarias modernas submete sua água a tratamentos para que ela se torne adequada a qualquer tipo de cerveja que esteja sendo fabricada.
Veredito: essa lenda desce pelo ralo.

Maturada na madeira de faia (*beechwood-aged*)

No século passado, a maioria das cervejarias americanas deixava suas Lagers maturar em tanques que continham uma pilha de ripas de madeira no fundo. Todas as características típicas da madeira eram eliminadas dessas ripas antes de elas entrarem nos tanques; portanto, elas não emprestavam sabor algum à cerveja. Seu verdadeiro propósito era fornecer uma área de contato maior na qual a levedura poderia se assentar, o que pode vir a beneficiar a maturação da cerveja. A Anheuser-Busch continua a achar que vale a pena fazer isso para suas leveduras e suas cervejas, mas isso não acontece com a maioria das cervejarias hoje em dia.
Veredito: é uma homenagem muito bonita às tradições, mas não funciona tanto quanto parece.

Método *krausening*

Esse é o processo em que se adiciona um pouco da cerveja que acabou de começar a fermentar a outro lote que está quase no fim da maturação. A ideia é que essa levedura "novinha em folha" acelere a redução de sabores "verdes" indesejáveis, como o acetaldeído e o diacetil na cerveja. É um método antigo que realmente funciona.
Veredito: costuma ser algo bom, mas, como requer um mosto fresquinho para ser colocado no momento certo, é difícil empregá-lo em cervejarias pequenas, que costumam ter cronogramas de fabricação menos regulares do que as cervejarias grandes.

Reinheitsgebot

Essa lei secular da Baviera proíbe que se adicione qualquer outro ingrediente que não seja lúpulo, malte, água e levedura na cerveja Lager. Pelo que eu

VOCABULÁRIO SENSORIAL
QUEIJO (ÁCIDO ISOVALÉRICO)

TIPO: aroma.

DESCRITORES: queijo fedido, chulé.

LIMIAR NA CERVEJA: 0,7 ppm de ácido isovalérico.

ADEQUAÇÃO: nunca.

ORIGEM: os ácidos orgânicos se formam quando os lúpulos não são devidamente armazenados. Também pode ser um dos muitos aromas que indicam uma infecção bacteriana. É raro na cerveja comercial, mas acontece de vez em quando. Em grandes quantidades, pode ser sinal de infecção, em geral de *Brettanomyces*.

sei, a maioria das cervejas no planeta seria muito beneficiada por esse tipo de limitação, mas há muitas ocasiões legítimas em que a cerveja melhora quando se adicionam açúcar, ervas, especiarias e outros ingredientes "proibidos".
Veredito: talvez.

Draft in bottle (chope na garrafa)

Esse é um ataque indireto contra a pasteurização, que, para seus detratores, afeta negativamente a cerveja, por mais que a literatura cervejeira afirme que as diferenças são mínimas. Cervejas que são "chope engarrafado" muitas vezes são filtradas de alguma maneira especial (confira a seguir) e então mantidas sob refrigeração até o momento da venda, o que costuma ser melhor para a cerveja.
Veredito: você decide...

Filtrada a frio

Essa é uma propaganda dos produtos da Miller, mas a tecnologia é licenciada da Sapporo, uma cervejaria japonesa. A ideia é remover as leveduras e as bactérias de deterioração sem retirar as proteínas, a cor e outras propriedades valiosas.
Veredito: sutil, muito sutil.

Brassada por mais tempo

Há muitas partes do processo de brassagem e de fermentação que poderiam se beneficiar com um pouco mais de tempo, mas esse termo sempre me lembra dos profissionais de marketing que ficam tentando entender o que é que afinal de contas os caras no chão da fábrica fazem para em seguida tentar converter isso em algo que o consumidor enxergue como um diferencial. Eu já passei tempo demais dentro de agências de publicidade - e de cervejarias - para mudar de opinião.
Veredito: bobagem.

Fabricação artesanal

Esse termo deveria ser utilizado para se referir a pequenas cervejarias independentes que fazem cervejas cheias de sabor e criatividade, mas não há como regulamentar seu uso e, convenhamos, é um pouco difícil alcançar um consenso sobre sua utilização. Mas há ocasiões em que fica evidente que grandes cervejarias colocam "fabricação artesanal" no rótulo na esperança de roubar para si um pouco do prestígio das microcervejarias.
Veredito: leia as letras miúdas. Conheça sua cervejaria.

Essa antiga gravura botânica mostra os detalhes da beleza exuberante de todas as partes da planta do lúpulo.

VOCABULÁRIO SENSORIAL
AMARGOR DE LÚPULO

TIPO: gosto.

DESCRITORES: amargo, lupulado.

LIMIAR NA CERVEJA: 5 a 7 ppm (de 5 a 7 IBU, as unidades internacionais de amargor).

ADEQUAÇÃO: sempre presente, até certo ponto; pode chegar a mais de 100 IBU em algumas cervejas mais extremas.

ORIGEM: alfa-ácidos do lúpulo isomerizados; deve ser limpo, agradável, sem características agressivas, amadeiradas ou adstringentes.

OBSERVAÇÃO: a corrida armamentista de lúpulos nos dias de hoje faz com que alguns produtores criem cervejas com 1.000 IBU, como afirmam. Tirando os desejos masoquistas e a fanfarronice, é uma questão em aberto se as análises químicas conseguem estar corretas em níveis como esse, e há uma dúvida ainda maior sobre a capacidade do palato humano de discriminar esses níveis estratosféricos de amargor na cerveja.

NA LUPULINA também estão presentes centenas de óleos aromáticos, os quais trazem suas próprias características – cada variedade e local de cultivo produz lúpulos com sua própria combinação desses óleos. De florais a resinados, de mentolados a condimentados, o aroma do lúpulo é uma ferramenta excelente para adicionar personalidade à cerveja. As características parecem se organizar em grupos nacionais: os lúpulos alemães tendem a ser herbáceos, às vezes quase mentolados, enquanto os lúpulos ingleses trazem uma dose saudável de frescor que remete à grama. O célebre lúpulo Saaz tem uma característica limpa e refinada muito particular e incrivelmente difícil de descrever – muitas vezes ela é associada ao termo "condimentado", que, no entanto, não é adequado. Os lúpulos norte-americanos atiram para todos os lados, mas suas variedades mais características recaem no resinado/pinho, no floral e no cítrico. Há alguns estilos de cerveja – as Pale Ales estadunidenses e inglesas vêm à mente – que têm a escolha do lúpulo como única diferença relevante entre si. Os lúpulos aromáticos são uma ferramenta poderosa.

Existe um grupo de lúpulos europeus, que historicamente são chamados de "nobres", em geral usado para obter aroma em cervejas Lager. Eles são o Saaz, da República Tcheca; o Hallertauer Mittelfrüh, o Tettnanger e o Spalt, da Alemanha. Há pré-requisitos químicos definidos para entrar nesse "clube exclusivo", mas, conforme novas variedades de aroma são desenvolvidas, as regras têm sido cada vez mais distorcidas para restringir o grupo à sua formação original. Sem dúvida, esses lúpulos são excelentes, mas certamente eles também não são as únicas variedades que merecem o título de nobreza hoje em dia.

Além dos lúpulos aromáticos, há variedades superalfa que foram desenvolvidas nos últimos cem anos com quantidades cada vez maiores de amargor. Essas variedades são vendidas por quilo de alfa-ácido, e, portanto, tendem a se tornar uma *commodity*. No entanto, alguns cervejeiros espertos nos Estados Unidos notaram os encantos rústicos, que lembram grapefruit, de variedades como a Chinook e a Columbus, e as utilizam para criar Pale Ales e outras cervejas majestosas.

Há muitos lúpulos de uso duplo, que combinam níveis moderados de alfa-ácidos com substâncias aromáticas agradáveis. Programas de cultivo ao redor do mundo estão sempre trabalhando para criar novas variedades, buscando níveis maiores de alfa-ácidos, maior rendimento, maior resistência a doenças e outras qualidades. Muita atenção tem sido dedicada ao cultivo em busca do aroma, e há lúpulos lançados no mercado com aromas de frutas silvestres, vinho branco, maracujá, limão, pera e outras delícias que originalmente não estavam presentes no lúpulo. O terreno também mudou: a Nova Zelândia e a Austrália estão produzindo alguns lúpulos suculentos e excitantes, e até mesmo a Argentina está realizando experimentos com lúpulos que antes não eram cultivados por lá, com alguns resultados empolgantes. Há programas de cultivo inovadores quanto aos aromas também na Alemanha, na Eslovênia, na França e em outros países europeus.

Com a popularidade das IPAs ao redor do mundo, os consumidores estão se tornando cada vez mais familiarizados com variedades de lúpulo como Mosaic, Galaxy, Mandarina Bavaria, Citra e outras. Muitas mais estão no horizonte, para nossa sorte.

VOCABULÁRIO SENSORIAL AROMA DE LÚPULO

TIPO: aroma.

DESCRITORES: confira o gráfico do vocabulário de aroma do lúpulo na página 85.

LIMIAR NA CERVEJA: há centenas de óleos diferentes; para alguns, os limiares ficam bem abaixo de 1 ppb (partes por bilhão), enquanto para outros pode chegar a cem vezes mais.

ADEQUAÇÃO: depende do estilo; está ausente em alguns, mas é essencial em outros.

ORIGEM: os óleos aromáticos dos lúpulos; tecnicamente, terpenos, sesquiterpenos, cetonas e álcoois. Podem ser extraídos durante ou depois da fervura, ou ainda por meio de técnicas de pós-fermentação, como o dry hopping. Também podem ser adicionados como extratos de óleos puros ou mistos, mas os resultados costumam ser unidimensionais.

OBSERVAÇÃO: o termo "condimentado" costuma ser usado como palavra-código para o lúpulo Saaz e similares, que não têm outras características de aroma marcantes.

Como já foi dito, costuma-se adicionar o lúpulo em partes. Para extrair as substâncias amargas, uma fervura vigorosa é essencial. Em um processo chamado de "isomerização", os alfa-ácidos do lúpulo se reorganizam quimicamente no mosto em uma forma que tem maior amargor e solubilidade. Quanto maior for o tempo de fervura, maior será o amargor; mas, depois de mais ou menos duas horas, o retorno se torna cada vez menor e pode causar outros problemas. A fervura vigorosa expulsa os óleos voláteis da mistura; então, para obter aroma de lúpulo, deve-se adicionar um pouco mais de lúpulo mais para o fim da fervura.

Lúpulos recém-retirados do galho. Cones recém-colhidos são espalhados na casa de secagem na Kitchenham Farm, em Bodiam, na Inglaterra.

OS CERVEJEIROS também podem fazer "adições de sabor" aos 15 ou 30 minutos de fervura, adicionando um *mix* de amargor e aroma. Também pode-se adicionar lúpulo depois que a fervura chegou ao fim para enfatizar o aroma. É possível usar dispositivos especiais chamados de hop backs ou percoladores de lúpulo, que, depois de preenchidos de lúpulo, são colocados de maneira a serem atravessados pelo mosto quente no caminho até o chiller (resfriador).

GRÁFICO EM TEIA DO VOCABULÁRIO DE AROMA DO LÚPULO

Os aromas do lúpulo são um desafio à parte, já que suas centenas de óleos não correspondem muito bem aos alimentos que nos são familiares. No entanto, é possível identificar várias categorias principais de aromas, que podem ser subdivididas em termos mais específicos. Cada lúpulo, na verdade, contém todos esses sabores; é sua proporção que determina a impressão geral de um lúpulo.

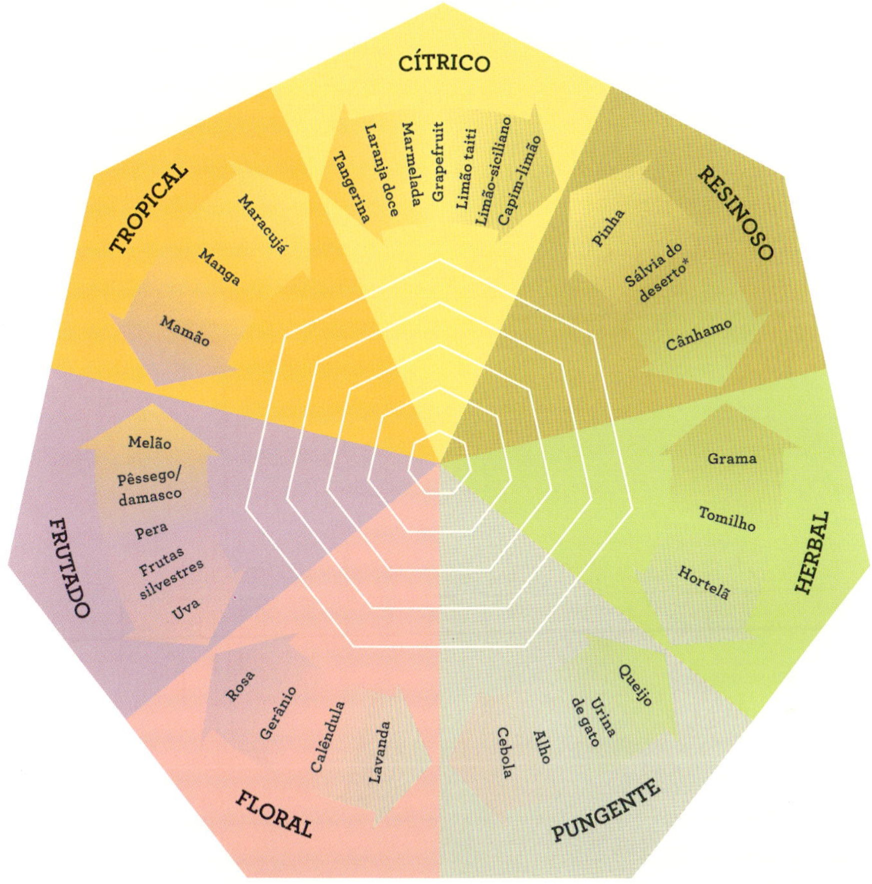

Este gráfico em teia mostra as famílias de aroma com descritores mais específicos em seu interior. Além de dispor os aromas, um gráfico em teia pode ser uma ferramenta útil e costuma ser utilizado para registrar os perfis de aroma. Os pontos são desenhados na "teia de aranha" ao centro, com os aromas mais fortes (em uma escala de 1 a 5) a uma distância maior do centro e os mais fracos mais perto do meio. No final, conecta-se os pontos para criar uma forma geométrica que reflete a composição aromática do lúpulo.

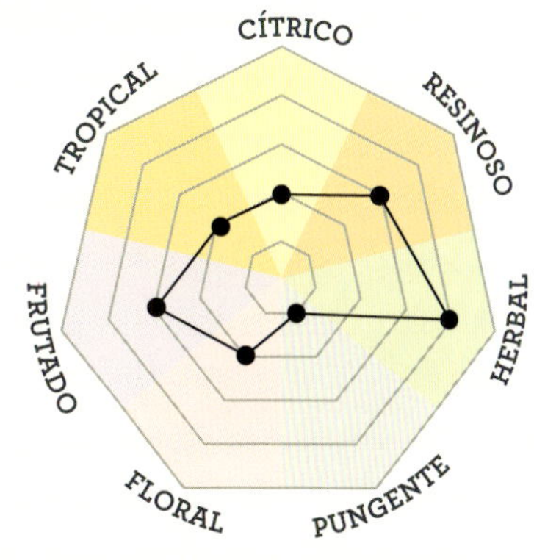

* *Artemisia tridentata*, planta herbácea nativa da América do Norte. (N. E.)

CERVEJAS LIGHT, LOW-CARB E SECA

Os cervejeiros dispõem de várias ferramentas para modificar o teor calórico e alcoólico de suas cervejas. As técnicas de brassagem tradicionais sempre geram um mosto com alguma quantidade de açúcares não fermentáveis, mas as enzimas fúngicas industriais não sofrem desse tipo de limitação e podem ser utilizadas em uma variedade de estilos, sempre tendo em comum a característica de deixar para trás um nível muito baixo de carboidratos residuais. A terminologia pode confundir tanto o público geral como os entusiastas da cerveja, e muda de acordo com os movimentos do mercado. Essas cervejas são uns bichos esquisitos para quem está acostumado a tomar cervejas mais encorpadas e puro malte. Segue um resumo de alguns tipos.

Cerveja light

Ela começa com uma receita de baixa densidade inicial e em seguida são acrescentadas ao mosto as enzimas derivadas de fungos para converter qualquer amido remanescente em açúcares. Isso significa que a cerveja não tem qualquer carboidrato residual, já que todos foram fermentados e transformados em álcool. Dessa forma, a cerveja light tem menos álcool e menos calorias que a cerveja comum.

Cerveja ultralight/low-carb

É fabricada de maneira similar à cerveja light. Nos Estados Unidos, essas cervejas espantosamente leves têm como público-alvo pessoas que estão fazendo dieta e que gostam de malhar. A densidade inicial é bem menor que a da cerveja comum, assim como seu teor alcoólico. Todos os carboidratos são transformados em álcool e, portanto, não há nenhum remanescente na cerveja, o que reduz as calorias a um mínimo. Na Europa, as cervejas low-carb têm como principal público os diabéticos.

Cerveja "seca" (dry)

Uma vez mais, o processo é similar aos anteriores, mas dessa vez o cervejeiro começa com um mosto de força normal. No entanto, como os mesmos métodos extremos são usados para transformar os carboidratos em açúcares fermentáveis, que então são fermentados até se tornar álcool, a cerveja seca tem teor alcóolico um pouco mais alto que o normal.

Ice Beer

A ideia é a mesma, mas a formulação é diferente para obter uma cerveja mais forte. Nela quase não há carboidratos residuais, com o auxílio da adição de açúcares altamente fermentáveis ao mosto para aumentar a quantidade de álcool.

Cerveja comum, light, ultralight e ice beer. Este gráfico apresenta as densidades inicial e final para três desses estilos suavizados, usando uma Lager comum e uma American Pale Ale artesanal como comparação.

	American Pale Ale	Lager comum	Lager light	Ultralight/Low carb	Ice Beer
Densidade inicial:	1,053	1,044	1,030	1,020	1,041
Densidade final:	1,011	1,007	0,9985	0,999	0,996
Atenuação aparente:	78,5%	83,6%	105,1%	105,1%	110,2%
Atenuação real:	64,3%	68,5%	86,1%	86,1%	93%
Álcool por volume:	5,7%	4,9%	4,2%	2,8%	5,9%
Calorias/355 ml:	171	140	96	64	130

Uma técnica conhecida como hop bursting utiliza uma quantidade mínima durante a fervura para então adicionar todo o lúpulo (ou quase todo) ao final ou depois da fervura, durante o whirlpool.* Isso cria uma cerveja cheia de aroma e sem um amargor exagerado. O lúpulo também pode ser aplicado depois da fermentação, em tanques de condicionamento, ou até nos barris em que as cervejas serão servidas. Isso é conhecido como dry hopping e costuma ser utilizado em American IPAs e outros estilos em que o lúpulo é protagonista, assim como nas Pale Ales em casks e nas tradicionais IPAs inglesas.

Os cervejeiros vêm se esforçando para reduzir o tempo e melhorar a eficiência do processo de dry hopping. Algumas cervejarias agora usam infusores externos, às vezes chamados de "torpedos", que são recipientes de filtragem fechados com uma tela em que se coloca o lúpulo. Conforme a cerveja é bombeada por eles, ela captura o aroma do lúpulo com uma rapidez muito maior do que quando o lúpulo é simplesmente jogado nos tanques. Outro grande benefício é que se obtém uma produtividade maior usando uma quantidade bem menor de lúpulo. Esse tipo de sistema funciona também com outros ingredientes usados para dar sabor.

Um turbilhão de fervura

Depois de cheia, a tina de fervura é levada ao fogo para uma fervura vigorosa. Isso tem vários objetivos: primeiramente, esterilizar o mosto, o que impede que a cerveja seja dominada pelas bactérias e pelas leveduras selvagens. Em segundo lugar, como já foi dito, a fervura isomeriza os alfa-ácidos do lúpulo, o que os torna mais amargos e mais solúveis. Terceiro, ela coagula os excessos de proteína com a ajuda dos taninos (polifenóis) presentes nas partes vegetativas do lúpulo. Isso produz coágulos de proteína (muito parecidos com sopas de ovo chinesas) conhecidos como hot break (ou trub quente), os quais removem as proteínas de cadeia longa que, de outra maneira, causariam instabilidade ou turbidez – isto é, aquela opacidade inofensiva, mas feia, que pode aparecer quando se serve uma cerveja muito gelada. A fervura também dá fim a qualquer atividade enzimática do mosto que ainda persista e define a proporção de açúcares fermentáveis e não fermentáveis. O aquecimento das tinas diretamente sobre as chamas também adiciona um pouco de caramelização.

Outra coisa importante que acontece durante a fervura é a criação e a expulsão de uma substância química chamada de dimetil sulfeto (DMS). Em temperaturas acima de 60 °C, a s-metil-metionina (SMM) do malte se transforma em DMS, que geralmente tem cheiro de creme de milho. Essa é uma substância química muito volátil, e, portanto, pode ser expulsa com facilidade durante a fervura; mas, assim que a fervura se encerra, o DMS começa a surgir, o que faz com que seja importante resfriar o mosto o quanto antes. O mosto quente agora está suscetível a capturar oxigênio, o que pode causar problemas posteriormente.

TIPO: aroma.

DESCRITORES: creme de milho, repolho, vegetal, vagem, aspargo enlatado; em cervejas escuras, está mais próximo do suco de tomate.

LIMIAR NA CERVEJA: 30 a 50 ppb.

ADEQUAÇÃO: em geral não é adequado, mas é aceitável em pequenas quantidades nas Lagers claras.

ORIGEM: substância criada durante a fervura da s-metil-metionina (SMM), um precursor encontrado no grão e geralmente sintomático de problemas na cervejaria; também pode ser sintoma de uma infecção, especialmente quando encontrada em grandes quantidades.

Partículas de lúpulo e de hot break geralmente são removidas derramando-se o mosto tangencialmente em um tanque de decantação, técnica que cria

* Whirlpool é o processo em que uma bomba injeta o mosto tangencialmente na tina para que se forme um redemoinho. A força centrípeta direciona os sólidos presentes no mosto (chamados de trub quente) para o centro do recipiente, ao fundo. Após essa etapa, o mosto é bombeado lentamente para que o trub formado não volte a se misturar. (N. E.)

um whirlpool e concentra o hot break e o lúpulo em uma pilha rasa, permitindo que o mosto seja drenado e o restante fique para trás. O mosto então é resfriado o mais rápido possível. Além dos problemas já citados de formação de DMS e de oxidação, a cerveja também pode estar sujeita à contaminação microbiana se o resfriamento for feito muito lentamente. Em geral, utiliza-se um trocador de calor ou chiller: o mosto passa por uma série de placas finas, correndo em uma direção, enquanto a água fria corre no sentido inverso, de forma que o mosto emerge na temperatura certa para ser fermentado. Esse resfriamento abrupto cria o chamado cold break (ou trub frio), que é a precipitação de proteínas e de alguns lipídios (gorduras). Em algumas cervejarias de grande porte, pode-se remover esse cold break, mas nas cervejarias artesanais ele costuma permanecer no mosto.

VOCABULÁRIO SENSORIAL OXIDAÇÃO (TRANS-2-NONENAL)

TIPO: aroma/sabor.

DESCRITORES: papel, sabor choco, papelão, caixa de sapato.

LIMIAR NA CERVEJA: 0,05 a 0,25 ppb.

ADEQUAÇÃO: nunca; é sintomático do excesso de fervura ou de técnicas de cervejaria deficientes. Também é comum em cerveja velha e aumenta quanto mais a cerveja envelhece.

ORIGEM: criado pela oxidação de componentes lipídicos do malte durante a moagem, a fervura ou outras atividades da cervejaria em que pode ocorrer contato com o ar, e é ampliado com o tempo quando a cerveja é armazenada.

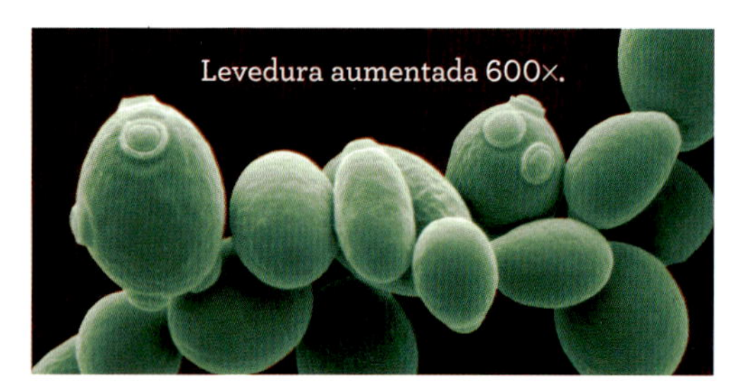

Levedura aumentada 600×.

A levedura e a mágica da fermentação

Os cervejeiros produzem o mosto, não a cerveja. Só a levedura é capaz de fazer cerveja. As trilhas bioquímicas específicas são incrivelmente complexas, mas aqui vão os princípios básicos: a levedura metaboliza os açúcares e cria etanol, dióxido de carbono e várias outras substâncias químicas em quantidades muito menores.

A levedura é um fungo unicelular cultivado desde os tempos antigos tanto para a produção de cerveja quanto para a panificação. No mundo da cervejaria, há duas famílias de levedura que são as principais responsáveis pela fermentação das Ales e das Lagers. A levedura Ale, ou de alta fermentação, é uma espécie chamada *Saccharomyces cerevisiae*. Dados genéticos demonstram conclusivamente que a levedura Lager é uma outra espécie, embora bem próxima, a *Saccharomyces pastorianus*. Há uma quantidade consideravelmente maior de variação genética entre as cepas de levedura Ale, como é possível perceber facilmente mesmo em uma observação mais superficial dessas cervejas. Outras leveduras e até algumas bactérias estão envolvidas na produção de determinadas cervejas especiais, mas a imensa maioria das cervejas é fermentada com uma dessas duas espécies.

As células das leveduras são como pequenas – e fantásticas – fábricas químicas. Elas têm de encontrar alimento, metabolizá-lo para que se transforme em energia, sintetizar proteínas e muitas outras moléculas necessárias para sua sobrevivência, livrar-se de dejetos e se reproduzir. Imagine que elas são como uns saquinhos de gosma, com membranas porosas o suficiente para tornar possível a saída de algumas moléculas, e também são providas de orifícios que permitem a entrada de algumas moléculas específicas quando apropriado. A levedura deve percorrer vários estágios para alcançar cada um de seus objetivos, e alguns dos produtos intermediários que ela produz são potentes o suficiente para formar componentes importantes do aroma e do sabor da cerveja. Quanto maior for a temperatura, mais rapidamente acontecerão esses processos químicos. E como a levedura nem sempre atua da forma mais eficiente, nas temperaturas mais altas alguns dos produtos intermediários "vazam" para fora das células e acabam na cerveja.

Em temperaturas baixas, uma quantidade bem menor desses produtos colaterais é criada; conforme a temperatura aumenta, mais deles vão sendo gerados. Isso explica as principais diferenças de sabor entre as Ales e as Lagers: as segundas, fermentadas entre 4 °C e 7 °C e maturadas em temperaturas próximas às de congelamento, têm um sabor relativamente limpo e puro, sem aromas frutados ou picantes, enquanto as Ales, normalmente fermentadas em temperaturas bem acima dos 13 °C, são palco de muita ação, trazendo consigo ésteres frutados, fenóis condimentados e álcoois mais elevados, assim como outros componentes químicos.

Uma substância química produzida pela levedura – mesmo em baixas temperaturas – é o

TERROIR NA CERVEJA

Terroir é um termo usado para descrever a soma dos efeitos de uma região sobre um vinho ou outro produto tradicional. Clima, solo, umidade, geologia, micronutrientes e outros fatores estão envolvidos. No entanto, no caso da cerveja, o *terroir* não "salta" do copo instantaneamente, como acontece com o vinho - ou seja, você tem que saber o que está procurando.

Maltes "relíquia" (heirloom)

Algumas variedades clássicas de malte inglês são muito difíceis de cultivar, mas têm sabores que os maltes convencionais simplesmente não conseguem atingir. O maior deles é o Maris Otter, há muito tempo estimado por seu sabor complexo e levemente amendoado. Outras variedades a se procurar são o Halcyon e o Golden Promise. Na República Tcheca, uma variedade chamada Hana é valorizada para a produção de maltes submodificados para Pilsners clássicas. O Klages, que já foi amplamente utilizado no noroeste dos Estados Unidos, é agora um malte raro, em grande parte substituído pelo Harrington, um malte com características agronômicas melhores, como maior rendimento e resistência a doenças.

Lúpulos nobres

Os sabores limpos e neutros de lúpulo do Saaz só surgem se eles forem cultivados no solo laranja e "acanelado" do Vale de Blšanka, uma região de cultivo tradicional na República Tcheca, e isso ocorre com outras variedades nobres que são cultivadas em outros lugares. Assim como no vinho, muitos fatores, como o clima e o solo, atuam na sutileza e no caráter refinado dos lúpulos de suas áreas de cultivo tradicional.

Água

Como já apontado neste capítulo, a composição química da água hoje está sob o controle do cervejeiro, mas os tipos de água característicos realmente às vezes se sobressaem. Uma das águas mais famosas para a fabricação da cerveja é a da mina de Burton-on-Trent, na Inglaterra, que empresta uma secura viva e um aroma de gesso para várias cervejas Burton. As cervejas Dortmunder Export, hoje raras, dependiam da água local com sua mistura de sulfato, carbonato e sal para obter seu sabor mineral particular.

Levedura selvagem

Nas Lambic de fermentação espontânea, os cervejeiros dependiam um tanto da microflora local para inocular a cerveja e dar início à fermentação. Os antigos pomares de cerejeiras da área ao sul de Bruxelas que abrigavam as leveduras selvagens há muito desapareceram, então o processo se modificou um pouco. Hoje, acredita-se que muitos dos micro-organismos que antes eram "selvagens" residem nos barris da cervejaria, mas os cervejeiros ainda expõem o mosto ao ar noturno da região durante seu resfriamento. Os cervejeiros de outros lugares já tentaram criar suas próprias cervejas de fermentação espontânea, com variados níveis de sucesso.

diacetil. Esse composto amanteigado familiar é uma etapa na síntese elaborada de proteínas. Seus precursores têm relativamente pouco sabor, mas o diacetil é tão amanteigado que costumava ser utilizado na pipoca de micro-ondas até descobrirem que ele causava problemas respiratórios nos funcionários que eram expostos a grandes quantidades dessa substância. Em temperaturas mais quentes, a levedura reabsorve o diacetil e o transforma em produtos químicos insípidos. Esta etapa no processo de produção da cerveja – uma elevação de temperatura que leva vários dias durante o condicionamento – é chamada de "descanso do diacetil". Ela é prática comum com as Lagers e também é empregada com frequência na fermentação das Ales.

VOCABULÁRIO SENSORIAL AMANTEIGADO (DIACETIL/2,3--BUTANODIONA)

TIPO: o diacetil (2,3-butanodiona) é uma substância química aromática com cheiro de manteiga, parte de um grupo que inclui uma substância química relacionada chamada 2,3-pentanodiona, conhecidos coletivamente como dicetonas vicinais, ou VDKs (do inglês, *vicinal diketones*).

DESCRITORES: manteiga, pipoca de cinema; em maiores quantidades, caramelo.

LIMIAR NA CERVEJA: 10 a 40 ppb (diacetil), dependendo da cerveja e da sensibilidade do degustador.

ADEQUAÇÃO: às vezes é agradável em níveis muito baixos nos estilos de Ale ingleses.

ORIGEM: seu precursor vaza das células de levedura durante a síntese de aminoácidos e então é convertido em diacetil na cerveja. Em maiores quantidades, pode ser um sinal de leveduras que passaram por estresse ou mutação. Em quantidades muito altas, pode ser um sinal de contaminação bacteriana e é especialmente comum em torneiras de chope sujas (infectadas).

A LEVEDURA É MUITO SENSÍVEL a variações de temperatura, por isso é comum produzir cervejas marcadamente diferentes como consequência mesmo das menores variações. Ela também é sensível a parâmetros físicos como a profundeza e a geometria do tanque. A levedura precisa de uma mistura de nutrientes apropriada e de um número adequado de células por unidade de cerveja (o que varia de acordo com a força da bebida) para fermentar da maneira correta. Ela também precisa de oxigênio para criar mais leveduras, um processo que começa antes da fermentação ter início – importante ressaltar que esse é o único momento no qual é aceitável que o oxigênio entre em contato com a cerveja no processo de fabricação.

Há centenas de cepas para a produção de cerveja armazenadas em bancos de leveduras ao redor do mundo. Os cervejeiros de Lagers costumam ter suas cepas exclusivas. Cervejeiros menores podem escolher entre dúzias de cepas à venda em fornecedores comerciais de leveduras para cervejarias. Muitas vezes, quando se consegue ler nas entrelinhas, torna-se possível desvendar os pedigrees de cepas específicas nas descrições dos catálogos.[2]

UM MONTANTE QUANTIFICADO DE LEVEDURA SAUDÁVEL é adicionado ao mosto oxigenado em um fermentador cuidadosamente higienizado. A levedura absorve o oxigênio e começa a produzir mais leveduras, fazendo "brotar" as células novas. Isso leva várias horas, e durante esse período acontece muito pouca fermentação. Quando todo o oxigênio disponível acaba, a levedura passa a dar atenção para o mosto doce. Primeiro, ela se alimenta da pequena quantidade disponível de glicose (um açúcar simples que é seu alimento preferido), porque é mais fácil, e então começa a metabolizar a maltose. Essa pequena fera voraz consegue arremessar uma espuma grossa e firme a mais de 30 centímetros acima da superfície da cerveja em fermentação e gera tanto calor que os tanques precisam ser resfriados para evitar que a temperatura fuja do controle.

2 Para uma lista bastante completa dos tipos de leveduras para cervejaria e suas descrições, confira esses websites: Wyeast (www.wyeastlab.com) ou White Labs (www.whitelabs.com). (N. A.)

Esse processo violento leva de um dia a uma semana, dependendo da temperatura, da densidade do mosto, do vigor da levedura, entre outros fatores. Ele costuma receber o nome de fermentação primária. Quando a maltose já foi devorada por completo, a levedura passa a se dedicar ao açúcar mais longo na sequência, a maltotriose. Nesse ponto, as coisas desaceleram bastante.

VOCABULÁRIO SENSORIAL
ÉSTER/SOLVENTE (ACETATO DE ETILA)

TIPO: aroma.

DESCRITORES: frutado em pequenas quantidades, mas em grandes quantidades é percebido como cheiro de removedor de esmalte de unha ou solvente. Às vezes é mais evidente como uma sensação de irritação dos olhos do que como um aroma.

LIMIAR NA CERVEJA: 18 ppm.

ADEQUAÇÃO: em pequenas quantidades, oferece uma contribuição importante para os aromas frutados da cerveja. Em grandes quantidades, porém, pode ser um sinal de temperatura de fermentação alta demais, aeração incorreta do mosto ou outros problemas da levedura. Com frequência é encontrado em cervejas com teor de álcool muito alto.

ORIGEM: formado durante a síntese de ácidos graxos, vaza para o exterior das células de levedura. É mais comum em cervejas com teor alcoólico acima de 10% em virtude do estresse das leveduras. Quantidades muito altas podem ser resultado de contaminação bacteriana (especialmente pela *Acetobacter*, que produz vinagre) e são frequentemente encontradas em cervejas que maturam na madeira, como Flanders Red Ales.

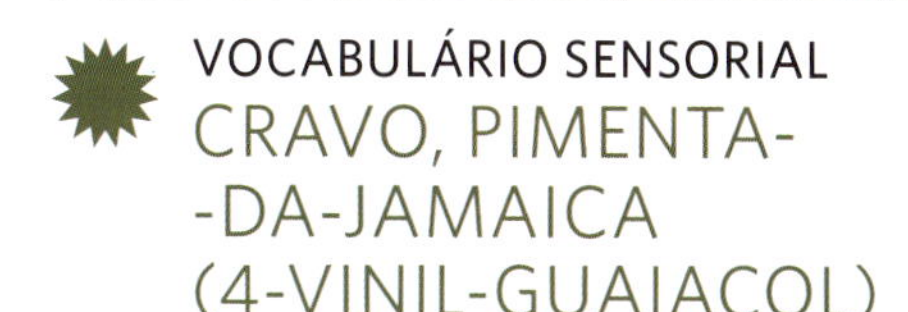

VOCABULÁRIO SENSORIAL
CRAVO, PIMENTA-DA-JAMAICA (4-VINIL-GUAIACOL)

TIPO: aroma.

DESCRITORES: cravo, fenólico.

LIMIAR NA CERVEJA: por volta de 1 ppb.

ADEQUAÇÃO: em níveis detectáveis, apenas nas Weizens alemãs e em algumas Ales belgas.

ORIGEM: formado durante a fermentação por um precursor, o ácido ferúlico (curiosamente, também um precursor da vanilina), o qual é gerado durante a secagem do malte.

Alguns estilos de cerveja necessitam de leveduras muito específicas para criar o perfil de sabores adequado. A Bavarian Weissbier, também conhecida como Hefeweizen, usa uma levedura particular que produz um aroma de cravo, além de sensações frutadas de banana e chiclete. A Saison belga, uma Farmhouse Ale, emprega uma cepa específica que acredita-se ser próxima da levedura do vinho tinto. Essa cepa é mais conhecida por sua habilidade de prosperar em temperaturas que chegam a até 32 °C, muito altas quando comparadas à temperatura da levedura Ale normal. Ela produz poucos ésteres e muitos fenóis, o que concede uma picância particular de pimenta-do-reino, que é o marco desse estilo. Um dos grandes encantos das cervejas belgas é que vários estilos dependem de cepas altamente específicas de levedura.

Também há os estilos de cerveja que dependem de outras espécies de leveduras, ou até de bactérias, para obter seus perfis de sabor e aroma particulares. Todas as que estão presentes na lista a seguir são consideradas contaminantes temidos na maioria das cervejarias; por isso, os cervejeiros corajosos o bastante para abrigá-las sob seus tetos precisam tomar precauções extraordinárias a fim de impedir que escapem e acabem contaminando o lugar todo. Apresentamos a seguir algumas delas:

Brettanomyces: uma levedura que cresce lentamente, talvez endêmica do carvalho. Tem papel importante nas Lambic, em algumas Saisons e nas Old Ales inglesas tradicionais. Possui aromas de celeiro e cavalo. Metaboliza a maltose. Pode ser usada por si só para fermentar a cerveja (lentamente). Também vem ganhando adeptos entre os cervejeiros mais destemidos da América do Norte.

VOCABULÁRIO SENSORIAL

ESTÁBULO (4-ETIL FENOL)

TIPO: aroma.

DESCRITORES: cavalo, estábulo.

LIMIAR NA CERVEJA: por volta de 420 ppb.

ADEQUAÇÃO: costumeiramente encontrado apenas em cervejas afetadas pela *Brettanomyces*.

ORIGEM: produzido pela levedura *Brettanomyces*; pode estar acompanhada pelo 4-etil guaiacol ou outros fenóis picantes.

Pichia e Candida: leveduras que formam uma película similar à do xerez; atuam de maneira secundária nas Lambic, mas também aparecem como organismos de deterioração.

Lactobacillus e Pediococcus: gêneros relacionados que têm a função de trazer o gosto azedo às Lambic e à Berliner Weisse. Dependendo da espécie, também são capazes de criar uma grande quantidade de diacetil (amanteigado) e aromas que lembram bode ou meias suadas.

Acetobacter: transforma o álcool em ácido acético, mas precisa de oxigênio para que isso aconteça. Adiciona aromas de vinagre ou picles, mas também cria uma boa quantidade de acetato de etila (veja a página 91). É comum em cervejas maturadas em carvalho e importante para os aromas das Lambic, especialmente da Flanders Oud Bruin e da Flanders Oud Red Ale.

VOCABULÁRIO SENSORIAL

BODE/CABRA (CAPRÍLICO, CAPROICO, ÁCIDOS CÁPRICOS)

TIPO: aroma.

DESCRITORES: bode, animal, meias suadas, suor.

LIMIAR NA CERVEJA: de 8 a 15 ppm, dependendo da substância química específica.

ADEQUAÇÃO: em geral desagradável; abaixo do limiar, pode acrescentar complexidade terrosa.

ORIGEM: parte de uma grande família de ácidos orgânicos com aromas animais comuns em muitas comidas e bebidas.

VOCABULÁRIO SENSORIAL

MANTEIGA AZEDA, VÔMITO (ÁCIDO BUTÍRICO)

TIPO: aroma.

DESCRITORES: manteiga rançosa, vômito, azedo, pútrido.

LIMIAR NA CERVEJA: de 2 a 3 ppm.

ADEQUAÇÃO: em quantidades muito baixas, pode adicionar um aroma interessante, mas geralmente é bastante negativo.

ORIGEM: comum em fermentações espontâneas e cervejas ácidas, especialmente em bebidas produzidas pela técnica sour mash.* Também causado por contaminação na cerveja.

* Técnica aplicada entre a mosturação e a clarificação, na qual bactérias láticas são inoculadas ao mosto com o objetivo de acidificá-lo e trazer complexidade. O mosto então é mantido em uma temperatura entre 45 °C e 50 °C por um período que varia de 12 a 48 horas. (N. E.)

DEPOIS DOS ESTÁGIOS INICIAIS da fermentação, a cerveja entra em um processo de maturação. Durante esse período, os sabores "verdes" são abrandados pelas atividades metabólicas continuadas das leveduras, e as moléculas indesejáveis são reabsorvidas pelas células de levedura e transformadas em algo menos desagradável. As leveduras e outras partículas sólidas da cerveja também se assentam lentamente. As cervejas mais fortes levam muito mais tempo para maturar. As Ales inglesas normais exigem pouco menos de duas semanas para estarem prontas para consumo, enquanto uma Barley Wine pode levar seis meses ou mais para alcançar as condições apropriadas. Como tudo está se movendo em câmera lenta, em temperaturas próximas às de congelamento, a maturação das Lagers leva muito mais tempo. A média é de quatro a seis semanas, mas uma Doppelbock potente pode levar seis meses ou mais.

VOCABULÁRIO SENSORIAL BANANA (ACETATO DE ISOAMILA)

TIPO: aroma.

DESCRITORES: banana, circus peanuts.

LIMIAR NA CERVEJA: 1,2 ppm.

ADEQUAÇÃO: em pequenas quantidades, oferece uma contribuição importante para os aromas frutados da cerveja. Em quantidades maiores, pode ser um sinal de que a temperatura da fermentação está alta demais, de que o mosto está sendo indevidamente aerado, ou outros fatores de estresse da levedura. Costuma ser encontrado em cervejas de alto teor alcoólico.

ORIGEM: formado durante a síntese de ácidos graxos, depois vaza das células de levedura. É comum e desejável nas Bavarian Weizens, se não sair do controle.

VOCABULÁRIO SENSORIAL SULFETO DE HIDROGÊNIO

TIPO: aroma.

DESCRITORES: ovos podres, esgoto.

LIMIAR NA CERVEJA: abaixo de 1 ppb.

ADEQUAÇÃO: aceitável como um aroma muito leve em Lagers.

ORIGEM: subproduto do metabolismo da levedura, especialmente de algumas cepas das Lagers. Leveduras que passaram por estresse ou mutação podem produzir essa substância química, às vezes como resultado de deficiência em cobre. Quantidades altas de sulfeto de hidrogênio podem indicar uma infecção bacteriana, especialmente de *Zymomonas*.

Obs.: esta é uma substância muito volátil e pode ser detectada assim que se experimenta a cerveja, mas depois parece desaparecer.

VOCABULÁRIO SENSORIAL DIÓXIDO DE ENXOFRE (SULFÍTICO)

TIPO: aroma.

DESCRITORES: fósforo queimado, pungente, enxofre queimado.

LIMIAR NA CERVEJA: 25 ppm.

ADEQUAÇÃO: aceitável como um aroma muito leve em Lagers.

ORIGEM: subproduto do metabolismo da levedura; em geral é sintoma de uma cerveja "verde", muito pouco maturada. Algumas cepas da Lager são famosas por causa disso. Leveduras que passaram por mutação ou por estresse podem produzir essa substância química, e pode ser um sintoma de deficiências nutricionais.

VOCABULÁRIO SENSORIAL
OUTROS ÉSTERES

TIPO: aroma.

HEXANOATO DE ETILA (também conhecido como caproato de etila)

DESCRITORES: maçã madura, traços de anis.

LIMIAR NA CERVEJA: de 0,37 a 0,21 ppm.

ACETATO DE FENILETILA

DESCRITORES: mel, doce, florido, rosas.

LIMIAR NA CERVEJA: 3,8 ppm.

BUTANOATO DE ETILA

DESCRITORES: abacaxi; clássico em algumas cepas de *Brettanomyces*.

LIMIAR NA CERVEJA: 300 ppm.

COM O TEMPO ADEQUADO, a cerveja geralmente se clarifica por conta própria; mas, como sua fabricação é uma atividade comercial, às vezes é necessário acelerar um pouco as coisas. Assim, costuma-se adicionar gelatina ou outra substância clarificante à cerveja para "afundar" a levedura e outras partículas sólidas. O chamado *isinglass* – que são bexigas natatórias secas de certos peixes – é o clarificante tradicional na Inglaterra, mas gelatina funciona de maneira similar. Sílica e microesferas plásticas especiais (PVPP/Polyclar) podem ser utilizadas para remover a turbidez a frio. Um produto mais novo, chamado Clarity Ferm ou Brewers Clarex, impede que a turbidez se forme e, por ter uma enzima que ataca aminoácidos específicos, também tem o benefício adicional de reduzir o nível de glúten para menos de 20 ppm, valor considerado como o padrão internacional para algo ser "sem glúten".

A filtração é uma ferramenta mais poderosa, mas pode ser eficaz demais. Em teoria, pode-se utilizar um filtro para remover as partículas mais finas e as bactérias. No entanto, na prática, se o filtro for restritivo demais, ele pode remover a cor, o amargor do lúpulo e as proteínas que constituem o corpo e a espuma da cerveja. O chamado processo de filtração a frio que a Miller licenciou da Sapporo tenta evitar esses problemas, mas é um processo complexo e caro que só é adequado para megacervejarias. Outra solução para cervejarias maiores seria uma centrífuga, que gira a cerveja em alta velocidade para separar as partículas sólidas de maneira controlada, e pode ser usada por si só ou como um pré-filtro.

É necessário observar que a filtração não é capaz de acelerar a maturação da cerveja. Uma filtração muito precoce pode produzir aromas "verdes" de cerveja, especialmente de acetaldeído e possivelmente também de diacetil.

Em muitas cervejas, a levedura não é completamente removida pela filtração. Se um pouco de levedura permanecer na bebida quando ela for colocada na garrafa ou no barril, junto de um pouco de açúcar, e deixada para fermentar, o dióxido de carbono adicional que será produzido ficará aprisionado, obtendo-se uma carbonatação natural. Essas leveduras vivas devoram o temido oxigênio, o que faz a cerveja ter um sabor fresco por mais tempo. Cervejas naturalmente carbonatadas na garrafa ou no barril do qual serão servidas são chamadas de "Real Ale". Esse é o método tradicional utilizado nas Ales inglesas, mas muitas Ales belgas ou cervejas artesanais estadunidenses também são envasadas assim.

VOCABULÁRIO SENSORIAL
ETANOL/ÁLCOOL ETÍLICO

TIPO: aroma, sensação (aquece quando engolido).

DESCRITORES: alcoólico, doce, quente.

LIMIAR NA CERVEJA: por volta de 6%.

ADEQUAÇÃO: em cervejas de força normal, geralmente não é detectável.

ORIGEM: é o produto principal da fermentação pela levedura (junto do dióxido de carbono).

VOCABULÁRIO SENSORIAL
ÁLCOOIS SUPERIORES

Observação: *listamos a seguir quatro álcoois superiores, mas na verdade existem muitos mais. É raro que os degustadores de cerveja sejam capazes de perceber esses compostos individualmente porque eles costumam aparecer em conjunto e (espero!) raramente são os aromas primários na cerveja. Em geral, eles são percebidos como agressivamente alcoólicos para o nariz e às vezes como quentes e picantes no palato.*

TIPO: aroma.

ADEQUAÇÃO: geralmente não são detectáveis em cervejas de força normal, mas incrementam o caráter geral. São elevados em fermentações de temperatura mais elevada.

ORIGEM: metabolismo da levedura.

2-FENIL-ETANOL

DESCRITOR: rosas.

LIMIAR NA CERVEJA: de 45 a 50 ppm.

1-PROPANOL/N-PROPANOL/ÁLCOOL PROPÍLICO

DESCRITORES: intenso, bolorento, álcool em gel.

LIMIAR NA CERVEJA: 600 ppm.

ISOBUTANOL/ÁLCOOL ISOBUTÍLICO

DESCRITORES: vinho, éter, uísque não envelhecido.

LIMIAR NA CERVEJA: de 80 a 100 ppm.

ÁLCOOL ISOAMÍLICO

DESCRITORES: álcool de fúsel, éter, frutado, banana.

LIMIAR NA CERVEJA: de 50 a 60 ppm.

Os casks de Real Ale são enviados aos pubs enquanto ainda estão fermentando. É responsabilidade do pub gerenciar esse processo e determinar quando a cerveja já pode ser servida. É um processo desafiador, mas os aficionados consideram que sentir essa textura extraordinária e os sabores sutis da Real Ale valem o esforço. (Para saber mais a respeito da Real Ale, confira as páginas 161-168.)

No extremo oposto do espectro está a pasteurização. Nesse processo, a cerveja pronta é aquecida por um período breve a uma temperatura alta o suficiente para matar quaisquer leveduras ou bactérias que tenham restado, em geral por 2 a 3 minutos a 60 °C. Alguns estudos demonstraram que os sabores da cerveja pasteurizada podem ser detectados por especialistas, mas isso claramente não é problema para os milhões de pessoas que consomem esse tipo de cerveja com regularidade. Em geral se considera que a pasteurização rápida (ou flash-pasteurização) é mais benevolente com os sabores da cerveja. Nesse método, a cerveja é aquecida entre 72 °C e 74°C por 15 a 30 segundos. Qualquer um desses métodos garante que a cerveja não estragará, mas o custo disso é que ela é degradada artificialmente pelo calor da pasteurização (o equivalente a várias semanas dentro da garrafa antes de sequer deixar a cervejaria). Quase todas as cervejas de barril vendidas nos Estados Unidos não são pasteurizadas, razão pela qual elas devem ser mantidas sempre abaixo de 3 °C.*

Um debate similar ocorre quanto à carbonatação. Na maioria das cervejarias, o gás dióxido de carbono é dissolvido na cerveja, seja dentro do fermentador durante a maturação, seja após a filtração, logo antes do envase. Em um número menor de casos, os fermentadores são simplesmente fechados ao final da fermentação e selados com uma válvula de purga, que permite que a carbonatação se acumule com segurança até o nível desejado. Os defensores do segundo método afirmam que ele resulta em bolhas mais finas e uma espuma mais compacta, mas essa é uma questão extremamente sutil e alvo de grandes debates.

* No Brasil, a flash-pasteurização é feita apenas pelas grandes cervejarias, e o chope artesanal muito raramente passa por esse processo. As cervejas em garrafa geralmente são pasteurizadas. (N. E.)

TIPO: aroma.

DESCRITORES: maçã verde, maçã supermadura, grama molhada, abóbora crua, tinta látex, abacate; às vezes um pouco de solvente também.

LIMIAR NA CERVEJA: por volta de 10 ppm.

ADEQUAÇÃO: nunca deveria ser detectável.

ORIGEM: formado no processo metabólico quando a levedura se livra do dióxido de carbono residual, gerado pelo piruvato na etapa anterior. Um sintoma comum de cerveja "verde", jovem demais. A maior parte do acetaldeído é capturada pelas leveduras e convertida em etanol. Oxigênio indesejado no envase também pode ser responsável por níveis detectáveis de acetaldeído. Também é comum em cervejas que maturam em madeira por bastante tempo, como a Flemish Sour Brown e as Red Ales.

TIPO: aroma.

DESCRITORES: podre, lata de lixo, esgoto.

LIMIAR NA CERVEJA: 1,5 ppb (metanotiol).

ADEQUAÇÃO: pode contribuir para um pouco de complexidade carnosa, mas se perceptível costuma ser um defeito sensorial.

ORIGEM: acontece quando as leveduras se rompem (autólise); bem comum na Lager por causa de sua maturação prolongada com a levedura. Também pode ser um sinal de contaminação bacteriana.

Ao envase e além

Em um brewpub, o envase pode ser simplesmente colocar a cerveja no tanque para ser servida; mas, para a maioria das cervejarias, ele pode ser um dos aspectos mais desafiadores da produção. É bastante significativo que, do conjunto de três livros publicados pela Master Brewers Association of the Americas,* aquele que trata desse assunto é de longe o mais grosso. O equipamento para essa etapa é grande, complexo e caro. Operar uma linha de envase é algo que requer alta qualificação. A cerveja mal envasada pode sofrer de vários problemas que se refletem em seu sabor no copo.

O maior problema em potencial é o oxigênio. No processo de fabricação, se ele estiver muito presente, a cerveja pode desenvolver sabores oxidados, de papelão; e no envase, o oxigênio pode criar níveis elevados de acetaldeído. Não há um consenso para o limite de oxigênio na garrafa; ele sempre é ruim em algum nível, e os cervejeiros têm verdadeira obsessão em reduzir sua quantidade. A Sierra Nevada trocou suas tampinhas de rosquear (twist-off) por tampinhas de garrafa normais recobertas por um filme especial, porque os testes demonstraram que as tampas que necessitam de um abridor (pry-off) eram melhores para manter o oxigênio do lado de fora.

Outro problema muito comum no envase é, na verdade, uma escolha de marketing: garrafas transparentes ou verdes não oferecem qualquer proteção contra os comprimentos de onda da luz azul que faz com que a cerveja fique com "cheiro de gambá", também chamado de lightstruck (confira o box Vocabulário Sensorial na página 100). Garrafas âmbar oferecem uma proteção excelente contra a luz solar ou as lâmpadas fluorescentes que costumam provocar esse aroma. Mas como um mestre-cervejeiro inglês declarou, erguendo suas garrafas maravilhosamente transparentes cheias de cerveja fedida, "Realmente, mas elas são lindas, não são?".

* Associação Americana de Mestres-Cervejeiros. (N. E.)

É importante apontar que a Miller usa um extrato amargo de lúpulo especialmente processado, chamado Tetra Hop, o qual elimina a substância precursora do cheiro de gambá. E um efeito colateral interessante é que a Tetra Hop realmente melhora a estabilidade da espuma da cerveja, então outros cervejeiros estão considerando utilizá-la especificamente por sua capacidade de melhorar a espuma.

COMO A CERVEJA SE DEGRADA

Em teoria, beber cerveja é um prazer, mas às vezes degustar a bebida envolve um tanto de sofrimento. A cerveja nem sempre é perfeita. Nem todo sabor é delicioso e, como degustadores, nosso trabalho é reparar em todas as sensações que encontramos, não apenas as que nos fazem feliz. A cerveja é um produto frágil, que é vulnerável aos caprichos da natureza e pode ser facilmente corrompido por minúsculos seres selvagens, por torneiras de chope com má manutenção e, mais do que tudo, pela passagem do tempo.

A cerveja degradada é o maior problema da indústria cervejeira e custa milhões de dólares todos os anos. Quando a cerveja estraga, uma bebida linda e fresca se transforma em uma desoladora sopa de papelão com notas de maçã podre e outras desgraças. Provavelmente há mais dinheiro sendo investido nas pesquisas sobre essa área do que em qualquer outro aspecto da fabricação de cerveja. E por que não? Toda cervejaria – exceto, até certo ponto, aquelas que só produzem cervejas selvagens e ácidas – tem que lidar com o problema da cerveja degradada no mercado. O risco é alto.

O ar que nos rodeia e nos mantém vivos é fatal para a deliciosa cerveja fresca. Apesar de o oxigênio e o tempo serem os maiores vilões dessa história, a cena já foi preparada muito antes do dia de envase, estendendo-se lá no passado quando se escolheu o tipo de cevada e as condições em que ela foi cultivada. Como eu sou nada mais que um curioso nessa área tão complexa e altamente técnica, só vou apresentar aqui um breve resumo e torcer para que nenhum cientista cervejeiro esteja lendo.

Os cervejeiros costumam estabelecer um período de validade de seis meses para seus produtos, mas na realidade a maioria de nós é capaz de sentir o sabor da deterioração bem antes disso. Os

LATAS *VERSUS* GARRAFAS

As latas, que por muito tempo foram símbolos da falta de sabor do que é produzido em grande escala, estão na moda agora. O fenômeno das latas artesanais começou nas trilhas do Colorado e na última década se espalhou por todos os Estados Unidos e além. No que diz respeito ao uso de energia e reciclagem, as latas apresentam muitos benefícios. Seu formato compacto e de pouco peso faz com que quase duas vezes mais cerveja possa ser colocada em um caminhão, se comparado às garrafas long neck. O alumínio é valioso e fácil de ser reciclado, então acaba sendo reutilizado em um nível muito maior quando comparado ao vidro.

Mas a questão principal é: as latas são melhores que as garrafas para a cerveja? Com a observação de que qualquer tipo de embalagem só tem a qualidade que é fornecida pela máquina que faz o envase, realmente há algumas vantagens em se usar latas. O selamento ao redor da borda é uma barreira mais eficiente contra o oxigênio - principal culpado pela cerveja degradada - do que o revestimento de plástico da tampa da garrafa. O resultado é que a duração na prateleira pode ser um pouco maior para as latas. E é óbvio que uma folha de metal forma uma barreira perfeita contra a luz que provoca o cheiro de gambá (lightstruck) -, mas é preciso dizer que as garrafas âmbar também dão conta do recado. Em contrapartida, todas as latas de cerveja têm um revestimento de resina plástica que contém grandes quantidades (até 80% da resina) de uma substância química chamada bisfenol A, ou BPA, que é considerado prejudicial ao sistema endócrino e já foi associado à alta pressão sanguínea. De fato, um pouco dessa substância vai parar no corpo das pessoas que comem e bebem enlatados, mas hoje em dia ainda há dúvidas se isso realmente apresenta um risco à saúde. Há esforços para se encontrar um substituto à altura, mas o progresso tem sido lento.

degustadores da cervejaria artesanal New Belgium Brewing Co., nos Estados Unidos, são tão treinados para sentir os sabores rançosos que são capazes de diferenciar entre uma Fat Tire que acabou de sair da linha de produção e outra datada de apenas uma semana depois. Mesmo se nós não somos capazes de identificar defeitos sensoriais específicos, é bem comum esbarrarmos em cervejas que parecem um pouquinho insossas e sem graça, sem seus aromas vivos e frescos e aquela sensação de vida que nós valorizamos tanto. O lúpulo é especialmente vulnerável à diminuição do frescor com o tempo. Tanto o amargor quanto o aroma decaem, perdendo até metade de sua potência em poucos meses.

Além do desperdício puro e simples de sabores frescos e vivazes, outras alterações acumulam camadas de sabores frutados esquisitos, gosto de cera e uma doçura de pão indesejada, arrematada por um sabor que é universalmente descrito como "papel molhado com nuances de caixa de sapato", muitas vezes acompanhado por uma nota final adstringente e seca. Esse sabor de papel molhado é causado por um aldeído – o trans-2-nonenal –, que é o sabor mais característico de uma cerveja que está velha. Essa característica de papel pode estar aparente no aroma, mas em geral ela é mais óbvia no sabor, especialmente no final. Não é nada agradável.

Outros aldeídos e vários ésteres acumulam-se com o tempo, obscurecendo os aromas mais sutis da cerveja. Maçã podre pode ser comum, junto de uma nota enjoativamente doce de mel/cera de abelha e às vezes um traço de anis.

Para os "supernerds" por aí, mais um pouco de detalhes: a oxidação de lipídios, ou gordura, é um dos principais agentes aqui, mas há muitos componentes no malte, no lúpulo e na cerveja que têm papéis ativos nesse processo. Não há uma grande quantidade de gordura no malte, mas como ele se oxida para formar substâncias químicas de gosto potente, pequenas quantidades já têm grandes efeitos. Alguns maltes escuros (e mostos caramelizados também) são ricos em substâncias químicas que atuam como redutonas, absorvendo e posteriormente liberando oxigênio. Os maltes caramelo/cristal são especialmente suspeitos nesse processo, e aqueles na faixa intermediária (por volta de 60 graus Lovibond) parecem ser os mais problemáticos. Além do enfraquecimento do aroma e do amargor, o lúpulo cria outros problemas, conforme pigmentos conhecidos como carotenoides se transformam com o tempo em uma substância chamada damascenona, dona de uma impressão frutada de groselha que não é tão agradável quanto parece.

Vários tipos de cevada e de malte diferem em sua vulnerabilidade à oxidação e à degradação, mas, independentemente da receita, os cervejeiros têm que ser cuidadosos para não expor a mosturação quente ou o mosto ao ar sem necessidade, já que a exposição ao oxigênio durante a brassagem ou durante o processo de envase abre caminho

LIMPEZA E SANITIZAÇÃO

Esses são aspectos de suprema importância na fabricação da cerveja. O falecido cervejeiro e cientista Dr. George Fix costumava dizer "não dá pra sanitizar sujeira", o que serve para dar uma ideia da relação entre os dois termos. Produtos químicos especiais e, em grandes cervejarias, equipamentos de limpeza mecânicos a jato estão à disposição para fazer o trabalho, mas é o olho sempre atento do cervejeiro obsessivo que realmente faz acontecer a limpeza. Sempre vai ter que rolar uma esfregação, não tem como escapar.

Equipamentos mal sanitizados podem oferecer um refúgio seguro para uma quantidade grande de pragas prejudiciais, as quais podem acabar parando na cerveja em vários estágios, além de gerar sabores e aromas indesejados, etc. Bactérias e leveduras selvagens muitas vezes produzem quantidades grandes de aromas químicos indesejados, os quais as leveduras de culturas puras produzem em baixas quantidades e que são até apreciados. *Lactobacillus* e *Pediococcus* são as mais infames, mas há muitas outras nessa gangue.

para que a cerveja estrague posteriormente. Isso é tão importante que os profissionais responsáveis pelo envase às vezes ganham bônus por manter a infiltração de oxigênio em níveis aceitavelmente baixos. Essa é uma das maiores diferenças entre os equipamentos de envase pequenos, semimanuais, e as linhas de envase maiores e mais sofisticadas, já que a qualidade do equipamento pode afetar dramaticamente a validade da cerveja envasada. O calor também é um inimigo, já que acelera todas as reações químicas a que a cerveja é suscetível – ela vai envelhecer duas vezes mais rápido à temperatura ambiente do que se estivesse em temperaturas de adega. Poucas horas em temperaturas elevadas podem adicionar o equivalente a meses à sua idade.

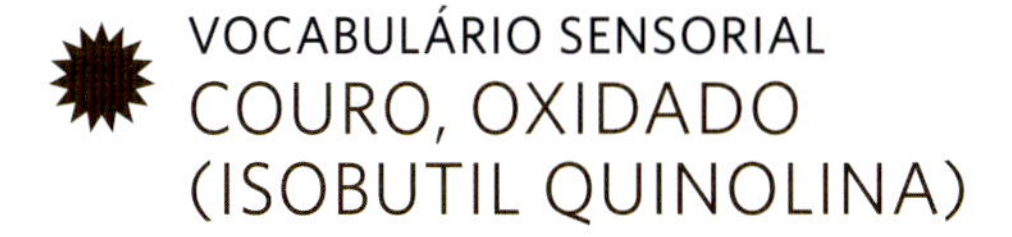

VOCABULÁRIO SENSORIAL
COURO, OXIDADO (ISOBUTIL QUINOLINA)

TIPO: aroma.

DESCRITORES: couro velho, sela, tabaco, Barley Wine guardada.

LIMIAR NA CERVEJA: 20 ppb.

ADEQUAÇÃO: comum em cervejas de guarda. Quando combinado a componentes oxidados que lembram o xerez, pode ser parte de um perfil de sabor agradável de cerveja de guarda, porém não é adequado em cervejas não guardadas.

ORIGEM: vem da oxidação de componentes do malte; parece prevalecer especialmente em cervejas com alta porcentagem de maltes cristal/caramelo na faixa intermediária de cor (40 a 80 °Lovibond/80 a 160 EBC).

VOCABULÁRIO SENSORIAL
MEL (ETIL FENILACETATO)

TIPO: aroma.

DESCRITORES: mel, cera de abelha, aroma adocicado.

LIMIAR NA CERVEJA: 160 ppb.

ADEQUAÇÃO: é um componente positivo das cervejas com mel, mas um indicador bastante comum de oxidação em cervejas que não contêm esse elemento; muitas vezes bastante perceptível em Lagers importadas degradadas.

ORIGEM: oxidação de componentes na cerveja degradada.

SINAIS DE DEGRADAÇÃO E ENVELHECIMENTO

Conforme a cerveja envelhece, seu sabor se altera (para saber mais a esse respeito, veja as páginas 177-180). Cervejas mais leves mudam mais rapidamente, e temperaturas elevadas aceleram o processo.

Primeiro, os aromas do lúpulo começam a esmaecer, deixando aquela sensação de que a cerveja simplesmente ficou fraca. Aromas de papel ou papelão começam a se tornar evidentes. A cerveja pode começar a exibir um aroma de cera, de maçã ou de mel que é diferente do aroma de malte fresco. O amargor do lúpulo também diminui. Quando estão extremamente passadas, as cervejas filtradas claras começam a mostrar certa turbidez, ou exibem "flocos" brancos, características derivadas de proteínas que saem da solução.

Cervejas não filtradas ou refermentadas na garrafa contêm leveduras que cumprem bem a função de eliminar o oxigênio. O resultado é que esse tipo de cerveja envelhece um pouco mais lentamente, mas um pouquinho de levedura na cerveja não é a cura para tudo – o mesmo grupo de defeitos sensoriais encontrados em cervejas filtradas pode surgir. Conforme se degrada e libera as substâncias químicas do interior de suas células, a própria

Âmbar é a única cor de vidro capaz de proteger a cerveja dos aromas de gambá (lightstruck) causados pela interação da luz azul com certos compostos do lúpulo. Latas e garrafas de cerâmica também oferecem boa proteção. Garrafas verdes e transparentes não oferecem proteção alguma.

levedura também pode contribuir com sabores próprios, os quais podem ter um sabor de sabão ou levemente tostado, como um champanhe vintage, ou talvez um sabor que lembra o de um ensopado. Com cervejas que envelheceram por anos, alguns sabores umami podem aparecer, talvez na forma de um sabor que lembra molho shoyu (molho de soja).

VOCABULÁRIO SENSORIAL
CHEIRO DE GAMBÁ/ LIGHTSTRUCK (3-METIL--2-BUTENO-1-TIOL OU 3MBT)

TIPO: aroma.

DESCRITORES: cheiro de gambá, borracha.

LIMIAR NA CERVEJA: 0,05 ppb.

ADEQUAÇÃO: nunca.

ORIGEM: formada pela reação entre a luz azul e compostos amargos do lúpulo (iso-humulonas). Pode surgir em questão de segundos, mesmo em uma caixa refrigerada sob luz fluorescente. Garrafas marrons são boas para evitar sua formação, mas não são perfeitas.

VOCABULÁRIO SENSORIAL
LÚPULO PASSADO (BETA-DAMASCENONA)

TIPO: aroma.

DESCRITORES: groselha, gelatina de uva.

LIMIAR NA CERVEJA: 25 ppb.

ADEQUAÇÃO: nunca.

ORIGEM: produto da quebra de pigmentos carotenoides no lúpulo. Sinal comum da degradação de cervejas com lúpulo.

Em cervejas com alto teor alcoólico, o envelhecimento (ou guarda) pode ser algo lindo e gracioso, conforme os sabores frutados ou lupulados se esmaecem para formar um sabor de malte seco e polido, às vezes com um leve traço de couro ou um caráter agradável de vinho do porto ou de xerez. Essas qualidades se desenvolvem apenas muitos meses depois do envase e podem continuar a evoluir de maneira deliciosa por anos se a cerveja for forte e bem feita, e se for armazenada corretamente. Além disso, a oxidação muitas vezes aparece como um tipo de aroma de couro que pode ser bastante agradável no contexto correto, ou seja, em cervejas mais fortes e escuras. No entanto, os sabores do lúpulo desaparecem e podem gerar um aroma de groselha desagradável. Cervejas com vários anos de idade exibem gosto de umami (confira o capítulo 2), resultado de proteínas degradadas, assim como sabores de molho shoyu de mesma origem. Alguns anos atrás, experimentei uma cerveja Yorkshire que tinha sido cuidadosamente envelhecida desde 1958, e ela tinha o sabor de uma cerveja com apenas alguns anos de idade. Cervejas como essa são bastante raras hoje em dia, apesar de referências literárias mais antigas estarem cheias de descrições de cervejas que tinham décadas de idade e sabores tão refinados quanto os de qualquer licor. Vamos discutir como envelhecer uma cerveja adequadamente no capítulo 6.

Infelizmente, no entanto, a vasta maioria das cervejas é como flores que desabrocham sob o sol: cada uma tem seu momento breve, e então, *puf!*, tornam-se lembretes da passagem célere do tempo e da importância de se aproveitar cada momento e usufruir cada gota doce, fresca e deliciosa.

VOCABULÁRIO SENSORIAL SOLVENTE, CERVEJA DEGRADADA

TIPO: aroma.

DESCRITORES: solvente, choco, químico.

LIMIAR NA CERVEJA: 6 ppb.

ADEQUAÇÃO: nunca.

ORIGEM: desenvolve-se durante o envelhecimento por precursores gerados durante a secagem do malte e em combinação com açúcares e aminoácidos na fervura; é um marcador químico bastante consistente de cerveja degradada. Assim como a maioria dos sabores da cerveja degradada, esse éter se desenvolve mais rapidamente em temperaturas mais altas.

VOCABULÁRIO SENSORIAL AUTÓLISE

TIPO: aroma, sabor.

DESCRITORES: autólise, barro, molho shoyu, Marmite, umami, sabão.

LIMIAR NA CERVEJA: varia.

ADEQUAÇÃO: em geral desagradável; aceitável em cervejas mais velhas e mais fortes.

ORIGEM: vem de vários lipídios e aminoácidos, resultado da desintegração das células de lúpulo.

VOCABULÁRIO SENSORIAL EMBOLORADO/MOFADO (TRICLOROANISOL)

TIPO: aroma.

DESCRITORES: mofo, cortiça.

LIMIAR NA CERVEJA: menos de 0,1 ppt (partes por trilhão!).

ORIGEM: em garrafas vedadas com rolha, pode ser resultado de rolhas contaminadas ou de malte contaminado com mofo. Aromas de mofo podem migrar por meio de mangueiras de plástico em cervejarias úmidas e também contaminar garrafas e latas vazias durante o armazenamento. É uma substância de poder odorífero incrivelmente potente! Geralmente é tolerada como uma sensação rústica de terra em cervejas vedadas com rolha, mas desprezada como um defeito horroroso nos vinhos.

OUTROS componentes bolorentos/mofados que podem contaminar a cerveja incluem a geosmina (terroso, beterraba), o 2-etil-fenchol (terroso, com notas de patchouli) e muitos outros; em geral são formados em lugares úmidos e transmitidos para a cerveja ou para seus ingredientes por meio de plástico ou madeira, ou ainda via materiais de envase contaminados.

VOCABULÁRIO SENSORIAL
CLOROFENOL

TIPO: aroma.

DESCRITORES: band-aid, fita adesiva, desinfetante.

LIMIAR NA CERVEJA: menos de 0,5 ppb.

ADEQUAÇÃO: não deve ser detectável.

ORIGEM: geralmente uma reação de cloro ou cloramina residuais na água da brassagem, que reagem com compostos fenólicos no malte e no mosto. Também é um problema comum no lugar em que é servida a cerveja se sanitizadores contendo cloro ou bromo não são completamente enxaguados dos copos.

OUTRAS FONTES DE DEFEITOS SENSORIAIS

Quando a cerveja deixa a cervejaria, ela está sujeita às piores aflições. O tempo e a temperatura são seus inimigos, assim como as vibrações, a indiferença e a preguiça. Manter a cerveja fresca em seu país de origem já é algo difícil, mas os desafios se multiplicam quando ela é enviada para o outro lado do mundo. É uma prática bem comum estabelecer uma validade de seis meses para cervejas que vão ficar perto de casa, e cervejas feitas para exportação costumam dobrar essa expectativa para um ano. É um segredinho sujo o fato de que isso é exageradamente otimista para cervejas de força normal (álcool abaixo de 6%). Até mesmo o produto da cervejaria mais sofisticada se deteriora de maneira notável em questão de semanas, e painéis de *experts* conseguem perceber a diferença que uma semana ou duas fazem. Os consumidores têm paladares menos acurados, mas quase qualquer um que já se deu o trabalho de comparar uma cerveja realmente fresca com um produto que foi feito há três meses provavelmente consegue perceber a diferença, mesmo que ele ou ela não seja capaz de articular os detalhes. É o que faz a gente perceber o pequeno milagre que é uma cerveja gostosa de verdade chegar em suas mãos.

O descuido no lugar de consumo oferece outros problemas sérios de sabor, e eles estão quase totalmente fora do controle do cervejeiro. As torneiras de chope estão sujeitas a exatamente os mesmos problemas de sanitização e infecção que as cervejarias, especialmente a contaminação amanteigada/turva do *Lactobacillus* e do *Pediococcus*. A *Acetobacter*, que ama um oxigênio, vive nas torneiras de chope e introduz aromas de vinagre nas primeiras porções do dia. Um programa rigoroso e regular de limpeza é capaz de evitar isso, mas nem todos os bares e restaurantes são rígidos nesse quesito. Na pior das hipóteses, uma boa limpeza uma vez por semana deveria evitar os problemas maiores. A maioria dos donos de pub mais fanáticos lava seu equipamento uma vez por semana. Produtos de limpeza que não foram completamente enxaguados podem produzir um aroma de band-aid vindo do clorofenol ou do bromofenol.

Vale a pena fazer um tour em uma cervejaria para conferir de perto como a fabricação realmente acontece. Este capítulo cobriu muitos detalhes técnicos, mas como eu tentei deixar claro, essas decisões são o corpo e a alma da produção da cerveja e realmente são o que faz com que uma seja diferente da outra. Reflita sobre essas decisões quando você tomar um gole e ouça a história que a cerveja tem para contar.

CAPÍTULO 4

AS CARACTERÍSTICAS DA CERVEJA

Mais que qualquer outra bebida, a cerveja é um caleidoscópio de cores, sabores, forças, equilíbrio e outros atributos. Nós já vimos a enorme gama de sabores e aromas criada pelos ingredientes e pelo processo de fabricação. Neste capítulo, vamos conferir como eles se somam e se apresentam na cerveja pronta.

DE QUE TIPOS DE VARIÁVEIS estamos falando aqui? Primeiro vem a força, tanto em termos de álcool como de outra medida ainda mais importante, a densidade, que se refere à quantidade de sólidos (em boa parte, açúcares) dissolvidos no mosto não fermentado. Colocar mais malte produz mais álcool, juntamente de um conjunto de sabores maltados, caramelizados, tostados e torrados, dependendo da receita. E mais malte requer mais lúpulo, o que intensifica ainda mais o sabor. Dá para entender como isso tudo se acumula?

A cerveja é todo um arco-íris de cores. Nenhuma outra bebida vai do tom de palha mais claro até o preto feito nanquim, o que sem dúvida oferece algo para todo gosto, humor e momento. Nós já vimos como os diferentes tipos de malte contribuem para uma mistura rica de sabores na cerveja. Aqui, veremos a maneira como a cor é medida e descrita.

O amargor pode ser mínimo ou bastante afrontoso, e quando se sobrepõem a ele os aromas de lúpulos florais, condimentados ou herbais, percebe-se outra maneira dramática como as cervejas conseguem variar entre si.

Como há tantas variáveis e os cervejeiros sentem a necessidade de controlá-las de perto, é importante ter medidas objetivas que possam ser expressas numericamente. Os números não são tudo, mas as palavras simplesmente não são tão específicas ou objetivas quanto um sistema numérico. Por razões de consistência, economia, controle de qualidade, avaliação, e até de questões como cobrança de impostos, os números são essenciais.

Eu não acho que você precisa sair e comprar um espectrofotômetro ultravioleta para determinar o valor de amargor de cada cerveja que for beber (apesar de que eles são bem baratinhos no eBay), mas é importante ser fluente na linguagem numérica da cerveja. Depois de trabalhar com essas medidas por algum tempo, desenvolve-se uma boa ideia de como é beber algo que tem uma densidade de 1,065, um amargor de 44 IBU ou uma cor de 8 graus SRM. A prática leva à perfeição – mas ninguém reclama de ter que praticar bebendo cerveja!

Densidade

Trata-se da densidade do mosto (a cerveja não fermentada) e é simplesmente uma maneira de dizer quanto açúcar e outras partículas sólidas estão dissolvidos na cerveja. Há dois principais sistemas numéricos usados para descrever esse fator: o primeiro é o de graus Plato, que se expressam como uma porcentagem por peso dos sólidos dissolvidos. Um mosto com 10 graus Plato contém 10% de sólidos, um mosto de 12 graus Plato contém 12%, e assim por diante. Os livros mais antigos podem mencionar uma escala chamada Balling, que foi o padrão até o dia em que o professor Plato deu um jeito nas coisas. A escala Plato é utilizada por todos os cervejeiros alemães e por grandes cervejarias do mundo inteiro, mas ela não é a única. Os tchecos ainda usam a escala Balling, já que Balling era tcheco. Se você já escutou o termo "Brix" com relação ao vinho, saiba que essa escala é quase igual à Plato, mas esse termo quase nunca é usado para cervejas.

Os britânicos usam uma escala chamada de original gravity (OG), ou densidade inicial. Essa é a

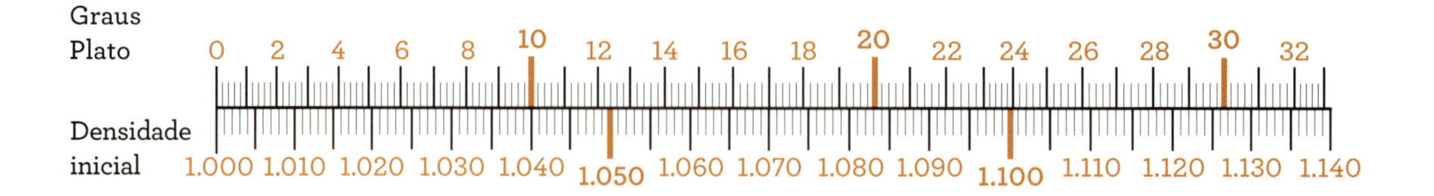

Densidade inicial e graus Plato.
Esse gráfico mostra a relação entre esses dois sistemas diferentes usados para expressar a densidade do mosto.

densidade específica com relação à água – a proporção do peso do mosto para o peso da mesma quantidade de água pura. Nossos mostos de 10 e 12 graus Plato teriam densidades iniciais de 1,040 e 1,049, respectivamente, o que significa que são 1,040 e 1,049 vezes mais pesados que a água pura. Às vezes se omite o ponto decimal por conveniência. Os bebedores de Ale da Inglaterra ainda procuram pela informação da densidade nas torneiras de chope como maneira de avaliar se uma cerveja é forte (e cara). Como grande parte da literatura inicial sobre cervejaria caseira era inglesa, muitos cervejeiros caseiros dos Estados Unidos ainda raciocinam em termos de OG, e isso também é comum entre brewpubs e outros cervejeiros de pequena escala.

É de se imaginar que os belgas teriam uma escala maluca própria: os graus belgas, às vezes chamados de *degré Régie* nos livros antigos. Para compreender essa escala, usada em grande parte com relação a cervejas de estilo de abadia, é só remover o "1,0" da densidade específica. Por exemplo, uma cerveja de 1,050 se torna uma cerveja de 5 graus belgas; uma cerveja de 1,080 torna-se uma de 8 graus belgas, e assim por diante. Fique atento, porém, ao fato de que, para muitas dessas cervejas belgas, essas designações numéricas baseavam-se em receitas de décadas atrás, e conforme as cervejas foram mudando com o tempo, esses números deveriam ser considerados mais uma aproximação do que algo preciso.

A DENSIDADE É MEDIDA de várias formas. A mais simples delas é com um densímetro, que é um tubo flutuante, geralmente de vidro, com pesos no fundo e um ducto de vidro fino em cima, contendo uma escala. Quanto mais alto ele flutuar, mais alto será o número que aparece na marca do líquido, que é a maneira como se lê esse instrumento. Os líquidos, como todos os outros materiais, se expandem e se contraem de acordo com a temperatura, o que significa que sua densidade se altera conforme a temperatura. Por consequência, os hidrômetros são sempre calibrados para uma temperatura em particular; se estiver acima ou abaixo dela, é necessário ajustar o resultado.

Em 1785, o cientista cervejeiro John Richardson foi a primeira pessoa a publicar os resultados de experimentos de brassagem usando um densímetro. É justo dizer que ele virou o mundo da fabricação de cerveja de pernas para o ar, mas essa é uma história que pertence à seção das cervejas Porter (confira as páginas 249-251).

Um instrumento chamado refratômetro usa o poder refrativo do açúcar do mosto, ou seja, sua capacidade de desviar a luz, para fazer uma medida precisa da densidade. Coloca-se uma gota do mosto dentro do instrumento, fecha-se a tampa, e então é possível ler a densidade em uma escala por meio do visor. No entanto, depois que a cerveja está fermentada, o poder de refração do álcool é maior, o que distorce as medidas; dessa forma, o refratômetro geralmente é uma ferramenta usada na cervejaria, não na adega. Medidas de alta precisão são feitas com um recipiente especial chamado picnômetro, que tem um volume conhecido e muito preciso. Ele é pesado primeiramente vazio e depois cheio; subtrai-se o peso da garrafa, e o peso desse volume é convertido em um número de densidade. Esse é um processo laboratorial, e, portanto, só é usado em laboratórios e em grandes cervejarias. A pessoa na plataforma de brassagem, com suas botas de borracha, raramente necessita de tanta precisão.

A densidade é uma medida superficial da quantidade de álcool que a cerveja pronta conterá. Uma

Densímetro.
Essa ferramenta simples flutua em níveis diferentes de acordo com a densidade do líquido, dando aos cervejeiros uma estimativa da força potencial de suas cervejas quando fermentadas.

"DRINKABILITY": O QUE É ISSO?

Os grandes cervejeiros sabem que seus clientes dão valor a essa característica, e muitas pesquisas já foram feitas nessa área. No entanto, trata-se de uma qualidade difícil de definir com precisão. Nas palavras de August Busch III, é "quando você para de beber porque sabe que é hora de parar, mas não quer". Essa questão é o que impulsiona os níveis baixíssimos de amargor do lúpulo nas cervejas comerciais. Qualquer coisa com sabor vai cansar o palato, o que leva as empresas a substituírem o malte pelo milho ou arroz. A suavidade e a ausência de retrogosto também contam, razão pela qual a água é tão bebível.

Esse atributo da drinkability (que significa "facilidade de beber" em inglês) também tem um papel importante nas cervejas sérias. Não há dúvida de que as bombas lupuladas com 7% de álcool que emanam da costa oeste dos Estados Unidos sejam, para a maioria das pessoas - até mesmo os adoradores da cerveja artesanal -, algo que dificilmente serviria como uma Session Beer, e têm mais a intenção de provocar do que de seduzir. Há algo bastante notável em uma cerveja de força comum com personalidade e profundidade o suficiente para manter o interesse, mas com bastante sutileza para manter o encanto até o fundo da terceira caneca.

boa regra geral é que uma cerveja de 1,050 vai ficar com um teor alcoólico de mais ou menos 5%; uma cerveja de 1,060 terá 6%, e assim por diante. No entanto, essa medida é bem por cima, já que mostos diferentes têm graus variados de fermentabilidade, e a levedura complica ainda mais essa cena.

Álcool e atenuação

O álcool etílico (etanol) é o principal produto da fermentação. Há duas maneiras de expressar a quantidade de álcool na bebida: porcentagem por volume ou porcentagem por peso. A primeira é o padrão internacional atual, mas, entre 1933 e 1990, os Estados Unidos utilizaram o padrão do álcool por peso. Depois do desastre da Lei Seca, os cervejeiros estadunidenses estavam ávidos para mostrar que seus produtos eram bebidas comedidas, então escolheram um sistema de medidas que fornecia números mais baixos. Uma cerveja de 3,2% quanto ao peso na verdade é uma cerveja de 4% quanto ao volume. O Canadá e o resto do mundo permaneceram com a medida de percentual por volume, e talvez seja esse o motivo da lenda de que cervejas importadas eram tão radical e insanamente mais fortes quando comparadas aos produtos domésticos.

NEM TODO MOSTO com a mesma densidade vai produzir uma cerveja com o mesmo teor alcoólico. O grau em que os açúcares do mosto são convertidos em álcool é afetado pelo processo de brassagem, pelos açúcares e adjuntos utilizados, pelas cepas de levedura, pela temperatura de fermentação, entre outras variáveis. O cervejeiro tem bastante controle sobre esses processos na cervejaria, de forma que uma mosturação mais quente vai produzir um mosto menos fermentável, e uma mosturação mais fria vai produzir um mais fermentável.

Agora precisamos lidar com o conceito que provoca um pouco mais de confusão, que é o da atenuação, e as diferentes maneiras como ela pode ser medida e expressa.

Com frequência, o cervejeiro divide a densidade final pela inicial e subtrai esse número de cem para chegar à atenuação aparente. Isso fornece informações úteis, mas não é um reflexo da situação verdadeira. Como o álcool é mais leve que a água, qualquer álcool que esteja presente faz com que as medidas de densidade final pareçam mais baixas

FORÇA DA CERVEJA SEGUNDO O ESTILO

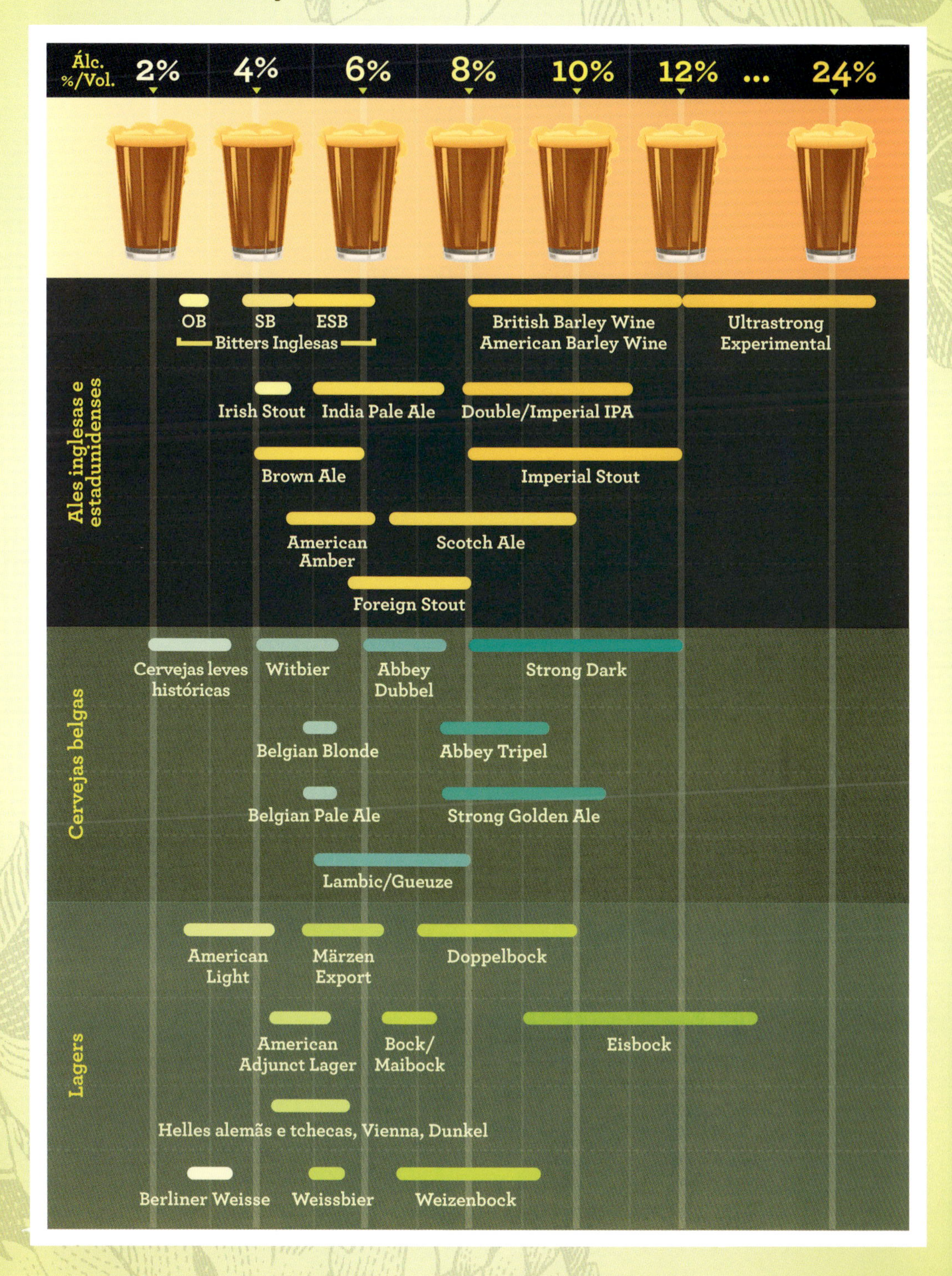

do que realmente são. Em algumas cervejas muito fermentáveis, é possível conseguir uma atenuação aparente superior a 100%. Para conseguir a "atenuação real", deve-se medir o verdadeiro teor alcoólico. Isso em geral é feito destilando-se o álcool de uma pequena amostra, um procedimento um tanto inconveniente que costuma ser realizado apenas pelas cervejarias maiores. Todas as cervejarias artesanais, com exceção das maiores, costumam se virar bem trabalhando com a atenuação aparente.

Cervejas menos atenuadas são mais pesadas, mais doces, e têm menos álcool que as cervejas altamente atenuadas feitas com um mosto de mesma densidade. Cervejas altamente atenuadas têm uma parte maior de seu extrato transformada em álcool, e no extremo dessa escala ficam as cervejas low-carb, as secas (dry) e as light.

Cor da cerveja

Por sermos criaturas muito visuais, somos muito sensíveis a pequenas diferenças na aparência, completamente fora de proporção com o sabor. Portanto, acertar na cor é de importância extrema para os cervejeiros. Apesar dos vários anos de experimentação para criar uma visão mais detalhada da cor da cerveja, a atual escala de medição

ESCALA DE CORES DA CERVEJA

As cores de cerveja como delineadas na SRM, a escala estadunidense. Os números de cor europeus (EBC) são aproximadamente o dobro dos valores da SRM.

é uma única escala numérica que vai do claro ao escuro. Como a cerveja é um líquido avermelhado, ela é mais opaca para luzes azuis, então essa cor permite fazer leituras mais sensíveis e por isso é o tipo de luz utilizado para se medir a cor da cerveja. Tecnicamente falando, a cor da cerveja é dez vezes a densidade ótica (absorbância) em uma cubeta* de 1 centímetro, conforme medido por uma luz azul de 430 nanômetros, geralmente em um espectrofotômetro. Esse é o padrão de cor estabelecido pela American Society of Brewing Chemists (ASBC),** chamado de Standard Reference Method ou graus SRM. A ASBC é a organização que controla os padrões analíticos de produção de cerveja nos Estados Unidos.

CORES E ESTILOS DE CERVEJA I: CERVEJAS CLARAS

As setas indicam a variação de cores para os estilos de cerveja mais comumente encontrados.

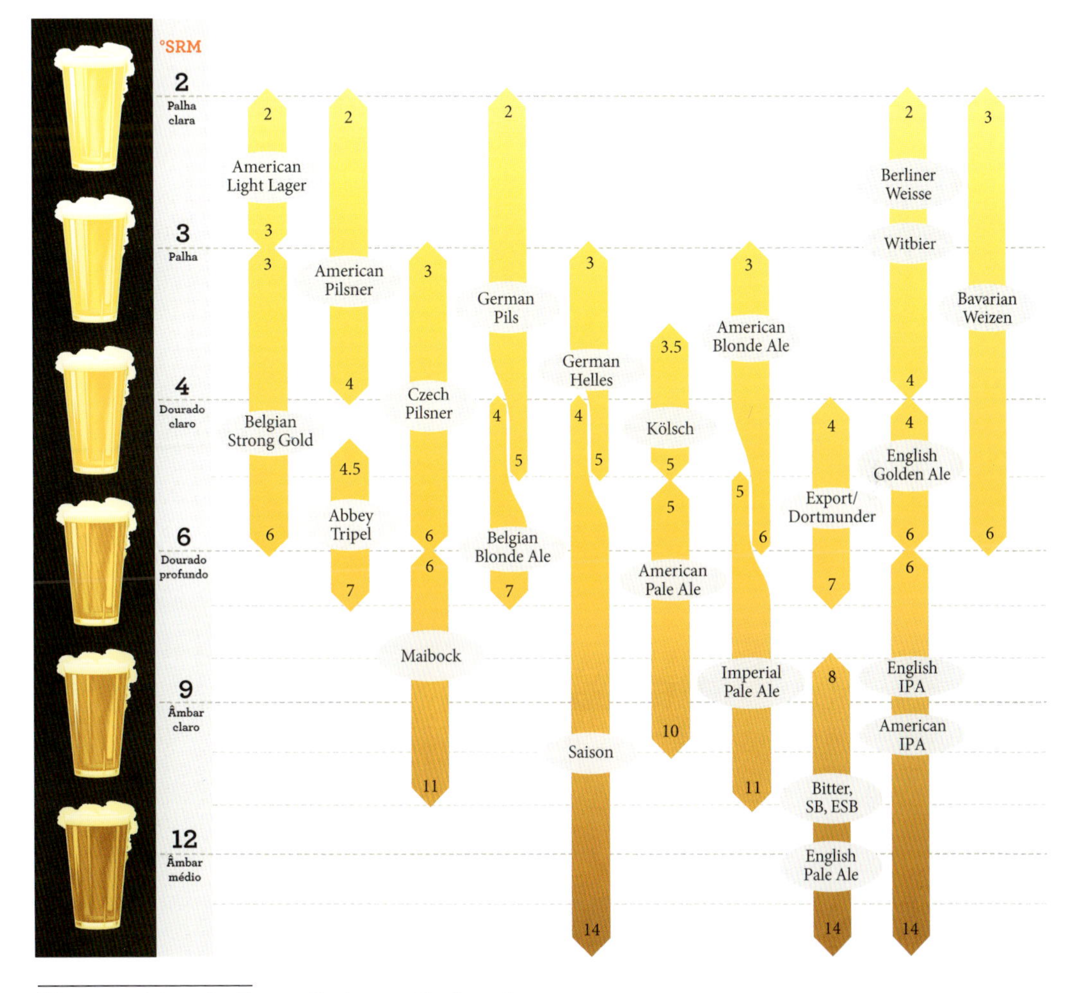

* Pequeno recipiente de vidro semelhante a um tubo de ensaio, porém com formato retangular em vez de cilíndrico. (N. E.)

** Associação Estadunidense de Químicos Cervejeiros. (N. E.)

ORIGINALMENTE, A COR DA CERVEJA era determinada usando-se um conjunto de vidros coloridos concebidos por Joseph Lovibond no final do século XIX. Um dispositivo parecido com um estereoscópio era colocado contra a luz e, de um lado, as amostras de cerveja eram vertidas em um suporte, e então o operador deslizava os vidros de diferentes cores pelo outro até encontrar uma boa correspondência. Felizmente, quando o método espectrofotométrico foi desenvolvido, verificou-se que as cores combinavam quase que perfeitamente – razão pela qual ainda se vê as cores da cerveja descritas como graus Lovibond, e ninguém surta muito por causa disso.

Na Europa, usa-se uma escala diferente, a European Brewery Convention ou EBC, o equivalente europeu da ASBC, que, depois de esforços recentes para se coordenar com os cervejeiros estadunidenses, agora equivale a aproximadamente o dobro da escala SRM (SRM × 1,97 = EBC).

Não há uma descrição consensual de escala de cores para a cerveja. Na escala da página 108, eu escolhi os termos mais comuns e neutros disponíveis e os associei com exemplos que se aproximam das cores citadas.

A cor da cerveja varia um pouco entre o vermelho e o amarelo. Um método chamado de "tristimulus" mede a cor da cerveja nos mesmos comprimentos de onda vermelhos, verdes e azuis que são mais percebidos pelos olhos, mas ele é raramente usado na fabricação de cerveja.

Espectrofotômetro.
Este dispositivo mede como um comprimento de onda de luz específico é atenuado por uma amostra. Na cerveja, ele é utilizado para medir a cor e, às vezes, outras coisas mais.

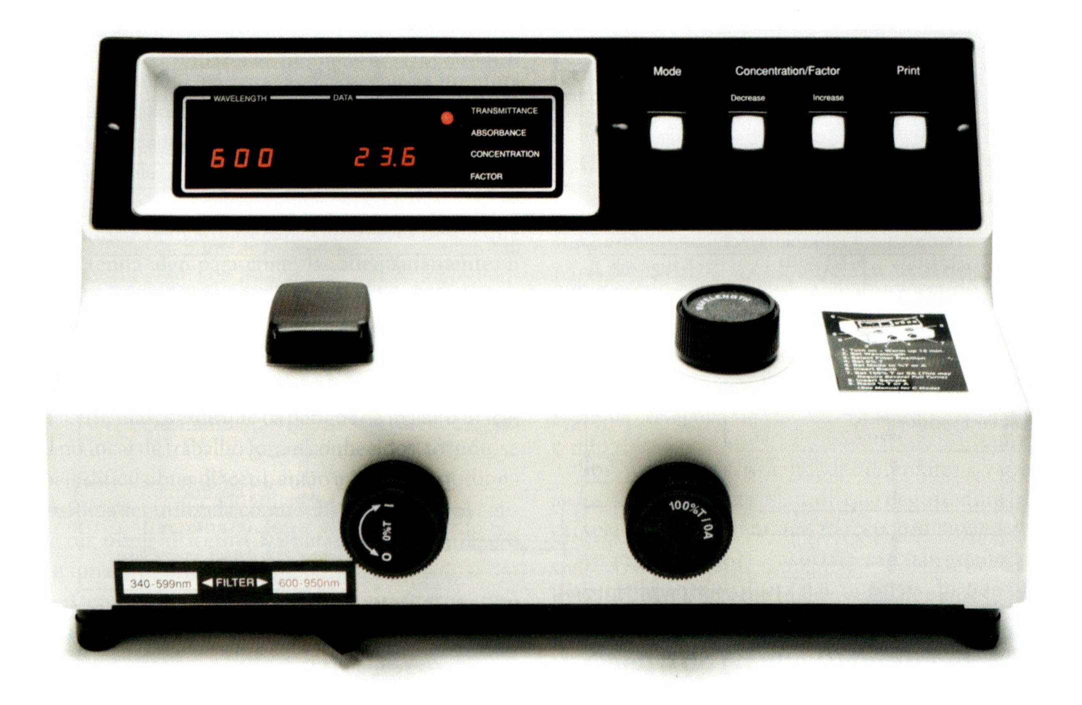

CORES E ESTILOS DE CERVEJA II: CERVEJAS MÉDIAS E ESCURAS

As setas indicam a variação de cores para os estilos de cerveja mais comumente encontrados.

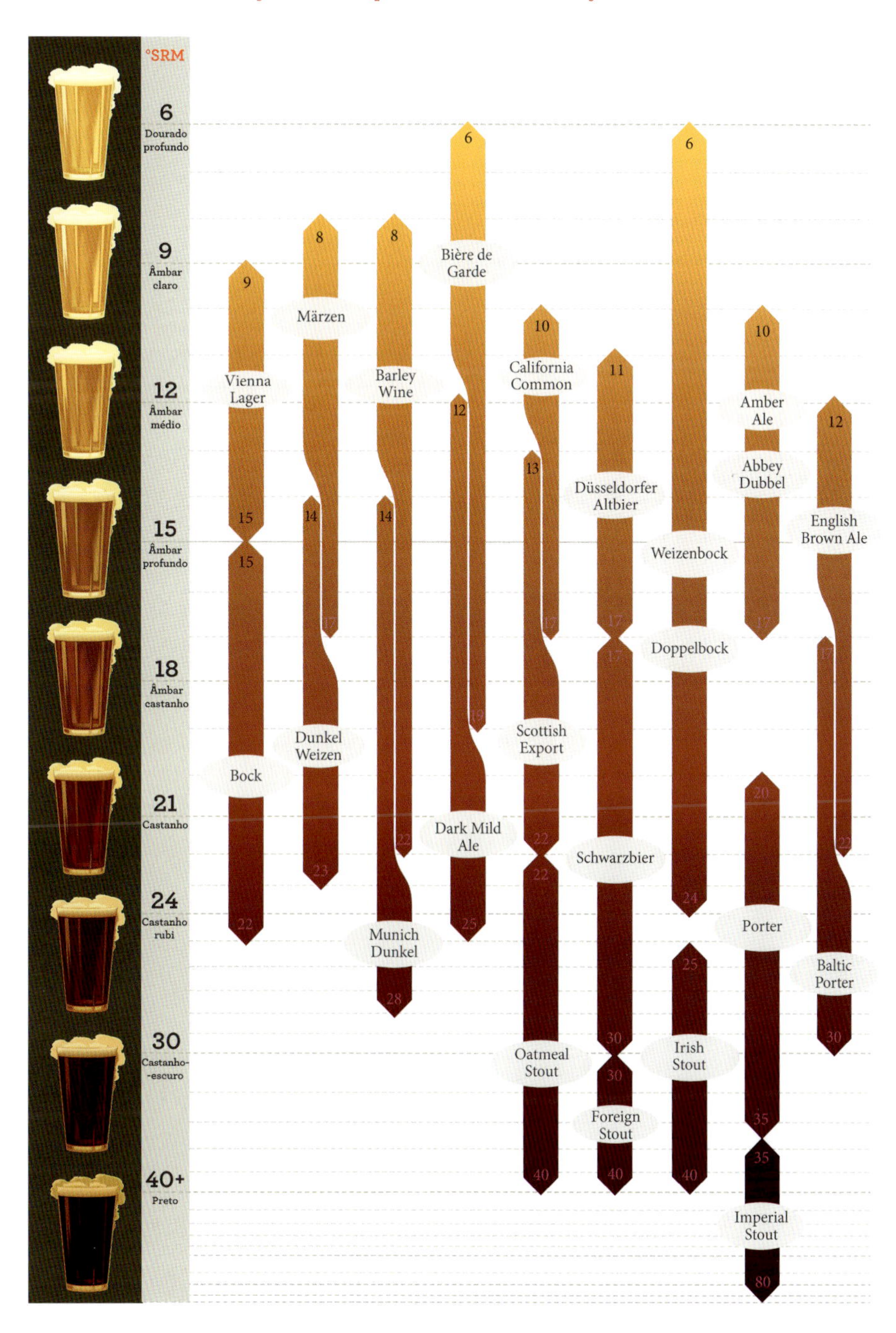

Lúpulo, amargor e equilíbrio

Embora o lúpulo conceda um aroma bastante complexo para a cerveja, a única medida que se faz rotineiramente é em uma escala simples de amargor. Nessa escala, são medidos os alfa-ácidos amargos do lúpulo, isomerizados e dissolvidos durante a fervura. As unidades internacionais de amargor, ou International Bitterness Units (IBU), são as partes por milhão (ppm ou mg/l) de iso-alfa-ácidos na cerveja pronta. A análise de laboratório é feita com reagentes químicos e um espectrofotômetro ultravioleta. Não é algo muito difícil de se fazer, mas o equipamento é bastante caro. A maioria dos cervejeiros de pequeno porte calcula seus IBU durante o processo de formulação da receita e pede para um laboratório externo fazer uma análise adequada quando precisam de números precisos.

As cervejas variam de 5 IBU até bem mais de 100 IBU. O limiar humano para a percepção de amargor na cerveja é de mais ou menos 6 IBU, e esse também é o limite da capacidade do ser humano de discriminar entre os diferentes níveis de amargor.

O amargor do lúpulo é essencial para equilibrar a doçura do malte, mesmo nos estilos mais maltados de cerveja. A interação entre os elementos de

AMARGOR POR ESTILO DE CERVEJA

O amargor é um aspecto importante do estilo da cerveja. Esse gráfico mostra alguns dos estilos mais comuns medidos em unidades internacionais de amargor (IBU).

gosto é muito importante e influencia a drinkability. Poucas cervejas são perfeitamente equilibradas; geralmente pende-se para um lado ou para outro. Com o malte, os tipos mais claros são percebidos apenas como maltados, mas esse é um resultado da caramelização feita durante a secagem; sabores e aromas como caramelo, amendoado, maltado e todos os tipos de torrado também podem estar presentes na cerveja. Alguns desses sabores de malte podem ser enjoativamente doces e precisam de lúpulos para equilibrá-los, mas os sabores de malte torrado muitas vezes resvalam para o lado amargo da equação.

O amargor dos lúpulos corta a doçura e acrescenta uma característica refrescante. Uma maneira de medir o equilíbrio da cerveja, pelo menos quando se refere ao doce do malte *versus* o amargor do lúpulo, é a razão entre unidades de amargor e unidades de densidade – ou BU/GU. (O BU é nada mais que o IBU de que falamos até agora, e o GU

AMARGOR RELATIVO (PROPORÇÃO BU:GU DA CICERONE)

O amargor parece mais forte em cervejas mais fracas, então o que realmente importa é a razão entre o amargor e a densidade inicial. Este gráfico mostra as unidades internacionais de amargor contra as unidades de densidade – os dois dígitos mais significativos da densidade original (1050 = 50 unidades de densidade).

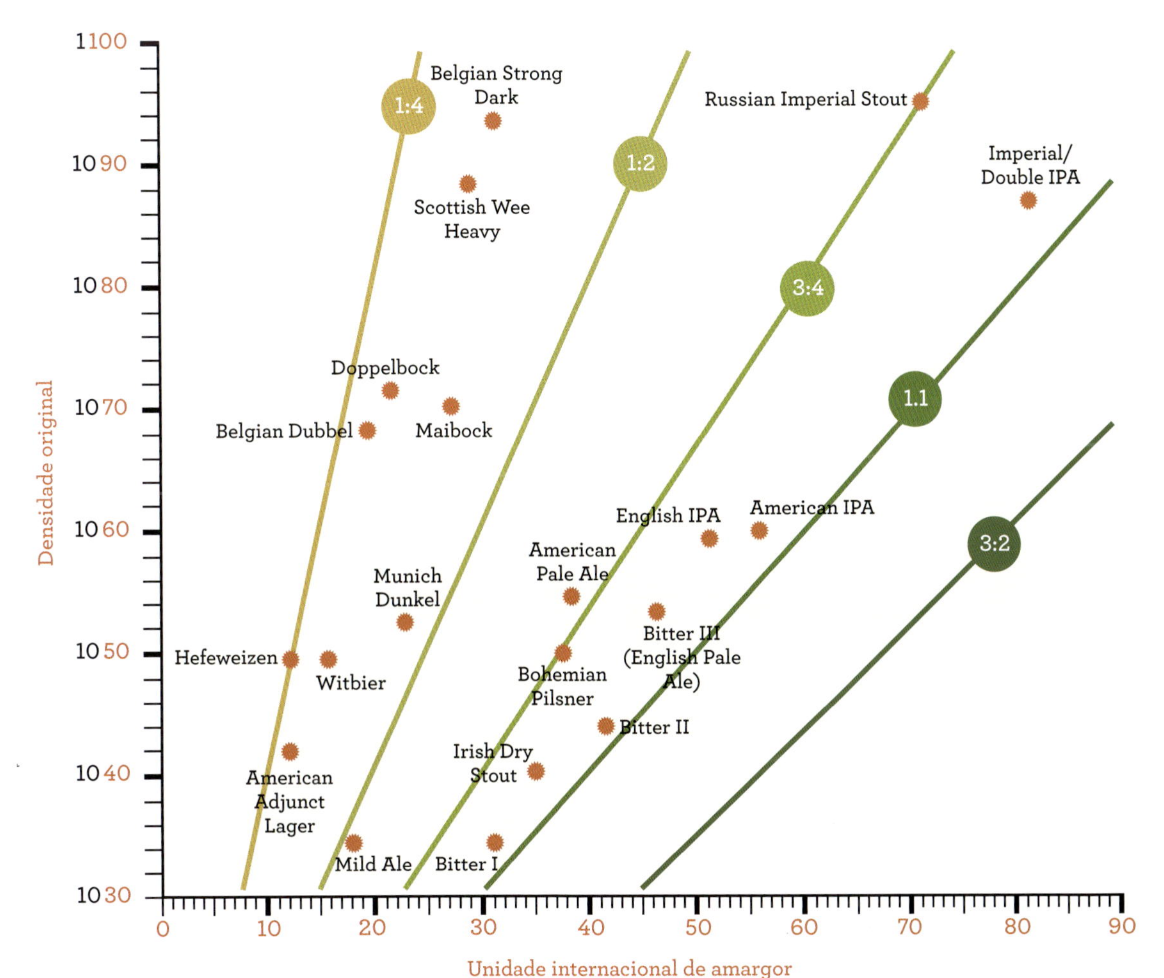

vem do inglês *gravity unit*, que é a densidade inicial do mosto sem o 10 que vem na frente; assim, 1050 OG tornam-se 50 GU.). Por exemplo, um valor de 50 IBU pode ser um amargor bastante alto, mas sem dúvida tem um sabor diferente em uma Barley Wine potente e maltada em comparação ao mesmo valor em uma English Bitter. Se colocarmos em um gráfico alguns estilos de cerveja comuns situando o BU contra o GU (confira o gráfico da página 113), as diferenças se tornam evidentes.

É importante ter em mente que essa proporção entre BU e GU expressa apenas o vetor de equilíbrio entre a doçura do malte e o amargor do lúpulo, e apesar de ser um elemento sensorial predominante na cerveja, há vários outros; por exemplo, tostado, torrado, frutado, defumado, ácido, além da carbonatação.

Quanto ao amargor do lúpulo, uma vez que ele já está na cerveja, é tudo mais ou menos igual. O lúpulo expressa sua individualidade considerável por meio de seus aromas.

Turbidez e brilho da cerveja

As pessoas elogiam as virtudes de uma cerveja luminosamente límpida desde os tempos mais antigos. Hoje em dia, o brilho é um aspecto desejável em quase todos os estilos de cerveja, não importa qual é sua origem. As exceções importantes estão citadas a seguir.

Uma cerveja perfeitamente límpida (brilhante) requer experiência e vigilância por parte do cervejeiro. A malteação, os procedimentos de brassagem, a fermentação, a maturação, a filtração e o envase – todos têm seu papel. E todo o trabalho pode ser em vão se a cerveja for "maltratada" mais para a frente na cadeia de distribuição, já que a maioria das cervejas de força normal criará uma "névoa" se ficar velha demais ou se não for tratada da maneira correta. A turbidez pode ser medida, mas esses números nunca são usados em especificações de estilos de cerveja.

CAUSADORES DE TURBIDEZ NA CERVEJA

Turbidez a frio (chill haze): este é o resultado de proteínas derivadas do malte que se precipitam dentro da cerveja quando ela é resfriada. Costuma ser encontrada em cervejas artesanais não filtradas (ou pouco filtradas), que partem do princípio de que a desvantagem estética é aceitável em troca da complexidade adicional da cerveja não filtrada. A turbidez a frio é totalmente sem sabor e desaparece assim que a cerveja se aquece um pouco.

Turbidez por levedura: pode ser proposital, como no caso da Hefeweizen (veja na imagem da página 115), ou pode aparecer como consequência de a cerveja ter sido servida sem cuidado ou ter vindo de uma garrafa que foi agitada – casos em que a cerveja foi refermentada na garrafa. Na Hefeweizen, a levedura também pode deixar um aroma de massa de pão. Em cervejas refermentadas na garrafa envelhecidas, a levedura às vezes provoca um leve sabor de barro, que deve ser evitado se possível. Barris de cerveja de trigo costumam ser armazenados e transportados de cabeça para baixo, e então virados na hora de serem servidos, o que dispersa a levedura na cerveja.

Turbidez por amido: em algumas tradições arcaicas, o processo de brassagem é feito de maneira a deixar minúsculos grãos reluzentes na cerveja. Confira os estilos Witbier/Bière Blanche/White Ale na página 299.

TURBIDEZ COMO UM INDICADOR DE CERVEJA COM DEFEITO

Cerveja velha ou malcuidada: em cervejas muito velhas, é comum surgir uma turbidez, muitas vezes acompanhada por pequenos "flocos de neve" brancos de proteína precipitada, especialmente em Lagers claras importadas. Esse processo é acelerado se a cerveja for resfriada e reaquecida várias vezes.

Infecção: vários organismos que estragam a cerveja produzem turbidez. Equipamentos de chope sujos, locais perfeitos para a proliferação de bactérias *Lactobacillus* e *Pediococcus*, também são vilões bastante comuns.

CERVEJAS PROPOSITALMENTE TURVAS OU OPACAS

A maioria das cervejas feitas de malte é concebida para ser servida brilhante, porém a turbidez é uma característica comum de muitas cervejas de trigo. Isso vem desde os tempos da Idade Média, quando as cervejas eram divididas em duas classes, as vermelhas e as brancas. Além de sua cor mais pálida, o "branco" se referia, provavelmente, à turbidez que apresentavam.

Hefeweizen: a palavra *hefe* quer dizer "levedura", e realmente ela é adicionada às garrafas dessa cerveja alemã efervescente. Parte do ritual de se servir essa cerveja é lidar com os resíduos agitados no fundo da garrafa e servidos no topo da espuma espessa e cremosa. Se você faz questão de beber uma Weissbier límpida, peça uma Kristal.

Berliner Weisse: essa cerveja ácida de trigo pode exibir uma turbidez resultante do trigo cheio de proteínas que forma de 50% a 60% da receita. Na foto a seguir, ela está misturada ao tradicional xarope de aspérula. Misturá-la com xarope de framboesa também é uma opção popular.*

Witbier/Belgian White Ale: este estilo antigo costuma apresentar turbidez por amido, como resultado das técnicas de mosturação túrbida – ou de uma boa quantia de farinha que era adicionada à tina.

Kellerbier: essa cerveja especial pouco conhecida geralmente é uma Lager clara alemã, servida em sua *bierkeller* (adega onde ocorre a fermentação e a maturação das cervejas) diretamente dos tanques de maturação, sem filtração. Pelo menos uma versão engarrafada é exportada para os Estados Unidos, e, como era de se esperar, alguns cervejeiros artesanais já tentaram produzir sua própria versão.

"East Coast" IPA: uma variante recente estadunidense das IPAs é essa versão bastante turva, geralmente fabricada com trigo e/ou aveia. A turbidez se deve à falta de filtração, mas há relatos de cervejeiros que misturaram farinha de trigo na tina de fervura para criar uma turbidez persistente.

* No Brasil, assim como em outras partes do mundo, as cervejarias artesanais costumam produzir este estilo com a adição das mais diversas frutas. (N. E.)

A Hefeweizen é uma cerveja de trigo com *hefe*, ou levedura, que lhe dá uma aparência turva.

A Berliner Weisse em uma taça clássica, saborizada e colorida com xarope de aspérula.

FILTRAÇÃO: SONHO OU PESADELO?

Esse é um tópico muito complexo que não tem uma resposta simples. Por um lado, a filtração é uma forma rápida e eficiente de remover as leveduras e outros materiais que, de outra maneira, poderiam contribuir para a instabilidade e abreviar a validade de certas cervejas. Uma cerveja fresca e vivaz a preços módicos é o benefício. A filtração muitas vezes é utilizada para acelerar o que já acontece naturalmente.

No entanto, assim como tantos aspectos da fabricação da cerveja, uma filtração adequada requer um cervejeiro experiente e sábio. Cerveja bem filtrada pode realmente ser uma obra de arte. O lado negativo é que uma cerveja filtrada demais pode às vezes perder cor, corpo, retenção de espuma e sabor, relegando ao bebedor um produto sem graça.

AVALIANDO O BRILHO

A não ser que um estilo prescreva algum tipo de turbidez, todas as cervejas deveriam estar brilhantes e límpidas ao serem servidas. Em cervejas claras, isso é fácil. Nas cervejas escuras, a turbidez pode ser mascarada pela cor. Em regra geral, se não dá para ver a olho nu, não é problema, mas alguns aficionados usam pequenas lanternas para avaliar o brilho de cervejas escuras e observam o feixe de luz conforme ele ilumina qualquer turbidez que esteja suspensa. Quando analisar o brilho, lembre-se de primeiro limpar o copo, para que você não se confunda pensando que a condensação é turbidez. Também permita que a cerveja artesanal se aqueça até a maior temperatura adequada possível para servi-la, já que a turbidez a frio pode desaparecer.

Carbonatação e espuma da cerveja

A natureza espumante e efervescente da cerveja nos fascina desde o início de nosso caso de amor com ela. A cerveja é a única bebida com espuma real, resultado de sua estrutura proteica única. Não é apenas quem bebe que leva a espuma a sério – ela também é um dos aspectos mais bem estudados e tecnicamente complexos da fabricação da cerveja, e administrá-la da maneira certa começa com as decisões tomadas lá no campo.

A espuma tem forte relação com o corpo da cerveja. As proteínas formam o chamado coloide, uma rede frouxa de proteínas que estrutura a cerveja inteira. É possível realmente sentir seu sabor, ou melhor, senti-lo preenchendo o palato. É uma sensação muito parecida com a de uma gelatina rala. Esse estado coloidal afeta a tensão superficial da cerveja, que por sua vez é crucial para a formação e a retenção da espuma. É uma missão quase impossível: a espuma da cerveja requer proteínas que tenham um comprimento ideal; aquelas que são curtas ou longas demais não prestam. O lúpulo e a levedura também influenciam. Como eu disse, é um assunto complicado.

O trigo tem o tipo certo de proteína para formar uma espuma de excelente qualidade, e essa é uma das características desejáveis em qualquer cerveja de trigo. Na realidade, o trigo e outros grãos, como a aveia e o centeio, às vezes são chamados coletivamente de "grãos de colarinho", e sorrateiramente acabam indo parar nas receitas em que uma espuma um pouco mais consistente se faz necessária – nesse quesito, a Kölsch e a English Bitter vêm à mente.

Algumas substâncias no ambiente em que a cerveja é servida são prejudiciais para a espuma. Detergente e óleo vão matar rapidamente o mais lindo dos colarinhos – o que torna ainda mais importante que os copos estejam bem limpos antes de servir a bebida.

COMO OBTER UMA ESPUMA DE PRIMEIRA

Em casa: para obter a melhor espuma na cerveja, derrame a bebida com vontade no centro de um copo impecavelmente limpo. Vai começar a espumar, mas isso é bom. Sério. Pare um pouco e permita que ela se assente, então repita até o copo ficar cheio. Quando se adia a recompensa e se permite que uma boa quantidade de espuma se acumule no topo e depois diminua, cria-se uma espuma densa e cremosa, cheia de bolhas minúsculas e persistentes. Outro benefício é que assim se expulsa o excesso de gás da cerveja, e o resultado vai ser algo semelhante à cremosidade suave do chope.

No bar: o procedimento descrito anteriormente em geral demora demais, o que não é prático para os clientes impacientes dos bares e pubs do país. Nesses casos, portanto, o procedimento comum é inclinar o copo e derramar a cerveja na lateral interna, e então, quando já se encheu dois terços do copo, colocá-lo na vertical e derramar a bebida por cima para obter uma camada de espuma de 1,5 cm a 3 cm.

Derrame a cerveja no meio do copo e deixe espumar.

Espere até a espuma se assentar.

Derrame o restante, aguarde e repita até chegar na altura correta.

Saúde!

NÍVEIS DE CARBONATAÇÃO DE ALGUNS ESTILOS DE CERVEJA

ESTILOS DE CERVEJA ALTAMENTE CARBONATADOS

ESTILO	VOLUMES DE CO_2
Belgian Strong Golden	3,5-4
Belgian Abbey	2,7-3,5
Belgian Gueuze	3-4,5
Bavarian Hefeweizen	3,5-4,5
Berliner Weisse	3,2-3,6
American Lager, outras cervejas leves com adjuntos	2,5-2,7

ESTILOS DE CERVEJA LEVEMENTE CARBONATADOS

ESTILO	VOLUMES DE CO_2
British Cask Ale	0,8-1,5
Straight Lambic	0,5-1,5
Barley Wines	1,3-2,3
Imperial Stout	1,5-2,3
Super-High-Gravity Ales (Ales de densidade superalta)	0-1,3

ESTILOS DE CERVEJA DE CARBONATAÇÃO NORMAL

ESTILO	VOLUMES DE CO_2
Intervalo normal da Lager	2,2-2,7
Intervalo normal da Ale	1,5-2,5

É CLARO que também não haveria espuma na cerveja se não houvesse carbonatação. O dióxido de carbono é altamente solúvel em líquidos com base de água, e uma boa quantidade dele consegue se dissolver em uma cerveja gelada. Compare-o com o nitrogênio, que tem uma solubilidade mínima: nas latas de cerveja Stout, assim que ela é aberta, o nitrogênio sai da cerveja, exatamente como foi planejado. Quando se abre uma cerveja comum, o CO_2, pelo contrário, permanece dentro da cerveja, apesar de haver uma quantidade enorme de gás dissolvido ali (como fica evidente quando se agita a latinha antes de abri-la).

Nos Estados Unidos, os cervejeiros discutem a carbonatação usando uma medida chamada "volumes", que não é influenciada pela pressão ou pela

Uma capa delicada de espuma agarrando-se ao copo, lembrando a forma de um tecido de renda (fenômeno conhecido como "renda belga" ou *Brussels lace*, em inglês), é sinal de uma cerveja bem feita e de um copo limpo.

CARBONATAÇÃO: NATURAL *VERSUS* ARTIFICIAL

Muitos consideram que a carbonatação forçada é um instrumento do mal, e por causa da guerra travada pela Campaign for Real Ale (CAMRA) para preservar as Ales tradicionais, o debate acaba recaindo mais em um teor ideológico que no científico. A dissolução de gás em líquidos é basicamente uma questão de física, não importa como ele foi parar ali. A longevidade das bolhas, porém, está relacionada à química proteica da cerveja, e, portanto, depende muito do processo de brassagem e da maneira como ela é filtrada ou clarificada. Os opositores muitas vezes colocam no mesmo balaio a carbonatação forçada e outros males, como alto conteúdo adjunto, servir em temperaturas inadequadas (gelada demais), pasteurização e filtração em excesso. Essas coisas realmente afetam o sabor da cerveja e alteram seu colarinho. É possível que a carbonatação forçada descuidada reduza a habilidade de formação de colarinho da cerveja ao criar um excesso de espuma no tanque durante o processo e, com isso, consuma as proteínas tão valiosas que formam o colarinho. No entanto, com os devidos cuidados, uma Ale viva, bem brassada e não filtrada pode sobreviver bem e feliz à carbonatação forçada.

temperatura. No entanto, como pode-se ver pelo gráfico na página 152, esses três fatores estão interligados: quanto maior a temperatura, maior a pressão, seja qual for o volume. No resto do mundo, uma medida mais comum é a porcentagem de CO_2 por peso, tipicamente indicada em gramas por litro (1 volume é igual a 1,96 g/l).

Nem todos os estilos de cerveja são carbonatados na mesma medida. Cervejas como as Cask Ales são levemente carbonatadas, como acontecia com as cervejas de antigamente. Barris de madeira nos velhos tempos não conseguiam segurar muita pressão. Servir uma cerveja altamente carbonatada em temperatura de adega seria procurar encrenca, e também contribui o fato de que as Ales britânicas têm um sabor excelente do jeitinho que são. Como gostamos de bebê-las estupidamente geladas, e como a carbonatação deixa a cerveja mais refrescante e efervescente, o estilo fabricado pela indústria estadunidense é altamente carbonatado. O quadro na página 118 lista alguns dos estilos de cerveja que ficam fora do intervalo normal de carbonatação.

Cor, brilho, carbonatação e muito mais – a gama de características que a cerveja exibe é estonteante. Acho que essa é uma das coisas que tornam tão fascinante nossa relação com essa bebida. Não importa o quanto já se estudou, sempre há mais o que descobrir. A cerveja tem uma linguagem própria e libera seus segredos apenas se você souber abordá-la do jeito certo. Trate-a com respeito, e observe atentamente suas profundezas âmbar e borbulhantes. Escute com cuidado, e ela responderá com fervor.

CAPÍTULO 5

COMO DEGUSTAR E JULGAR UMA CERVEJA

A essa altura já deveria estar claro que este não é um livro para quem quer mandar a cerveja para dentro sem um mínimo de pensamento crítico (não que essa prática não tenha seus encantos). Este capítulo é sobre as diversas maneiras e contextos em que degustamos e os objetivos desses encontros. Espero que sempre se encontre prazer nesse ato, mas esse não é necessariamente o propósito declarado. Não importa qual é a situação, as propriedades químicas da cerveja permanecem as mesmas, e nós todos trazemos conosco nossa própria fisiologia e psicologia para cada interação.

Sua relação com a cerveja poderá ser bem diferente dependendo da ocasião. Em degustações informais, educacionais, feitas por diversão, você é o amigo da cerveja, que tenta compreendê-la e, como se faz com qualquer amigo, tenta ser tolerante e compreensivo em relação a seus defeitos. Tente escolher a melhor e não se prenda às imperfeições – pelo menos não publicamente.

Em uma competição, no entanto, seu trabalho é colocá-la contra a parede, comparando-a com outras cervejas e possivelmente com uma noção idealizada de seu estilo. Você e seus colegas de mesa podem discordar em relação a alguns aspectos, o que é capaz de desencadear um debate quase metafísico sobre a intenção, a pureza de conceito, os detalhes históricos e uma qualidade que eu chamo de "maravilhosidade" – ou seja, a reunião da genialidade artística e da técnica em forma líquida.

Em situações de controle de qualidade sério, toma-se muito cuidado para remover quaisquer noções de "eu gosto" ou "eu não gosto". O trabalho do degustador é descrever, sem dar opinião, fazendo uso de uma linguagem altamente padronizada. No teste mais simples e mais preciso de todos – o triangular –, o trabalho do degustador é meramente descobrir as duas amostras idênticas de um conjunto de três.

Como degustador, você também será avaliado. Em situações casuais, conhecer detalhes como a densidade inicial, o IBU, ou qual era a cor das calças do cervejeiro durante a fabricação te darão muitos créditos. Mas isso é fichinha comparado ao estudo e ao trabalho necessários para ser aprovado em exames de certificação – como o do Beer Judge Certification Program (BJCP), a organização que sanciona as competições de cervejaria artesanal – e galgar seus escalões, mandar bem em seu exame Cicerone, ou conquistar o prestígio na indústria que vai lhe conquistar um assento na World Beer Cup (WBC). Em condições de controle de qualidade industrial, também é prática-padrão treinar e calibrar os juízes para que suas forças e suas fraquezas possam ser levadas em conta nas avaliações de amostras de cerveja.

O ambiente de degustação

Não importa qual é o propósito da degustação, as condições do ambiente são um fator crítico para sua realização. Entre outros quesitos, o recinto deve ser razoavelmente confortável. Aqui estão mais algumas orientações úteis:

Limite as distrações. Geralmente, o trabalho é se livrar das distrações, já que a degustação exige muita concentração. Não queira arrancar os degustadores de seus mundinhos. Conforme se caminha da degustação informal para uma mais estruturada, isso se torna cada vez mais importante. Um excesso de regras acaba por ser restritivo demais numa degustação social, mas nos testes mais críticos os juízes são colocados em cabines pequenas, para que não exista nada mais no mundo além deles e de suas amostras de cerveja.

Portanto, tudo o que não for essencial para a ocasião deve ficar de fora. Você vai querer separar seu grupo do concurso de miss que está acontecendo no salão ao lado (história real), por exemplo. É completamente razoável pedir para que os celulares sejam desligados ou colocados para vibrar, e há competições que os proíbem por completo. Os juízes que já terminaram devem permanecer em silêncio ou deixar o recinto. Faça o que for possível para facilitar a concentração de todos. Um pouco de música de fundo é aceitável para eventos muito informais, mas ela não deve ser tão alta a ponto de dificultar a conversa.

Considere a iluminação. Uma boa iluminação sempre é bem-vinda. O ideal é a luz natural vinda do norte, mas isso raramente é possível. A iluminação nem sempre está sob nosso controle, principalmente em lugares alugados, mas é algo a ser considerado, em especial nas competições.

Ofereça água. Não importa qual é o evento, deve haver quantidades ilimitadas de água à disposição. A água de torneira pode às vezes ter uma quantidade de cloro que leva à distração, e águas de poço, tratadas ou não, dificilmente estão à altura. A não ser que sua água de torneira venha das montanhas e seja de excelente qualidade, é melhor optar por água engarrafada.

Jogue fora. É melhor falar de uma vez: providencie baldes ou latas de lixo. Pode dar uma dor no coração jogar cerveja fora, mas você precisa permitir que as pessoas, em qualquer evento de degustação, consigam jogá-la fora com facilidade, ou você vai cultivar o caos.

Anote. Para degustações informais, uma lista de cervejas torna mais fácil fazer anotações e procurar as cervejas na loja mais tarde. Certifique-se de que há papéis e lápis à mão, ou melhor, lapiseiras; mais de uma vez eu me peguei pensando "cara, essa cerveja me remete ao cedro", só para lembrar uma fração de segundo mais tarde que eu estava segurando o lápis e o copo na mesma mão. Como eu disse, os detalhes fazem a diferença.

Dê notas. Julgar cervejas é algo que depende muito das fichas com notas, que já foram estruturadas para dar a ênfase adequada aos vários atributos da cerveja, desde a aparência até o retrogosto. Essas fichas são como um mapa, guiando os juízes conforme consideram cada dimensão e colocando-as em perspectiva. Mesmo os degustadores novatos podem se beneficiar com esse tipo de disciplina, e é bastante divertido conferir depois as cervejas na ficha de outro juiz ou em fichas de avaliação que podem ser baixadas nos sites da BJCP ou da WBC.

Elimine os odores indesejados. Aromas intrusos podem ser devastadores. O perfume da vovó é capaz de empestear quarteirões – que Deus a abençoe, mas há situações em que simplesmente não dá para aceitar. Um pouco de perfume é admissível em situações informais ou até educacionais, mas não há qualquer razão que justifique sua utilização quando se é juiz durante uma competição ou em um painel de degustação profissional. Até mesmo sabonetes ou loções com aromas podem interferir quando a mão que segura o copo se aproxima do nariz. O Great American Beer Festival troca o sabão do banheiro ao lado dos painéis de avaliação por uma formulação sem aromas. E, para as mulheres, o batom também pode arruinar a cabeça de uma cerveja.

O contaminador olfativo mais comum é a cozinha. Trate de saber com antecedência onde ela está com relação à degustação, e se a ventilação está funcionando adequadamente. Isso não costuma ser um problema, mas quando é ruim, pode estragar tudo.

TIPOS DE DEGUSTAÇÃO E SEUS PRÉ-REQUISITOS[1]

	Sem aroma	Sem fumantes	Silêncio	Água	Baldes para descartes	Blocos de nota	Fichas de avaliação	Lista de cervejas	Orientações de estilo	Lapiseiras	Biscoitos de água e sal ou pão
Degustação informal	S	S	-	S	S	-	N	S	-	OK	-
Degustação estruturada	S	S	-	S	S	-	N	S	OK	S	-
Apresentação educacional	S	S	-	S	S	S	N	S	OK	S	OK
Competição informal	S	S	N	S	S	S	N	N[1]	N	S	OK
Competição	S	S	S	S	S	S	S	N[1]	OK	S	S
Painel sensorial	S	S	S	S	S	-	S	N	OK	S	N

1 Os juízes recebem "colas" nas categorias em que é importante saber quais são os ingredientes especiais, como frutas ou especiarias, que foram usados e deveriam estar expressos na cerveja. (N. A.)

FICHA DE DEGUSTAÇÃO[2]

DATA:

DEGUSTADA POR:

CERVEJA:

IDADE DA CERVEJA:

TIPO/ESTILO:

ENVASE:

LOCAL:

ÁLCOOL/DENSIDADE:

AROMA:

APARÊNCIA:

CORPO & TEXTURA:

RETROGOSTO:

IMPRESSÕES GERAIS:

DEFEITOS SENSORIAIS ESPECÍFICOS:

- O Acetaldeído
- O Velho, papelão, couro
- O Estábulo
- O Queijo
- O Clorofenol (band-aid)
- O Diacetil (manteiga)
- O DMS (creme de milho)
- O Terra/rolha
- O Éster (solvente)
- O Bode/suor
- O Metálico
- O Fenólico
- O Sulfítico
- O Fermento/autólise
- O Outro

2 Se quiser baixar uma versão da ficha para impressão (em inglês), acesse a página "Tools and Downloads" da seção "Books, Etc." no site http://randymosher.com. (N. A.)

Uma vez nós caímos na besteira de promover um exame para certificação de juízes em uma casa onde viviam vários gatos. Isso não teria sido um problema não fosse um indivíduo que era convulsivamente alérgico a gatos, e aquilo era mortal para ele. Eu tenho algumas alergias próprias, e como alguns ingredientes na cerveja as despertam, faço o possível para trazer comigo meus remédios para alergia antes de qualquer degustação ou avaliação.

Ofereça algo para limpar o paladar. As pessoas têm opiniões diversas sobre a utilidade de pães ou bolachas de água e sal. Geralmente, eles são bem-vindos quando há uma possibilidade de os juízes se cansarem ou quando as cervejas apresentadas são tão diferentes entre si que torna-se necessário providenciar algo para limpar o paladar. Biscoitos de água e sal comuns, matzo, ou pão francês são preferíveis. Evite biscoitos gordurosos (muitos deles são), já que a gordura vai destruir a espuma da cerveja se ela entrar em contato com a amostra. Seu nariz também pode se cansar, então às vezes pequenas tigelas de café ficam à disposição na mesa; cheirá-las pode ajudar a recuperar o nariz para voltar à degustação.

Considere o copo com atenção. Os copos de degustação costumam ser um pouco decepcionantes. Em um mundo ideal, todas as cervejas seriam avaliadas em taças de vinho branco: elas apresentam a cerveja de maneira bela, seu bojo retém os aromas abaixo da borda e a haste impede que nossos dedinhos melados aqueçam a cerveja. Na verdade, existe um copo-padrão para degustação definido pela International Organization for Standardization (ISO), que é uma pequena taça com haste.

Para um pequeno número de juízes com um número limitado de cervejas em um ambiente controlado, usar os copos de degustação adequados é possível. Mas a logística de uma competição de grande porte como a World Beer Cup já é um desafio por si só, e, portanto, todas as cervejas domésticas e comerciais são avaliadas em copinhos de plástico. Os copinhos rígidos e transparentes que contêm entre 240 ml e 300 ml são os melhores. Os aromas de plástico não costumam ser um problema hoje em dia, mas é bom conferir antes. Evite os copinhos leitosos translúcidos, que podem tornar difícil descobrir se uma cerveja é clara e brilhante. Copinhos opacos ou coloridos não servem.

Não importa qual é o recipiente, ele nunca deve ser enchido acima de um terço. Todo esse espaço no topo é necessário para desenvolver o aroma adequado. Para avaliar uma cerveja com rigor, de 60 ml a 90 ml, aproximadamente, são suficientes.

Taça para degustação do padrão ISO e copinho de plástico para avaliação. Pesquisas feitas pela ISO levaram à criação dessa taça (à esquerda) para a degustação de vinho e outras bebidas. Repare na borda mais estreita que cria um bojo onde fica a linha de preenchimento. Para a cerveja, uma geometria similar funciona muito bem, mesmo em um tamanho um pouco maior. Copos transparentes de 300 ml também funcionam na maioria das ocasiões de degustação.

Preparando e degustando cervejas com padrões de sabores (off e on-flavors)

A cerveja contém muitas substâncias químicas aromáticas que podem ser boas ou ruins, dependendo da quantidade e do contexto. Conhecer uma dúzia ou mais dessas substâncias é considerado parte do conhecimento fundamental para os profissionais da cerveja, dos cervejeiros aos gerentes de bar. Em um contexto educacional, você pode querer apresentar determinados defeitos sensoriais em concentrações específicas, cerveja a cerveja. É possível recolher algumas cervejas com defeito para oferecer amostras, mas é melhor usar uma técnica chamada "spiking", na qual se adicionam quantias controladas de substâncias químicas específicas à cerveja. Diversas substâncias podem ser adicionadas, mas o público geral e os iniciantes só precisam se familiarizar com mais ou menos seis das mais importantes (veja a lista a seguir).

Cervejas límpidas, neutras e consistentes funcionam melhor para servir de base para essa técnica. Cervejas light são leves demais e não possuem aroma "de cerveja" o suficiente, então são facilmente sobrepujadas pelas substâncias químicas adicionadas. Costuma-se usar as cervejas mais comuns do mercado de massa, mas cervejas fabricadas com qualidade por cervejarias artesanais também servem, se não possuírem muitos sabores fortes. Uma cerveja de aproximadamente 350 ml pode ser provada por uma média de seis a oito degustadores.

Há algumas maneiras de se fazer isso: você pode usar doses pré-misturadas ou fazer sua própria mistura. Várias empresas, como o Siebel Institute, a Aroxa e a FlavorActiV produzem compostos químicos que são fáceis de usar, já que vêm em cápsulas medidas previamente ou outros recipientes que precisam ser misturados em quantidades específicas para alcançar certa concentração de sabor, em geral por volta de três vezes o valor do limiar de detecção (também conhecido como threshold).

Se você possui habilidades laboratoriais, pode adquirir versões alimentícias dos compostos químicos puros. Algumas substâncias químicas para esse uso estão presentes em quantidades pequenas o suficiente para serem usadas diretamente em amostras de cerveja. Outros sabores mais poderosos precisam ser diluídos em soluções, em concentrações de 1:1.000, 1:1.000.000 ou mais, antes de poder ser jogados nas cervejas. Eu descobri que geralmente a vodca costuma funcionar bem para a diluição. Uma

SUBSTÂNCIAS QUÍMICAS COMUNS PARA CONHECER PADRÕES DE SABORES

SUBSTÂNCIA QUÍMICA	DESCRITOR	LIMIAR	CONCENTRAÇÃO PARA AMOSTRA
Acetato de etila	Solvente/Éster	18 ppm	72 ppm (4x)
Acetaldeído	Maçã verde, folhas	10 ppm	40 ppm (4x)
Acetato de isoamila	Banana/Éster	1,2 ppm	5 ppm (4x)
2,3-pentadiona	Amanteigado/diacetil	10-40 ppb	80 ppb (4x 20 ppb)
DMS	Creme de milho	30-50 ppb	160 ppb (4x 40 ppb)
Trans-2-nonenal	Papel	0,05 ppb	0,20 ppb (4x)
Extrato isomerizado de lúpulo	Amargo	5 ppm (IBU)	25 ppm (5x) + cerveja-base

Para saber mais a respeito dessas substâncias químicas aromáticas e suas origens, confira o capítulo 3.

Pipeta com pontas descartáveis.
Uma pipeta de precisão é a melhor opção para se "incrementar" uma cerveja premium de mercado.

pipeta (do tipo que tem um controle para se descobrir a quantidade que será transferida ao apertar um botão) é a melhor ferramenta para medir as doses. Uma capacidade de 1.000 microlitros (1 ml) é o tamanho mais útil para esse fim.

Um alerta: algumas dessas substâncias químicas não são agradáveis e vão empestear seu freezer com força, a não ser que sejam armazenadas dentro de um recipiente lacrado de metal ou de vidro. E, em suas formas puras, muitas também são inflamáveis ou perigosas de outras maneiras. Qualquer manipulação de substâncias químicas de sabor deve ser feita em um ambiente muito bem ventilado. Também é uma boa ideia preparar sua dosagem sobre uma bacia de plástico grande ou sobre uma bandeja para conter quaisquer gotas ou respingos que fujam de seu controle. Muitas delas, como a DMS, não são estáveis e vão estragar em questão de meses. Todas ficam mais bem armazenadas no freezer desde que você tenha algo para contê-las adequadamente. É recomendável usar uma caixa metálica com tampa para garantir uma vedação justa e à prova d'água.

Atente-se para o fato de que a 2,3-pentanodiona não é um aroma tão importante na cerveja quanto o diacetil, mas, desde que os perigos de inalar o diacetil no local de trabalho foram conhecidos, tornou-se mais difícil obter diacetil, então a 2,3-pentanodiona costuma ser utilizada como substituto. Se você conseguir obter diacetil (2,3-butanodiona), utilize-o em uma proporção de 80 ppb.

Depois de ter as soluções prontas, é questão de aplicar uma ponta de pipeta sem uso e ajustar o instrumento para a dose desejada. Se você estiver usando cervejas com tampas de rosca, então é só girar a tampa com cuidado. Não use um abridor de garrafas, porque você vai precisar colocar a tampa de volta quando terminar de aplicar a dose. Depois de abrir a garrafa, utilize a pipeta para jogar a quantidade certa, então deixe a pipeta de lado e feche bem o recipiente, colocando a tampa de volta. Para as cervejas que não têm uma tampa de rosca, pode-se usar uma tampinha para cerveja caseira nova. Não se esqueça de marcar nas tampas e nos rótulos qual é a substância que foi colocada na garrafa.

Não importa se você está usando sua própria mistura ou doses pré-misturadas, apresente sempre um padrão de "controle", isto é, uma cerveja que não foi "incrementada", para que seus degustadores possam ir de uma para a outra, comparando a cerveja-controle com as amostras dosadas. Eu costumo usar essas oportunidades para relembrar como se deve degustar: observar à mesa, passar sob o nariz, mexer, inspirar, provar, sentir o retronasal (veja na página 61).

É comum constatar que, para a maior parte dos públicos, dosagens de três a quatro vezes do limiar de detecção funcionam bem para apresentar às pessoas esses aromas e sabores. Para treinamentos mais avançados, os degustadores começam com esses níveis e vão reduzindo as concentrações até alcançarem seus limiares pessoais com o tempo. Todos nós temos sensibilidades diferentes a vários aromas e, portanto, faz sentido que degustadores de cerveja sérios calibrem suas percepções.

Alguns defeitos sensoriais são apresentados mais facilmente em cervejas normais do que em amostras dosadas. Por exemplo:

- **Cheiro de gambá (lightstruck),** o efeito "fedido" que a luz produz sobre o lúpulo na cerveja, é bem fácil. Basta pegar uma

Corona ou uma Heineken (ou qualquer cerveja em uma garrafa transparente ou verde) e expô-la à luz do sol por alguns minutos; *voilà*, cheiro de gambá! Repare que isso não funciona com produtos da Miller (a substância química que causa o cheiro de gambá foi removida de seu extrato de lúpulo).

- **Os aromas de cravo** que a levedura empresta às Weizens podem ser simulados com uma substância química chamada eugenol, mas acho que é mais fácil e mais preciso simplesmente usar uma Hefeweizen.
- **Cervejas excessivamente envelhecidas** têm alta complexidade e são complicadas de simular, mas não é tão difícil assim conseguir uma. Pode soar meio rude, mas você pode ir até sua loja de bebidas e perguntar se eles não têm uma cerveja que já passou da data de validade e que eles pretendiam mandar de volta para a distribuidora.

Atuando como juiz em competições

As competições são uma ferramenta importante para a divulgação da arte e da ciência da fabricação de cerveja. Para a maioria dos cervejeiros, receber uma medalha de um painel isento de colegas por uma cerveja bem feita é uma alegria para a alma. Esses caras constroem suas reputações – e às vezes ganham seus aumentos – com base nesses prêmios. Não dá para levar a cerveja mais a sério que isso.

Há muitas maneiras de escolher os vencedores, e cada competição é diferente, mas há similaridades entre as abordagens da seguinte forma:

- Os juízes são selecionados cuidadosamente e seu trabalho é inspecionado para atestar seu vocabulário e sua integridade.
- A avaliação costuma ser altamente estruturada por meio de fichas de avaliação e metodologias específicas.
- As condições são controladas em termos de iluminação, aromas, ruídos e outras distrações.
- A cerveja é sempre servida às cegas, o que significa que os juízes têm de avaliar apenas o que está no copo e nada mais.
- A avaliação é estruturada de maneira que os juízes não influenciem uns aos outros indevidamente.
- As cervejas são servidas em rodadas de oito a quinze cervejas, em geral, e todas na mesma categoria de estilo.

A CERVEJA PODE SER AVALIADA puramente quanto ao seu sabor, seu equilíbrio e outras características sensoriais, ou então pode ser comparada a algum padrão, definido em consenso, sobre como aquele estilo deveria ser. A primeira modalidade é chamada de avaliação "hedônica" (ou escala hedônica), e os juízes simplesmente dão uma nota para a cerveja de acordo com o prazer que sentem ao experimentá-la. Essa é uma maneira perfeitamente legítima de avaliar as cervejas, desde que se esteja comparando estilos similares. O problema é que, independentemente do nível de sofisticação dos juízes, nessas competições eles sempre tendem a dar notas maiores para cervejas mais potentes e com sabores mais intensos, como as Barley Wines. Desde que não se compare alhos com bugalhos, não há problemas com esse método.

Nas avaliações baseadas em estilo, cada cerveja é julgada em relação à sua capacidade de expressar o caráter essencial da categoria de estilo em que ela foi inscrita. As orientações de estilo são similares às que estão presentes nos capítulos 9 a 13 deste livro, e uma cópia geralmente fica disponível na mesa para consulta. Os juízes costumam se reunir para certificarem-se de que todos compreendem o estilo antes de começar a avaliação. Houve um grande esforço para que as orientações fossem feitas associando os estilos históricos às práticas comerciais modernas e estruturando o processo de julgamento a fim de garantir uma avaliação equilibrada e rigorosa.

COMO TORNAR-SE UM JUIZ?

Avaliar cerveja é de longe a melhor maneira de afiar suas habilidades como um degustador crítico. Sendo ou não um cervejeiro, você pode participar do Beer Judge Certification Program (BJCP). Você estuda, faz uma prova e recebe um certificado que lhe permite tornar-se um juiz. É possível obter qualificações superiores com notas mais altas na prova e pontos de experiência. O próprio BJCP é o melhor portal para alcançar isso tudo, mas seu clube cervejeiro local é igualmente importante. Muitos clubes promovem sessões de estudo, que invariavelmente incluem degustações de cerveja de sobra - ou seja, além de educativas, elas são muito divertidas. A American Homebrewers Association ou sua loja local de insumos para cervejaria caseira também podem ajudar você a fazer contatos.*

Se você quer começar a avaliar cervejas aos poucos, inscreva-se para servir como garçom nas competições para participar de todo o trabalho de bastidores que envolve preparar as cervejas para os juízes na ordem e nas condições adequadas. Muitas vezes, esse trabalho propicia oportunidades de "dar umas bicadas" e ter uma ideia de como é o processo de avaliação. Sua ajuda sempre é bem-vinda.

O programa de certificação do BJCP permite que os juízes subam de categoria conforme a experiência, o conhecimento e o esforço.

Nenhum dos sistemas é melhor, e cada um tem suas desvantagens. Julgar segundo o estilo inevitavelmente significa que alguma cerveja deliciosa vai ser considerada demasiadamente leve, escura, frutada, amarga ou fora de qualquer uma das orientações de estilo. Não importa se o cervejeiro não concorda com os estilos; eles são o mapa que todos devem seguir. Por outro lado, a avaliação hedônica peca ao não levar em consideração a linguagem dos estilos que os cervejeiros e apreciadores usam como uma espécie de código para se comunicarem entre si.

Em competições de grande porte, você vai precisar de mais de uma rodada para reduzir uma categoria com um grande número de inscritos a um grupo menor, que pode ser avaliado em uma única rodada final para determinar os vencedores. Em geral, os juízes mais experientes da rodada preliminar se reúnem e rapidamente julgam de novo os vencedores das rodadas anteriores para determinar quem leva a medalha.

AS OBSERVAÇÕES DE UM DEGUSTADOR SOBRE O ATO DE AVALIAR

A cerveja está na mesa. As condições estão perfeitas. Os astros estão alinhados. E agora?

Chegue preparado para atuar com maestria. Esteja certo de que compreende o que é esperado de você. Cada competição tem uma estrutura sólida e certo estilo de organização. As coisas funcionam melhor quando todo mundo está dançando conforme a música. De certa maneira, as competições de cerveja sempre são uma construção meio artificial, então deixe seus julgamentos em segundo plano e aja de acordo com as regras específicas do evento.

Para competições baseadas em estilo, seu trabalho é avaliar o quanto uma cerveja em particular representa o estilo da maneira como ele é descrito nas orientações. Não está na descrição do seu trabalho como juiz contestar as orientações – eu mesmo já atravessei várias discordâncias desse tipo, mas para tudo há um lugar e uma hora corretos, e a mesa de juiz não é nem um nem outro. Esteja consciente de que há uma cerveja "de partir o coração" em quase toda rodada: uma cerveja deliciosa, muito bem-feita, que você gostaria de levar para casa e se aconchegar,

* Os juízes brasileiros também são certificados pelo BJCP. Quase todos os estados no Brasil também possuem suas associações de cervejeiros artesanais (ACervAs), que atuam promovendo eventos educacionais e de confraternização para seus associados, além de outros benefícios. (N. E.)

mas que, por alguma razão, simplesmente não consegue alcançar os parâmetros dos guias. Infelizmente, ela deve ser desconsiderada.

Com a avaliação hedônica, você tem outro tipo de problema: a maioria dos juízes está tão acostumada com a estrutura baseada em estilo que eles podem se sentir inseguros quando se encontram fora dela. É importante, no entanto, ter uma noção bem desenvolvida do que simplesmente é gostoso, além de suas habilidades analíticas. No fim das contas, a cerveja é uma questão de prazer.

Orientações e fichas de avaliação sempre estão presentes em competições. Como vimos, com os estilos, é rotineiro ler a descrição que se aplica à categoria antes de começar a rodada para que todos estejam na mesma página. Há cópias à disposição caso seja necessário conferir algum detalhe. A ficha de avaliação é seu mapa para o processo. Além de prestar atenção aos detalhes, confira o significado de cada nota com relação à qualidade da cerveja, e certifique-se de que seus resultados estão de acordo com o padrão.

Existem regras escritas e não escritas para as avaliações. Grande parte delas é mera questão de educação e bom senso. É um privilégio ter a permissão para avaliar as cervejas de outras pessoas. Os produtores se empenham muito para fabricá-las, então tente ser educado. Antes de tudo, no entanto, seu trabalho é descrever com precisão a cerveja à sua frente, com a maior quantidade de detalhes possível. Faça um esforço consciente para não influenciar outros juízes. Às vezes você vai ser obrigado a suprimir um gemido, um rolar de olhos ou uma ânsia de vômito, mas guarde para você no momento. Mais tarde haverá tempo de sobra para tudo isso.

Seja produtivo. Há muito o que fazer em pouco tempo. É seu dever colaborar com o fluxo. A maioria das competições de cervejas artesanais tenta dar 10 minutos para cada cerveja, mas, quando você é iniciante, esse tempo passa muito rápido. É importante confiar em seus instintos e suas primeiras impressões e permitir que a ficha de avaliação seja sua guia. Não atravanque o processo na busca pela palavra perfeita. Lembre-se: o olfato retronasal (página 47) lhe dará outra oportunidade e o termo pode lhe ocorrer mais tarde. Faça suas anotações e dê suas notas, só então retorne para uma segunda prova se houver tempo. Escreva sobre o que está experimentando, mas não tente descobrir o que deu errado ou como resolvê-lo a não ser que seja algo gritante.

Escolha suas batalhas. Claro, sempre haverá discordâncias quanto aos sabores ou os detalhes de um estilo, mas essa é uma competição de cerveja, não o embate final entre o bem e o mal. Cada pessoa sente o sabor da cerveja à sua própria maneira, então se você é o ponto fora da curva, precisa reconhecer que os outros estão pelo menos tão corretos quanto você, alcançar um consenso e seguir em frente.

É melhor cheirar a cerveja antes de qualquer outra coisa, já que alguns aromas – especialmente aqueles baseados no enxofre – são tão voláteis que duram apenas pouco mais de um minuto e depois desaparecem para sempre. Comece com uma farejada de passagem e em seguida inale algumas vezes rapidamente. Espere alguns momentos para processar as sensações, já que alguns aromas levam algum tempo para serem registrados. Dê atenção particular para qualquer memoriazinha que vier em um *flashback*, já que elas costumam dar pistas preciosas para a identificação de aromas.

Se você não captar muita coisa, experimente cobrir o copo com sua mão e mexê-lo. Se a cerveja lhe parecer gelada demais para esse estilo, segure o copo com as duas mãos e mexa-o para que a cerveja se aqueça levemente e libere seus aromas.

Agora olhe bem para a cerveja e faça anotações quanto à cor, ao brilho, ao caráter e à retenção da espuma. Esteja ciente de que a aplicabilidade dessas qualidades varia dramaticamente de acordo com o estilo. Saiba também que estas não são as características mais importantes da cerveja, e que geralmente elas contribuem para apenas uma porcentagem pequena da nota. E, honestamente, não há tanta informação assim a ser extraída de uma observação da cerveja. Não permita que seus olhos levem você a sentir um sabor que não está lá. A cor escura pode ser apenas isso. Você tem *certeza absoluta* de que está sentindo essa nota tostada? É fácil se enganar.

Tome um gole, permita que o líquido fique em sua língua e aqueça no fundo de sua boca. Preste atenção nos gostos básicos, como o doce e o ácido, e espere alguns momentos até o amargor surgir, já que ele se constrói mais lentamente que os outros gostos. Conforme a cerveja se aquece, o aroma vai sendo liberado.

Os degustadores de vinho, que costumam cuspir a amostra, usam uma técnica chamada aspiração, na qual deixam o ar passar pela bebida enquanto ela aquece no fundo de suas bocas, fazendo um som de gargarejo, e então fecham os lábios e permitem que o ar saia gentilmente por seus narizes. Isso cria uma impressão retronasal. Como nós costumamos engolir a cerveja, podemos pular esse estágio e simplesmente adotar a técnica retronasal costumeira de engolir devagar e, em seguida, expirar lentamente com os lábios fechados. Há uma técnica adicional que às vezes fortalece o gosto retronasal: feche o nariz enquanto estiver dando um gole e engolindo, e então, enquanto a cerveja está escorrendo pela garganta, solte o nariz e solte uma respiração rápida pelas narinas. De vez em quando isso revela sutilezas adicionais.

Faça um relato completo e detalhado. Há algum defeito sensorial, como o diacetil ou o DMS? Há alguma aspereza ou adstringência, especialmente perto do fim? Há alguma impressão de papel ou de madeira, que denota oxidação ou acidez indesejada?

Esteja certo de dar atenção às sensações na boca: corpo, carbonatação, adstringência e oleosidade. Como é o retrogosto? Ele dura muito ou pouco? É suave ou ríspido? Lupulado, maltado, torrado? Todas as anteriores ou algo diferente? Mais uma vez, anote. Procure qualquer coisa que pareça estar sobrando.

Finalmente, faça uma análise mais aprofundada. Se a cerveja está sendo avaliada em relação a um estilo, o quanto ela se encaixa em termos de intensidade geral, amargor, caráter do malte e notas de fermentação? Se é uma Lager, será que ela está livre de aromas frutados dos ésteres? Como é o equilíbrio? Todas as partes se encaixam? Você beberia uma caneca ou duas dessa cerveja? Levaria a garrafa para uma ilha deserta? Você vai se lembrar dessa cerveja daqui a um ano com carinho?

Apenas depois de ter feito todas as anotações e ter dado notas para a cerveja (se necessário) é que você pode discutir o que bebeu com os outros juízes. Essas discussões são melhores quando os juízes mais experientes fazem um esforço para não dominar a conversa, já que até mesmo os juízes novatos têm contribuições úteis a oferecer – todo mundo deixa uma coisa ou duas passar.

ALGUMAS COMPETIÇÕES RELEVANTES

Great American Beer Festival e World Beer Cup: a Brewers Association, organização que representa os cervejeiros artesanais e caseiros dos Estados Unidos, promove essas duas competições. Elas são idênticas, exceto pelo fato de que o Great American Beer Festival (GABF) só aceita cervejeiros estadunidenses, enquanto a World Beer Cup (WBC) é uma competição mundial. A GABF acontece desde 1981, e a WBC começou em 1996 e só acontece em anos pares.

Essas são competições baseadas em estilo, e um extenso conjunto de orientações (utilizado nas duas competições e disponível no site www.brewersassociation.org) é revisto todos os anos de acordo com as observações dos juízes e dos cervejeiros. As categorias nesses eventos tendem a refletir as práticas comerciais do momento nos Estados Unidos e em outros países. Todas as avaliações acontecem ao longo de três dias. O cálculo do ganhador não é feito com pontos; as cervejas são levadas às mesas em rodadas, e cada rodada é avaliada como se fosse única para definir o melhor da competição. Os juízes experimentam cada uma das cervejas, fazem anotações e oferecem comentários em uma folha de avaliação especialmente preparada para isso. Ninguém discute enquanto faz a primeira prova, para evitar que os juízes influenciem uns aos outros. Depois que todos já tiveram a experiência de formar suas próprias opiniões quanto às cervejas, tem início a discussão.

As cervejas que obviamente são mais problemáticas ou que fogem muito do estilo são dispensadas primeiro. Em seguida, chega a hora de atacar os pequenos problemas de sabor ou estilo, ou as cervejas que simplesmente não dão muito certo. O campo então se reduz a apenas um punhado de cervejas. A essa altura, elas estão todas razoavelmente dentro do estilo, e os juízes são forçados a reparar em atributos menos tangíveis, como o quanto elas são deliciosas, os pequenos defeitos e a habilidade de criar uma impressão positiva. Cada rodada costuma levar entre 60 e 90 minutos de degustação.

Prefere-se empregar juízes profissionais, mas alguns cervejeiros caseiros excepcionalmente hábeis

Além de poderem se gabar por aí, as cervejarias sabem que ganhar uma medalha é uma poderosa ferramenta de vendas.

e alguns jornalistas são incluídos. É uma posição cobiçada: há até uma lista de espera e muitos juízes vão sendo alternados.

Competições sancionadas pelo Beer Judge Certification Program e pela American Homebrewers Association: há vários eventos promovidos pela BJCP e pela AHA dentro e fora dos Estados Unidos, em níveis locais, regionais e nacionais; e participar de competições como essas é uma vantagem de fazer parte dos clubes de cervejeiros caseiros. Assim como a GABF, essas competições se baseiam em estilos. As orientações da BJCP (disponíveis em www.bjcp.org) são similares às da GABF, porém dão mais atenção para versões históricas ou "clássicas" desses estilos, sendo menos influenciadas pelas práticas comerciais do momento; além de que são revisadas apenas a cada 5 anos, mais ou menos. Os números (mas não as discussões) para os estilos de cerveja utilizados nesse livro são os da BJCP de 2015, os quais também são utilizados pela organização Cicerone.

A National Homebrew Competition,* promovida pela AHA, é a maior competição desse tipo no mundo. As cervejas inscritas passam por um processo com duas partes: no primeiro estágio, elas são divididas entre vários locais e então avaliadas. As cervejas que passam pela nota de corte são enviadas por seus fabricantes para a segunda etapa, que sempre acontece em junho, ao mesmo tempo que a National Homebrewers Conference.

A avaliação é altamente estruturada, fazendo uso de uma escala de 50 pontos divididos entre aparência, aroma, sabor, corpo e impressões gerais. Não importa se a competição é de grande ou de pequeno porte, escolhe-se um vencedor para cada categoria, e então todos os vencedores da medalha de ouro se enfrentam em uma última rodada para definir o melhor da competição como um todo. Ao contrário da GABF, as cervejas que estão na disputa são abertas uma de cada vez, e a eliminação tem início depois de um período para que os juízes deem suas notas e reflitam. A escolha das melhores cervejas da competição é ainda mais complicada pelo fato de que estão todas em estilos diferentes. Os juízes têm que pesar a força de uma Barley Wine contra a beleza delicada da Witbier.

As competições promovidas pela BJCP/AHA acontecem também em níveis locais, desde competições pequenas com menos de cem concorrentes até o manicômio gigantesco (e eu digo isso com todo carinho) que é a Houston's Dixie Cup. Além disso, há vários circuitos regionais que computam os pontos das competições da temporada inteira, igual à Fórmula 1. É difícil existir um clube que não promova uma competição.

Mondial de la Bière: este festival de cerveja começou em Montreal, mas agora também há eventos em Estrasburgo e no Rio de Janeiro.** Todos têm competições associadas a eles; no entanto, o método de avaliação é meio incomum. Em vez

** Desde 2018 este evento acontece também em São Paulo. (N. E.)

de oferecer um único estilo, cada rodada faz uma mistura de estilos diferentes com peso similar, de forma que os juízes de cada mesa avaliam cervejas diferentes. Segundo os organizadores, isso reduz os preconceitos gerados por discussões. Se você está acostumado a julgar tomando o estilo por base, pode ser meio desconcertante num primeiro momento, mas depois que se acostuma, funciona direitinho. A característica incomum desse sistema é que pedem para você adivinhar qual é o estilo da cerveja e então avaliá-la com base no prazer que ela dá como uma amostra desse estilo. O método é pouco convencional, sem dúvida, mas, na minha experiência, as cervejas boas ainda se saem muito bem nele.

Beverage Testing Institute/World Beer Championships: o Beverage Testing Institute (BTI) de Chicago é exatamente o que diz o nome, um instituto de teste de bebidas. Ele começou como um programa de avaliação de vinhos e se expandiu para cervejas e destilados em 1994. A organização promove painéis avaliadores com frequência e divide as cervejas em estilos. No entanto, esse é um sistema hedônico, o que significa que os juízes são solicitados a avaliar as cervejas em uma escala de 14 pontos de acordo com o quanto gostaram delas. Naturalmente, isso leva a algumas disparidades de estilo para estilo, mas, como o ranking é feito dentro de cada estilo, isso não faz diferença. As premiações do BTI são concedidas de acordo com as notas, que levam às medalhas de bronze, prata e ouro. O instituto já foi criticado por ser generoso demais com suas condecorações, mas esse sistema com base em pontos é o padrão para a maioria das competições de vinho e de culinária.

Há competições internacionais das mais variadas. Muitas, especialmente na América Latina, utilizam o formato da BJCP, às vezes com orientações de estilo adaptadas especialmente para cada uma. Outras competições, como as multinacionais Mondial de la Bière e a Birra del'Anno na Itália, são cheias de idiossincrasias. Se você tiver a oportunidade de atuar como juiz fora de seu país, agarre-a com unhas e dentes. São experiências fantásticas, e geralmente também incluem experiências extracurriculares bem agradáveis.

Painéis de degustação e avaliação de cerveja

As cervejarias precisam de sistemas altamente estruturados para avaliar os produtos, e apesar de ser possível realizar grande parte desse trabalho com equipamentos analíticos sofisticados, os humanos ainda são melhores em vários aspectos da avaliação. As cervejarias podem precisar, por exemplo, de um monitoramento das cervejas produzidas para garantir sua consistência ou para verificar se a mesma cerveja produzida em diferentes fábricas continua com o mesmo sabor. Elas podem precisar de avaliações que busquem melhorias para suas cervejas ou que confiram sua consistência quando os ingredientes, os equipamentos ou as técnicas de brassagem são alterados. E, claro, quando novos produtos são criados, eles também têm que ser provados. Os painéis de degustação costumam ser compostos por profissionais cervejeiros treinados e atestados, mas, quando se trata de novos produtos, é importante usar consumidores regulares também.

Há vários tipos de protocolo. Os mais difíceis são aqueles em que são servidas cervejas que diferem entre si apenas em um aspecto. Um exemplo dessa técnica é o chamado duo-trio, em que primeiro se serve uma amostra de referência e depois pede-se para o participante identificar qual das duas cervejas seguintes é a mesma e qual é a diferente. Já no chamado teste triangular, três cervejas são servidas simultaneamente e o degustador tem que descobrir qual é a diferente. Em um teste pareado, por sua vez, pergunta-se qual entre duas cervejas tem um valor mais alto em algum atributo específico, como o amargor, por exemplo.

Com todas essas abordagens, é necessário realizar um trabalho estatístico para determinar a validade e a confiabilidade dos resultados, já que existe a possibilidade de os degustadores terem escolhido a cerveja correta por pura sorte.

Além das estatísticas, há toda uma série de efeitos psicológicos que precisam ser levados em conta em qualquer avaliação que envolva uma alta quantia em dinheiro. Sabemos bem que a ordem em que as amostras são servidas afeta a maneira como elas são avaliadas – as análises mais sinceras acontecem com as que são servidas no meio do processo. Contrastes fortes entre duas cervejas também têm efeito, razão pela qual as cervejas menos intensas são avaliadas em primeiro lugar. As cervejas que são bastante similares entre si costumam fazer com que os participantes pensem que são mais parecidas do que realmente são. Além disso, cada juiz usa a escala à sua própria maneira: alguns usam mais os extremos e outros preferem se ater aos pontos intermediários da escala. Às vezes, as notas mais altas e as mais baixas de qualquer painel são descartadas para que os dados fiquem mais robustos. E, é claro, nós todos estamos suscetíveis a ser sugestionados, seja por expectativas prévias – como nomes de marca ou embalagens –, seja pelas opiniões de outros degustadores; por isso essas influências devem ser evitadas ou eliminadas tanto quanto possível em contextos mais sérios.

SUGESTÕES PARA TIPOS DE DEGUSTAÇÃO

- **Por estilo:** IPA, Weiss, etc.
- **Por país ou tradição cervejeira.**
- **Artesanal *versus* fabricantes tradicionais de estilos clássicos.**
- **Vertical:** a mesma cerveja feita em anos diferentes.
- **Por ingrediente:** lúpulos, maltes, etc.
- **Por estação:** cervejas de verão, etc.
- **Uma variedade de tipos de levedura:** Lager, Ale, Weiss, Belgian, etc.
- **Comparação de tradições.**
- **Ales e Lagers similares:** Brown Ale e Munich Lager, por exemplo.
- **Com comida:** queijo, chocolate, etc. (para mais detalhes, veja o capítulo 7).

Apresentando uma cerveja para competição ou avaliação

Sempre que uma cerveja tem que ser avaliada de maneira séria, deve-se fazer todo esforço possível para garantir que ela chegue aos lábios do degustador na melhor condição possível e com o mínimo de distrações.

A primeira consideração a ser feita diz respeito à temperatura adequada: isso é infernalmente difícil de controlar, em especial porque o criador do universo escolheu não nos abençoar com um gelo de 10 °C. Como regra geral, é desejável manter uma temperatura de 4 °C para Lagers e entre 10 °C e 13 °C para Ales, servindo-se cervejas mais fortes em temperaturas mais altas que as mais fracas. A abordagem mais comum é tirar as cervejas (já geladas) da geladeira mais ou menos uma hora antes da competição e deixar que esquentem até a temperatura ideal para serem servidas, ou, na verdade, a uma temperatura um pouco mais baixa, já que elas esquentarão alguns graus pelo simples contato com o copo. Esse é um dos cuidados mais especiais tomados por quem está servindo as bebidas durante uma competição. Um termômetro infravermelho é uma ferramenta útil para um organizador de competições ou para o garçom-chefe, pois ele torna possível que se meça a temperatura apenas apontando o termômetro para a cerveja – o que faz muito menos bagunça do que utilizar aqueles termômetros que têm de entrar em contato com o produto para medir.

Os juízes devem estar cientes da temperatura da cerveja. Cervejas geladas demais vão sofrer com a falta de aroma, e algumas vão exibir uma turbidez a frio compreensível. As cervejas que estão obviamente geladas demais podem ser aquecidas com as mãos antes de se conferir os aromas novamente.

A cerveja deve ser servida logo antes da degustação. Derrame a cerveja bem no meio do copo, espere até que a espuma se assente e, se necessário, coloque novamente, mas nunca ultrapasse um terço do copo.

Alguns juízes muito rigorosos gostam de levar consigo uma pequena lanterna ou um laser. Isso pode ajudar a avaliar a turbidez, especialmente em cervejas escuras. Pode-se apontar a luz através do copo, de cima para baixo ou de um lado para o outro. Se você consegue enxergar o feixe é porque ele está sendo refletido pela turbidez. Minha ferramenta favorita para competições, porém, não é nada tecnológica – uma caneta. Ela é útil para escrever os números de inscrição nas cervejas que eu desejo manter na mesa e revisitar posteriormente, assim não tenho de mantê-las na ordem em que vieram para lembrar qual é qual.

Os organizadores devem ser organizados. Os degustadores devem saber o que esperar. Quando há bastante informação, tanto os degustadores como as cervejas conseguirão extrair o melhor dessa experiência.

As cervejas de sabor mais suave – ou seja, as menos lupuladas, com menos álcool – costumam ser avaliadas em primeiro lugar. Uma dúzia de cervejas por rodada é considerado o número máximo adequado, apesar de que às vezes ele é ultrapassado um pouco. Certifique-se de que os degustadores dispõem de intervalos adequados e confortos razoáveis.

Finalmente, é importante entender os limites. Degustações formais podem ser bem cansativas, mesmo se a quantidade de álcool consumida não for assim tão grande. Em sessões de degustação com rodadas de doze a quinze cervejas, é necessário que haja um intervalo entre cada rodada.

Tipos de eventos de degustação

As degustações acontecem em uma gama ampla de formatos, indo desde as festinhas espontâneas até os eventos educacionais cuidadosamente planejados. Elas podem ser pequenas ou grandes, formais ou informais. A lista a seguir está longe de ser completa, mas ao menos fornece uma ideia do que há por aí.

Degustação no estilo recepção: assim como um festival de cerveja, essas degustações em geral ocorrem por diversão, tendo os ensinamentos sobre cerveja como objetivo secundário. Em seu formato mais comum, são oferecidas de dez a quinze cervejas dos estilos mais diversos, ou então alguns exemplos mais restritos de um estilo ou região, ou ainda para ilustrar um ponto específico. As cervejas em garrafas costumam ser colocadas em baldes com um pouco de gelo (mas não muito). Os convidados costumam circular e experimentar as cervejas em seu próprio ritmo. Em grupos pequenos, é possível pedir para que as pessoas se sirvam; já grupos maiores exigem que haja garçons. Pode haver um programa impresso para sugerir a ordem em que se deve experimentar as cervejas ou apontando o que se deve procurar em cada uma. Um folheto com detalhes sobre as cervejas também é muito útil. Também pode haver algum tipo de apresentação falada como introdução.

Em muitos contextos, é importante adequar as cervejas ao público. Se você tem apreciadores de vinho entre os convidados, servir uma Fruit Lambic pode ser uma maneira de seduzi-los para seu lado, ou ao menos fazer com que admitam que nem toda cerveja é amarela e efervescente. Eu adoro ouvi-los dizer "Eu *gosto* disso. Nem parece cerveja!".

Lembre-se: com um público diverso, as pessoas podem ter experiências imensamente diferentes e sensibilidades de gosto muito particulares. Nem todo mundo compartilha de seu entusiasmo por uma Double IPA de 100 IBU, então costuma ser uma boa ideia oferecer algumas cervejas criativas, mas "acessíveis". Não há problema em fazer as pessoas saírem um pouco de suas zonas de conforto; é por isso que elas vieram. Muitas vezes é possível levá-las muito além do que você pensa.

Não tente adivinhar quem vai gostar do quê; minha mãe adorava cervejas escuras, potentes e doces. Apenas tome cuidado com cervejas muito lupuladas. Assim como a pimenta, é preciso se acostumar ao amargor da cerveja, então prossiga com cuidado a não ser que você já tenha um público bem experiente.

Competições informais: apesar de não serem muito comuns, estas podem ser uma maneira divertida de interagir com os fabricantes de cerveja e com os convidados, e os resultados podem ser significativos. A principal característica aqui é que as notas são dadas por todas as pessoas presentes, e não por juízes altamente qualificados sob condições controladas. De certo modo, é uma maneira de avaliar a cerveja mais próxima do mundo real, já que é uma situação mais social em que as pessoas estão curtindo e comentando sobre as bebidas. A Chicago Beer Society promove um evento como esse há quarenta anos. O formato atual é oferecer por volta de uma dúzia de chopes, identificados apenas quanto ao estilo. Os convidados recebem uma ficha com espaço para as notas e um pedaço destacável no qual registram as cervejas que, em sua opinião, deveriam estar em primeiro, em segundo e em terceiro lugar. Depois que os votos são todos recolhidos, as marcas das cervejas são colocadas nas torneiras de chope e o jantar é servido. Esse tipo de degustação pode ser realizado com cervejas em garrafas, mas é difícil de fazer para um público grande porque elas têm de ser servidas longe das vistas dos convidados, o que significa que pode virar uma lambança.

Cerveja e eventos gastronômicos são outra boa maneira de envolver os brewpubs e as cervejarias. A Chicago Beer Society promove todos os anos uma "Convocação aos brewpubs", em que são oferecidas cervejas e comidas que harmonizam entre si. Os convidados elegem a melhor cerveja, a melhor comida e a melhor combinação. É incrível quanta energia as cervejarias e os brewpubs são capazes de investir se houver a possibilidade de levar um troféu para casa. Depois de quinze anos de evento, há uma bela rivalidade entre as cervejarias participantes, todas ávidas para levar o ouro para casa.

Degustações casuais: estes eventos podem acontecer de diversas maneiras. Os exemplos incluem um brunch com Weissbier à vontade; um buffet indiano com um festival de IPAs; um evento de cervejas e queijos com diversas combinações específicas; ou um jantar belga refinado com cervejas de inspiração belga e mexilhões cozidos no vapor, carbonade flamande (ensopado de carne com cerveja) e outros pratos típicos da Bélgica.

Eventos musicais: se você vive perto de um corpo d'água navegável, você pode colocar o evento todo dentro de um barco e promover um cruzeiro de cervejarias. Uma banda de blues e um leitão assado resultam em um cruzeiro cheio de swing. Diversão de primeira!

Degustações em cervejarias: este é um dos formatos mais comuns, já que as cervejarias sabem que a melhor maneira de vender cerveja é fazer com que ela vá parar na boca das pessoas. A composição típica envolve de seis a oito amostras, geralmente apresentadas em uma ordem específica da menos intensa para a mais forte. É uma boa ideia oferecer uma cerveja de boas-vindas que os convidados podem começar a beber assim que chegarem, já que às vezes as pessoas ficam meio impacientes e querem começar logo. Preste atenção ao total de álcool que será servido: para uma degustação prevista para durar duas horas, o ideal é servir mais ou menos uma quantidade equivalente a duas ou três cervejas normais (confira o gráfico na página 144). Certifique-se de que os convidados sabem quais cervejas estão experimentando, no que devem reparar em cada uma delas e como elas se enquadram em um contexto mais amplo do mundo das cervejas. Materiais impressos e fichas de degustação com espaço para anotações são sempre bem-vindos. Dá para se virar com apenas dois copos por convidado, desde que haja um balde de descarte à disposição e água para enxaguá-los. Sirva a primeira rodada e, enquanto são feitos comentários a seu respeito, a segunda já pode ser servida. Quando chegar a terceira, os convidados têm que jogar a cerveja fora – ou então mandar para dentro.

Programas educacionais: estes eventos acontecem geralmente em contextos de palestras ou em cursos. Eles podem tratar de qualquer tópico, mas aqueles que abordam os estilos de cerveja parecem ser os mais populares. Para quem está estudando para os testes da Cicerone ou da BJCP, eles são praticamente obrigatórios. Em geral, o grupo se concentra em uma família de estilos e experimenta alguns exemplos comerciais, talvez com algum comentário oferecido por conhecedores mais experientes ou bastante viajados. Degustações de ingredientes e amostras de cerveja dosadas com padrões de sabores são outros exercícios divertidos e úteis. Amostras de 60 ml a 90 ml, aproximadamente, são servidas em uma ordem específica. Geralmente, é necessário encorajar os convidados a descrever o que experimentaram na frente do resto da classe – ninguém quer errar, mas insista para que tentem. É importante que as pessoas se acostumem a discutir o que percebem. Em geral, elas são melhores nesse exercício do que elas mesmas pensam.

Eventos de Real Ale ("Ale verdadeira"): estes possuem requisitos especiais, sobretudo um lugar com espaço à disposição por bastante tempo, já que as cervejas têm de ser preparadas vários dias antes. Também é necessário certo nível de conhecimento para garantir que as bebidas estejam em condições ideais quando chegar a hora de colocá-las na torneira. É melhor que esses eventos aconteçam quando há garantias de que o tempo vai estar mais frio, para que a

Degustações em cervejarias.
Essas degustações guiadas são a melhor maneira de conhecer uma cervejaria e seus produtos em pouco tempo.

temperatura da cerveja possa ser controlada abrindo-se as janelas ou reduzindo-se a temperatura do termostato. Há sistemas de refrigeração para as Real Ales cujos níveis de complexidade vão de cobertores de gelo a glicol circulante, mas eles são caros e exigem muito trabalho, e deveriam ser evitados a não ser que seja absolutamente necessário. A cerveja é servida pela gravidade, o que significa que não se precisa de nada mais avançado do que a torneira de plástico mais básica; bombas manuais podem ser descartadas, já que não somam nada à cerveja nesta situação.

Degustação vertical: este tipo de evento pode exigir anos de planejamento prévio, mas oferece uma experiência cervejeira sem igual. A ideia é experimentar os lançamentos de vários anos de uma mesma cerveja, o que, por motivos óbvios, só dá certo com cervejas fortes que se prestam à guarda. É incrível como o sabor pode mudar mesmo se a receita permanecer a mesma. As cervejarias e bares às vezes guardam quantidades limitadas de cervejas especiais para esses eventos, mas o mais comum é que grupos de entusiastas se esforcem para reunir o material para uma bela degustação vertical com o que os participantes esconderam em suas adegas particulares.

Reuniões de "compartilhamento de garrafas": estes eventos variam de simples encontros na sala de alguém a reuniões bem maiores. A mãe deles todos é o Three Floyds' Dark Lord Day em Munster, Indiana, nos Estados Unidos, com seu mar de E-Z Ups, cada um com seu próprio conjunto de garrafas raras. O preço da entrada? Algumas de suas garrafas mais queridas. Não seja um acumulador; a cerveja não foi feita para ser guardada para sempre, e ela não vai acompanhar você no além, então trate de tirar essas garrafas de seu esconderijo e compartilhe-as com gente que vai apreciá-las tanto quanto você.

Degustações sociais são algumas das grandes alegrias de ser um amante de cerveja. Adentrar um salão cheio de entusiastas de cerveja para buscar e compartilhar novas descobertas é, para mim, como estar na igreja, mas muito mais divertido.

A maioria dos brewpubs e várias cervejarias regularmente promovem jantares para mestres-cervejeiros, os quais podem ser grandes ocasiões para conhecer os cervejeiros e outros fãs da bebida, e são uma maneira fantástica de conhecer as cervejas de uma cervejaria e o que as torna especiais. Em minha experiência, eles são ainda mais prazerosos quando você está envolvido em sua organização.

Organizando seu próprio evento de degustação

Os eventos mais simples são nada mais que reuniões sociais com um pouco de estrutura em torno da cerveja. Você pode pedir para que as pessoas tragam algo, rachem as despesas ou se revezem na preparação dos eventos. O mais importante aqui é ter foco, e não tentar beber o mundo da cerveja inteiro num gole só. Prepare o público com uma conversa introdutória, uma leitura de um livro respeitado ou oferecendo um conjunto de observações para a degustação que ajudarão todos a obterem o máximo de cada evento. Tente limitar o número de cervejas diferentes a algo em torno de dez, já que pode ser difícil processar mais que isso. Copos bonitos tornam a experiência mais agradável, e em geral pode-se pedir para as pessoas enxaguarem e reutilizarem o mesmo copo (ou dois) a noite inteira.

Eu participei da diretoria da Chicago Beer Society (CBS) por mais ou menos vinte anos e permaneço sendo membro da organização. Ela é composta completamente por voluntários e já explorou vários formatos diferentes de eventos ao longo dos anos, descobrindo o que funciona e o que não funciona. Grande parte da informação que eu compartilho nessa seção vem da minha experiência com essa organização.

É melhor ter comida nos eventos, se possível. É a coisa mais responsável a se fazer, já que isso desacelera o consumo do álcool, torna a ocasião mais social e ressalta a experiência gastronômica da cerveja. Aperitivos simples, mas substanciosos funcionam bem, como queijos artesanais ou uma pilha de salsichas que nós gostamos de chamar de "montão-de-carne", um termo que nosso querido açougueiro húngaro soltou em resposta à nossa encomenda de 500 dólares de aperitivos para um evento da CBS.

Depois de montar o conceito, o passo seguinte é contatar os restaurantes que tenham um salão privado do tamanho certo para acomodar o grupo que você espera receber, e conversar sobre o que você gostaria de fazer (inclusive servir cervejas compradas fora) e quais serão os custos (não se esqueça de incluir os impostos e as gorjetas na conta). Um seguro de responsabilidade também deve ser levado em consideração.

Em seguida, entre em contato com suas cervejarias e distribuidoras locais para tentar obter doações de cerveja, possivelmente em troca de ingressos para o evento.

Você também precisa conferir quais são as leis locais com relação a doações de cerveja. Em muitos estados uma doação direta é ilegal, e nesses casos a cerveja tem que ser comprada. No entanto, os cervejeiros podem estar dispostos a pagar por ingressos para participar do evento ou oferecer uma doação monetária para ajudar com os custos das bebidas. Em geral, faz diferença se o evento está sendo realizado em prol de uma entidade sem fins lucrativos. Eu não posso dar conselhos mais específicos, mas suas cervejarias e distribuidoras locais vão saber o que é permitido.

Promova o evento enlouquecidamente por meio das mídias sociais e da boa e velha panfletagem nos *points* locais de cerveja, e não se esqueça de colocar em seu material promocional o preço, a data-limite para comprar os ingressos e como adquiri-los. Também é necessário lidar com a logística física; o maior desafio será o transporte da cerveja e como servi-la. Alguns clubes possuem uma boa coleção de equipamentos de chope; outros podem precisar emprestar o equipamento de algum restaurante, cervejaria local, distribuidora, ou cervejeiro amador.

Se o seu grupo tem receios de assumir responsabilidades em excesso, considere fazer uma parceria com um grupo de cervejeiros local ou com a associação local de cervejarias artesanais. Essas organizações comerciais às vezes ficam felizes ao encontrar alguém que os ajude a cuidar dos detalhes, e elas podem até dividir os lucros de um evento bem-sucedido em troca da mão de obra organizacional.

Como aproveitar ao máximo os festivais de cerveja

Os festivais exercem um fascínio enorme. Centenas de metros quadrados de cervejas enfileiradas para seu deleite degustativo, e o equivalente a um ano inteiro de *pub crawls** em poucas horas, aglomerando-se com uma massa de fanáticos por cerveja usando colares de pretzels: é o paraíso!

Mas os festivais às vezes são um pouco excessivos, com gente demais, muitas opções e condições desconfortáveis. Uma boa estratégia e um tanto de autocontrole podem operar milagres para tornar o evento mais agradável. Confira as dicas a seguir:

Conheça seus limites – de consumo de álcool, de calor e de sol, de ficar de pé e de lidar com multidões. Esteja ciente de que muitas vezes as cervejarias oferecem suas cervejas mais fortes e malvadas durante esses eventos. Isso é uma maravilha, claro, mas você tem que tratar as cervejas de alto teor alcoólico com respeito.

Escolha os horários em que há menos gente. Esteja lá quando a festa começa ou, se for um festival com vários dias, escolha um dia menos cheio. Saiba quando dizer chega – eu nunca lamento perder aquela última hora de caos. Alguns festivais oferecem "áreas VIP", que custam mais, mas têm muito menos gente. A meu ver, elas valem cada centavo.

* Chama-se de *pub crawl* quando um grupo de pessoas visita diversos pubs em uma mesma noite, bebendo em todos eles. (N. E.)

Faça sua pesquisa. Descubra quem está fabricando as melhores cervejas antes de chegar lá. Os sites BeerAdvocate.com e RateBeer.com não são unanimidades, mas podem ser muito úteis.*

Não tenha medo de jogar cerveja fora. Não faz o menor sentido beber uma cerveja que você não gosta. Ninguém vai ficar magoado.

Tenha um propósito. Concentre-se em um objetivo, como cervejas que você nunca provou antes, um estilo em particular, cervejarias que você desconhece, ou descobrir qual é a Session Beer perfeita. Faça anotações. Discuta.

Converse com os cervejeiros. Alguns festivais têm equipes de cervejeiros alocadas ao lado de seus produtos. Essa é uma excelente oportunidade de descobrir mais a respeito de suas cervejas, como elas são fabricadas, como são concebidas, o que as inspirou, e quem sabe até descobrir alguns segredos das receitas.

Seja voluntário. Muitas vezes os eventos são mais divertidos quando você passa para o outro lado das torneiras de chope. Em geral, você estará trabalhando com outros fanáticos por cerveja ou ao lado de cervejeiros profissionais e terá a oportunidade de pregar o evangelho da boa cerveja para as multidões. Você ganhará um propósito e, de quebra, muitas vezes pode ganhar recompensas, como degustações privadas, festas de encerramento de evento ou brindes (como camisetas).

Confira os eventos "extra". Muitos festivais oferecem jantares, excursões ou outros eventos nos dias que precedem o festival, ou nos dias logo depois. Faça suas reservas com antecedência; esses eventos costumam esgotar rápido. Às vezes eles estão abertos ao público; às vezes estão restritos aos cervejeiros e àqueles envolvidos com o festival – outro motivo excelente para se oferecer como voluntário.

Hidrate-se. Alimente-se. Passe protetor solar. Cuide bem do seu corpo.

Trate de ter uma carona para casa quando isso for necessário. Alguns eventos estabelecem convênios com táxis.

DAS AVALIAÇÕES MAIS FORMAIS à simples alegria de tomar uma cerveja fresca e deliciosa em um *biergärten* ensolarado, a gama de experiências de degustação varia quase tanto quanto as cervejas em si. Depois que a cerveja está no copo, cabe a você decidir qual será sua relação com ela: defensor ou crítico, desconhecido ou melhor amigo. Como qualquer causa digna, a experiência de beber cerveja depende totalmente do que você decide fazer dela. Faça uso de todos os seus sentidos e de sua experiência, e então mergulhe de cabeça. Você vai descobrir que a experiência que se desenrola entre você e sua cerveja será verdadeiramente transformadora.

* No Brasil, um dos sites mais tradicionais em avaliação de cervejas é o brejas.com.br. (N. E.)

CAPÍTULO 6

COMO SERVIR CERVEJA

A cerveja é uma bebida caprichosa. Ela não gosta de ficar quente demais nem gelada demais. Ela detesta o sol. Ela se importa com o tamanho, o formato e a limpeza do copo em que é servida e reage muito bem quando é derramada com jeitinho. Na vasta constelação de cervejas diferentes, todas elas são divas, exigindo o toque certo para oferecer o que têm de melhor.

A cerveja tem um espírito generoso, então, com o mínimo de esforço, você será recompensado com uma experiência rica e memorável. Tudo bem, você pode simplesmente pegar uma cerveja e mandar para dentro – o que não falta são cervejas feitas para isso –, mas a maioria precisa ser tratada com um pouco mais de respeito se você quiser que elas revelem o âmago de seu ser.

UMA CERVEJA LINDA E SABOROSA, adequada ao momento e à ocasião, de idade certa e na condição ideal, com uma espuma cremosa, que dura bastante, cheia de aroma, pode ser um deleite para todos os sentidos. É uma experiência que comove as pessoas desde o surgimento da cerveja, e ainda hoje mantém a mesma intensidade. Ela vale o pequeno esforço necessário para que seja realizada corretamente. Neste capítulo, vou abordar os aspectos do serviço de cerveja, com o objetivo de tornar você, com um pouco de prática, um mestre em servi-la.

Temperatura

Nada tem a capacidade de afetar a cerveja no copo como a temperatura em que ela é servida. O sabor, o aroma, a textura, a carbonatação e até o brilho podem mudar de acordo com a temperatura. Nem sempre é fácil acertar na mosca, especialmente quando um grande número de cervejas será servido, mas é sempre bom fazer um esforço.

Até certo ponto, a temperatura em que se serve uma cerveja é determinada pela tradição, mas há um padrão a ser seguido: cervejas mais fortes devem ser servidas em temperaturas mais altas que as cervejas mais fracas, e as escuras devem ser servidas em temperaturas mais altas que as claras. Cervejas Lager são fermentadas em temperaturas mais baixas que as Ales e por isso também devem ser servidas mais geladas. As cervejas industriais norte-americanas foram desenvolvidas para ser mais gostosas se estiverem estupidamente geladas, mas nem pense em servir uma cerveja especial em temperaturas assim tão baixas.

A faixa ideal para servir cervejas fica entre 3 °C e 13°C, e a temperatura específica depende muito do estilo (veja o box na página 143). Se estiver gelada demais, os aromas não vão escapar da cerveja; e se eles não ganharem os ares, não nos serão muito úteis. Se a bebida estiver quente demais – bem, quem não sabe qual é o gosto de uma cerveja quente? Na prática, isso é algo muito difícil de se fazer perfeitamente. Mas chegue mais perto e você vai ter uma experiência excelente.

CHECKLIST PARA SERVIR UMA CERVEJA DIREITO

- Servir a cerveja na temperatura correta.
- Escolher um copo adequado para a cerveja e para a ocasião.
- Manter os copos limpíssimos e bem enxaguados.
- Verter corretamente a bebida no copo, deixando uma espuma densa e duradoura.
- Servir a quantidade correta para a força da cerveja.
- Estabelecer as expectativas corretas por parte do apreciador.

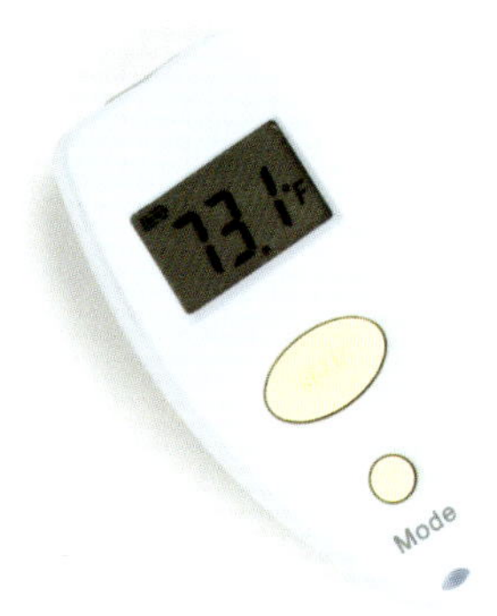

Termômetro infravermelho. Apesar de ser "coisa de nerd", esse tipo de termômetro é capaz de medir a temperatura de uma cerveja sem tocar nela; basta apontar em sua direção.

Em um mundo perfeito, os estabelecimentos comerciais que vendem cervejas especiais deveriam ser capazes de controlar as temperaturas e servir as cervejas na temperatura correta para cada estilo, mas isso raramente acontece. Seria incrível dispor de uma área a 3 °C para as Lagers domésticas e especiais, e outra, quem sabe a 7 °C, para as Ales especiais (talvez um pouquinho mais quentes se seu foco está nas Ales de estilo inglês), mas isso é bem difícil de implementar.

As Real Ales (em casks) exigem seu próprio controle de temperatura, a não ser que você possua seu próprio porão escuro e profundo com uma temperatura constante entre 10 °C e 13 °C. A maioria dos bares nos Estados Unidos que serve Real Ales tipicamente limita a seleção a uma ou duas de cada vez, para que não ocupem espaço demais.

Quantidade

Por causa das quantidades dramaticamente diferentes de álcool nas cervejas de hoje em dia, acertar no tamanho da dose é uma questão importante tanto para os negócios como para sua responsabilidade social. Deve-se sempre tomar cuidado para que as pessoas não passem dos limites, sejam elas clientes, sejam amigos; e em um contexto comercial, servir canecas grandes de Barley Wine, por exemplo, além de ser perigoso também significa desperdiçar a oportunidade de maximizar os lucros – algo importante em todos os negócios. Basta fazer algumas contas, mas o gráfico na página 144 ajuda a simplificar a questão. A indústria emprega uma "dose-padrão" fictícia que corresponde a 43 ml de um licor com 40% de teor alcóolico ou 350 ml de uma bebida com 5% de teor alcoólico, o equivalente a 14 ml (ou 14 gramas), aproximadamente, de etanol puro.* Esse padrão nem sempre é seguido, mas é uma boa orientação mesmo assim.

* No Brasil, segundo o *Levantamento nacional sobre os padrões de consumo de álcool na população brasileira*, publicado pela Secretaria Nacional Antidrogas, "uma dose corresponde, na média, a uma latinha de cerveja ou chope de 350 ml, uma taça de vinho de 90 ml, uma dose de destilado de 30 ml, uma lata ou uma garrafa pequena de qualquer bebida 'ice'. Cada dose contém cerca de 10-12 g de álcool". (N. E.)

TEMPERATURA SUGERIDA PARA SERVIR

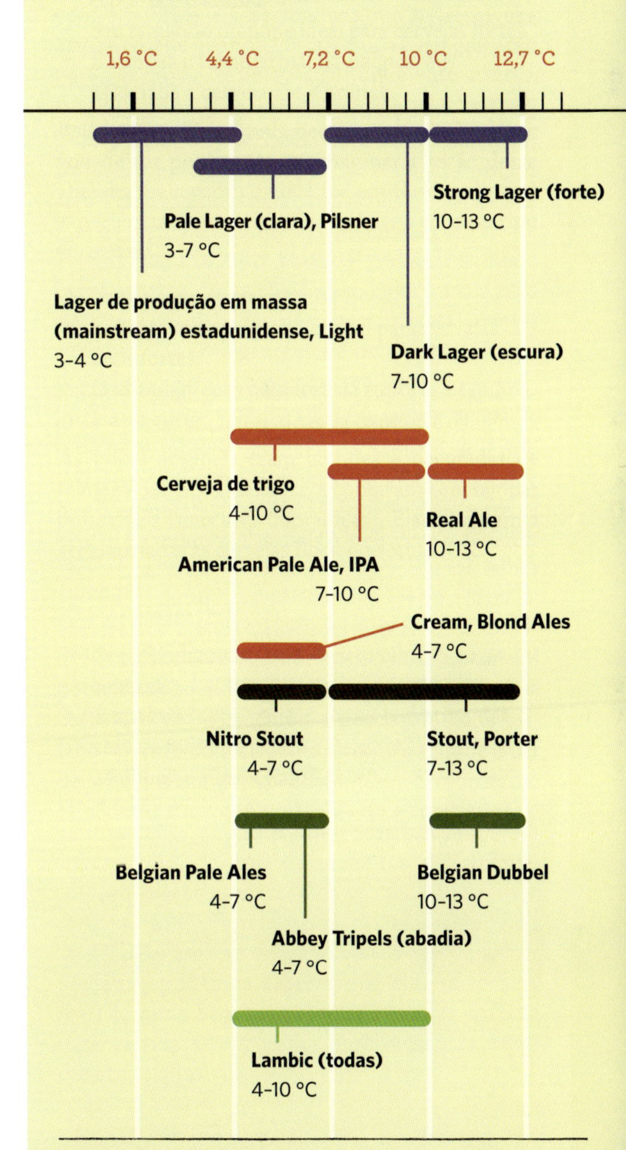

Observação: *essas são as temperaturas no copo. Repare que a maioria das grandes empresas de equipamento para chope recomenda uma temperatura de armazenamento de 3 °C para todos os tipos de cerveja (com exceção das Real Ales), já que temperaturas mais altas podem causar a formação de espuma.*

QUANTIDADE DE ETANOL PURO POR DOSE (EM ML E EM ONÇAS)

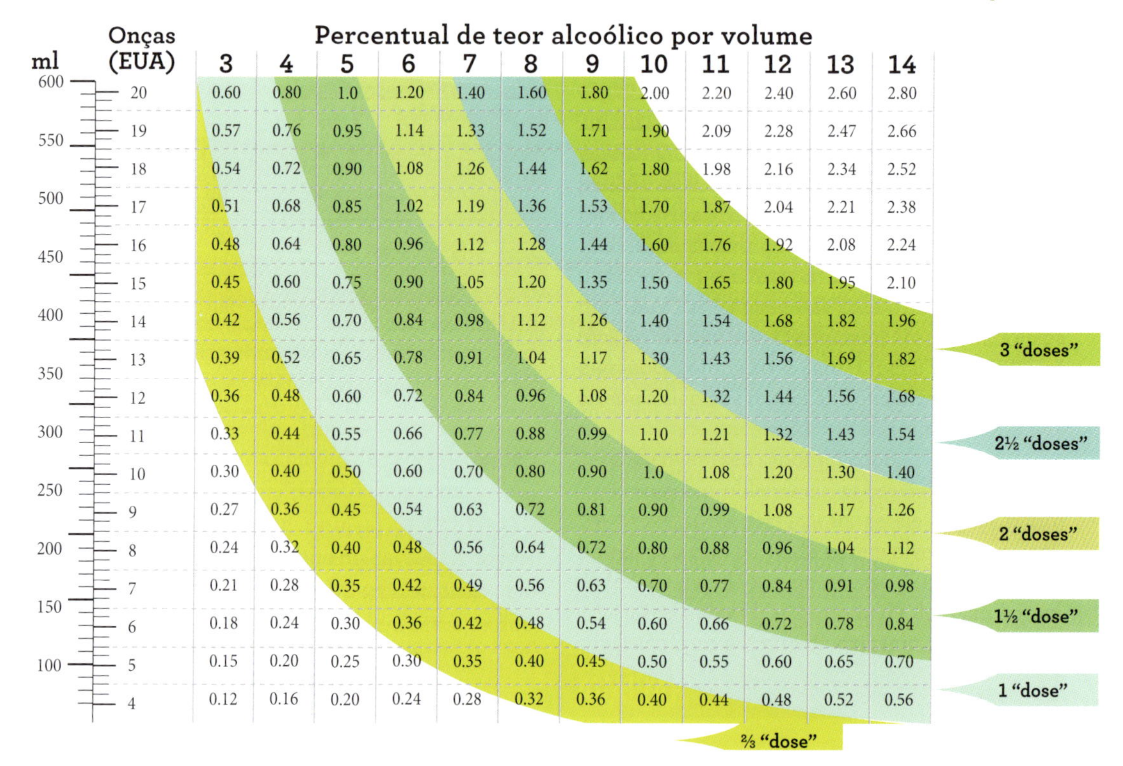

Onças (EUA)	3	4	5	6	7	8	9	10	11	12	13	14
	Percentual de teor alcoólico por volume											
20	0.60	0.80	1.0	1.20	1.40	1.60	1.80	2.00	2.20	2.40	2.60	2.80
19	0.57	0.76	0.95	1.14	1.33	1.52	1.71	1.90	2.09	2.28	2.47	2.66
18	0.54	0.72	0.90	1.08	1.26	1.44	1.62	1.80	1.98	2.16	2.34	2.52
17	0.51	0.68	0.85	1.02	1.19	1.36	1.53	1.70	1.87	2.04	2.21	2.38
16	0.48	0.64	0.80	0.96	1.12	1.28	1.44	1.60	1.76	1.92	2.08	2.24
15	0.45	0.60	0.75	0.90	1.05	1.20	1.35	1.50	1.65	1.80	1.95	2.10
14	0.42	0.56	0.70	0.84	0.98	1.12	1.26	1.40	1.54	1.68	1.82	1.96
13	0.39	0.52	0.65	0.78	0.91	1.04	1.17	1.30	1.43	1.56	1.69	1.82
12	0.36	0.48	0.60	0.72	0.84	0.96	1.08	1.20	1.32	1.44	1.56	1.68
11	0.33	0.44	0.55	0.66	0.77	0.88	0.99	1.10	1.21	1.32	1.43	1.54
10	0.30	0.40	0.50	0.60	0.70	0.80	0.90	1.0	1.08	1.20	1.30	1.40
9	0.27	0.36	0.45	0.54	0.63	0.72	0.81	0.90	0.99	1.08	1.17	1.26
8	0.24	0.32	0.40	0.48	0.56	0.64	0.72	0.80	0.88	0.96	1.04	1.12
7	0.21	0.28	0.35	0.42	0.49	0.56	0.63	0.70	0.77	0.84	0.91	0.98
6	0.18	0.24	0.30	0.36	0.42	0.48	0.54	0.60	0.66	0.72	0.78	0.84
5	0.15	0.20	0.25	0.30	0.35	0.40	0.45	0.50	0.55	0.60	0.65	0.70
4	0.12	0.16	0.20	0.24	0.28	0.32	0.36	0.40	0.44	0.48	0.52	0.56

Esta tabela calcula a quantidade de álcool para uma ampla gama de forças de cerveja e tamanhos de dose.

Envase

Tanto a cerveja em garrafa como o chope (cerveja envasada em barril) existem desde o início de nossa fascinação por esse elixir dourado; e provavelmente os debates sobre os méritos de cada tipo também. A tecnologia mudou, é claro, mas a discussão persiste: qual é melhor? Não há uma resposta simples. Os dois podem ser recipientes maravilhosos para a cerveja e ambos têm seu potencial para criar problemas.

Nos Estados Unidos e na Europa, a maioria dos chopes não é pasteurizada e deve ser mantida sob refrigeração para se obter o máximo de tempo de armazenamento. A maioria das pessoas acha que o sabor e a textura são um pouco melhores que no produto equivalente engarrafado.

CERVEJA ENGARRAFADA

A cerveja engarrafada vem em várias formas (as mais populares são a pasteurizada, a não pasteurizada e a refermentada em garrafa) e você pode não ser capaz de distinguir exatamente como ela foi envasada só de olhar o rótulo. A melhor forma depende muito do tipo de cerveja e de como ela vai ser apreciada. As cervejarias de produção em massa e seus consumidores gostam da estabilidade que a pasteurização traz para as cervejas, enquanto os clientes das artesanais ficam felizes quando têm o sabor mais fresco da cerveja não pasteurizada.

Cervejas refermentadas na garrafa contêm leveduras vivas que ainda estão ativas no dia em que são engarrafadas, e um pouco de fermentação produz a carbonatação, mas às custas de um pequeno acúmulo de leveduras. Na maioria dos

> **"Uma garrafa é boa**
> **quando não é muito nova,**
> **Eu gosto de uma,**
> **mas cortejo duas."**
> **— Anônimo**

estilos de cerveja – com exceção das cervejas de trigo –, a turbidez de leveduras no copo não é algo desejável. Nem todo mundo aprecia essa turbidez e a leve granulação que às vezes vêm com aquele montinho de leveduras no fundo da garrafa. Então é bom servir a cerveja toda de uma vez, se possível, para deixar a levedura na garrafa. Se você estiver servindo porções menores, especialmente de garrafas grandes, costuma ser melhor decantar a cerveja em uma jarra, e a partir daí é possível servir à vontade.

A maior desvantagem das garrafas é sua transparência, mas nem todas são feitas da mesma forma: garrafas âmbar oferecem uma proteção razoavelmente boa contra a luz azul, que provoca o aroma de gambá (lightstruck), enquanto as garrafas transparentes e verdes não oferecem qualquer proteção. Alguns fabricantes que utilizam garrafas transparentes usam extratos de lúpulo especiais que já foram processados para impedir sua transformação nesse aroma de gambá causado pela luz.

A estabilidade de qualquer cerveja envasada é resultado de uma série de fatores. Primeiro vem o processo de brassagem e a receita, já que há alguns componentes, chamados redutonas, que podem estar envolvidos com a oxidação; além de que diversos ingredientes e detalhes do processo podem afetar sua propensão a degradar. Maltes caramelo de cores médias, em particular, podem contribuir desproporcionalmente para a degradação, mas essa é uma parte incrivelmente complexa da ciência da fabricação da cerveja. A quantidade de oxigênio que é adicionada durante o envase também é importante – o objetivo é que ela seja zero, mas isso não é factível. Geralmente, quanto maior e mais sofisticado é o equipamento de envase, menor é a quantidade de oxigênio. As exceções são as cervejas refermentadas na garrafa: a levedura é uma devoradora voraz de oxigênio, o que produz um efeito protetor. Os cervejeiros que envasam cervejas artesanais às vezes deixam uma pequena quantidade de levedura durante o envase, que serve para o mesmo fim.

Mesmo as tampas das garrafas têm seu efeito. O material do filme que recobre as tampinhas por muitos anos foi o PVC, mas ele era relativamente permeável ao oxigênio e despertava algumas preocupações quanto a substâncias químicas nocivas que poderiam impregnar a cerveja. Por essas razões,

FORMAS DE PRODUÇÃO DA CERVEJA EM GARRAFA

Pasteurização depois do envase: esse é o tipo mais comum de cerveja em garrafa. Muitos pensam que a pasteurização atenua o sabor da cerveja, mas esse é um efeito bem sutil.

Flash-pasteurização, seguida de envase asséptico: os profissionais consideram que essa forma mais breve, mas mais quente, de pasteurização é mais gentil com a cerveja.

Microfiltração (a frio) seguida de envase asséptico: em teoria isso oferece um sabor "de chope" para um produto engarrafado; a cerveja não é pasteurizada.

Refermentação na garrafa: a levedura viva e alguns açúcares são lacrados dentro da garrafa, que então é deixada para fermentar. A levedura produz dióxido de carbono, o que torna a cerveja carbonatada. A levedura consome o oxigênio e oferece outros efeitos protetores. Considerada uma "Real Ale".

o PVC deixou de ser usado. As poucas cervejarias artesanais que o utilizavam também estão abandonando as tampas de rosca (twist-off) em favor das que precisam de abridor (pry-off), as quais vedam melhor e permitem menor penetração de oxigênio na garrafa. Cada vez mais, as cervejarias artesanais estão optando por tampas que barram a entrada de oxigênio ou que o eliminam.

CERVEJA EM LATA

Envasar em latas é praticamente igual a engarrafar. Já houve um tempo em que as latas só eram usadas nas cervejas de produção em massa, mas agora elas já penetraram nas principais cervejarias artesanais, desde que, em 2002, a cervejaria Oskar Blues, do Colorado, começou a utilizá-las. Assim como os clientes das grandes marcas, os clientes das artesanais apreciam os benefícios do peso menor das cervejas em lata, assim como da impossibilidade de quebrar, do resfriamento veloz e da consideração com a ecologia. No momento, esse é um segmento em plena expansão na categoria artesanal. Há quem questione a segurança de uma substância química chamada bisfenol A (BPA), que é utilizada no filme plástico que recobre o interior das latas, mas a ciência ainda não está bem certa disso. Existe uma busca por materiais alternativos, mas isso não deve dar resultado tão cedo.

Cerveja artesanal em lata.
Normalmente associada às Lagers de produção em massa, o envase em latas tornou-se um fenômeno enorme entre as cervejarias artesanais e está crescendo rapidamente.

GROWLERS: CHOPE PARA VIAGEM

"Growler" é um termo antigo para designar o recipiente usado para trazer chope do bar para casa. As pessoas costumavam mandar seus filhos para o bar com uma moeda no bolso e, na mão, um growler vazio (tipicamente uma garrafa feita de metal com uma tampa) – algo inimaginável para os dias de hoje, por várias razões.

Os growlers modernos geralmente são jarros de vidro de meio galão (mais ou menos 2 litros), apesar de outros tamanhos e formatos serem cada vez mais comuns, inclusive os chamados "howlers", de ¼ de galão (1 litro, aproximadamente). Há alguns growlers sofisticados de metal que contam com isolamento a vácuo e até mesmo a capacidade de ficar pressurizados e se transformarem em pequenos barris. Latas de 1 litro, chamadas de crowlers, também são empregadas às vezes.

Os growlers muitas vezes são enchidos com descuido pelos bartenders, que colocam um pedaço de mangueira na ponta da torneira de chope e assim enchem o recipiente. Isso desperdiça uma boa quantidade de cerveja, acaba com a carbonatação e introduz oxigênio e micróbios indesejados na bebida. Como resultado, a validade do produto torna-se extremamente curta, de provavelmente poucos dias. Alguns aparelhos de pressão negativa dedicados a encher os growlers eliminam quase todos esses problemas. Eles podem ser caros, mas estão se tornando populares em bares de chope, brewpubs e revendedores externos que vendem growlers, já que sabem que seus clientes vão obter um produto melhor. Nesses casos, estima-se uma validade de pouco mais de um mês.

Nos Estados Unidos, as leis estaduais e locais diferem muito quanto à permissão para se vender growlers e sob quais condições. Em geral, eles devem ser rotulados de acordo com as regras do Tobacco Tax and Trade Bureau,* apesar de a lei não ser muito clara em alguns lugares. Geralmente eles também precisam ser fechados com algum tipo de selo que, quando intacto, demonstra que o recipiente não foi aberto – algo importante quando você vai levar um desses para casa no carro.

* "Departamento de Venda e Taxação sobre Álcool e Tabaco", órgão dos Estados Unidos que regulamenta e cobra impostos sobre o comércio e as importações de álcool, tabaco e armas de fogo. (N. E.)

Chope

O chope já foi um dia a opção preferida da imensa maioria dos apreciadores de cerveja. A cerveja engarrafada era rara até o fim do século XIX, e o chope foi dominante até logo depois da Lei Seca nos Estados Unidos, quando a cerveja começou a ser consumida em casa com maior frequência. Os fãs de chope adoram seu frescor e o fato de ser mais sustentável, o que fez sua popularidade crescer.

Um equipamento de chope em sua forma mais básica é algo bastante simples. A cerveja, pressurizada pela carbonatação que recebeu na cervejaria, está contida em um barril de aço inoxidável (keg) com uma válvula extratora, que permite a entrada de gases e deixa que a cerveja saia. Um cilindro de dióxido de carbono liquefeito com um regulador de pressão embutido é conectado ao barril por meio de uma ligação especial, a qual permite que o gás entre enquanto a cerveja sai pelas torneiras.

Sistemas com várias torneiras e longas mangueiras necessitam de linhas resfriadas por glicol e pressão de gases mistos, o que torna o sistema bem mais custoso e complexo. Parece que um bar no centro de Chicago gastou 1 milhão de dólares em um sistema de 360 torneiras e 114 cervejas. No entanto, não importa se o sistema é caro ou não, os princípios fundamentais são absolutamente os mesmos.

O sistema pode ser simples, mas ainda assim o inimigo ronda esse espaço tenebroso debaixo do balcão. Em outras palavras, a coisa pode "desandar" de várias maneiras: o mais comum é que a cerveja fique choca, que espume demais ou fique intragável. É preciso muito ajuste para equilibrar o sistema, de forma que a cerveja fique bem carbonatada, mas não crie espuma em excesso. Quando tudo fica na medida, é preciso manter um olho atento para assegurar o funcionamento adequado e seguir um cronograma de limpeza rigoroso a fim de evitar que os micróbios persistentes contaminem o sistema.

DIFERENTES MANEIRAS DE SERVIR CERVEJA

Um bom bartender faz parecer que servir a cerveja perfeitamente é algo fácil, mas isso requer muita prática, e seu sistema de chope tem que estar configurado da forma adequada.

Estados Unidos/Internacional

Um colarinho de 2,5 cm é considerado ideal, mas muitos clientes preferem ter mais cerveja e menos espuma. Ainda assim, pelo menos 1 cm de espuma espessa e cremosa vai deixar o copo mais bonito.

Equipamento: torneiras-padrão, exclusivamente com gás CO_2.

Técnica: derrame na lateral do copo até chegar à metade ou um pouco acima, então deixe o copo reto para produzir espuma, baixando-o se necessário para criar um jato de maior impacto e produzir mais bolhas.

Euro Pils

Os copos de toda a Europa já são calibrados, em geral com uma linha que marca um volume específico. Qualquer espuma por cima vem de brinde. A cerveja costuma ser servida com bastante espuma, então descansa para que a espuma se reduza e depois é completada uma ou mais vezes. Esse processo libera um pouco de gás e cria uma espuma densa e cremosa.

Equipamento: torneiras Euro Pils com restrição variável, exclusivamente com gás CO_2; pressão bastante alta para criar espuma.

Técnica: quando se enche pela primeira vez, metade do copo deve ser espuma. Deixe a espuma baixar, encha novamente com um jato espumante, espere, e então finalize enchendo até o topo, preenchendo até a linha de medida e completando o resto do copo com espuma branca e densa.

Chope brasileiro

Essa maneira de servir com a parte de cima cremosa é reservada exclusivamente para as "Pils" leves, características da produção em massa brasileira, em geral servidas em copos de Pilsner pequenos (mais ou menos 266 ml) e estupidamente geladas, em temperaturas que chegam a ser abaixo de 0 °C.

Equipamento: um tipo especial de torneira de chope chamada de "italiana". Em geral, a cerveja de barril em temperatura ambiente é resfriada em tubulações refrigeradas.

Técnica: derrame a cerveja em um copo Pilsner gelado até chegar a 4 cm da borda, então empurre a torneira para trás para completar o copo com uma boa quantidade de espuma densa, que se eleva acima da borda.

Nitro

Essa é a maneira familiar de se servir a Guinness, criada para reproduzir a textura cremosa e suave da Cask Ale. Ela requer uma torneira especial e um gás misto de nitrogênio e CO_2, e a cerveja deve ser preparada de

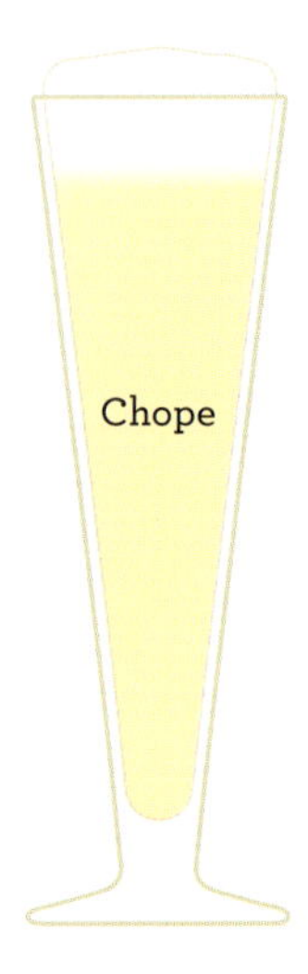

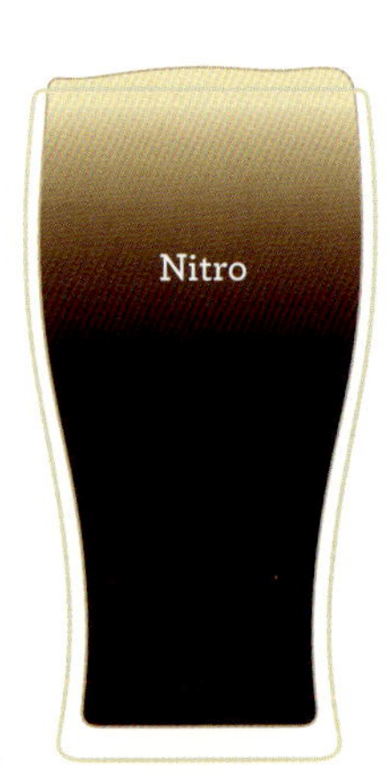

maneira especial na cervejaria. Essa técnica requer em torno de metade da carbonatação normal, tipicamente de 1,0 a 1,4 volume - mais do que isso a bebida se transforma em um desastre espumante. Ela, então, é colocada sob pressão com uma mistura, às vezes chamada de G-Mix, de 25% CO_2 e 75% nitrogênio. Como o nitrogênio não se dissolve muito bem na cerveja, quando ela sai pela torneira o gás sai da solução e traz consigo um pouco de CO_2. Isso provoca uma cascata linda de pequenas bolhas e uma espuma cremosa que caracteriza essa maneira de servir.

Equipamento: torneira nitro e *mix* de gases.

Técnica: basta colocar o copo debaixo da torneira nitro e abri-la. Alguns bartenders são famosos por criarem trevos ou outras imagens com a espuma.

Real Ale

Isto é bem mais do que apenas outra maneira de servir: a Real Ale é um método antigo e valorizado de servir cerveja que no passado chegou à beira da extinção. Ele é definido por uma cerveja que não foi filtrada nem pasteurizada, carbonatada no recipiente em que será vendida. Essa definição também inclui garrafas, mas a Real Ale em casks chega ao porão do pub ainda viva e deve ser manuseada pela equipe com cuidado para que chegue até o cliente nas melhores condições. Confira as páginas 161-168 para saber mais sobre a Real Ale.

Equipamento: bombas manuais, se a cerveja estiver no porão; do contrário, é preferível colocar uma simples torneira no barril e permitir que a gravidade faça o serviço.

Técnica: a quantidade de espuma é basicamente uma questão de preferências pessoais e regionais; no norte da Inglaterra, prefere-se uma cobertura de 1,5 cm a 2 cm de espuma densa e cremosa, enquanto no sul deve-se servir o mínimo possível de colarinho.

Belga

Como essas cervejas variam bastante, cada uma delas adota uma maneira diferente de ser servida e deveria ser colocada em seu próprio copo, se possível. Por causa das cervejas em garrafa altamente carbonatadas, é necessário usar copos com muito espaço extra para dar conta da grande quantidade de espuma.

Equipamento: torneira normal ou garrafas; é bom ter água para enxaguar.

Técnica: enxague o copo antes com água gelada para reduzir a espuma ao mínimo. Com garrafas, derrame a cerveja inteira de uma vez, deixando a levedura do fundo na garrafa.

Hefeweizen

O copo alto em forma de vaso é clássico. A maneira teatral de servi-la é detalhada na página 117; a levedura remanescente costuma ser adicionada para intensificar a turbidez.

FUNDAMENTOS DOS SISTEMAS DE CHOPE

Há bioquímica de sobra no mundo das cervejas, mas agora nós vamos tratar de algo bem mais básico: a física, que descreve o comportamento dos gases quando afetados por pressão e temperatura e sua habilidade de se dissolver em líquidos.

A LEI DE BOYLE é o cerne do sistema de chope: trata-se de uma equação criada por Robert Boyle, um cientista do século XVII, que descreve as relações entre a pressão de um gás e sua temperatura. Como você aprendeu na escola, um gás é apenas um estado de matéria em que as moléculas estão vibrando com tanta energia que não conseguem ficar juntinhas como em sólidos ou líquidos. (Pegue uma chaleira cheia d'água, aplique calor e você vai produzir um gás chamado vapor d'água.)

No caso da cerveja, estamos lidando principalmente com o dióxido de carbono, que tem uma temperatura de ebulição baixa (-78,5 °C), o que faz com que ele permaneça no estado gasoso em temperatura ambiente. Quando comprimido sob centenas de quilos de pressão dentro de um cilindro pesado de metal, ele se torna líquido, e esse é o principal veículo de nossos sistemas de chope: um tanque de CO_2 líquido. Alguns sistemas de chope especializados, como o nitro, também empregam o gás nitrogênio, geralmente numa composição mista. O nitrogênio tem um ponto de ebulição ainda mais baixo e também é menos solúvel na cerveja que o CO_2, apresentando comportamentos distintos.

Quando a cerveja sai da cervejaria, ela já está carbonatada e carrega consigo uma quantidade específica de CO_2. Há vários termos utilizados para medir essa quantia: nos Estados Unidos, a palavra "volume" é usada para descrever uma quantidade de gás (na pressão ambiente e à temperatura de 0 °C) equivalente ao volume da cerveja. Os volumes na cerveja costumam ficar na faixa de 2,2 a 2,6, com alguns estilos que ultrapassam o valor 3, como as Belgian Abbey Ales e as Bavarian Hefeweizens. A champanhe fica em torno de 5 a 6 volumes. No outro extremo, as British Cask Ales ficam entre 1,1 e 1,8 volume. A unidade de carbonatação no padrão europeu é gramas por litro, um número que é aproximadamente o dobro do valor de volumes.

O dióxido de carbono é altamente solúvel em água, razão pela qual ele não sai todo de uma vez quando você abre a tampa daquela IPA. Mesmo depois que se libera a pressão, a maior parte do gás fica onde está, ajudando a criar as bolhas e a espuma – para nossa alegria – e deixando nossos goles de cerveja mais vivos e vibrantes.

Entretanto, os medidores de gás são calibrados em pressão, não em volume. Para reconciliar essas duas medidas, você precisa levar em conta a temperatura: para qualquer volume de CO_2, sua pressão vai aumentar conforme aumenta a temperatura. A fórmula matemática é bastante complexa, então a maioria das pessoas utiliza o gráfico na página 152, que fornece a pressão para qualquer combinação de temperatura e volume de CO_2.

O EQUILÍBRIO é um princípio operacional importante em um sistema de chope. A cerveja está sob pressão dentro do barril; e essa pressão é uma combinação entre a quantidade de gás aplicada pela cervejaria e a temperatura da cerveja. Idealmente, a pressão deve ser igual à resistência criada por várias restrições dentro do sistema; se não houver restrições o suficiente, a cerveja espirra em um jato de espuma. Quando equilibrada pela restrição correta, a cerveja sai como se fosse levada delicadamente do barril até o copo, cheia de carbonatação e com uma quantidade controlada de espuma para satisfazer nosso senso estético.

O comprimento e o diâmetro da tubulação e a distância vertical entre o barril e o copo criam quantidades específicas de restrição, expressas em libras por polegada quadrada (pounds per square inch ou psi), como pode-se ver na tabela da página 155. Para percursos menores, é só calcular a restrição gerada pela distância vertical que a cerveja tem que percorrer e daí acrescentar o comprimento e o diâmetro da tubulação necessários para que o sistema entre em equilíbrio. Para percursos maiores, não há como evitar quantidades maiores de restrição, mesmo quando se utiliza tubulações de diâmetro maior, então a pressão de saída no barril precisa ser aumentada para se equiparar à restrição e fazer sair a cerveja, o que por sua vez exige uma mistura de gases em diversas proporções para gerar a pressão necessária sem injetar CO_2 em excesso na cerveja.

UM SISTEMA DE CHOPE BEM BÁSICO

O chamado kegerator (espécie de refrigerador com torneira de chope) é um dispositivo completo para resfriar e servir a cerveja. Ele realmente é uma miniatura de sistemas maiores e mais complexos.

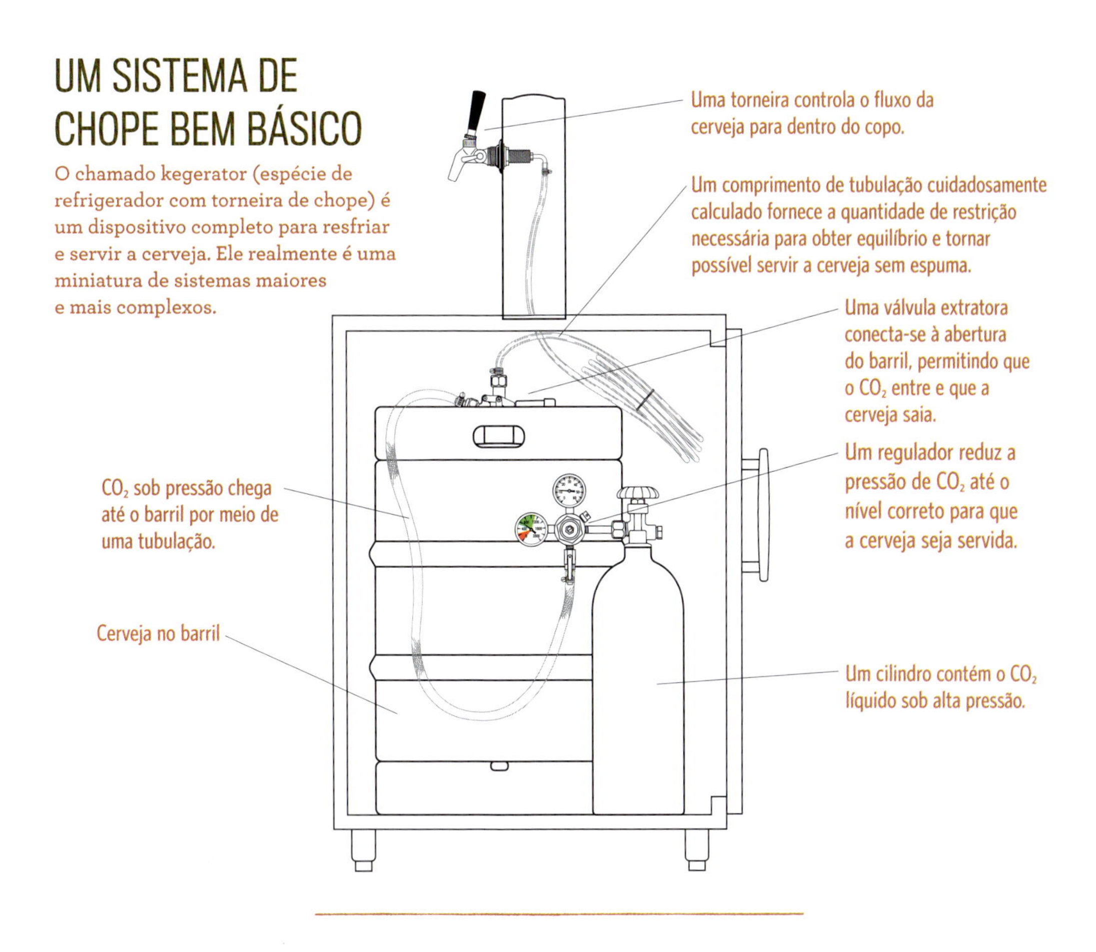

Vamos pegar um exemplo simples: uma Pale Ale está carbonatada a 2,2 volumes e está sendo servida a uma temperatura de 7 °C. Se conferirmos o gráfico de volumes/pressão/temperatura na página 152, vamos descobrir que esses dois parâmetros deixarão o recipiente pressurizado a 11 psi (0,76 bar).* Para alcançar as condições ideais de servir cerveja, é necessário equilibrar o sistema com uma quantidade igual de restrição. Se a cerveja está sendo servida do porão com uma diferença vertical de 14 pés** (4,3 metros) entre a bebida e a torneira, a força da gravidade atua com 0,5 psi por pé, o que cria uma restrição de 7 psi. Ainda faltam 4 psi de restrição adicional para criar um sistema equilibrado, então temos de obtê-los com a tubulação. Deixando um pouco de folga, vamos precisar de aproximadamente 17 pés (5,2 metros) de tubulação para levar do barril até a torneira, o que significa que precisamos de 0,3 psi/pé a fim de alcançar a quantidade certa de restrição total. Tubulações de aço inoxidável com diâmetro de 5/16 polegadas (7,9 milímetros) nos fornecem exatamente a quantidade certa (veja o quadro na página 155), mas, como esse aço inoxidável é bastante raro nas instalações de chope, vamos supor que usaremos vinil com diâmetro de 3/8 polegadas (9,5 milímetros) a 0,2 psi/pé, o que causa uma restrição de 3,4 psi para aqueles 5,2 metros. Isso faz com que ainda falte 1,6 psi, então, para obter a

* No Brasil, é mais comum utilizar bar e kgf/cm² como medida. Vale lembrar que 1 psi = 0,07 bar ou 0,07 kgf/cm². (N. E.)

** As medidas norte-americanas de pés e polegadas equivalem, aproximadamente, a 0,3 metro e 25,4 milímetros. (N. E.)

restrição total necessária, nós precisaríamos prolongar a tubulação em mais 8 pés (2,4 metros), resultando em 22 pés (6,7 metros) no total, ou adicionar uma tubulação mais estreita – uma de 2 pés (0,6 metro) com diâmetro de ¼ de polegada (6,3 milímetros) daria conta do recado.

As tubulações longas das chopeiras a gelo também criam bastante restrição, então elas também precisam de pressões maiores para servir. Se você estiver usando CO_2 puro em vez de uma mistura de gases nessa situação, sempre reduza a pressão do barril até sua pressão original; se você deixar de um dia para o outro com alta pressão, a cerveja vai ficar com excesso de carbonatação.

Algumas torneiras de chope contam com uma pequena alavanca na lateral que controla levemente a vazão. Ela pode ser utilizada para corrigir o fluxo, mas não espere que ela conserte um sistema muito desregulado.

AS SERPENTINAS PARA CHOPEIRAS A GELO vêm em comprimentos que variam de 15,2 a 36,6 metros, e possuem diversos diâmetros diferentes. Versões mais longas geralmente usam tubulações de diâmetro maior, mas podem contar com um trecho menor contendo tubulações de menor diâmetro para aumentar a restrição. A restrição varia de 6,8 a 16,3 quilos, mas confira

PRESSÃO E TEMPERATURA EM RELAÇÃO A VOLUMES DE CO_2

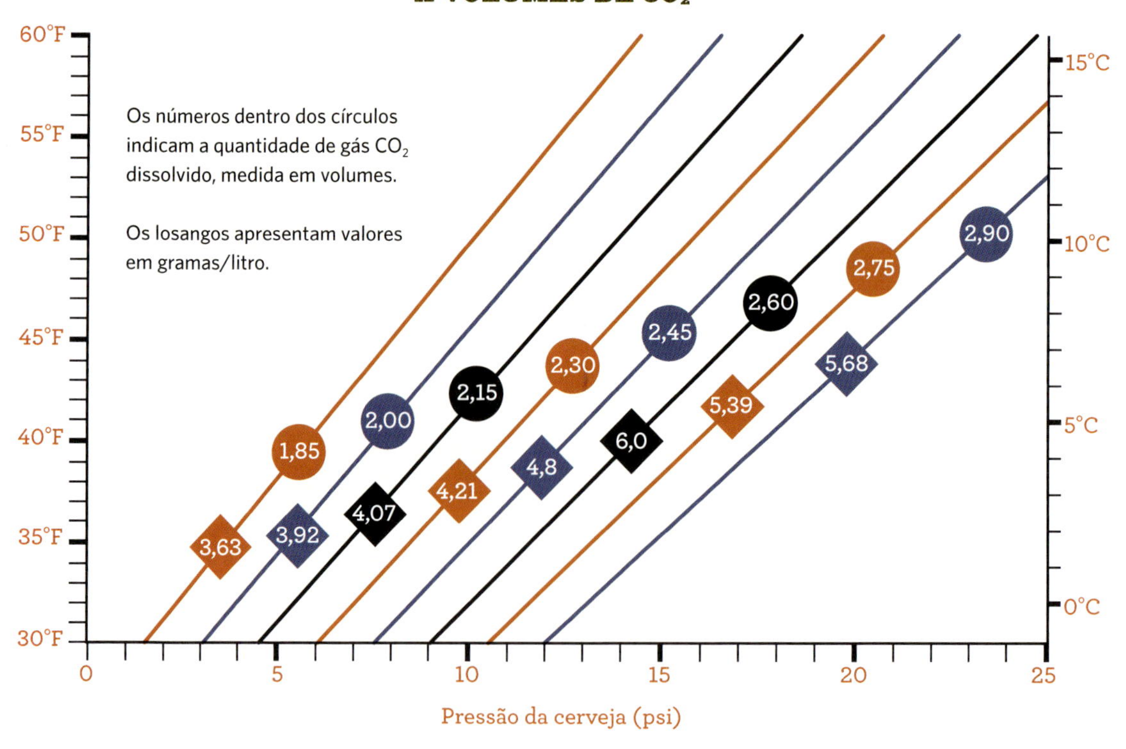

Como qualquer pessoa que já abriu uma cerveja quente bem sabe, a pressão da carbonatação da cerveja aumenta com a temperatura. Os cervejeiros dos Estados Unidos usam o "volume" de CO_2 para expressar a quantidade absoluta de gás dissolvido na cerveja. As linhas diagonais exibem os volumes e as gramas/litro em qualquer pressão e temperatura.

Tanques de serviço de brewpubs. Dá a impressão de ser algo muito complicado, mas o sistema de serviço de um brewpub não passa de um kegerator com barris muito, muito, muito grandes.

com seu fabricante qual é a quantidade específica para o seu modelo. Por causa da restrição bastante elevada, as cervejas servidas em chopeiras a gelo geralmente precisam ser servidas em pressões de 20 psi a 30 psi (1,5 a 2 bars) e podem exigir alguns ajustes para funcionar direito. Se você chegar ao fim do evento e quiser usar a cerveja que restou no barril em outro dia, não se esqueça de retornar o barril à pressão original para evitar que a cerveja fique carbonatada em excesso.

TIPOS DE SISTEMA DE CHOPE

Câmara fria básica com retirada direta: este é um sistema comum e simples para bares e restaurantes menores. A cerveja é mantida refrigerada e sob pressão, enquanto as tubulações geralmente percorrem uma distância curta por trás do balcão ou diretamente até a torneira de um kegerator. A não ser que elas sejam muito curtas, tubulações não refrigeradas podem provocar a formação de espuma e não costumam ser recomendadas.

Longa distância com tubulações refrigeradas: quando o ponto em que a cerveja é servida fica muito distante dos barris, as tubulações podem conter uma quantidade razoável de cerveja. Isso faz com que seja necessário resfriar as tubulações para evitar que a bebida esquente e ocorra a formação excessiva de espuma. Em geral, as tubulações de cerveja correm paralelamente a uma de refrigeração contida em um feixe insulado, ou através de um túnel refrigerado. Grandes distâncias geram bastante restrição, o que significa que é necessário aplicar mais pressão. Isso exige que se utilize uma mistura de gases nitrogênio e CO_2 para evitar o excesso de carbonatação que ocorreria com a utilização de CO_2 puro.

Longa distância com auxílio de bomba: quando o percurso é muito longo ou quando há uma distância vertical considerável a ser superada, as altas pressões exigidas começam a se tornar um problema, então pode-se adicionar bombas ao sistema para empurrar a cerveja. Elas só costumam ser utilizadas em grandes instalações, como em estádios.

Longa distância com ar comprimido: alguns sistemas de alto volume usam ar comprimido para gerar a pressão necessária para servir a cerveja. Esse método em geral não é recomendado, mas em alguns estabelecimentos em que se vende quantidades enormes de cerveja com muita rapidez não há tempo para que o oxigênio afete a cerveja, então existe a possibilidade de usar ar comprimido nessas situações.

Sistema de câmara fria com tanques de serviço em brewpubs: pequenas cervejarias que servem a própria cerveja não precisam colocar sua produção em barris. A cerveja é servida diretamente dos tanques encamisados e com temperatura controlada, ou de tanques não encamisados que ficam na adega em câmaras frias. Tirando o fato de que os tamanhos são bem maiores, todas as outras partes do sistema são bem similares às que foram mencionadas anteriormente, com a exceção de que o CO_2 costuma ser levado por tubulações do tanque criogênico que atende à cervejaria como um todo. Como os grandes tanques não conseguem ser pressurizados aos níveis dos barris, é comum utilizar bombas para ajudar no transporte da cerveja.

Barris à temperatura ambiente com chopeira elétrica: em boa parte do mundo, a refrigeração é muito cara, o que torna as câmaras frias para armazenamento de cerveja bastante incomuns; então, em climas mais quentes,

FICHA DE SISTEMA DE CHOPE

Esta ficha pode ser utilizada para calcular a quantidade total de restrição e de pressão necessárias para servir cerveja com perfeição.

1) Descubra qual é a pressão

Temperatura da cerveja: ________________ Volumes de CO_2: ________________

(Maioria das cervejas: entre 2,2 e 2,6 volumes; Belgian Ales e Hefeweizens: entre 3 e 3,8 volumes)

Pressão do barril = ________________ psi = restrição necessária

2) Lista de restrições adicionadas

Torneira: ______________________ = ________________ psi ou _________ bar

Altura: libras/pés* _______ × _______ pés = _______ psi ou bar/metros ________ × metros = ________ bar

Outro 1: __________________ lbs = _______ psi ou @bar _______ = _______ bar

Outro 2: __________________ lbs = _______ psi ou @bar _______ = _______ bar

Outro 3: __________________ lbs = _______ psi ou @bar _______ = _______ bar

Outro 4: __________________ lbs = _______ psi ou @bar _______ = _______ bar

Subtotal: _______ psi ou Subtotal: _______ bar

Mangueira: libras/pés ______ × ______ pés = ______ psi ou bar/metros ______ × ______ metros = ______ bar

Total: _______ psi or Total: _______ bar

3a) Se a restrição do comprimento de mangueira necessário for menor que a pressão da cerveja no barril, aumente o comprimento ou reduza o diâmetro a fim de criar a restrição adicional necessária para alcançar a pressão da cerveja.

3b) Se a restrição do comprimento de mangueira necessário for maior que a pressão da cerveja, tente aumentar o diâmetro ou confira suas contas. Se a restrição ainda for maior que a pressão da cerveja, deve-se aplicar uma pressão maior para equilibrar o sistema, mas utilizar CO_2 puro pode levar à carbonatação em excesso. Nesses casos costuma-se usar uma mistura de gases.

* A libra equivale a 0,453 quilo. (N. E.)

ORIGENS E QUANTIDADES DE RESTRIÇÃO EM SISTEMAS DE CHOPE

TUBULAÇÃO

MM	DE/DI*	MATERIAL	RESTRIÇÃO
4,8 mm	DI	Vinil	0,67 bar/m
6,4 mm	DI	Vinil	0,19 bar/m
6,4 mm	DE	Aço inoxidável	0,27 bar/m
6,4 mm	DI	Barreira	0,067 bar/m
7,9 mm	DI	Vinil	0,089 bar/m
7,9 mm	DI	Barreira	0,022 bar/m
7,9 mm	DE	Aço inoxidável	0,067 bar/m
9,5 mm	DI	Vinil	0,044 bar/m
9,5 mm	DI	Barreira	0,013 bar/m
9,5 mm	DE	Aço inoxidável	0,027 bar/m
12,7 mm	DI	Vinil	0,006 bar/m

** Diâmetro externo e diâmetro interno.*

CHAPA FRIA

12 pés/3,7 metros de tubulação de 3/16 polegadas/4,8 mm: 3,6 lbs/0,24 bar

18 pés/5,5 metros de tubulação de 3/16 polegadas/4,8 mm: 5,4 lbs/0,37 bar

SERPENTINA DE RESFRIAMENTO

50 pés/15,2 metros de tubulação de ¼ polegada/6,4 mm: 15 lbs/1,02 bar

70 pés/21,3 metros de tubulação de ¼ polegada/6,4 mm: 21 lbs/1,43 bar

100 pés/30,5 m de tubulação de 5/16 polegadas/7,9 mm: 12 lbs/0,82 bar

(Repare que algumas serpentinas de resfriamento usam dois diâmetros de tubulação diferentes para controlar a restrição. Confira quais são as especificações de seu fabricante.)

Torneira: desprezível.

Altura do meio do barril até a torneira, por pé: 0,43 psi/0,15 bar.

Altura do meio do barril até a torneira, por metro: 1,64 psi/0,11 bar.

Misturador de plástico[1] por cada 6 polegadas/15,2 centímetros: 6 psi/0,41 bar (aprox.).

1 Tubo de plástico em espiral geralmente usado para misturar massa epóxi. É utilizado por cervejeiros caseiros que as colocam nos tubos de saída dos barris de refrigerante para adicionar restrição sem estender muito a tubulação da cerveja. (N. A.)

Sistema de chope à mostra.
Essa belíssima câmara fria da Fiebre de Malta, na Cidade do México, celebra o compromisso de seu proprietário com a qualidade da cerveja, em um país no qual os bares com muitas marcas de chope ainda são relativamente raros.

é comum haver menos chope. Quando existem, costumam ser apenas uma ou duas marcas, servidas em barris à temperatura ambiente. Para que seja servida gelada, a bebida passa por serpentinas refrigeradas que em geral são resfriadas eletricamente, de maneira similar à da chopeira a gelo. As cervejas artesanais estão conquistando seu espaço em lugares como o México, o Brasil e outros países da América Latina; e bares especializados nessas regiões cada vez mais fazem os investimentos necessários para manter seus barris refrigerados, frequentemente exibindo suas câmaras frias por uma janela no bar.

Kegerators e keezers: os kegerators (do inglês *keg* + *refrigerator*), geralmente de uso doméstico, consistem em pequenas geladeiras do tamanho de um barril, com tubulações que vão até a torneira do lado de fora. Já o keezer (de *keg* + *freezer*) é o nome da versão caseira elaborada com um freezer horizontal e um termostato, e às vezes com uma tubulação vertical improvisada que passa entre o freezer e a tampa, com buracos pelos quais passam o extensor ou as tubulações.

Sistemas de festivais: o sistema mais comum para eventos consiste em bacias cheias de gelo nas quais os barris são colocados, com tubulações que atravessam uma chopeira a gelo contendo uma serpentina ou placa de refrigeração imersas no gelo, indo até uma torneira fora da caixa térmica. A produção de espuma costuma ser um problema grande, e muitos pensam que para resolver é preciso reduzir a pressão. Parece não fazer sentido, mas a solução muitas vezes é fazer exatamente o contrário: por causa do grande comprimento das tubulações utilizadas nas serpentinas de refrigeração, as chopeiras a gelo costumam oferecer muita restrição, então o fluxo de cerveja pode melhorar se houver um aumento de pressão.

Chope de cervejeiros caseiros: dispor de cerveja fresca em casa é um privilégio. Enquanto a maioria dos cervejeiros amadores começa utilizando garrafas, esse processo pode ser um porre, então vários investem em instalações de chope. Elas possuem os mesmos componentes e peças de qualquer sistema de chope: um barril, o cilindro de CO_2, um regulador, mangueiras e algum tipo de torneira. A maioria dos cervejeiros caseiros utiliza post *mixes* de 20 litros, mais ou menos, que foram feitos originalmente para refrigerantes. Eles contam com engates rápidos para líquidos e gases e com uma tampa tipo escotilha que facilita a limpeza interna – este é o grande diferencial desse sistema em detrimento dos barris com válvulas extratoras e de outros barris específicos para cerveja. Cervejeiros caseiros tipicamente utilizam tubulações curtas e, como consequência, não contam com a restrição adequada, portanto, vale a pena dar um pouco de atenção para o equilíbrio do sistema para evitar o excesso de espuma ao servir.

TIPOS DE TORNEIRAS DE CHOPE

- Padrão (ou americana).
- Tipo euro.
- Torre naja.
- Italiana.
- De restrição variável.
- Nitro/gás misto (tipo Guinness).
- Torneira tipo Picnic (com bomba e cartucho de gás descartável).
- Torneira de prova e espiral (apenas para cervejarias).

TIPOS DE VÁLVULAS EXTRATORAS

Tipo D (Sankey): é o tipo de válvula extratora mais comum na América do Norte. A cerveja sai direto do centro enquanto o gás entra pelas laterais. Elas são fáceis de utilizar: basta inserir, girar a válvula até travar, puxar um pouco a manopla para destravar e então empurrar para baixo até ela se encaixar no lugar. Há uma diferença de poucos milímetros entre a versão norte-americana e a europeia (tipo S), o que gera alguns probleminhas irritantes. Se você tem os dois tipos em seu arsenal, melhor marcar qual é qual de maneira clara.

Tipo A e M (Slider): este tipo europeu é o mais popular entre as cervejarias alemãs. Ele vem em duas variantes, que diferem apenas na configuração do bico.

Tipo G (Half-bell ou ration): este é um tipo popular entre muitas cervejarias inglesas.

Extratoras "tipo U da Guinness: como seria de se esperar, estas válvulas servem principalmente para a marca Guinness e suas associadas.

Extratoras próprias para barris de plástico: Costumam ser específicas para um fabricante em particular. Tome cuidado, pois, em alguns desses sistemas, a válvula tem que ficar no barril até acabar a cerveja.

TIPOS E TAMANHOS DE BARRIL DE CERVEJA

TIPO DE BARRIL	TAMANHOS
Barril modelo Sankey (Stainless Sankey)	½ bbl* (aprox. 60 litros ou 15,5 galões EUA), ¼ bbl e 1/6 bbl (aprox. 30 e 20 litros)
Barril euro (Euro-Sankey, etc.)	50 litros (13,2 galões EUA), 30 litros (7,9 galões), 25 litros (6,6 galões) e 20 litros (5,3 galões)
Barris de plástico descartáveis	Há diversos tamanhos à venda, variando de acordo com o fabricante
Post mix (cervejeiros caseiros)	5 galões EUA (18,9 litros), 3 galões EUA (11,4 litros)
Barris Kölsch e Alt	10,2 litros (2,7 galões EUA)
Barris fracionados de marca (com CO_2 embutido)	Vários tamanhos, mas geralmente menos de 5 galões EUA (18,9 litros)
Golden Gate (fora de linha)	½ bbl (aprox. 60 litros ou 15,5 galões EUA), ¼ bbl (aprox. 30 litros)
Hoff-Stevens (fora de linha)	½ bbl (aprox. 60 litros ou 15,5 galões EUA), ¼ bbl (aprox. 30 litros)

TAMANHOS DE BARRIL NO PADRÃO EUROPEU (DIN), EM MILÍMETROS

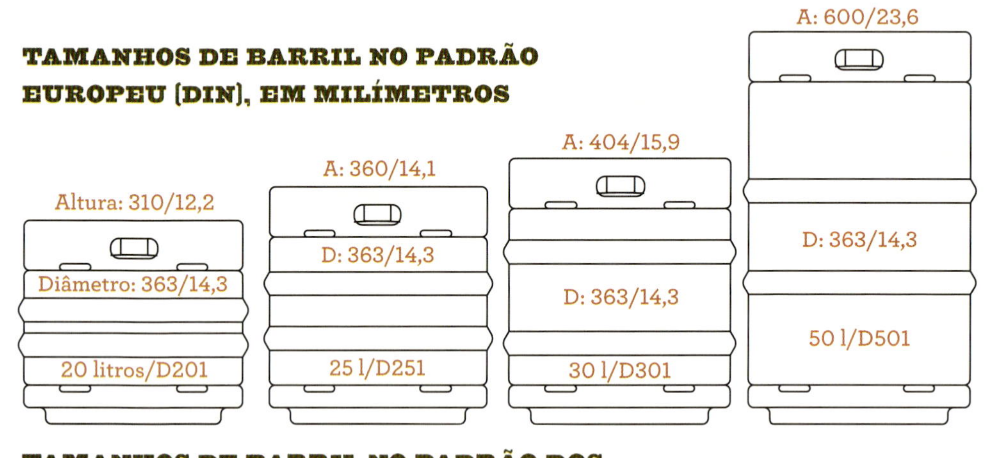

TAMANHOS DE BARRIL NO PADRÃO DOS ESTADOS UNIDOS, EM POLEGADAS

A: 23,375
D: 16,125
15,5 galões

A: 13,875
D: 16,125
7,75 galões

A: 23,375
D: 9,25
5,23 galões

A: 20,2
D: 17
13,2 galões

* Barril (bbl) é uma unidade de volume (comumente utilizada para o petróleo, por exemplo). No caso da cerveja, um barril britânico equivale a aproximadamente 163,5 litros, enquanto o barril estadunidense corresponde a 117,3 litros. (N. E.)

DISPOSITIVOS DE ENCHIMENTO RÁPIDO

O TurboTap é um dispositivo patenteado que pode ser anexado à torneira de chope para melhorar a velocidade de saída da bebida. Basicamente, trata-se de um tubo com defletores paralelos que criam um fluxo laminar (ou seja, com o mínimo de agitação) e não turbulento, capaz de reduzir a produção de espuma. Na parte de baixo do tubo, fica uma ponta cônica voltada para cima que redireciona o fluxo para fora, novamente com uma turbulência reduzida. Quando esses dispositivos estão colocados da forma correta, é possível encher um copo grande de cerveja em questão de segundos. Obviamente, eles não são necessários em todos os estabelecimentos, mas são capazes de reduzir muito as filas em eventos musicais e esportivos.

Os copos Bottoms Up, por sua vez, são uma maneira diferente de acelerar o serviço: eles têm uma simples válvula ou aba no fundo que se abre para receber a cerveja quando são colocados sobre o dispositivo que vai enchê-los. A cerveja então entra de baixo para cima, com pouca espuma. Quando o copo é retirado da máquina, a válvula se fecha sozinha.

SISTEMAS DE CHOPE E SEGURANÇA

Sempre que um gás está confinado, sua energia cinética pode tornar-se perigosa. Um tanque de CO_2 pode variar entre 500 e 800 psi, e, como ele está em forma líquida, significa que há muito material comprimido pronto para escapar violentamente se surgir a oportunidade.

Os cilindros de gás são super-resistentes e raramente falham, mas as válvulas que os fecham são relativamente delicadas. Uma queda ou outro tipo de maltrato pode arrancá-las, com consequências desastrosas. Quando o programa de televisão *Mythbusters* fez esse experimento, o tanque saiu voando e atravessou duas paredes de concreto antes de parar. Por isso, é importante tomar muito cuidado. Trate os cilindros como se fossem bebês frágeis e sempre os mantenha presos com correntes (nada de elásticos!) a algo vertical durante sua utilização. Nunca os use na horizontal ou de cabeça para baixo, já que isso vai fazer com que o gás espirre pelo regulador, que não foi feito para lidar com CO_2 líquido e pode se quebrar, gerando resultados aterradores. Nem preciso dizer que não se deve mexer nunca com a válvula de segurança ou quebrar o lacre.

Em grandes concentrações, o CO_2 pode causar asfixia. Em quantidades muito pequenas, ele é inofensivo ao ser respirado. Muitos locais de trabalho requerem alarmes e outros sistemas de segurança contra vazamento de gás.

Os barris são muito pesados. Meio barril estadunidense cheio pesa 73 kg – mais peso do que a maioria das pessoas consegue carregar sozinhas. Os entregadores de cerveja são obrigados a levá-los sozinhos, mas para isso são necessários experiência e muito cuidado, e, mesmo assim, lesões nas costas são comuns. Também recomenda-se muito usar sapatos com pontas de aço.

Às vezes os barris explodem. Barris de aço inoxidável dão defeito apenas nas circunstâncias mais extremas. Nos últimos dez anos, aumentou muito o interesse por barris descartáveis de plástico por causa de suas muitas vantagens, especialmente quando a cerveja tem que ser enviada para lugares distantes. No entanto, com o desenvolvimento dessa tecnologia, aconteceram vários acidentes – alguns fatais – envolvendo explosões desses barris de plástico. Se você estiver trabalhando com um desses, siga ao pé da letra as instruções do fabricante sobre sua limpeza e sobre a forma correta de enchê-los, e certifique-se de que seus instrumentos de medição e outros sistemas estão funcionando corretamente. Essa tecnologia está se desenvolvendo rapidamente, portanto, podemos esperar que eles se tornem mais comuns. Faça sua pesquisa e escolha um com uma válvula de segurança embutida para evitar defeitos explosivos.

SOLUÇÕES PARA PROBLEMAS NO CHOPE

Esse emaranhado de mangueiras e válvulas pode fazer com que os sistemas de chope pareçam algo complicado, mas na verdade eles são bastante simples. Um guia com todas as soluções para os defeitos em sistemas de chope está além do escopo deste livro, mas há alguns princípios básicos que podem ser abordados. Em geral, se consegue identificar qual é o problema usando um pouco de bom senso e a capacidade de rastrear o processo logicamente da torneira até o barril. Quase qualquer problema de fluxo ou de formação de espuma pode ser solucionado ao conferir se os conectores e as válvulas estão em sua posição correta e seguindo-se os princípios gerais do equilíbrio de pressão.

A cerveja não está saindo: confira todas as válvulas (incluindo o cilindro de gás) e conectores e certifique-se de que ainda há gás no cilindro e cerveja no barril. É bom sempre ter uma desconfiança saudável acerca das válvulas de purga, especialmente se elas estão sendo utilizadas há algum tempo e já levaram algumas pancadas, já que a maioria contém dentro de si um tubo de latão delicado que se danifica facilmente. Não é uma má ideia manter algumas válvulas extras à mão e substituí-las sempre que você suspeitar que não estão funcionando corretamente.

A cerveja está com espuma demais: pode haver vários motivos. Primeiro, confira novamente para ter certeza de que o sistema tem um equilíbrio adequado para o nível de carbonatação e a temperatura da cerveja. Se parece que está tudo bem, experimente ajustar a pressão por meio do parafuso ou da manopla no centro do regulador. Talvez pareça ilógico, mas uma pressão baixa demais também pode causar o mesmo tipo de excesso de espuma que é causado pelo excesso de pressão, então experimente aplicar mais pressão, não menos. Se o problema persistir, desligue o gás, tire o líquido de dentro da válvula extratora e experimente abrir a torneira com o gás fechado. Se a cerveja ainda estiver saindo rapidamente e cheia de espuma, é possível que o barril esteja quente demais ou supercarbonatado. Se a cerveja já está sendo servida há algum tempo e a pressão de saída está alta, é possível que houve um acúmulo de pressão interna. Ou aconteceu algum problema na cervejaria. É raro, mas acontece. Alguns estilos, como a Hefeweizen e as Belgian Ales, são altamente carbonatados de propósito e podem exigir restrições extras para serem servidos adequadamente.

MANDA DE VOLTA! A DECLARAÇÃO DOS DIREITOS DO APRECIADOR DE CHOPES

Ninguém espera que você beba uma cerveja ruim, então, se receber uma que parece problemática, você deve sentir que está totalmente dentro de seus direitos ao mandá-la de volta e pedir outra - sem entrar em discussão. Você tem o direito de beber uma cerveja que é:

- Linda, espumante e brilhante, se é brilho que se espera desse estilo (cuidado, porque muitas cervejas artesanais e em especial as de brewpubs têm um pouco de turbidez, principalmente se estiverem geladas).
- Frescas e livres de aromas oxidados de papelão ou mel.
- Livres de defeitos sensoriais causados por tubulações ou torneiras sujas; de azedume (em qualquer cerveja, exceto as especiais de fermentação espontânea e os estilos ácidos, em que esse gosto é apropriado), assim como de aromas defeituosos como cheiro de manteiga, de leite azedo ou de queijo, que podem ser sintomas de tubulações sujas.
- Vivaz e completamente carbonatada.
- Servida em copos impecavelmente limpos e adequados à sua força e ao estilo (grandes áreas no lado interno do copo que retêm resquícios de bolhas são evidência certeira de copos sujos; outros sinais incluem batom na borda, o que não passa de preguiça imperdoável).
- Livre de qualquer sabor de produto de limpeza.

A cerveja sai direito, mas está razoavelmente choca: nesse caso, provavelmente a cerveja perdeu um pouco de carbonatação, seja porque a quantidade de pressão em sua tubulação de gás ficou incorreta com o passar do tempo, seja porque há um vazamento de gás. Isso é comum quando o gás misto (como o G-Mix utilizado com a Guinness) está sendo usado com cerveja normalmente carbonatada. A cerveja vai sair boa por um dia ou dois, mas como não há CO_2 mesmo sob pressão dentro do barril por causa do gás misto, a carbonatação acaba saindo da cerveja.

A cerveja está com um sabor esquisito: esse é um problema bem comum. Aromas amanteigados ou de vinagre e gostos ácidos são sinais de que o *Lactobacillus* ou outras bactérias contaminantes devem estar presentes nas tubulações, o que também pode acabar gerando turbidez. Se o problema desaparecer depois de se servir algumas cervejas em seguida, a causa está nas tubulações. Se ele persistir, pode ser um problema que veio da cervejaria. Atenção porque refrigerantes ou bebidas com sabor de malte podem ficar impregnados nas tubulações, o que pode exigir que sejam substituídas.

Para mais detalhes sobre sistemas de chope, há alguns recursos excelentes à disposição, como o *Draught Beer Quality Manual*, publicado nos Estados Unidos pela Brewers Association. A fabricante de equipamento Micro Matic oferece um curso de três dias e uma versão gratuita e mais resumida é disponibilizada on-line. O Siebel Institute também oferece um curso de quatro dias.

ROUBO DE BARRIL

As cervejarias estadunidenses estimam que o roubo de barris custa à indústria cervejeira mais de 50 milhões de dólares por ano. Com o preço de materiais como aço inoxidável em franca ascensão, os criminosos veem nos barris vazios uma oportunidade boa demais para deixar passar. E quem paga por isso? Sim, o consumidor. Há esforços legislativos e de conscientização pública para combater isso, mas a situação vai continuar sendo um problema enquanto o valor de caução for apenas uma fração do preço do barril. Cada barril custa até 150 dólares para a cervejaria e o preço continua a subir com o encarecimento do aço inoxidável. Cervejeiros caseiros, por favor, obtenham seus barris de fontes legítimas. O preço do valor caução não é o valor verdadeiro do barril.

Cask Ale [Real Ale]

A associação pela preservação da cerveja britânica, a CAMRA (confira na página 32), define a Real Ale (ou "Ale verdadeira") como "um produto natural que é fabricado com ingredientes tradicionais e deixado para maturar dentro de um cask por um processo chamado fermentação secundária, depois do qual é servido diretamente no pub".

Cem anos atrás, esse era o padrão para as cervejas britânicas. Produzida rapidamente e enviada às pressas para os pubs enquanto ainda está fermentando, a Real Ale requer uma equipe capacitada e motivada na adega para garantir que as cervejas que chegam aos copos dos clientes estarão em condições perfeitas, vivazes e deliciosas. Essa é uma maneira bastante antiga de se fazer as coisas, que entra em forte conflito com a realidade dos negócios no último século. A CAMRA surgiu em uma época na qual as cervejarias estavam tentando acabar com a cerveja em casks tradicionais de uma vez por todas e substituí-los pelos modelos modernos, ou por tanques de adega que são enchidos por caminhões-tanque. A cerveja nos casks tradicionais sobrevive no Reino Unido em grande parte graças à CAMRA – apesar de hoje essa cerveja estar mais para um tipo de especial do que para o padrão nacional.

TERMOS E EQUIPAMENTOS ESSENCIAIS DE UM SISTEMA DE CHOPE

Anéis de vedação ou gaxetas de vedação (gás e cerveja): nada mais são que vedações circulares que selam os encaixes. Arruelas para gases são feitas de fibras (descartáveis) ou plástico rígido e selam a junção entre os cilindros de gás e os acopladores, os extensores e as torneiras.

Atmosfera: é a pressão atmosférica média a nível do mar, usada como unidade de pressão-padrão no sistema métrico e também conhecida como bar. Uma atmosfera equivale a 14,7 psi.

Bar: o mesmo que atmosfera, termo utilizado como unidade de pressão no sistema métrico (1 bar = 14,7 psi).

Barril: recipiente de aço inoxidável ou de plástico que contém cerveja sob pressão.

Cilindro de gás: um recipiente de laterais espessas usado para conter gases. Nos Estados Unidos, exige-se que os cilindros de gás sejam testados e certificados novamente a cada cinco anos, e a data da verificação é registrada no metal próximo à válvula.

Chocker (restritor de fluxo): tubulação de diâmetro menor que às vezes é adicionada à tubulação para aumentar a restrição.

Chopeira a gelo: um refrigerador que tem uma serpentina ou placa fria em seu interior e, na frente, uma torneira de cerveja, usada em grande parte para festivais e outros eventos. Em muitos países nos quais as câmaras refrigeradas são raras, refrigeradores fixos (muitas vezes movidos a eletricidade - as famosas "chopeiras elétricas") são utilizados para baixar a temperatura da cerveja em temperatura ambiente até a temperatura adequada para ser servida.

Conector para post mix: conectores de gás ou de líquido para partes diversas do sistema. São mais utilizados para gases; em barris post mix (que originalmente seriam usados para refrigerante) para produções artesanais são usados tanto para gás como para líquidos.

Distribuidor de linha (manifold): um distribuidor, muitas vezes com válvulas para ligar e desligar, que alimenta diversas linhas de gás a partir de uma origem.

Extensor (shank): encaixe de rosca instalado através de uma parede ou de outra barreira para levar a cerveja de um espaço para outro. Tipicamente, uma torneira de cerveja é presa em uma extremidade e a tubulação de cerveja é conectada à outra.

Glicol: abreviação de propileno glicol, uma substância química atóxica utilizada como líquido refrigerador para resfriar longas tubulações de cerveja, entre outras aplicações.

Lava-copos ou gela-copos: dispositivo de balcão de bar que, quando pressionado, joga água em um copo de cerveja, o qual é colocado sobre ele de cabeça para baixo. Enxaguar previamente um copo reduz a tensão de superfície e a produção de espuma.

Mangueiras: tubulações usadas em um sistema de chope. Usam-se tamanhos e tipos diferentes para gases e líquidos.

Misturador (de gás): dispositivo que mistura gases CO_2 e N_2 puros nas proporções desejadas. Utilizado apenas em configurações maiores e mais sofisticadas de chope.

Nitro: termo casual para um sistema dispensador de gás misto (CO_2 e N_2) que imita a espuma abundante e cremosa das Cask Ales tradicionais.

Post mix: antes usados para refrigerantes, os barris post mix agora são universalmente utilizados como o recipiente para se servir cerveja caseira. Disponíveis com capacidade para três, cinco e dez galões (respectivamente, 11,4, 18,9 e 37,9 litros); os de 5 galões são de longe os mais comuns.

Pressão parcial: fenômeno físico que descreve o comportamento de sistemas de gás misto. Cada gás tem uma fração da pressão proporcional ao seu conteúdo na mistura. É um tópico complexo, cujo escopo ultrapassa o propósito deste livro.

Regulador de pressão ou válvula reguladora: dispositivo utilizado para reduzir a pressão de um gás. Sempre há um desses anexado ao cilindro de CO_2. Reguladores secundários são usados em muitos sistemas para ajustá-los com precisão a cada cerveja.

Resfriador (chiller): termo usado para se referir ao equipamento de refrigeração utilizado para resfriar o glicol.

Restrição: termo que indica a resistência proveniente de mangueiras, encaixes e outras partes do caminho que a cerveja percorre até a torneira e que, quando ajustado com perfeição, contrapõe a pressão no barril.

Serpentina (de resfriamento): espiral longa (de 15,2 m a 36,6 m) de tubulação feita de aço inoxidável, que, quando submersa em água fria, resfria a cerveja até a temperatura adequada para ser servida. Normalmente é utilizada em chopeiras a gelo.

Torneira: extremidade do sistema pela qual se serve o chope.

Torneira de prova: pequena torneira encaixada em um tanque de condicionamento de cerveja para permitir que se prove a bebida. Muitas vezes é usada com uma espiral, isto é, uma serpentina estreita de pequeno diâmetro feita de aço inoxidável capaz de reduzir a produção de espuma que seria natural sem sua utilização.

Torneira italiana: torneira especial que solta chope normalmente quando puxada, mas que, quando é empurrada para trás, solta espuma pura, a qual é usada para finalizar o copo de chope. Usada por toda parte no Brasil. As torneiras nitro também costumam apresentar um dispositivo semelhante.

Trocador de calor: tubulação em zigue-zague embutida em uma chapa de alumínio que tem o mesmo propósito de resfriar a cerveja, mas geralmente com uma capacidade de refrigeração menor. Recomendado em situações em que se terá contato com o gelo, mas não para ficar submerso em água. Geralmente é utilizado em chopeiras a gelo.

Tubo phyton: conjunto de tubulações de cerveja que leva da adega ou câmara fria até o ponto de serviço. Costuma ser refrigerado se o comprimento vai além de alguns metros.

Válvula de alívio: qualquer dispositivo que permite a liberação de excessos de pressão; costuma ser colocada em cilindros de gás, reguladores, acopladores e em certos tipos de barril.

Válvula de retenção: dispositivo simples dentro de uma tubulação ou de um acoplamento que permite o fluxo de cerveja ou de gás apenas em uma direção.

Válvula extratora: a peça que se encaixa na abertura, no topo do barril, e que permite a entrada de gás e a saída do chope. Partes diferentes do mundo usam estilos diferentes. Por causa disso, cervejas importadas nos Estados Unidos muitas vezes exigem acopladores especiais.

As cervejas que ainda não estão totalmente prontas são colocadas em casks fechados com rolha de madeira (chamada shive) e em seguida despachadas para os pubs. Cada barril tem duas aberturas: uma na parte de cima (cabeça), que é fechada por um tampão (chamado keystone) através do qual se insere a torneira, e uma na altura do diâmetro maior do barril, no meio, que fica para cima quando o barril é colocado de lado para servir cerveja.

Quando o barril chega na adega, uma estaca de madeira porosa (chamada spile) é enfiada através de um buraco na rolha para permitir que o excesso de dióxido de carbono escape. Isso costuma levar alguns dias, às vezes um pouco mais, dependendo do estado da cerveja ao chegar. Quando esse excesso de gás se reduz e o mestre de adega avalia que ela está no ponto ideal, a estaca de madeira porosa é substituída por uma rígida que impede a saída do gás, mantendo a pressão dentro do barril.

Depois dessa troca, é comum deixar que a cerveja descanse por alguns dias para que a levedura e outras substâncias sólidas decantem. Algumas vezes, adiciona-se um agente clarificante chamado *isinglass*, para acelerar o processo de decantação. Também pode-se adicionar lúpulo para aumentar o aroma. Quando a cerveja está pronta para ser servida, uma torneira de plástico é cravada através do tampão (keystone) com uma boa martelada. O tampão no interior do batoque cede para dar lugar à torneira. Se o processo é feito corretamente, muito pouca cerveja vai escapar, mas se a mão que está segurando o martelo for tímida, a torneira pode não entrar por completo e a cerveja vai espirrar para fora do barril. A estaca rígida deve ser removida temporariamente para permitir a entrada de ar, possibilitando que a cerveja seja servida, mas geralmente ela é colocada de volta no buraco quando o pub encerra o expediente.

A cerveja que é servida dessa maneira tem uma validade muito curta, já que a carbonatação se esvai e os efeitos deletérios do oxigênio e da contaminação bacteriana se impõem. Depois que se coloca uma torneira no cask, a cerveja deve ser consumida em poucos dias. Os fãs mais experientes conseguem

ODE AO BARRIL DE MADEIRA

O barril é um dos presentes mais preciosos que os bárbaros concederam à humanidade. Inventado por volta do ano 0 d.C., o barril de madeira já conta com mais de 2 mil anos de vida tecnológica útil - e continua envelhecendo sem perder a relevância. O fato de que ele mantém seu formato e seu propósito originais até hoje (com a exceção dos aros de metal, adicionados há dois séculos) é um atestado da inteligência dos povos que o criaram. Hoje ele é raramente utilizado para a cerveja, tendo sido substituído pelos barris de metal depois da Segunda Guerra Mundial, mas o barril de madeira em muitos casos é indispensável para a maturação de bebidas destiladas e para boa parte dos vinhos. No cenário maluco dos dias de hoje, cervejas maturadas em barris de madeira são adições empolgantes às listas de produtos de luxo do mundo da cerveja.

Cerveja de luxo maturada em barril de madeira.
Barris de madeira usados concedem a essas cervejas raras e caras os sabores do conteúdo que carregaram previamente e outros mais.

Bombas manuais para Real Ale.
Com um funcionamento igual ao das bombas de bicicleta, sistemas de cerveja como este são o método tradicional para trazer a cerveja do porão do pub até o balcão.

dizer a quanto tempo a torneira foi enfiada no cask e alguns até preferem o sabor um pouco mais suave provocado por um pouquinho de oxigênio. Mas, a certa altura, tudo desanda e a Cask Ale vai ficando sem gás e sem graça, além de que, provavelmente, também ficará azeda.

Na maioria dos pubs a cerveja é armazenada na adega, o que exige alguma maneira de levar a bebida até o balcão de serviço. Bombas manuais são a maneira tradicional e ainda preferida, já que a pressão gerada por cilindros de CO_2 impede que a cerveja seja classificada como uma Real Ale pelos padrões da CAMRA. Essas bombas são grandes e espalhafatosas, mas em seu âmago são dispositivos simples bem parecidos com uma bomba de bicicleta, contendo um cilindro, um êmbolo e válvulas nas duas extremidades. Quando a bomba é puxada para baixo, a cerveja é empurrada tubulação acima, passando através do bico e para dentro do copo. Um restritor de plástico pequeno, conhecido como sparkler, às vezes é rosqueado à extremidade do bico. Isso força a cerveja a atravessar um orifício pequeno, o que libera parte de seu dióxido de carbono e incentiva a criação de uma espuma densa e cremosa. Como tantas coisas a respeito da cerveja britânica, o uso de sparklers varia de região para região; sendo essa prática muito mais popular no norte do país. Repare que as bombas manuais, apesar de serem uma parte muito visível do ritual de se servir uma Real Ale, na verdade não modificam em nada o sabor ou a textura da cerveja (com a exceção do sparkler); elas são simplesmente uma maneira de empurrar a cerveja do porão até o balcão. Para festivais ou outras situações em que os barris estão na mesma altura dos apreciadores, podem ser usadas torneiras movidas a nada além que a mera gravidade, sem qualquer prejuízo.

A CAMRA se agarra às tradições com todas as forças. A transição da Real Ale de um produto de massa para um especial foi dolorosa, e continua a ser; porém, não fosse pela persistência da CAMRA, hoje ela não passaria de uma memória. No entanto, por vezes esse conservadorismo não ajuda muito. Um problema do método tradicional é que a cerveja fica exposta ao ar depois que se fura o barril. Em 1995, a CAMRA promoveu um estudo detalhado do uso de dispositivos que substituiriam o ar com uma camada suave de dióxido de carbono, o que permitiria que os barris tivessem uma vida mais longa no pub. Testes cegos mostraram que essa técnica não causava qualquer prejuízo à cerveja. A CAMRA, no entanto, decidiu ignorar sua própria pesquisa e optou por manter a tradição, proibindo sua utilização.

A cerveja em casks é uma especialidade um tanto incomum nos Estados Unidos, mas está crescendo aos poucos. Por causa de sua complexidade, ela muitas vezes se torna um vínculo especial entre cervejeiros que pensam da mesma maneira e seus clientes, que, por terem desenvolvido uma relação de confiança, estão certos de que a cerveja foi bem tratada e que será descartada se sua qualidade ficar aquém do ideal. Algumas poucas cervejarias já têm a Real Ale como especialidade, mas ainda

QUENTE E CHOCA?

Ao contrário da primeira impressão, tão comum entre os turistas estadunidenses, as Ales britânicas devem ser servidas a temperaturas frescas de adega (entre 10 °C e 13 °C) e com uma carbonatação vivaz, mas não excessiva. A quantidade ideal de colarinho é alvo de debates vigorosos no Reino Unido, e esse padrão varia de acordo com a região - o Norte prefere um colarinho maior, por exemplo. Hoje em dia, o pint* aprovado pela realeza tem uma linha marcando o nível até onde ele deve ser preenchido, a qual fica mais ou menos 2,5 cm abaixo da borda; porém, poucos anos atrás, a linha de medida ficava na própria borda, o que induzia a um jogo sem fim entre os donos de bar e os clientes, já que estes, a fim de se livrar de qualquer espuma, acabavam bebendo metade do copo e então exigiam que ele fosse completado!

* Copo que corresponde a 568 ml (pint imperial) no Reino Unido e a 474 ml nos Estados Unidos. (N. E.)

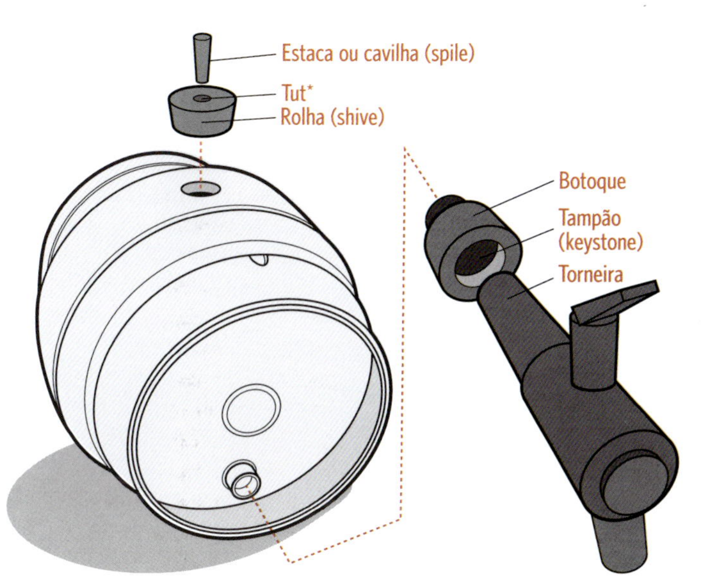

Barril firkin. Esse cask de 10,8 galões estadunidenses (40,9 litros), recipiente-padrão para servir Real Ales, é uma versão de metal dos antigos casks de madeira, composto por todas as mesmas peças. Os tamanhos chamados de pin (5,4 galões EUA/20,4 litros) e, raras vezes, os kilderkin (21,6 galões EUA/81,8 litros) também são utilizados.

* Parte mais frágil do batoque que é rompida para a inserção da cavilha. (N. E.)

Real Ale "em assentamento", pronta para ser servida da adega para o bar.

são bastante raras e muitas vezes administradas por pessoas que possuem uma conexão forte com a Inglaterra.

Apesar dos desafios, uma caneca de Cask Ale em perfeitas condições é algo belíssimo: fria, suave, cremosa, explodindo com aromas, perigosamente fácil de beber, copo após copo.

Limpeza, higienização e serviço

Deve-se sempre dar muita atenção à limpeza durante a fabricação da cerveja, e ela continua sendo igualmente importante quando a cerveja é servida. Muitas cervejas de primeira já foram estragadas pela falta de cuidado no ponto de venda. Os apreciadores nem sempre estão cientes de tudo que pode dar errado com a cerveja depois que ela sai da cervejaria – tudo que sabem é que estão com uma cerveja ruim em mãos e que ela vem de uma cervejaria em particular, então, em quem eles colocam a culpa? Peritos em cerveja bem informados buscam padrões. Se um bar tem muitas cervejas com sabor de manteiga, isso provavelmente significa que o estabelecimento não está limpando seu equipamento de chope como deveria.

Quando a cerveja flui por tubulações plásticas, uma película muito fina feita de proteína e outras "gosmas" adere-se ao interior dos dutos, e isso pode ser muito difícil de remover. As tubulações de cerveja geralmente são limpas injetando-se uma solução cáustica quente dentro delas. Um bom bar de cerveja limpa seus equipamentos de chope a cada duas semanas, e alguns o fazem com uma frequência maior ainda. Nos Estados Unidos, a responsabilidade pela limpeza das tubulações varia: nos estados em que é permitido, as distribuidoras em geral se responsabilizam pela limpeza das tubulações, enquanto nos demais isso é visto como uma indulgência que pode vir a influenciar indevidamente os proprietários de bares e, como consequência, é proibido juntamente de outras formas de suborno.

Copos sujos ou mal lavados também podem causar problemas dramáticos, e eles frequentemente são negligenciados. Muitas vezes é difícil ver a sujeira quando a luz é baixa, e pode ser difícil cuidar direito dos copos quando a demanda pelas cervejas no balcão é alta. Depois que a bebida é colocada no copo, a sujeira se revela por meio de regiões em que as bolhas ficam presas no interior do copo. Um truque antigo para checar é molhar um copo vazio com água, agitar para remover o excesso e polvilhar sal em seu interior com generosidade: a água não vai aderir às áreas engorduradas ou sujas, e, sem água, o sal não gruda no copo. Portanto, onde não há sal grudado, há sujeira.

Além do problema da sujeira, soluções para limpar e desinfetar os copos são agressivas e têm um gosto desagradável. Um enxágue apressado pode deixar uma contaminação fenólica no copo, o que por sua vez pode arruinar uma cerveja perfeita.

A maioria dos detergentes utilizados para lavar louça é feita do petróleo e pode deixar uma camada oleosa nos copos, o que interfere na formação da espuma da cerveja. Desinfetantes formulados com cloro ou bromo são bem comuns e funcionam muito bem, mas essas substâncias químicas poderosas

"O outubro castanho em nada deixa a desejar, retirado,
Maduro e perfeito, de seu refúgio escuro
De mais de trinta anos, e agora seu semblante honesto
Incendeia-se à luz refulgente, sem medo
De competir mesmo com o melhor produto dos vinhedos."

— James Thomson, de seu poema "Autumn"

interagem com os polifenóis da cerveja, o que cria clorofenóis ou bromofenóis, duas substâncias com aroma de band-aid ou de antisséptico, capazes de arruinar a bebida. Consequentemente, eu insisto que se tome um cuidado especial para garantir que os copos estejam bem enxaguados e completamente sem odores antes de ficarem cheios de cerveja.

Infelizmente, muitos estabelecimentos não conseguem atingir esses critérios. Falta de treinamento, falta de pessoal, preguiça, equipamento ruim – todos podem ser culpados. Faça-lhes um favor e chame a atenção sempre que você receber uma cerveja que está menos do que perfeita por causa das condições do copo.

O copo de cerveja

Recipientes especiais para se beber cerveja são uma parte estimada da cultura da cerveja há milhares de anos. Eles vêm em muitos tamanhos, formatos e materiais, e, no entanto, seus objetivos sempre foram os mesmos: levar a cerveja aos nossos lábios de uma maneira excelente, prazerosa e até comemorativa. Esses recipientes devem caber na mão e se adequar à cerveja. Se eles fazem seus olhos brilhar, melhor ainda.

Até mais ou menos 150 anos atrás, os recipientes para beber cerveja costumavam ser feitos de materiais mais ordinários: o vidro era um material raro e caro, e sua produção dependia dos talentos de artesãos altamente habilidosos. Somente os mais ricos conseguiam comprar copos de vidro. Assim, as pessoas "comuns" bebiam em copos feitos de argila, de metal, ou até de couro recoberto em piche (conhecidos como blackjacks). Apenas quando os copos feitos em máquinas se tornaram disponíveis na segunda metade do século XIX foi que todos puderam usufruir dos copos de vidro e de suas qualidades, que melhoram tanto a cerveja.

Os tamanhos e a capacidade dos copos de cerveja vão de algumas dezenas de mililitros até um litro inteiro. Em geral, a cerveja é servida em um copo adequado a suas características, com as mais fortes sendo servidas em copos menores, por razões óbvias.

Os copos de cerveja contemporâneos muitas vezes têm formatos muito similares aos antigos. A geometria do copo afeta a aparência, o aroma e o sabor da cerveja, então não é de se espantar que alguns formatos sobreviveram aos testes do tempo.

Vidro transparente quase sempre é o melhor, apesar de que cores sutis também podem ser atraentes (confira o Pasglass na página 171). Copos de cerveja de cores fortes são raros. Características de design, como alguma lapidação, acrescentam efeitos óticos à cerveja em si.

A sensação do copo nas mãos também é importante: um formato afunilado ou tipos variados de cristas ou protuberâncias evitam que o copo escorregue das mãos. Para recipientes maiores, é quase obrigatório conter uma alça. Hastes podem ter um efeito similar ao da alça da caneca, já que permitem que se segure o copo sem transferir muito calor da mão para a cerveja.

Com relação ao aroma, nada ajuda mais a cerveja do que um copo com uma boca mais estreita que o corpo. Uma taça de vinho é o exemplo clássico, apesar de haver muitas taças de cerveja com as mesmas características. Esse formato não vai fazer a menor diferença se a cerveja for servida até a borda, mas, se houver um espaço de alguns centímetros abaixo da borda, o afunilamento interno segura o aroma dentro da taça em vez de deixar que ele se espalhe pelo ambiente. Os efeitos são óbvios, dramáticos até. Experimente fazer uma comparação lado a lado entre uma caldereta (veja na página 173) e qualquer taça de vinho tinto. Encha os dois até a metade e tente avaliar honestamente seu aroma. Eu não vou dizer o que você deve encontrar. Mas pode ser surpreendente.

Um afunilamento para fora, como nos copos clássicos de cerveja Pilsner, parece ter um efeito sobre a espuma. Essa forma afunilada ajuda a segurar o copo e dá um suporte extra para o colarinho da cerveja. O afunilamento para dentro parece pressionar a espuma para cima de si mesma quando se enche o copo. O efeito disso é uma concentração de espuma, o que resulta em um colarinho mais denso e cremoso.

RECIPIENTES HISTÓRICOS PARA BEBER CERVEJA

O copo dourado de lady Puabi

Norte do Iraque, c. 2400 a.C.

Descoberto em uma sepultura real na cidade de Ur, na Mesopotâmia (norte do Iraque), e criado por volta de 2400 a.C., esse copo comprova o *status* que as pessoas de antigamente já davam a suas bebidas.

Recipiente dourado para chicha

Cultura sicán, norte do Peru, c. 1000-1476

Uma cerveja feita de milho chamada chicha era parte central tanto dos rituais como da vida cotidiana do povo responsável pelas culturas antigas e sofisticadas do norte do Peru.

Caneca de cerâmica medieval

Londres, c. 1271-1350

Os recipientes que as pessoas comuns usavam para beber na Idade Média geralmente eram criados para ser utilitários (e não decorativos).

Jarra Bellarmine ou Bartmannkrug

Norte da Renânia, c. 1575

Jarras abauladas com rostos, batizadas com o nome do cardeal Bellarmine - que era igualmente grande -, eram utilizadas para servir vinho e outras bebidas além da cerveja. Elas também costumavam ser marcadas com um selo da cidade.

Taça da cultura campaniforme

Grã-Bretanha, c. quarto milênio a.C.

Taças em forma de sino são encontradas por toda a Europa. Suas decorações feitas com linhas sugerem uma conexão entre esses povos e o cânhamo.

Blackjack de couro ou Bombard

Londres, século XVI

Canecas de cerveja feitas de couro revestido de piche como esta eram capazes de suportar os "trancos e barrancos" da vida antiga. Elas eram feitas de materiais fáceis de encontrar e dificilmente se transformariam em armas em lutas de bar. Continuaram a ser usadas até o século XIX.

Pasglass ▸

Norte da Europa, século XVII

O formato alto e afunilado desse copo é um ancestral direto do copo de Pilsner moderno. Como tantos outros, este era de uso coletivo e passava de bebedor para bebedor. Os anéis faziam parte de um jogo em que cada pessoa deveria beber exatamente até a linha - nem mais, nem menos. A tonalidade esverdeada é típica do chamado "vidro de floresta" e é causada pelo ferro e outras impurezas do vidro. Reproduções deste estilo e de outros tão antigos quanto ele ainda são feitas por artesãos da República Tcheca.

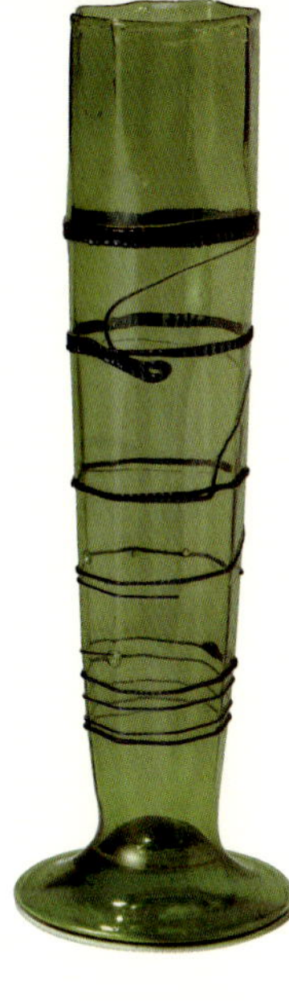

◂ Caneca de prata de lei de 1 pint

Londres, c. 1704-5, Philip Rollos (o velho)

◂ Caneca de prata gravada

Londres, c. 1670-5, Jacob Bodendick

Os cavalheiros (ou damas) bebiam suas Ales em canecas luxuosas que iam das mais simples às mais pomposas.

Stein ▸

Alemanha e Áustria, c. 1830-1900

Canecas de cerveja com tampa ainda são produzidas em vários tamanhos, materiais e personalidades, e mantêm sua cerveja a salvo dos insetos quando se bebe ao ar livre.

◂ Schnitt

Estados Unidos, c. 1900

Esses pequenos copos atarracados foram criados para conter pequenas quantidades de cerveja, que costumavam ser servidas sem que ninguém pedisse como um aperitivo antes do uísque. Versões com logotipos são altamente cobiçadas por colecionadores cervejeiros.

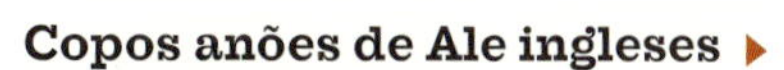

Copos anões de Ale ingleses ▸

c. 1760-1820

Estes pequenos copos delicados foram criados para conter poucos mililitros e eram utilizados para experimentar as fortes cervejas "October", feitas nas propriedades de campo da aristocracia. Apesar de variarem em tamanho e proporção, eles eram decorados de diversas formas, com gravuras de lúpulo e cevada entre os designs mais comuns.

A ESPUMA DA CERVEJA é apreciada desde os tempos mais remotos. Sabão ou gordura no interior do copo podem degradar sua estrutura coloidal delicada. A espuma se forma em pontos de nucleação, regiões ásperas microscópicas formadas por sujeira ou arranhões que também funcionam como indicadores bem dramáticos de uma limpeza malfeita e podem ser usados para justificar uma bela bronca na equipe do bar. Pontos de nucleação às vezes são colocados propositalmente para provocar um fluxo constante de pequenas bolhas, o que reforça a espuma e libera aroma ao mesmo tempo – a taça Chimay tem um pequeno logotipo da marca gravado com laser no fundo com esse propósito.

A espuma tem um efeito especialmente dramático na maneira como o sabor de lúpulo se manifesta na cerveja: por causa de sua natureza elétrica e química, os componentes amargos do lúpulo tendem a migrar para o colarinho, e o resultado é que a espuma pode ter um gosto mais amargo do que o da cerveja em si. Esteja ciente disso se você estiver servindo uma cerveja que desafia o nível de conforto de seus convidados.

Qual é a quantidade adequada de espuma? A maioria das pessoas considera que o correto é entre 2 e 3 centímetros, mas essa é uma preferência que varia de acordo com a cultura. A quantidade de espuma também está relacionada ao nível de carbonatação da cerveja: muitas cervejas belgas têm gás de sobra, e é virtualmente impossível servir uma cerveja como a Duvel sem criar uma espuma grande e macia. Por essa razão, alguns dos copos proprietários têm um volume que é quase o dobro da porção que costuma ser servida.

Com a cerveja certa, servida corretamente, é possível criar um colarinho abundante e cremoso. Para fazê-lo, derrame a cerveja bem no meio do copo em posição vertical (veja na página 117). Só os tolos derramam a cerveja devagarinho sobre as laterais, o que pode resultar numa cerveja gasosa demais, com pouco aroma e uma espuma fraca que se dissipa rapidamente. Também é importante liberar um pouco do gás, principalmente com cerveja em garrafa: bolhas em excesso ocultam aspectos como o aroma de lúpulo e fazem com que você se sinta cheio logo. Há lugares na Europa em que os apreciadores ficam com a pulga atrás da orelha se a cerveja chega em suas mesas muito rapidamente, porque sabem o que se precisa fazer para criar uma boa espuma na cerveja e estão dispostos a esperar um minuto ou dois em prol de uma experiência mais gratificante.

Para cervejas muito gasosas, como as Belgian Ales ou as Bavarian Weizens, é bom enxaguar o copo com água limpa e fresca antes de enchê-lo com a bebida. Isso reduz a tensão superficial e permite que essas cervejas efervescentes sejam servidas sem que se forme espuma em excesso.

A BORDA é o aspecto final de um copo, e pode ser virada para dentro ou para fora. O formato altera em que parte da boca a cerveja vai cair: uma borda virada para fora distribui o líquido por toda a boca de forma mais ampla, não apenas no centro da língua. Isso muda a maneira como os sabores são percebidos. Os efeitos são complexos, e eu não posso afirmar que existam regras simples sobre o formato da borda que serão universalmente verdadeiras, mas, pessoalmente, eu prefiro a virada para fora (e mais fina), já que ela se encaixa ao formato natural dos lábios.

Muitos dos supostos benefícios da geometria encontrada na miríade de taças de vinho altamente especializadas provêm da pseudociência do mapa da língua, mas acontece que ela na verdade não funciona da maneira como nos foi ensinado no ensino médio (relembre no capítulo 2).

Características práticas como o custo, a capacidade de empilhamento e a facilidade de limpeza têm um papel gigante na escolha dos copos a serem usados em estabelecimentos que servem comida e bebida. Por causa de considerações como essa, nos Estados Unidos, nós acabamos com o pior tipo de copo de cerveja: o chamado shaker pint (ou caldereta). Além do fato de que a palavra "pint" já é causa para confusão – muitos contêm 414 ml, outros apenas 354 ml –, esses copos foram criados originalmente para ser uma das metades da coqueteleira. Eles não colaboram em nada com o aroma ou com a apresentação da cerveja.

COPOS CLÁSSICOS DA MODERNIDADE

Shaker pint ou caldereta

- Padrão nos Estados Unidos.
- Não recomendado para cervejas mais exóticas.
- Chamado de "copo coqueteleira" porque foi criado para ser usado em conjunto com um copo de metal um pouco maior na elaboração de coquetéis. Não foi criado com a intenção de se beber qualquer coisa com ele, muito menos cerveja. Esses copos não eram usados para servir cerveja até a década de 1980, quando começaram a serem enchidos com cervejas artesanais. Eram apreciados por seu tamanho relativamente grande, mas não são bonitos nem ressaltam o sabor e o aroma da cerveja.

Tulip pint

Outro copo do século XX. Este encontrou seu lugar, especialmente entre as Stouts irlandesas.

Nonick pint

- Usado para servir as Ales inglesas desde o início da década de 1960.
- Bom para Session Beers de baixa densidade.
- A protuberância evita que a borda fique lascada e torna mais fácil segurar o copo para beber de pé.

Caldereta

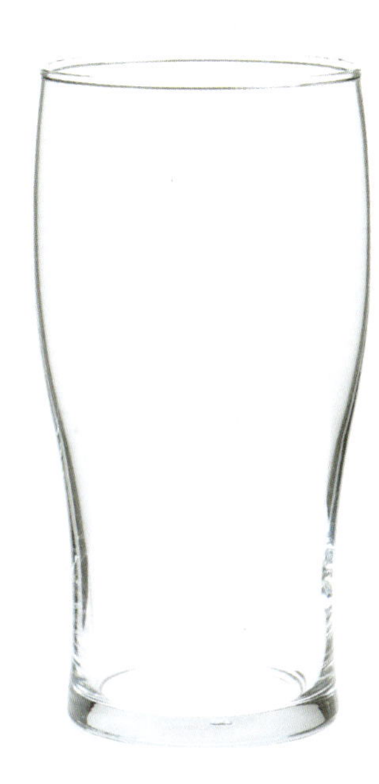

Tulip pint

Nonick pint

Snifter

- Popularizado durante o século XX para servir conhaque.
- Bom para Barley Wines e Imperial Stouts.

Este é outro formato que não é exatamente antigo, mas, com sua pequena estatura e a borda profunda e mais estreita, é ideal para servir Ales fortes.

Tulipa

- Seu estreitamento no alto do bojo retém o aroma.
- A borda curvada para fora dá suporte à cabeça e se encaixa nos lábios.

De várias maneiras, este é o melhor de todos os mundos. Taças como estas são raras na história, mas começam a surgir no fim do século XIX.

Pilsner ou Lager

- Seu formato estreito evidencia a cor clara da cerveja.
- O formato mais largo no topo dá suporte para a espuma.
- O pé na base acrescenta elegância e estabilidade.

O copo de Pilsner como hoje conhecemos surgiu em um formato similar na Idade Média, mas não encontrou um público amplo até a década de 1930, quando seu formato dramaticamente angular reverberou com o espírito Art Deco da época.

Weizen

- O tamanho grande segura a espuma.
- A curvatura para dentro concentra a espuma para formar um colarinho de boa qualidade.

A taça Weizen parece ter se desenvolvido com base nos formatos de copos com suporte da Idade Média, mas provavelmente não atingiu seu estilo moderno e cheio de curvas até o século XX.

Snifter | Tulipa | Pilsner ou Lager | Weizen

COMO SERVIR A WEISSBIER DO JEITO CERTO

As Weizens da Baviera, cheias de gás, exigem seu próprio ritual especial em relação às maneiras como devem ser servidas e apresentadas. Use um copo alto de afunilamento elegante com bastante espaço acima da marca de 500 ml. O método tradicional e particular de se servir essa cerveja vai deixar seus amigos de boca aberta.

Primeiro, enxague um copo muito limpo com água. Então, abra a garrafa e vire o copo sobre ela. Com o copo em uma mão e a garrafa em outra, vire os dois e mantenha-os em um ângulo diagonal acentuado. Conforme o copo for ficando cheio, mantenha a boca da garrafa logo acima do nível de líquido dentro do copo. Se você fizer isso direitinho, vai obter um copo cheio com espuma que vai até a borda. (Se não fizer direito, bem, vai acabar limpando a cerveja que caiu na mesa.) O passo final é pegar a garrafa quase vazia, virá-la de lado e fazer com que role para frente e para trás sobre a mesa, para em seguida pegá-la e fazer com que a levedura pingue circularmente sobre a espuma do copo, onde vai se desfazer e criar uma cascata de névoa na cerveja.

Pode-se adicionar ou não uma fatia de limão. A maioria dos meus amigos fanáticos por cerveja faz cara feia, mas eu acho que fica bonito de ver. A história que me contaram é que a Weissbier costumava ser um pouco mais ácida do que é agora, e que o pessoal das antigas costumava colocar limão para recuperar o nível de acidez de que eles se lembravam e tanto gostavam. Se você gosta de limão, siga em frente sem vergonha.

Cálice (Bolleke)

- Seu afunilamento para dentro concentra a espuma e o aroma.
- Seu tamanho menor é ideal para cervejas fortes.
- É famosa na Antuérpia, na Bélgica, e é associada à cerveja De Koninck.

Bolleke quer dizer "bola pequena" em holandês, e vou deixar por sua conta imaginar a razão desse apelido.

Pokal

- Taça clássica para cervejas Bock.
- Seu tamanho pequeno é ideal para cervejas mais fortes.
- O afunilamento para fora dá suporte à espuma.
- Haste curta.

As pokal originais eram grandes e decoradas de maneira bem espalhafatosa, e contavam com tampas removíveis (mas sem dobradiças). Elas passaram a ser associadas às cervejas Bock no século XIX.

Pokal atualizada

- Seu afunilamento para dentro concentra a espuma.
- É um bom copo genérico para todo tipo de cerveja refinada, como a Belgian Tripel, a Maibock e a Imperial IPA.
- A haste evita que a mão aqueça a cerveja.

Cálice Pokal

Caneca inglesa ondulada de 1 pint

- Surgiu por volta de 1948.
- Usada para as Mild Ales e as Bitter Ales.

Essa é uma versão mais baixa, mais larga e com alça dos copos "pillar" para Ales claras que eram cortados mecanicamente e se tornaram populares na Inglaterra por volta de 1840. Eles são pitorescos e confortáveis, apesar de não serem relíquias. Seu design com reentrâncias no vidro faz com que a luz se reflita de maneira espetacular através da cerveja de cor âmbar.

Caneca bávara ou Mass

- Um copo grande para cervejas leves, como as Pilsner, as Helles e as Oktoberfest.

Essa caneca não passa de uma versão de vidro dos modelos feitos de pedra que foram usados por séculos para beber cerveja. As reentrâncias surgiram pela primeira vez no meio do século XIX, quando máquinas para cortar e polir vidro tornaram-se disponíveis; posteriormente, eles foram colocados nos moldes.

COPOS PROPRIETÁRIOS

Os belgas são doidos por copos feitos sob encomenda com o logotipo da cervejaria. Há bares na Bélgica em que o copo correto é tão importante que você tem de pedir uma cerveja diferente se todos os copos com o logotipo da cerveja que você quer estiverem sendo usados. Eu gosto da ostentação desse tipo de apresentação e o que ele representa quanto à maneira como deveríamos respeitar as cervejas. Mas não sou capaz de lhe dizer que todos eles foram cientificamente concebidos para ressaltar perfeitamente as propriedades sensoriais de cada cerveja, e alguns são melhores que outros. Várias cervejarias estadunidenses também já estão criando seus próprios copos.

Caneca inglesa ondulada

Mass

Taça proprietária

Jim Koch, da Boston Beer Company, dedicou-se por dois anos à missão de projetar um copo capaz de realçar a degustação de suas cervejas Samuel Adams Boston Lager. Um copo de utilidade similar recentemente foi criado pela Spiegelau em colaboração com as cervejarias Dogfish Head e Sierra Nevada.

Como armazenar e guardar a cerveja

A cerveja é um produto muito delicado. Assim, ela não é algo estático – pelo contrário, está em constante evolução. Cada dia extra de fermentação e maturação a transforma um pouco mais, até que em certo ponto ela é considerada pronta para ir para o mercado. Mas a cerveja ainda continua a se transformar depois que sai da cervejaria, e, para a maioria das cervejas, essas mudanças não são benéficas. Os sabores desaparecem, a garra mortal da oxidação se impõe e a estrutura proteica sutil que é responsável pelo corpo e pela formação da espuma da cerveja simplesmente se desfaz. Quanto mais delicada for a cerveja, mais rapidamente essas mudanças vão estragar a experiência de bebê-la. Em bebidas envelhecidas muito além do razoável, as proteínas desfeitas chegam a aparecer ao olho nu como pequenos flocos que fazem ela ficar parecendo uma sopa de ovo. Uma cerveja nunca deveria ter a aparência de um globo de neve.

O calor é o grande inimigo: todos os processos químicos se aceleram com o aumento da temperatura. Repetidos ciclos de elevação e queda de temperatura também têm um efeito negativo sobre a cerveja, especialmente sobre as proteínas, razão pela qual, depois de gelada, ela deve ser mantida

Cerveja guardada na adega.
Algumas cervejas fortes podem envelhecer de maneiras fascinantes se armazenadas com cuidado.

refrigerada, se possível. Uma ou duas jornadas para dentro e para fora da geladeira não vão matar uma cerveja, mas temperaturas constantes são sempre preferíveis a variações intensas, mesmo que isso signifique uma temperatura média um pouco maior.

A primeira coisa que vai embora é aquele sabor fresco tão gostoso, e especialmente o aroma de lúpulo. O sabor de malte se esmaece um pouco e se transforma em um aroma adocicado ou de cera. Nas Ales, os sabores frutados gradualmente se esvaem à medida que os ésteres são transformados em outros compostos. O amargor declina, perdendo por volta de metade de seu impacto em cinco ou seis meses. Esse período de tempo é bem maior que a data de validade da maioria das cervejas normais, mas é relevante para as cervejas mais fortes e aquelas que já são criadas para acomodar uma certa guarda. As cervejas bastante lupuladas são particularmente vulneráveis às agruras do tempo, e muitas vezes ganham um aroma de groselha chamado beta-damascenona.

Isso posto, cervejas com menos de 6% ou 7% de teor alcoólico não foram feitas para serem guardadas. A maioria das cervejas é melhor logo quando deixa a cervejaria. Cervejeiros fazem todo o possível para controlar as condições de como seus produtos são manuseados, mas na realidade isso está fora de suas mãos.

A maioria das cervejas tem algum tipo de data registrado em sua embalagem. A intenção do fabricante pode ser ou não que essa data chegue ao público geral, mas certamente ela tem como alvo as distribuidoras e revendedoras para informar quando o produto já passou de sua validade. Geralmente, mostra-se a data de envase com dia, mês e ano, e talvez alguma outra informação como o nome da fábrica ou a linha de produção. Não há um formato-padrão, mas, felizmente, há uma abundância de informações na internet e também há aplicativos de celular para decifrar os códigos das cervejarias.

O frescor é um problema em especial para cervejas importadas, principalmente as Pale Lagers. Essas cervejas custam mais caro nos Estados Unidos, mas simplesmente não apresentam o mesmo sabor que têm em suas terras natais, mesmo quando a receita é a mesma. Além do mais, algumas marcas maiores ajustam a receita da cerveja para o mercado local, geralmente com menos corpo e menos amargor de lúpulo.

Os importadores juram de pés juntos que cervejas de grande saída, como a Heineken, conseguem chegar nas prateleiras em poucas semanas, mas, julgando-se por seu sabor, isso não passa de um sonho para muitas marcas, especialmente as que produzem menos. A cerveja percorre uma longa jornada: da cervejaria para o porto, de lá para um navio do outro lado do oceano até chegar aos portos daqui, para então atravessar a alfândega e ser despachada para os galpões da distribuidora, e, finalmente, para as prateleiras das lojas, em condições aquém das ideais em cada etapa desse caminho.

As cervejas mais fortes conseguem lidar com um pouco de envelhecimento. Na Inglaterra do século XVIII, era costume produzir uma cerveja duas vezes mais forte para celebrar o nascimento de um filho e daí bebê-la quando ele chegasse aos 21 anos. Do início até a metade do século XIX, era comum deixar que as Porters e as Strong Ales

TEMPO DE MATURAÇÃO PARA OS DIVERSOS TIPOS DE CERVEJA

TIPO DE CERVEJA	TEOR ALCOÓLICO (%)	TEMPO MÁXIMO DE MATURAÇÃO
Belgian Abbey Dubbel	6,5-7,5	1 a 3 anos
Belgian Abbey Tripel/Strong Golden	7,5-9,5	1 a 4 anos
English ou American Strong/Old Ale	7-9	1 a 5 anos
Belgian Strong Dark Ales	8,5-11	2 a 12 anos
Imperial Pale/Brown/Red, etc.	7,5-10	1 a 7 anos
Barley Wine e Imperial Stout	8,5-12	3 a 20 anos
Ales superfortes	16-26	5 a 100 anos

maturassem por um ou até dois anos antes que fossem consideradas no ponto para serem bebidas. Até hoje, algumas cervejas fortes e maturadas em madeira são tratadas dessa forma.

GUARDA POR CONTA PRÓPRIA

Você pode guardar sua própria cerveja se tiver uma adega em condição razoável. O ideal é um porão sem muita umidade. Isso é razoavelmente comum no Leste e no Centro-Oeste dos Estados Unidos; quem mora no Sul e no Oeste costuma alugar armários de armazenamento de vinho ou programar seus refrigeradores para criar um ambiente fresco. Eu tenho um porão que não passou por reformas em Chicago, e posso atestar que ele guarda tanto a cerveja como o vinho maravilhosamente bem. Então não há necessidade de se construir câmaras com controles de temperatura e umidade se você tem um espaço adequado em casa.

Do mesmo modo, a temperatura deve permanecer na faixa entre 13 °C e 18°C, mas temperaturas um pouco mais elevadas que isso no verão não parecem criar problemas de verdade. Mais uma vez, deve-se evitar grandes variações diárias de temperatura, se possível.

E quais são as melhores cervejas para guarda? Em primeiro lugar, estão as Ales, preferivelmente as refermentadas na garrafa, já que a levedura oferece certa proteção. Essas cervejas "vivas" atravessam mudanças mais complexas e maturam de maneira mais elegante que as filtradas ou pasteurizadas. É raro surgir a necessidade de se envelhecer uma Lager, já que elas normalmente alcançam o ápice de seu sabor na cervejaria.

Deve-se guardar cervejas com teor alcoólico acima de 7%; cervejas mais potentes podem ser guardadas por mais tempo ainda. As Belgian Dubbels perderão um pouco de sua doçura, ficando mais secas, e se tornarão um pouco mais complexas e elegantes em um ano ou dois. Em cervejas com a levedura *Brettanomyces*, como a Orval ou a Goose Island Matilda (inspirada pela Orval), a levedura selvagem continua a desenvolver tons de celeiro fascinantes ao longo de um ano ou dois.

As cervejas belgas ácidas são meio que a exceção que confirma a regra: muitas dessas cervejas podem ser guardadas por um bom tempo, e, no entanto, elas raramente ultrapassam 6% de teor alcoólico. Muitas, como as Lambics, são guardadas por muitos anos na cervejaria, mas a microflora animada que vive dentro da garrafa vai fazer com que a cerveja continue a evoluir por um bom tempo. Você tem que gostar de cervejas arrojadas e ácidas para encarar esse desafio, já que elas ficam ainda mais ácidas conforme envelhecem.

Algumas cervejas precisam de um pouco de guarda. A clássica Bigfoot Barley Wine da Sierra Nevada Brewing é, na minha opinião muito pessoal, meio agressiva quando jovem. O proprietário da Sierra Nevada, Ken Grossman, gosta de quando está "mais para fresca, com até um ano de idade"; mas ele também afirma: "eu já experimentei umas Bigfoot que tinham até dez anos e descobri que são muito agradáveis, apesar de serem bebidas completamente diferentes". Eu compro seis garrafas todos os anos e geralmente só venho a abrir uma delas cinco anos mais tarde.

Ao passo que a cerveja envelhece, ela fica mais seca, tornando-se menos doce e mais semelhante ao vinho. Parecer contraditório, mas a cerveja de guarda pode ganhar mais doçura de malte em seus aromas conforme os aromas frutados e lupulados mais frágeis se dissipam. À medida que o envelhecimento progride, oxidações opulentas que remetem ao couro, a amêndoas ou ao xerez adicionam mais uma camada de sabor.

A levedura contribui com sabores opulentos que remetem a carnes por meio de um processo chamado autólise, o mesmo que dá ao champanhe seus aromas tostados (a levedura autolisada raramente manifesta esse sabor tostado na cerveja). Essa sensação de carne surge por causa das substâncias liberadas pela degradação da levedura, como o ácido glutâmico, geralmente manifestando-se como sabor umami. Em cervejas muito antigas, às vezes notas de sabor de molho shoyu tornam-se presentes, mas deixam de ser interessantes se elas se tornam fortes demais.

Cervejas rolhadas com a intenção de ser maturadas por mais de um ano devem ser armazenadas deitadas, como se faz com os vinhos, para evitar que suas rolhas sequem e deixem escapar o gás.

CERVEJAS DE GUARDA E DEGUSTAÇÕES VERTICAIS

As cervejas de guarda oferecem uma grande oportunidade para promover uma degustação vertical divertida e educacional, apesar de que isso pode exigir um planejamento prévio muito rigoroso. A ideia é simplesmente comparar a mesma cerveja produzida em anos diferentes para tentar compreender como ela se transformou com o passar do tempo. Às vezes, a variação é bem maior do que se espera.

Se você tem um círculo grande de amigos fanáticos por cerveja, provavelmente não vai ser assim tão difícil encontrar uma quantidade razoável de amostras das cervejas fortes mais comuns, como a Bigfoot, a Rogue's Old Crustacean e a J. W. Lees Harvest Ale, já que aparentemente muitos maníacos por cerveja gostam de fazer estoques dessas preciosidades. Essas cervejas mais antigas podem ser bem caras, mas em grupo o custo se torna mais razoável se levarmos em conta o benefício de ganhar uma perspectiva ao longo do tempo.

Como qualquer obra de arte, a cerveja requer um contexto adequado para ser verdadeiramente cativante. Os efeitos de uma apresentação bem cuidada não são enganação; os detalhes realmente afetam a qualidade de nossa experiência com a cerveja, às vezes de forma bastante dramática. Os cervejeiros que fabricam grandes cervejas para nós se jogam nessa empreitada de corpo e alma. Vamos honrar seus talentos fazendo todo o possível para levá-la à mesa de uma maneira que lhe permita brilhar de verdade.

CAPÍTULO 7

CERVEJA E COMIDA

Como a cerveja é quase uma comida, sua gama de sabores, aromas, cores e texturas complementa muitos tipos de alimentos, o que nos dá opções de sobra quando buscamos alguma harmonização. Da Pilsner dourada e feliz até a carrancuda Imperial Stout, da reconfortante Scotch Ale maltada à levemente amarga India Pale Ale, a cerveja é de longe a bebida mais variada da Terra. Então, seja uma linguiça rústica artesanal, seja a obra-prima culinária mais requintada, há uma cerveja perfeita para acompanhar cada prato.

COMER É UM ATO MUITO ÍNTIMO. Nós vivenciamos a comida e a bebida não à luz da razão fria e dura, mas, sim, em um mundo emocional, passional e muitas vezes misterioso. A experiência está mais próxima do mundo dos sonhos do que da realidade, impregnada tanto de deleites quanto de terrores, plena de memórias e sentimentos incontroláveis que parecem surgir do nada.

Fazer as pessoas aceitarem uma boa cerveja é um desafio bem menor hoje do que já foi no passado, mas ainda encontramos aqueles que permanecem arraigados a seus hábitos e escolhas. O desafio é despertá-los e convencê-los a experimentar coisas novas. Nada tem esse poder como a união da cerveja com a comida em uma única e deliciosa porção. Meus maiores momentos de triunfo acontecem quando eu escuto alguém dizer "Sabe, eu não gosto muito de queijo azul, e para falar a verdade eu detesto IPAs, mas juntos os dois ficam muito bons". Uma boa harmonização permite que as pessoas suspendam suas regras normais e abram-se para novas experiências, alterando suas suposições – pelo menos, um pouco – para sempre.

O poder para mudar as mentes e o comportamento das pessoas rende um bom dinheiro. A indústria dos vinhos atuou muito bem nessa área e tornou sua bebida o centro do mundo das comidas e das bebidas, mas a cerveja não perde em nada para o vinho no que diz respeito a suas aptidões e complexidades. Muitos de nós já batemos nessa tecla há mais de duas décadas, mas ainda há muito trabalho a ser feito. A cerveja enriquece muito a mesa, mas isso só entra de verdade na cabeça das pessoas quando a bebida e a comida entram juntas na boca. Então, que este capítulo sirva de guia para esse mundo fascinante.

O que estamos tentando fazer aqui?

Para maravilhar as pessoas e mudar suas mentalidades, é preciso fazê-las enxergar a cerveja como uma bebida que vive confortavelmente nos mais altos escalões da gastronomia. É uma tarefa grande, não porque a cerveja não seria capaz de executá-la, mas, sim, porque estamos desafiando 2500 anos de blá-blá-blá que afirma que o vinho é superior à cerveja.

Se você conseguir fazer um sommelier provar uma cerveja ou duas, ele acabará admitindo que o vinho tem uma lista enorme de pontos cegos com relação à comida – muito além do conhecido impasse do aspargo –, os quais são preenchidos com alegria pela cerveja. Vários *experts* já arrancaram os cabelos tentando harmonizar vinhos com sopas, saladas, vegetais, cogumelos, queijos, sobremesas, e todas as culinárias apimentadas já concebidas. A cerveja é capaz de cobrir todos esses alimentos com graça e encanto.

Para que essa mudança monumental aconteça, nós temos que nos esforçar mais e entregar experiências incríveis. E para fazer isso, precisamos ter objetivos muito bem definidos, conhecimento sobre questões fundamentais, atenção aos detalhes e uma execução impecável. Nós todos temos a responsabilidade de ajudar a cerveja a falar com a voz elegante que tão bem conhecemos nas melhores das circunstâncias.

"Um caldeirão de bife com gordura e uma jarra de Ale
Têm efeito maior sobre a turba frenética
Que oferecer-lhes da arte mais refinada,
Ou ragus de cérebros de pavão, ou tortas de Filbert."
— William King

Vamos pensar um pouco sobre essa grande dupla: cada parceiro deve ser capaz de apoiar o outro e de ressaltar suas qualidades, e, às vezes, até transformá-lo de alguma maneira interessante e deliciosa. Deve haver uma combinação de sabores agradáveis, os quais devem interagir de maneira harmoniosa, sem que uma metade do "casal" seja mandona e domine a outra. Às vezes cria-se um novo sabor, e às vezes se conjura uma velha memória. Nos Estados Unidos, é comum usar o termo *pairing*, que significa "formar um par", mas no Brasil se usa a palavra harmonização, que na minha opinião se aproxima muito mais do que deveria ser essa experiência – mais para um flerte do que para uma parceria cômoda.

Cerveja e comida: o par perfeito

Sério, não dá para pensar em um parceiro melhor para a comida do que a cerveja. Sua amplidão de sabores, aromas, texturas, forças e cores oferece harmonias fascinantes e contrastes adequados a praticamente qualquer prato imaginável. Do doce ao amargo, passando pelo ácido, e com a tentação de pelo menos mil aromas diferentes abrangendo boa parte do vocabulário culinário, a cerveja oferece muito mais material com que se trabalhar do que o vinho. Um prato que não tenha uma cerveja para chamar de sua é algo bem raro.

Como ela é feita de um grão que já foi seco, a cerveja tem aroma de comida. Seus sabores de pão, de tostado, de caramelo e de torrado lembram muitos tipos de comida. O lúpulo acrescenta aromas herbais, cítricos, frutados ou resinosos. A levedura adiciona à mistura tons frutados, suaves ou estridentes, e a condimentação, que vai do calor acolhedor do cravo e da canela à austeridade ardida da pimenta-do-reino.

E há também as cervejas que realmente têm especiarias em suas receitas, das potentes Wassails às delicadas Witbiers, além de tantas outras possibilidades: frutas, amêndoas, café, chocolate, e o maravilhoso sabor baunilha de um barril usado de bourbon. Já bateu uma fome?

A CERVEJA E A COMIDA TRANSFORMAM-SE MUTUAMENTE. Elementos contrastantes equilibram-se e às vezes misturam-se, como a matéria e a antimatéria, em uma experiência poderosa e singular. Esses efeitos muitas vezes são avassaladores e estão no centro de uma harmonização bem feita. Para encontrar combinações que realmente funcionam e criar experiências memoráveis, você precisa prestar atenção aos efeitos que cada parceiro tem sobre o outro. O amargor da cerveja pode esmagar os sabores delicados, mas também pode ser a peça que faltava para equilibrar comidas gordurosas ou cremosas, ou mesmo as sobremesas mais doces. A carbonatação, o sabor de torrado, a doçura, o defumado e o álcool também entram na dança como elementos de contraste. Na comida, a doçura, a gordura, o sabor apetitoso do umami e a picância são todos elementos em potencial em uma harmonização.

A carbonatação vivaz da cerveja dá conta de problemas que fazem o vinho sair correndo: as bolhas de dióxido de carbono literalmente dão uma "escovada" em seu palato, o que às vezes é muito útil com comidas muito intensas ou gordurosas, como o queijo. Felizmente, há uma variedade de níveis de carbonatação para se escolher, desde o leve formigar das Cask Ales britânicas (Real Ales) às efervescentes Weissbier e Belgian Tripels.

Outra ferramenta ao nosso dispor é nossa própria familiaridade com certas combinações de sabor que normalmente não têm nada a ver com a cerveja. Um sanduíche de queijo quente é uma combinação icônica do queijo amolecido com a crocância do pão na chapa. Quando se combina um queijo mole e cremoso, como o camembert ou o muenster, com uma Brown Ale de sabor tostado, você está conjurando essa sensação familiar em um contexto inteiramente novo. Essas associações baseadas na familiaridade podem ser impressionantes e memoráveis, além de muito, muito divertidas.

Atenção à linguagem

Escolher as palavras certas é importante. Os arcabouços teóricos das combinações de comida e bebida são um pouco caóticos, e isso vale tanto para o vinho como para a cerveja. A ciência só começou a se interessar de verdade pelos sentidos químicos nas últimas décadas – por razões questionáveis, o paladar e o olfato foram por muito tempo considerados sentidos "básicos" de pouca complexidade, indignos de serem estudados seriamente. Mais recentemente, porém, essa ciência explodiu, provando que essa atitude estava redondamente enganada. Mas, quando se trata do que realmente acontece quando a comida e a bebida se encontram em nossa boca, ainda há muito poucas pesquisas das quais podemos extrair regras fundamentais. Para ter algum progresso, precisamos nos manter bem informados e lógicos tanto quanto pudermos; aprender com a ciência sempre que possível e nos certificar de que a teoria e a prática estão se apoiando mutuamente.

Um reflexo da bagunça que é a teoria da harmonização de comida e bebida é a terminologia empregada. Muitas palavras diferentes são jogadas no ar, às vezes com significados bem vagos. Além de refletir as discordâncias e a desordem, isso também demonstra uma falta de compreensão a respeito de quais interações específicas estão ocorrendo. O que acontece com cada mordida e gole? É algo químico? Algo no limiar químico-sensorial, ou um processamento mais elevado dos sinais sensoriais? Uma integração da memória com a emoção? Um processo cognitivo, como a linguagem? Provavelmente, poderíamos responder que sim a todas essas perguntas, mas isso só explicita a quantidade enorme de trabalho que temos pela frente se realmente quisermos entender e dominar as combinações entre cerveja e comida.

Comecemos, então, por onde já temos um ponto de apoio: os termos que realmente utilizamos. Se pudermos observá-los de maneira analítica, talvez possamos apontar o caminho a ser

Harmonize como um nativo. Combinar a cerveja local com a culinária da região costuma ser um ótimo ponto de partida na busca por harmonizações bem-sucedidas.

TERMOS UTILIZADOS PARA AS INTERAÇÕES ENTRE CERVEJA E COMIDA

Semelhança

Outras alternativas: *ligação, conexão, similaridade, eco, complemento.*

O termo "semelhança" indica uma interação baseada em similaridade aromática, a qual é proveniente de moléculas aromáticas compartilhadas ou de aromas na mesma família (por exemplo, cítrico, especiarias e caramelo).

Afinidade

Outras alternativas: *tangencial, familiar, atração.*

Afinidade é uma relação que nem diminui nem incrementa; não é uma harmonia baseada na similaridade aromática, e sim decorrente de combinações de sabor familiares vindas de nossas experiências culinárias ao longo da vida. Por causa disso, tem fortes influências pessoais e culturais embutidas.

Fusão

Outras alternativas: *síntese, sinergia, mistura, integração, união.*

Às vezes, a afinidade entre os sabores é tão forte que eles criam um terceiro sabor com base em seus componentes, remetendo a algo diferente. Um exemplo é a combinação entre frutas e baunilha (talvez proveniente de uma cerveja maturada em barril) que cria a sensação de um sorvete de frutas.

Sobreposição

Outras alternativas: *intensidade descompensada; dominar, subjugar.*

Essa é uma condição problemática, quando um elemento tem um sabor tão forte que obscurece o outro quase por completo. É diferente do contraste e da atenuação, já que afeta a combinação em sua totalidade, e geralmente é visto como algo a ser evitado.

Contraste

Outras alternativas: *oposição; complementar, igualar, equalizar.*

Muitos sabores interagem de uma maneira em que parecem se aniquilar mutuamente, em uma luta dramática, quase como o encontro entre matéria e antimatéria. Às vezes dois sabores fortes, como o amargor e a doçura, parecem desaparecer quase que por completo quando combinados.

Atenuação

Outras alternativas: *camuflar (diminuição); esconder, ocultar, mascarar.*

Se "atenuação" e "contraste" são a mesma coisa é algo que ainda não ficou bem claro, mas parece que estes são resultados diferentes - atenuar talvez não tenha um efeito tão dramático. A baunilha, por exemplo, é uma opção famosa para esconder sabores, então claramente isso acontece no reino aromático.

Corte

Outras alternativas: *limpar, eliminar, enxaguar, remover.*

O corte ocorre principalmente como efeito das bolhas formadas pelo gás, que "raspam" o palato para retirar as partículas de comida. É algo particularmente útil com alimentos espessos e gordurosos. Isso pode ser resultado do enxágue físico, no caso da carbonatação, ou da maior solubilidade ao álcool de certos componentes.

(continua na próxima página)

TERMOS UTILIZADOS PARA AS INTERAÇÕES ENTRE CERVEJA E COMIDA (continuação)

Cancelamento (elementos semelhantes)

Outras alternativas: *doce bate com doce.*

O cancelamento de semelhantes é bem conhecido no mundo do vinho quando se combinam vinhos e comidas doces. Parece contraditório, mas jogar mais doce em cima de algo doce nem sempre torna as coisas enjoativas, especialmente quando se alcança o limite máximo de percepção da língua e o retorno dessa doçura passa a ser cada vez menor. A acidez pode se comportar da mesma maneira até certo ponto, apesar de que combinações como essas são muito menos comuns nas cervejas do que nos vinhos.

Agravamento

Outras alternativas: *ardência, irritância, aspereza; sobrecarregar.*

Descreve um tipo de incremento negativo, em que um elemento da dupla amplifica ou altera o caráter do outro de forma desagradável. Isso acontece principalmente em comidas apimentadas, nas quais a picância pode ser acentuada pelo álcool ou pelo amargor do lúpulo, mas também pode acontecer com as sensações na boca, como a de adstringência ou a dos taninos.

Realce

Outras alternativas: *aumento, potencialização; enriquecer, incrementar, amplificar.*

O realce acontece quando um elemento aumenta a percepção da intensidade de um ou mais componentes do outro. É uma ocorrência comum; por exemplo, quando a adição de algo cítrico ou herbal revela uma característica similar até então despercebida na mistura. O sal e a pimenta geralmente são convocados para exercer essa função em pratos de comida e podem ter efeitos semelhantes sobre os sabores da cerveja. Isso pode acontecer com gostos e aromas, e também com sabores.

Alívio

Outras alternativas: *diminuição, suavização; acalmar, mitigar.*

O alívio reduz o calor ou a irritação e costuma ser usado no contexto de sabores apimentados, que parecem ser suavizados ou mitigados pelas cervejas doces e maltadas.

seguido nas áreas em que é necessário realizar maiores pesquisas. Se reduzirmos esses termos à sua essência, talvez possamos ser mais lúcidos em nossas escolhas.

Assim como acontece ao degustar cerveja, é importante aqui separar os processos sensoriais: o aroma, o gosto, a sensação na boca e a experiência sensorial combinada que chamamos de sabor. Separar essas sensações evidencia que muitas das interações ocorrem principalmente em um campo ou outro. A maioria das conexões ressonantes que encontramos entre cervejas e alimentos que compartilham das mesmas características de sabor tem uma base aromática. Boa parte do trabalho importante de administrar elementos contrastantes é feito pelo gosto e pelas sensações na boca. Embora o gosto e o aroma realmente interajam com força em nossos cérebros, tentar distingui-los de fato parece trazer clareza ao processo.

Orientações simples para a harmonização de cerveja e comida

Sinto dizer que não há nada equivalente àquela regra "vinho tinto vai com carne, vinho branco vai com peixe" no mundo da cerveja. A coisa é bem mais complicada, mas felizmente harmonizar cerveja e comida é basicamente uma questão de bom senso e de levar algumas poucas coisas em consideração. Não há nada difícil ou misterioso nesse processo. Siga algumas regras básicas, preste atenção, e vai ser difícil errar muito. Não gaste tanta energia tentando chegar à perfeição – isso não existe, mas de vez em quando você vai viver um momento realmente transcendental, que é aquilo que todos nós buscamos.

Se você ainda não presta atenção às cervejas e às comidas de que mais gosta, comece agora: o amargor efervescente de uma Pale Ale cortando a audácia de um hambúrguer grelhado; a maciez defumada de uma Stout equilibrando a picância cremosa do salmão defumado; a força agridoce de uma Barley Wine atravessando a doçura de um crème brûlée. Combinações memoráveis estão por aí esperando para ser descobertas. Só é necessário ter um pouco de foco. Parafraseando um místico oriental, "viva a cerveja do agora".

Para aqueles que iniciaram essa busca recentemente, isso tudo pode ser meio massacrante. As orientações apresentadas aqui podem oferecer uma estrutura para se pensar sobre cerveja e comida e para ajudá-lo a dar os primeiros passos nessa questão tão importante que é encontrar boas combinações. Com a prática, você vai ganhar uma compreensão intuitiva das ideias que estão aqui e desenvolver seu próprio repertório de combinações infalíveis para maravilhar e impressionar seus amigos. É claro que sempre é útil anotar o que acontece durante sua odisseia pelas trilhas da cerveja e da comida.

A maioria das abordagens de harmonização descreve os resultados como um jogo em que só há a vitória ou a derrota como opções: ou o par está em harmonia, ou está em contraste. Na minha experiência, é muito raro que um par esteja em um desses extremos. Quase sempre as combinações operam em diversas camadas, com diferentes conjuntos de aromas e sabores agindo simultaneamente, apesar de que a primeira impressão pode ressaltar alguma combinação específica de sabores contrastantes ou harmoniosos. Às vezes, os maiores pontos de conexão serão os sabores secundários, como um toque de ervas ou de frutas cítricas, em vez dos sabores maiores e mais óbvios.

Gosto e aroma são coisas diferentes, e, apesar de muitas vezes trabalharem em conjunto, também é comum que atuem de maneira completamente independente; assim, as semelhanças com frequência ocorrem com maior força no reino aromático, enquanto os contrastes acontecem entre os elementos de gosto. Eu acho que pensar sobre tudo o que está acontecendo quando a cerveja e a comida se encontram em sua boca, em vez de tentar simplificar dando atenção a uma coisa só, compõe uma combinação mais envolvente e profunda.

O processo em três etapas descrito a seguir abrange as considerações que me parecem ser mais importantes quando se escolhe uma comida e uma cerveja para formar um par. Eu fiz o que pude para separar os fenômenos diferentes e manter a linguagem o mais simples possível. Apesar de haver muitas outras maneiras válidas de se fazer uma harmonização, eu utilizo essa abordagem há mais de uma década e posso dizer com convicção que, quando se mantêm essas três coisas em mente, não dá para errar muito.

PRIMEIRA ETAPA: EQUILIBRAR INTENSIDADES

É comum que um parceiro seja um pouco mais assertivo do que o outro, mas pratos delicados funcionam melhor com cervejas delicadas e comidas de sabor forte exigem cervejas mais vigorosas. Um par é capaz de tolerar uma diferença razoável de intensidade, mas a certa altura um elemento vai acabar dominando o outro – um efeito que eu gosto

Comidas em ordem crescente de intensidade

Sushi, peixe cozido, queijo muçarela fresco, pão branco

Peixe branco salteado, queijo de cabra, vegetais grelhados, pretzel, queijo butter käse, queijo brie

Frango assado, salada de espinafre, pizza, peixe frito, queijo gouda não maturado

Costeletas de porco, salmão, cogumelos portobello, peru assado, bolinho de caranguejo, queijo gruyère

Hambúrguer, frango grelhado, presunto, kielbasa, queijo cheddar maturado, patê

Fajitas, goulash, quiabo, salame, torta de maçã, cookie de chocolate, queijo pecorino romano

Costela bovina defumada, cheesecake, torta de noz-pecã, queijo gouda maturado

Carneiro grelhado, *cevapcici* (salsichas sem pele de carne bovina e suína), queijo azul, bolo de cenoura

Costelas grelhadas, bife de peito de boi defumado e grelhado, queijo stilton, mousse de chocolate

Bolo de chocolate recheado/petit gâteau, trufas de chocolate, queijo parmesão (parmigiano reggiano)

de chamar de "Bambi *versus* Godzilla". Nós estamos buscando harmonizações em que os parceiros se transformem mutuamente, e isso é bem difícil se um obliterar o outro por completo.

O que define a intensidade de sabor? Não é uma coisa por si só, mas a experiência de sabor como um todo. Na cerveja, pode ser a combinação de teor alcoólico, caráter do malte, amargor do lúpulo, doçura, corpo, aroma do malte ou do lúpulo, acidez, sabor de torrado e muito mais. Na comida, a quantidade de gordura, a doçura, os métodos de cozimento (como assado, grelhado ou frito) e os temperos, todos têm seu papel. A seguir, vamos tratar das dinâmicas particulares dos elementos do gosto sobre a língua, mas esse estágio trata simplesmente do impacto geral.

SEGUNDA ETAPA: ENCONTRAR SEMELHANÇAS

Sabores semelhantes são aqueles similares ou que se encaixam confortavelmente por outras razões. Em geral, eles são encontrados no reino aromático, o que faz sentido, já que há milhares de moléculas aromáticas distintas na cerveja e na comida, então há oportunidades de sobra para encontrar coisas que se relacionem entre si. Em comparação, a língua tem poucas sensações de sabor diferentes, e, apesar de serem muito importantes na composição de uma grande harmonização, estas têm dinâmicas específicas, que discutiremos a seguir. No aroma, não no sabor, é onde devemos buscar pontos de conexão.

Combinações de cervejas e alimentos funcionam bem quando compartilham alguns elementos de sabor ou aroma. Como processos bioquímicos similares operam em uma gama variada de contextos diferentes, muitas vezes você encontrará as mesmas moléculas aromáticas aparecendo nos mais diversos lugares: por exemplo, a levedura e as frutas podem produzir ésteres frutados; os lúpulos, as flores e as frutas cítricas compartilham uma quantidade de terpenos picantes; o malte tostado, o pão assado, as cebolas caramelizadas e a carne grelhada compartilham moléculas aromáticas heterocíclicas, provenientes da reação de Maillard que acometeu a todas elas.

Aromas cítricos de lúpulo
Frutas cítricas, pimentas, vinagre.

CERVEJA E COMIDA: SABORES COMUNS

Aqui estão alguns dos alimentos que compartilham perfis de aroma específicos com a cerveja.

Aromas herbais de lúpulo
Queijo azul, ervas, molhos de salada.

Caráter frutado das leveduras
Molhos à base de vinho ou frutas, chutney, sobremesas de frutas.

Caráter picante das leveduras
Pimenta-do-reino, zimbro, gengibre.

Caráter picante das leveduras
Pimentão, canela, anis-estrelado, pratos apimentados, churrasco.

Caráter de mel do malte ou das leveduras
Caramelo leve, frutas, mel, aromas florais.

Aromas de coco, baunilha ou de maturação em barril
Sobremesas com baunilha, amêndoas, coco.

Aromas de amêndoas do malte
Amêndoas, queijo alpino amendoado, linguiça maturada.

Sabores caramelizados do malte
Sabores de carnes, cebolas ou vegetais salteados ou caramelizados; molho barbecue; queijo maturado; caramelo em sobremesas.

Sabores de malte torrado
Carnes assadas ou defumadas; chocolate; café.

Sabores de malte tostado
Carnes grelhadas ou assadas; amêndoas torradas, pão, doces.

CERVEJA E COMIDA: AFINIDADES DE SABORES

Este esquema descreve as relações harmoniosas entre alguns elementos da cerveja e da comida que não são necessariamente similares em aroma.

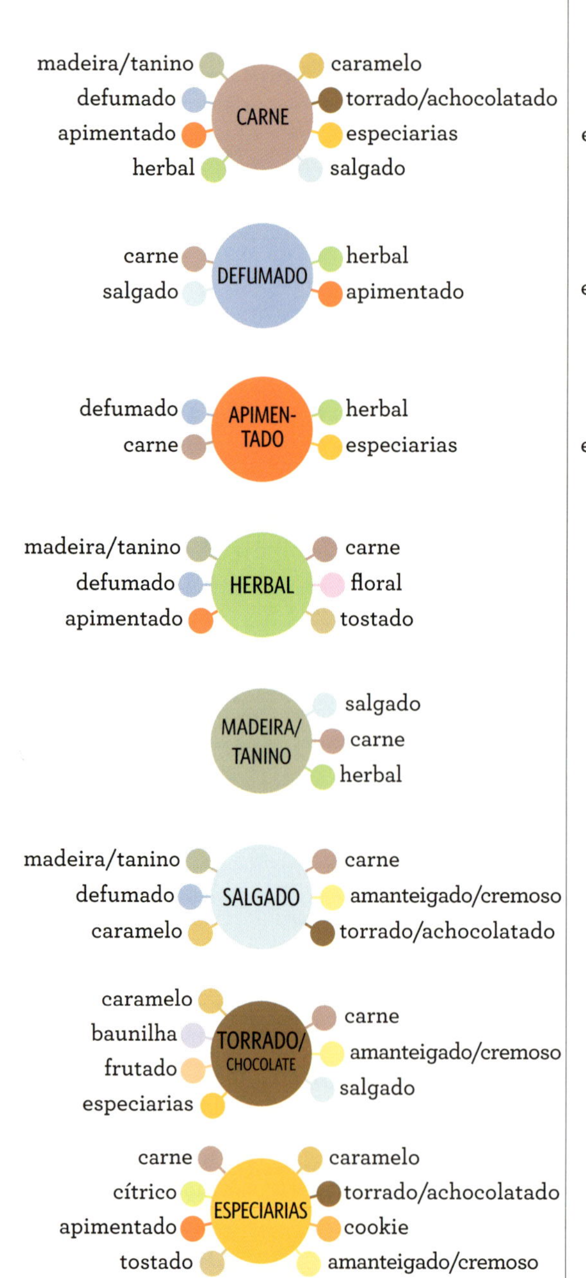

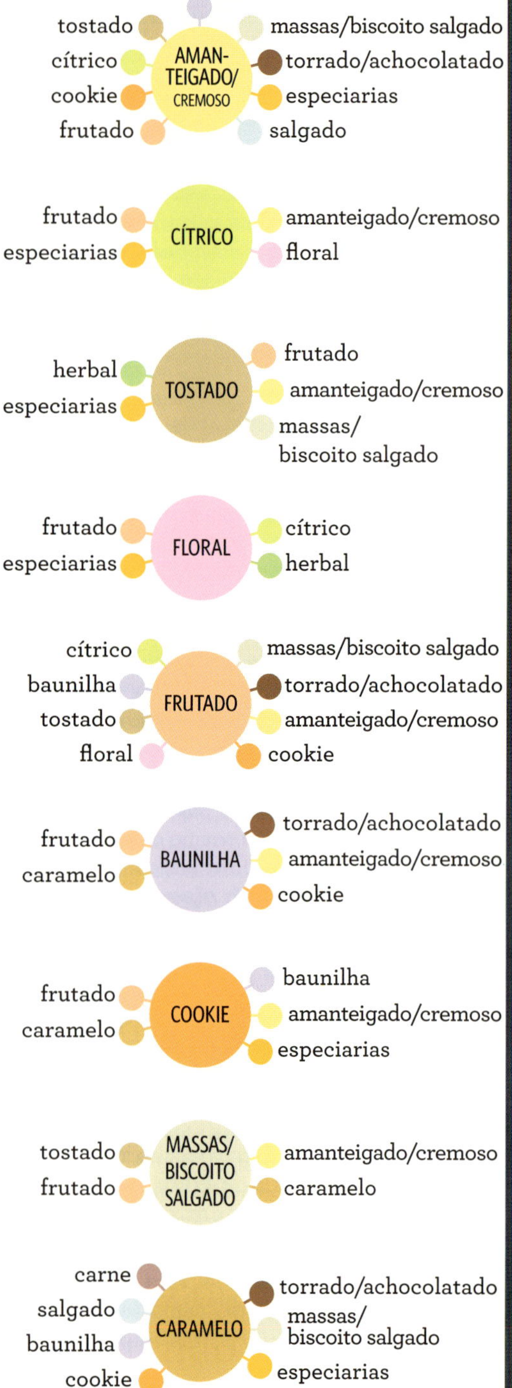

Para nossa sorte, isso nos oferece uma variedade enorme de pontos de conexão para explorar. Os sabores profundos e torrados da Imperial Stout combinados com trufas de chocolate, ou os sabores caramelados de uma Lager Oktoberfest harmonizada com leitão assado são apenas dois exemplos, mas há inúmeros outros.

Também há combinações de sabor que nos parecem harmoniosas por causa de nossas histórias pessoais e culturais. Sabores de pão ou de tostado ficam incríveis associados aos amanteigados para nós que crescemos na Europa ou nas Américas, mas essa associação pode ser totalmente alienígena para os asiáticos, que têm pouca exposição a laticínios. A baunilha tem uma associação poderosa com tudo que é doce no Ocidente, mas não na Ásia.

Interações de comida e cerveja. A tabela a seguir estabelece uma gama específica de interações que acontecem entre diferentes gostos e sensações na boca, na cerveja e na comida. Ela mostra que tipo de interação tem maior probabilidade de acontecer. A maioria dos termos está explicada na página seguinte, mas alguns requerem comentários adicionais. "Neutro" significa que há pouca ou nenhuma interação; e "cuidado" significa que, apesar de às vezes essas combinações funcionarem de maneira agradável, também pode haver problemas, então prossiga com cautela.

Eu utilizo o termo "afinidade" para descrever essa relação. Como existem bases culturais e pessoais, essas afinidades variam muito de acordo com o público, e a pessoa tem que ser sensível a essa realidade quando for criar uma harmonização para um grupo de pessoas culturalmente diverso. A seguir, tentei traçar algumas das relações com as quais estou acostumado, resultado das minhas raízes no Centro-Oeste dos Estados Unidos. Quanto mais exótico você for em termos de suas experiências culturais, mais exótico será esse tipo de gráfico.

TERCEIRA ETAPA: CONSIDERAR OS ELEMENTOS DE CONTRASTE

Doçura, amargor, carbonatação, especiarias e peso – certas características da comida e da bebida interagem entre si de maneiras específicas e previsíveis. Aproveitar-se dessas interações garante que a comida e a cerveja se equilibrarão entre si, sem que nenhuma das duas roube a cena. A seguir estão listadas algumas interações específicas, sabor a sabor, e isso é diferente da equiparação geral de intensidade mencionada anteriormente.

Comidas doces, gordurosas ou ricas em umami podem ser equilibradas por vários elementos da cerveja, como o amargor, a doçura, o malte tostado/torrado ou o álcool; mas cada um pode atuar de maneira um pouco diferente. A carbonatação também é eficaz em cortar a gordura, mas esta é

SABOR E SENSAÇÕES DA CERVEJA NA BOCA	SABOR E SENSAÇÕES DA COMIDA NA BOCA					
	DOÇURA	PICÂNCIA ("CALOR" DE PIMENTA)	GORDURA	UMAMI	ACIDEZ	SAL
AMARGOR DO LÚPULO	Equilibra	Equilibra	Cuidado	Atenua	Atenua	Agrava
AMARGOR DO MALTE TORRADO	Equilibra	Equilibra	Afinidade	Afinidade	Afinidade	Neutro
DOÇURA	Elementos iguais se cancelam	Equilibra	Afinidade	Equilibra	Cuidado	Equilibra
CARBONATAÇÃO	Limpa	Limpa	Limpa	Limpa	Limpa	Limpa
ÁLCOOL	Equilibra	Limpa	Equilibra	Agrava	Cuidado	Agrava
ACIDEZ	Cuidado	Equilibra	Neutro	Atenua	Elementos iguais se cancelam	Agrava

apenas uma ação de limpeza, talvez auxiliada pela sensação de leveza ou acidez que vem junto dela. Umami é o sabor apetitoso encontrado em peixes gordurosos, queijos maturados, carnes e tomates maduros ou cozidos, e pode ser equilibrado pelos mesmos aspectos da cerveja que são utilizados para equilibrar a doçura; porém, como o umami tem um caráter menos intenso, pode-se escolher um nível mais baixo de intensidade para ser equiparado.

A picância (de pimentas) é outra interação específica: uma cerveja lupulada tornará uma comida apimentada ainda mais apimentada. Se você é o tipo de fanático que sonha com o dia em que vai poder injetar pimenta direto nas veias, isso não vai incomodá-lo, mas, para o resto de nós, uma abordagem mais equilibrada sempre é bem-vinda. Se você está considerando uma cerveja lupulada para acompanhar um prato apimentado, assegure-se de que ela também tenha bastante malte.

CONSIDERAÇÕES ADICIONAIS

Os princípios descritos anteriormente são as considerações primárias. Aqui vão algumas ideias adicionais sobre como degustar a cerveja e os alimentos juntos.

Repare nas cozinhas clássicas. A culinária de países que bebem cerveja oferece muitas combinações incríveis de cerveja e comida. Uma cerveja e um queijo da mesma região ou até do mesmo monastério podem ser uma escolha óbvia, assim como a combinação da bratwurst com a Pale Lager, mas quem consideraria servir Stout e ostras juntos? Combinações clássicas são confirmadas pelo tempo e são um ponto de partida ideal para maiores explorações. Os belgas têm praticamente uma obsessão com cerveja e comida e uma desenvolvidíssima *cuisine à la bière* (isto é, uma série de práticas de cozinha usando cerveja na preparação). Aprender como eles fazem as coisas vai lhe fornecer muitas ideias para harmonizações.

Faça uso de padrões familiares. As combinações de sabor em certos pratos são tão familiares para a maioria das pessoas que constituem um espaço comum no qual se pode criar. Se conseguir recriar ou até evocar esses pares de sabores reconhecíveis no contexto diferente e novo da cerveja, você já tem meio caminho andado para a aceitação (veja a foto na página 193).

A prática leva à perfeição. Nem toda harmonização funciona como se espera, mas isso pode ser divertido se você é capaz de apreciar o inesperado. Se não ficou tão bom, registre o resultado e siga em frente. Trabalhe com base no que deu certo e continue em busca daquelas combinações mágicas.

Escada acima e escada abaixo. Uma "escada" nesse contexto é um grupo de combinações que tem por base um princípio específico em várias intensidades. Queijo azul com cerveja lupulada é um exemplo excelente, e essa harmonização pode funcionar com um brie azul suave acompanhado de uma Pilsner lupulada; um queijo de média intensidade, como o gorgonzola, com uma Belgian IPA; ou, indo direto para o topo da escala, com o queijo stilton e uma Barley Wine (confira a escada de harmonização na página 194). O poder de cortar a gordura do amargor e a ligação herbal harmoniosa entre o lúpulo e o mofo azul aplicam-se em todos os níveis – a única coisa que muda é a intensidade. Quando descobrir uma harmonização que funcione em sua opinião, faça bom uso disso conferindo sabores similares de intensidade maior ou menor, e você pode descobrir que ganhou muitas harmonizações novas para utilizar.

Considere a sazonalidade. Pegue leve no verão e vá mais pesado no inverno; as cervejas e as comidas de uma estação se harmonizam de uma forma muito natural e adequam-se ao estado de espírito da época.

Pense além das combinações "perfeitinhas". Sim, o chocolate e a Imperial Stout são uma delícia juntos, assim como várias outras combinações de cerveja e comida que compartilham dos mesmos sabores. E, apesar de não haver nada de errado com essa abordagem, profissionais mais experientes geralmente arriscam algo mais criativo, muitas vezes buscando afinidades, e não necessariamente semelhanças, para criar aquele momento mágico.

Harmonizações por afinidade

Torta de cereja + Porter = cerejas cobertas com chocolate.

Queijo camembert suave + Brown Ale tostada = queijo quente líquido.

Queijo burrata + Hefeweizen frutada = pêssegos com creme de leite.
(Burrata é um queijo muçarela fresco recheado com creme e coalhada)

Queijo gouda maturado e suculento + Imperial Stout = carne assada ou grelhada.

ALTA INTENSIDADE

Barley Wine
Stilton

American IPA
Point Reyes Blue

Belgian IPA ou
American Pale Ale
Gorgonzola dolce

Bohemian Pilsner
Brie azul

BAIXA INTENSIDADE

Uma escada de harmonização para queijos azuis e cervejas lupuladas claras.
A escada à esquerda mostra como a mesma combinação de sabores pode funcionar em vários níveis de intensidade. Usar "escadas" como essa ajuda a expandir seu repertório ao permitir que uma única ideia funcione com vários estilos de comida e bebida diferentes.

Faça pequenos ajustes. Às vezes, uma harmonização medíocre precisa apenas de uma pequena mudança para torná-la realmente maravilhosa. Incentive a pessoa que está compondo os pratos a ser criativa e certifique-se de que você está ajudando-a a compreender os sabores na cerveja para que possam encontrar sabores de comida que harmonizem com eles. Às vezes uma guarnição verde, um pouco de molho ou um pouco de suco de uma fruta cítrica pode adicionar o elo que faz a harmonização toda brilhar.

Na dúvida, faça como os belgas. Se você está indo para um jantar e precisa de uma cerveja que combina com quase qualquer coisa, eu sugiro que leve uma Abbey Dubbel ou Abbey Tripel. Elas têm conteúdo o bastante para enfrentar quase qualquer coisa, mas não têm sabores de malte ou de lúpulo tão agressivos capazes de sobrepujar a maioria das comidas. Além disso, as garrafas grandes são bem impressionantes.

Lembre-se, as recomendações listadas aqui são apenas isso, sugestões – não são regras absolutas. A gastronomia da cerveja tem sua fundação na criatividade e na experimentação. Esperamos que você siga esse espírito em sua jornada pelo mundo da comida e da cerveja.

A cerveja durante a refeição

Cada parte de uma refeição tem uma dinâmica própria que oferece ao mesmo tempo limitações e oportunidades. As saladas são extremamente flexíveis; as entradas exigem leveza, os pratos principais encaram quase qualquer coisa e as sobremesas exigem cervejas potentes, que domem o açúcar e outros sabores como ele.

CERVEJAS COM SALADAS E APERITIVOS

Cervejas efervescentes e refrescantes são a melhor maneira de começar uma refeição. Uma cerveja leve de trigo pode ser uma combinação perfeita (e meio tediosa) para folhas verdes, mas a beleza das saladas é que elas são totalmente maleáveis: quando se escolhe acréscimos com sabores mais intensos, a salada passa a ser capaz de lidar com uma boa dose de intensidade da cerveja, incluindo um amargor pesado.

As saladas podem se conectar ao amargor de uma cerveja pela utilização de folhas amargas, como a rúcula ou o radicchio. Esse amargor também pode ser equilibrado por elementos doces no molho ou por uma guarnição como amêndoas açucaradas ou pedaços de queijo azul, capazes de combater uma cerveja bastante lupulada. O mesmo vale para os tomates, já que tomates maduros têm bastante umami, capaz de lidar com o amargor. Queijos maturados, que tendem a ser espalhados em cima de saladas, são outra fonte de umami. Além de encontrar maneiras de lidar com o amargor e até de celebrá-lo, todos esses elementos adicionais proporcionam oportunidades para se conectar à cerveja no campo aromático.

Ingredientes de salada e cervejas por intensidade

Queijo maturado
Amêndoas açucaradas
Azeitonas pretas
Radicchio
Tomates-cereja maduros
Abacate
Cerejas secas
Alcachofras marinadas
Queijo fresco
Rúcula
Endívias belgas
Croûtons
Folhas de alface

IPA
American Pale Ale
Saison
English Bitter
Bohemian Pilsner
Witbier
Helles

Não há uma regra simples para as entradas, porque este é um grupo muito diverso. Um simples coquetel de camarão é algo muito diferente de uma pimenta jalapeño recheada com queijo, então aplicam-se as mesmas regras sobre como equilibrar a intensidade, encontrar afinidades e lidar com contrastes. Considere o prato como um todo – proteína, amido, método de preparação e molho/guarnição – e faça uma estimativa sobre qual é sua intensidade geral. Isso reduz o número de cervejas possíveis, então você pode começar a buscar as semelhanças. Geralmente há várias opções.

Uma Blonde Ale cheia de caráter pode ficar perfeita com atum grelhado. Uma American Pale Ale lupulada pode equilibrar aperitivos suculentos como tortinhas de queijo e bruschetta. Uma Saison condimentada é o contraponto perfeito para um camarão apimentado no estilo de Nova Orleans. Uma Red Ale ou uma Amber Lager podem ser os companheiros ideais de peixes defumados – ou você poderia optar por apresentá-las com uma Stout de corpo leve e sabor defumado. As entradas devem apresentar uma experiência fantástica sem desgastar demais o palato. Busque cervejas de corpo leve e pouco amargor.

Cervejas para entradas leves

- Pilsner maltada
- Saison
- Hefeweizen
- Witbier

CERVEJAS COM PRATOS PRINCIPAIS

Há uma cerveja para cada prato, desde que você se lembre das regras gerais: equilibrar a intensidade, encontrar ressonâncias e afinidades, lidar com contrastes. Assim como ocorre com as entradas, os pratos principais combinam um ingrediente principal, um método de cozimento, molho e guarnições, cada qual com sua própria contribuição para a intensidade e o caráter geral do prato.

Primeiro, considere o ingrediente principal, geralmente uma proteína. Carneiro, por exemplo, tem um sabor muito mais pesado no palato que frango, então sua intensidade se eleva logo de cara.

Segundo, considere o método de cozimento. Alimentos cozidos não ganham muito sabor adicional, mas alimentos assados, salteados, fritos, grelhados e defumados ganham sabores progressivamente mais intensos. Como a química da queima de alimentos é basicamente a mesma na comida e na secagem do malte, esse é um bom espaço para procurar elementos e afinidades em comum: sabor de pão, de amêndoas, cookies, caramelo, tostado, torrado, etc. Diferentes comidas e métodos de preparação acrescentam quantidades diversas de gordura, e isso exige uma certa intensidade na cerveja usada para equilibrá-la (confira a tabela de interações entre a comida e a cerveja na página 191).

Terceiro, considere os temperos, os molhos e outros elementos adicionados. Eles transformam dramaticamente o caráter do prato e podem conter ervas, especiarias, gordura, sal, açúcar, acidez, picância, ou todas as anteriores. Temperos e molhos apresentam várias oportunidades para descobrir pontos de conexão, mas também podem complicar a cena. Lembre-se, não há combinação perfeita. Repare nos elementos mais intensos de sabor no prato (não se esqueça de considerar os extras ou acompanhamentos) e certifique-se de que estão equilibrados pela cerveja, e então prossiga para garantir que há alguns elementos em comum ou de afinidade.

Um churrasco de costeletas de porco é um bom exemplo. As costeletas em si têm um sabor apenas moderadamente intenso, porém uma boa quantidade de gordura. Quando se acrescentam temperos, fumaça e o escurecimento da carne causado pelo calor, um pouco de pimenta e uma última camada de molho adocicado ou picante caramelizado, de repente nos deparamos com muita informação. O aspecto caramelizado e adocicado da carne e do molho é o elemento primário, que oferece um elo com os sabores caramelizados do malte da cerveja. Por causa de seus sabores doces e ricos, costeletas são equilibradas por cervejas que são secas no palato, e um teor alcoólico e de carbonatação moderadamente altos vão ajudar mais ainda a cortar a gordura. Vários outros estilos de cerveja encaixam-se aqui, mas eu gosto de uma Belgian Dubbel. Além de suas outras características, a Dubbel também se equipara bem ao prato em termos de intensidade geral. Esse tipo de desconstrução analítica dos sabores é essencial para uma harmonização bem-sucedida.

CERVEJAS COM SOBREMESA

As sobremesas combinam maravilhosamente bem com cerveja. Caso você não tenha registrado, vou repetir: cerveja com sobremesa é fantástico! Em um primeiro momento, pode parecer uma combinação estranha, mas quando se pensa sobre os sabores ricos, caramelizados, doces e torrados que com frequência encontramos tanto na cerveja como na comida, faz sentido.

No entanto, não serve qualquer cerveja: a doçura e a gordura presente nas sobremesas exigem cervejas de sabor forte. Em geral, nem pense em combinar cervejas com teor alcoólico abaixo de 6% com sobremesa, e o "ponto ideal" provavelmente está acima disso. Nós tendemos a pensar que o açúcar é um sabor bastante sem graça, mas, apesar de ser verdade que ele não é muito complexo, quando alcança a língua ele explode e domina a cena, razão pela qual se faz necessária uma cerveja de sabor forte para equilibrá-lo. O mesmo acontece com a gordura.

Felizmente, há várias opções de cervejas para sobremesa. Você pode associar uma sobremesa de frutas, como torta de maçã ou de pêssego, com uma Belgian Tripel, forte e carbonatada. Pudim de pão ou uma torta de noz-pecã doce podem agir da mesma maneira, e os encantos caramelizados e agridoces de uma Old Ale preenchem esse papel maravilhosamente bem. Características de frutas cítricas e especiarias de várias cervejas funcionam bem com sobremesas que ressaltam sabores similares.

Quanto mais doce for a sobremesa, melhor ela vai se sair com o amargor do lúpulo. Cervejas fortes e altamente lupuladas são parceiros ideais para itens superdoces, como cheesecake, crème brûlée e bolo de cenoura.* Esse é um equilíbrio dramático da interação entre cerveja e comida, em que cada elemento transforma o sabor do outro. Não importa quão doce é uma sobremesa, uma cerveja lupulada será capaz de reduzir o nível de doçura. Da mesma forma, até mesmo a cerveja mais amarga pode ser controlada por uma sobremesa doce e gostosa. Eu sempre comparo açúcar e lúpulo a matéria e antimatéria, um cancelando o outro.

Chocolate adora cervejas escuras. Chocolate ao leite vai muito bem com Dark Ales ou qualquer outra cerveja forte que não tenha um caráter torrado muito carregado. As expressões mais puras e intensas do chocolate, como um bolo de chocolate sem farinha ou trufas, realmente vão muito bem com uma cerveja escura forte, como uma Imperial Stout muito negra. Mas lembre-se de que o chocolate também ama outros sabores, especialmente caramelo, amêndoas e especiarias;

* Os bolos de cenoura feitos nos Estados Unidos geralmente são mais untuosos e doces que os brasileiros, características muito importantes para que harmonizem com cervejas com alto amargor. (N. E.)

Um final feliz lupulado.
O lúpulo é seu amigo quando o assunto é sobremesa, como nessa combinação que liga a torta de limão com uma IPA tropical e cítrica.

então busque outras cervejas potentes que têm essas afinidades se você quer ir além das harmonizações em que cada elemento tem mais ou menos o mesmo sabor. Sobremesas com menos chocolate – como cookies com pedaços de chocolate e tortinhas de manteiga de amendoim, por exemplo – vão bem com cervejas menos torradas, como a Brown Ale, a Scotch Ale ou a Weizenbock. Não se esqueça do chocolate branco: ele vai muito bem com cervejas claras fortes e às vezes até com Fruit Beers.

Fruit Beers têm uma afinidade óbvia com sobremesas de fruta. A acidez de uma cerveja Kriek ou Frambozen pode cortar a doçura e a rica cremosidade de um cheesecake de cereja ou de um coulis de framboesa.

No entanto, as cervejas Lambic extremamente ácidas costumam ser agressivas demais e deixam a desejar quanto ao corpo ou à estrutura, então elas podem dar a sensação de ser ralas ou agressivas quando combinadas com comidas açucaradas. Cervejas que têm um sabor tostado, levemente caramelizado, em geral vão muito bem com frutas, pois trazem sabores de confeitaria que são elementos obviamente bem-vindos em muitas sobremesas.

Cervejas maturadas em barril possuem sabores intensos e oferecem tons sofisticados de bourbon, baunilha e xerez, que são um deleite com quase qualquer sobremesa mais gordurosa. Também há cervejas especiais com café, chocolate, avelãs e vários outros ingredientes que oferecem possibilidades evidentes para combinações.

SUGESTÕES DE HARMONIZAÇÃO ENTRE CERVEJAS E QUEIJOS

Orval Trappist Ale
com um queijo de cabra maturado com casca.

Dogfish Head 90 Minute IPA ▸
com Golden Ridge Blue (um queijo azul cremoso e sofisticado com toques de cogumelos).

Flossmoor Station Pullman Brown
com um ColoRouge Camembert (um queijo de casca lavada deliciosamente macio).

Lindemans Framboise
com Redwood Hill fresh chèvre (um queijo de cabra cremoso, fresco e terroso).

Saint Arnold Fancy Lawnmower Beer (Kölsch)
com queijo Fair Oaks Farms triple cream butter käse (um queijo amanteigado simples, mas deliciosamente cremoso).

CERVEJAS E QUEIJOS

Como Garrett Oliver, da cervejaria Brooklyn Brewery, gosta de contar para as plateias, o queijo não passa de "gramínea processada dentro de uma vaca e modificada por micróbios". A cerveja também é uma gramínea processada por um micróbio – a levedura. Então, não chega a surpreender que é possível encontrar uma ampla gama de sabores comuns a serem utilizados quando se busca possibilidades de harmonização. O queijo também é um excelente parceiro porque, assim como a cerveja artesanal, muitas vezes ele é feito por produtores pequenos e artesanais movidos pela paixão, com correntes criativas independentes que têm resultados distintos e deliciosos à altura.

Pode ser difícil combinar o queijo com outras bebidas. Seus aspectos intensos, pungentes, terrosos, salgados e cremosos muitas vezes se sobrepõem às bebidas inferiores – mas não vou citar quais são elas. A cerveja, com seu *mix* de carbonatação, amargor do lúpulo e elementos torrados, consegue lidar bem com a gordura do queijo, que toma conta da boca de uma maneira maravilhosa (se você seguir as indicações que já passamos de como fazer harmonizações).

Assim como a cerveja, o queijo vem em uma ampla gama de intensidades, desde os mais delicados aos magnificamente pungentes. É útil compreender alguns dos aspectos básicos de sua fabricação, já que isso ajuda a esclarecer esse cenário complexo. O tipo

▼ **North Coast Old Rasputin Imperial Stout**
com Roth Käse Van Gogh vintage gouda (um queijo gouda amendoado de seis meses).

Rogue Ales Shakespeare Oatmeal Stout
com Rogue Creamery's smokey blue (um queijo azul de textura seca com um tanto de sabor defumado).

Two Brothers Dog Days Dortmunder
com queijo canasta pardo (um queijo de leite de ovelha com uma camada leve de canela).

Einbecker Mai-Ur-Bock
com Meister Family Dairy horseradish cheddar (tão vigoroso quanto seria de se imaginar).

Schlenkerla Rauchbier Märzen
com Carr Valley apple smoked cheddar (um cheddar de estilo americano com uma picância de bacon deliciosa).

e a raça do animal estabelecem os níveis de proteína e de gordura, assim como o caráter de sabor subjacente. A remoção de água é um dos aspectos fundamentais da fabricação do queijo e influencia fortemente a textura e a concentração do produto pronto, assim como seu processo de maturação. As culturas de bactéria e de bolor acrescentam ainda mais características aromáticas e mudanças de textura.

Assim como acontece com qualquer harmonização, a escolha de uma cerveja de acompanhamento depende primeiramente de sua intensidade. Eu acho que combinar cervejas e queijos se torna mais fácil quanto mais fortes forem os sabores. É quase impossível errar uma combinação entre uma Barley Wine ou qualquer cerveja imperial com um queijo forte e maturado como o stilton.

OS AROMAS FRUTADOS da Hefeweizen combinam-se bem com a simplicidade leitosa da muçarela fresca. Fruit Beers são excelentes com um queijo maduro delicado como o brie ou o queijo de cabra. Os aromas herbais e lupulados de uma IPA misturam-se agradavelmente com o aroma complexo do queijo azul, enquanto o amargor limpa o palato. Queijos de casca lavada, com seus aromas "fedidos" e sabores suaves sobre a língua, atuam muito bem com cervejas castanhas de força média como, as English Brown Ales e as Dark Lagers. Estas mesmas cervejas escuras, talvez um pouco mais fortes, atuam muito bem com queijo de ovelha amendoado dos Pirineus e tipos alpinos como o gruyère.

Stout e queijo cheddar são outra grande combinação, assim como a cerveja defumada com um queijo picante e semissólido. Queijos cremosos triplos podem ir bem com uma cerveja clara forte como a Belgian Tripel ou com uma Doppelbock, que vai criar uma impressão de cheesecake de chocolate. A riqueza carnosa de queijos salgados e bem maturados funciona bem com cervejas fortes e escuras como a Imperial Stout. Essa junção de caráter de carne e de torrado é um grande exemplo de dupla formada por familiaridade; quando essas características aparecem juntas em uma combinação de comida com cerveja, automaticamente surge uma sensação de que se encaixam.

VALE A PENA BUSCAR UM GRANDE QUEIJO. Assim como acontece com a cerveja de massa, os estadunidenses estão rejeitando as variedades de queijo mais borrachudas e embrulhadas em plástico que são vendidas nos supermercados. Aquilo que essas lojas chamam de

Cerveja Anchor Old Foghorn Barleywine e queijo azul da Point Reyes Farmstead Cheese Company.

cheddar, muenster, jack, suíço e tudo o mais não passa de imitações defeituosas dos queijos genuínos. Queijos de verdade são saborosos, cheirosos, variados, sublimes e autênticos. E alguns dos melhores deles vêm de alguns dos menores produtores, sejam eles tradicionalistas arraigados ou renegados radicais. Em outras palavras, um excelente queijo tem muito em comum com a cerveja artesanal.

Um queijo de alta qualidade é um deleite para os sentidos e uma alegria de combinar com boa cerveja. Supermercados não costumam oferecer muitos queijos realmente interessantes, então é muito melhor visitar um mercado gourmet ou uma loja especializada em queijos, se você tiver a sorte de morar perto de uma.

Assim como na cervejaria artesanal, há um movimento de queijos artesanais nos Estados Unidos, e alguns dos produtos resultantes são dignos de qualquer outro encontrado na Europa. Eles valem o esforço e o investimento. Na minha experiência, quem está vendendo queijos nessas lojas

COMBINAÇÕES INFALÍVEIS DE CERVEJAS E QUEIJOS

Uma Saison picante
- Brasserie Dupont Moinette
- North Coast Le Merle
- Southampton Saison

Um queijo cremoso com casca branca
- Sweet Grass Green Hill semiripened
- MouCo Camembert
- French Coulommiers

Uma Brown Ale tostada
- Dogfish Head Indian Brown
- Unibroue Chambly Noire

Um queijo firme e amendoado de leite de vaca ou de ovelha
- Ossau-Iraty
- Comte St. Antoine

Uma Pale Ale lupulada e intensa
- Firestone Walker Union Jack
- Bell's Two Hearted
- Victory HopDevil

Um queijo azul cremoso e gorduroso ou um gorgonzola
- Green Mountain Gore-Dawn-Zola
- Rogue Creamery Rogue River Blue
- Maytag Blue

Uma Imperial Stout ou outra intensa
- North Coast Old Rasputin
- Deschutes Abyss

Um gouda carnoso e caramelado bem maturado
- Gouda holandês maturado por quatro anos
- Roth Käse Van Gogh Vintage

Uma Barley Wine
- Anchor Old Foghorn
- Three Floyds Behemoth
- Brooklyn Monster

Stilton ou outros queijos azuis intensos e maturados
- Colston Bassett Stilton
- Jasper Hill Bayley Hazen Blue

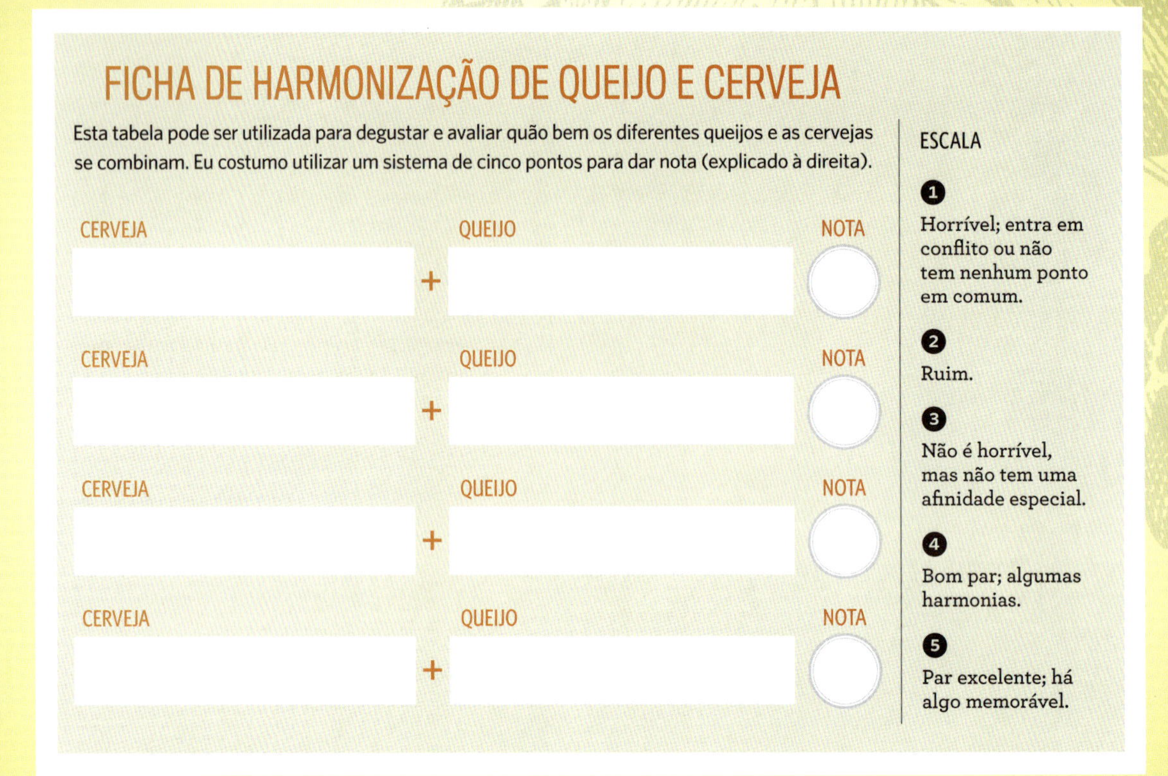

FICHA DE HARMONIZAÇÃO DE QUEIJO E CERVEJA

Esta tabela pode ser utilizada para degustar e avaliar quão bem os diferentes queijos e as cervejas se combinam. Eu costumo utilizar um sistema de cinco pontos para dar nota (explicado à direita).

CERVEJA		QUEIJO	NOTA
	+		
	+		
	+		
	+		

ESCALA

1. Horrível; entra em conflito ou não tem nenhum ponto em comum.
2. Ruim.
3. Não é horrível, mas não tem uma afinidade especial.
4. Bom par; algumas harmonias.
5. Par excelente; há algo memorável.

geralmente sabe do que está falando, e é uma boa ideia pedir recomendações (e quem sabe umas amostras) na hora de escolher. Muitas vezes, essas pessoas têm uma boa sugestão para harmonizar com cervejas.

O queijo é um excelente ponto para se iniciar uma jornada de cerveja e comida (as sobremesas são outro). Um grande queijo não é difícil de encontrar, não exige muita preparação antes de ser servido, e por ser uma coisa só – em vez de uma mistura de ingredientes, temperos e métodos de cozimento – é um pouco mais fácil de combinar. Como objeto de estudo, no entanto, o queijo é tão complexo quanto a cerveja, então eu aconselho procurar um bom texto introdutório para ajudá-lo a entender o mundo dos queijos.

A maneira mais simples de promover uma degustação casual é reunir alguns amigos com quatro ou cinco tipos diferentes de queijo e cada um trazer algumas cervejas, então servi-los todos e mandar ver. Para uma degustação casual, alguns gramas de cada queijo por pessoa é um bom ponto de partida; sirva o dobro se são pessoas que comem bastante. Se você quiser servir pão ou bolachas, tudo bem, mas não invente moda. Queijos refinados têm um sabor melhor à temperatura ambiente, então não se esqueça de permitir que eles se aqueçam antes de servir. Comente o que funciona e o que não funciona. Claro, você vai encontrar alguns pares fenomenais, mas em última instância é o processo que é mais significativo. Ah, e não se esqueça de se divertir.

Preparando um jantar harmonizado com cerveja

Eventos com cerveja e comida têm vários formatos, mas o mais comum é um jantar com vários pratos e uma cerveja específica – ou duas – harmonizando com cada prato. Jantares ambiciosos também tentam incluir a cerveja como um ingrediente em cada preparação. Esses eventos são uma boa maneira de experimentar a comida e a cerveja em conjunto e são uma forma excelente de conhecer as pessoas nos bastidores de sua cervejaria preferida, bem como de encontrar outras pessoas que também são fãs de carteirinha. A maioria dos brewpubs e muitas cervejarias artesanais regularmente promovem jantares de mestres-cervejeiros.

Southampton Saison e Pavé d'Affinois (um queijo de leite de vaca maturado, macio e cremoso).

Você também pode criar seu próprio jantar; é só dedicar um pouco de atenção para quais cervejas serão servidas com quais pratos. A internet está cheia de menus possíveis, e livros de receita específicos para cerveja são outro recurso incrível – procure pelos livros de Julia Herz e Gwen Conley, Garrett Oliver, e Lucy Saunders, por exemplo.

Cozinhas "cervejocêntricas" como a belga ou a alemã são opções imperdíveis, ou você pode apostar em servir algo mais ousado: India Pale Ales com cozinha indiana, comida tailandesa com Lagers alemãs, comida mexicana com Oktoberfest, churrasco com Belgian Ales – há possibilidades de sobra.

Assim como qualquer experiência gastronômica, o contexto adequado e a preparação são o diferencial entre uma experiência comum e uma extraordinária. A seguir estão listados alguns aspectos a se considerar durante o planejamento da sua celebração da cerveja e da comida.

O que estamos fazendo aqui? Certifique-se de que há um plano bem definido e que ele seja compreendido por todos – desde os convidados até os auxiliares. Uma lista e uma definição impressa das cervejas e das comidas que as acompanham é muito útil. Lembre-se de deixar espaço para que as pessoas façam anotações, já que isso aumenta o nível de atenção e a compreensão das informações.

Cerveja ou comida em primeiro lugar? Não há nenhuma regra definitiva, mas, se você está representando a cervejaria ou as cervejas, é óbvio que você vai querer que as pessoas as experimentem sozinhas no primeiro gole.

HARMONIZAÇÕES DE UM EMBATE DE BREWPUBS DA CHICAGO BEER SOCIETY

The Onion Pub

- **Carne temperada com harissa,*** geleia de figo e cuscuz
- **Abbey tripel**

ANOTAÇÕES DE DEGUSTAÇÃO:

A Tripel cortou a gordura e aliviou a picância; também harmonizou por semelhança com os tons frutados do figo.

Goose Island Clybourn Brewpub

- **Pastrami de pato** com chucrute de couve-de-bruxelas
- **Doppelbock envelhecida em barril**

ANOTAÇÕES DE DEGUSTAÇÃO:

A cerveja se assemelhou aos sabores de pão e equilibrou-se à riqueza do pato curado. A picância das couves-de-bruxelas cortou a gordura.

Prairie Rock Brewpub, Elgin

- **Espetinho de frango tailandês** com molho asiático apimentado e brotos verdes
- **Double IPA**

ANOTAÇÕES DE DEGUSTAÇÃO:

A IPA traz um contraste lupulado à gordura do prato, mas com malte o suficiente para equilibrar a picância.

Rock Bottom Restaurant & Brewery

- **Peito de frango assado** na cerveja com agrião e queijo Asiago em minissanduíches de pão sírio
- **Dry-hopped American Brown Ale/Winter Warmer**

ANOTAÇÕES DE DEGUSTAÇÃO:

O sabor suntuoso de carne apresentou semelhança com a cerveja tostada, que tinha amargor o suficiente para cortar a gordura considerável.

* Pasta picante e espessa feita de pimenta e azeite de oliva, originalmente utilizada na culinária norte-africana. (N. E.)

Deguste da menor intensidade para a maior, mas... Álcool, lúpulo, sabores torrados e doçura podem todos dar uma surra no seu palato, então faz sentido que se situe as cervejas mais delicadas no começo da degustação. No entanto, uma elevação de intensidade lenta e longa pode ser cansativa, então considere a possibilidade de dar uma pausa e de servir uma cerveja que limpe o palato – efervescente, vivaz e talvez um pouco ácida ou amarga –, ou então procure atingir o mesmo objetivo usando algum alimento. Isso permite que os palatos das pessoas voltem à estaca zero no meio do jantar.

Considere oferecer uma cerveja de boas-vindas. As pessoas nem sempre chegam todas ao mesmo tempo, e geralmente estão prontas para tomar uma cerveja assim que passam pela porta. Para resolver esse dilema, ofereça meio copo de uma bebida vivaz, refrescante e não muito forte. Isso vai permitir que todos tenham tempo para chegar e desacelerar antes do início do evento principal.

Não exagere. Experimentar cervejas em excesso pode cansar o palato. Quando planejar um jantar, tente limitar o número de cervejas para algo em torno de seis ou oito porções de degustação. Isso significa um máximo de 120 ml por porção, um pouco menos para as cervejas fortes. Faça as contas do álcool; uma faixa boa é o equivalente a duas ou três cervejas "padrão" de 350 ml com teor alcoólico de 5%. Sempre incentive que os convidados utilizem o transporte público ou que não dirijam, especialmente em um evento aberto ao público.

Apresente a cerveja da melhor maneira. A temperatura em que é servida, copos limpos e adequados, iluminação decente e um ambiente livre de fumaça ou de outros aromas devem ser todos levados em consideração quando se prepara um evento de harmonização de cerveja e comida.

Troque e jogue fora. Basta oferecer dois copos por convidado durante a noite toda. Sirva no primeiro e traga o segundo enquanto estão apreciando a primeira dose. Quando chegar a hora da terceira cerveja, os convidados terão ou que beber o que está no copo ou jogar fora. Lembre-se de oferecer alguma maneira fácil de descartar a cerveja. Água filtrada (sem cloro) para lavar e enxaguar os copos é essencial.

Pense com criatividade!
Cervejas lupuladas ou com um toque de queimado são o que se costuma servir com pratos de carne, mas essa Tripel frutada e picante corta esse prato num passe de mágica.

Como cozinhar com cerveja

Dona de uma ampla variedade de propriedades, a cerveja pode ser fantástica na cozinha. Ela pode ser utilizada como qualquer outro líquido na preparação de alimentos, mas exige algumas considerações. Procure equiparar a intensidade da cerveja e a da comida que está sendo preparada, como se você estivesse harmonizando a cerveja com qualquer outro prato. O amargor da cerveja é como um cão faminto – você tem que ficar de olho. Cervejas com baixo amargor são melhores para cozinhar.

Não reduza a cerveja, já que mesmo a menos amarga delas pode ficar amarga demais para o prato. Sal, ácido e doçura são todos capazes de ocultar o amargor – pequenas quantias de um ou mais desses elementos são capazes de acobertar o amargor sem fazer com que o prato fique perceptivelmente mais salgado, azedo ou doce. Lembre-se sempre de experimentar o prato enquanto cozinha.

Para deixar a massa mais leve: a cerveja pode deixar mais leve a massa usada na fritura por imersão de itens como peixe ou aperitivos.

Cervejas sugeridas: Lagers ou Ales claras ou âmbar, moderadamente lupuladas.

Para deglacear a frigideira: é possível preparar um molho rápido para itens salteados ou assados utilizando cerveja para deglacear a frigideira. Não reduza a cerveja, já que ela pode tornar-se excessivamente amarga.

Cervejas sugeridas: delicadas ou intensas, de acordo com a natureza do prato, mas preferivelmente pouco amargas. Fruit Beers ácidas costumam brilhar nesse papel.

Para molhos e marinadas: a cerveja pode ser uma adição excelente a molhos de salada e marinadas para carne grelhada ou churrascos. Cervejas ácidas podem substituir o vinagre em molhos.

Cervejas sugeridas: cervejas claras e pouco amargas para molhos; cervejas âmbar ou castanhas de sabores mais intensos para marinadas.

Para cozimento ou cozimento a vapor: mariscos cozidos no vapor com cerveja de trigo são um clássico, mas há outras combinações possíveis.

Cervejas sugeridas: Witbier, Weissbier ou outras cervejas delicadas e levemente lupuladas.

Para substituir ou incrementar o caldo de sopas e molhos: muitas cervejas podem enriquecer o sabor de sopas fortes ou caldos de carne. Não prepare uma sopa de queijo sem ela!

Cervejas sugeridas: Sweet Stout, Doppelbock, Scotch Ale.

Para tornar a sobremesa mais requintada: cervejas ricas e fortes podem substituir outros líquidos em bolos e na confeitaria. Fruit Beers acrescentam complexidade a compotas de frutas e molhos. Ou então é possível fazer da cerveja a estrela – jogue uma bola de sorvete em um copo de Imperial Stout e *voilà*, eis uma sobremesa!

Cervejas sugeridas: Sweet Stout, Doppelbock, Belgian Strong Dark Ale, Fruit Beers.

NÓS ESTAMOS COMENDO E BEBENDO O TEMPO TODO, então comece a prestar mais atenção aos sabores, às texturas e a outras sensações pelo caminho. Um pouco de esforço leva a recompensas maiores, e logo você desenvolverá o tipo de repertório que significa ter sempre um gole perfeito para acompanhar cada garfada. Assim como Fred Astaire e Ginger Rogers, a cerveja e a comida são uma dupla vivaz e ágil, e parecem ter sido feitas uma para a outra. Uma harmonização entre cerveja e comida sempre é uma interação grandiosa, na qual um parceiro está apoiando, bajulando, acariciando ou elevando o outro. A cerveja e a comida simplesmente bailam juntas.

PRATOS PREPARADOS COM CERVEJA

- Lombo de porco assado com maçãs e Cherry Ale
- Pernil de porco assado com Dunkel Lager ou Schwarzbier
- Pato glaceado com Doppelbock
- Salmão assado com molho de creme feito com Witbier
- Steak grelhado marinado em Red Ale e pimenta verde
- Costeletas de boi com Stout ou Porter
- Frango assado com damascos secos e molho de Weizenbock
- Vieiras ao vapor cozidas em Witbier
- Gingerbread com Brown Ale
- Trufas de chocolate com Imperial Stout, polvilhadas com malte Black
- Sorvete de nozes com Barley Wine

CAPÍTULO 8

ANATOMIA DE UM ESTILO

Na comunidade de cervejeiros, há quem se irrite com a noção de estilos de cerveja. "A cerveja é uma arte", dizem eles, "e qualquer tentativa de limitá-la a categorias predeterminadas diminuiria sua grandeza"; ou então "estilos não são nada além de uma muleta para mentes sem imaginação". Mas os estilos são uma realidade. Eles existem na história e no mercado, e em alguns lugares eles até contam com a força da lei. Os cervejeiros os seguem quando trabalham, consumidores os seguem quando compram e juízes os seguem quando avaliam. Os estilos honram o passado e ordenam o presente. Algo tem que ser escrito na lousa atrás do balcão. Os estilos ajudam as pessoas a compreender o mundo da cerveja.

EU ADORO AS CERVEJAS CRIATIVAS que quebram as regras. No entanto, qualquer rebelião é um pouco vaga se não tiver algo contra o que se rebelar; e os estilos oferecem esse tipo de estrutura em abundância. A noção de estilos acrescenta profundidade e dimensão ao amplo mundo da cerveja. Estudá-los faz com que se preste atenção nos aspectos menos óbvios da cerveja, como o equilíbrio, o gosto cultural, as mudanças na moda e até nossas noções sobre nós mesmos.

É um pouco como religião. Pode-se acreditar ou não acreditar, mas o panorama se torna mais rico e mais profundo quando várias ideias, mesmo as sem comprovação, são toleradas.

E o que é um estilo?

Um estilo é um conjunto de características que se combinam para formar um todo único e identificável. Esse todo pode acabar se revelando como várias coisas quando começamos a olhar mais de perto, mas isso não importa. Estilos são uma questão de consenso.

Nossa noção moderna de estilo se estabeleceu de verdade quando as competições profissionais e amadoras surgiram na década de 1980. Uma vez que ficou decidido que as cervejas seriam avaliadas por estilo, tornou-se necessário desenvolver diretrizes, cristalizando o que se sabia sobre cada um deles na época – basicamente uma mistura das práticas comerciais do momento e de interpretações históricas, como eram compreendidas. É claro que, com alguns estilos, como a Porter, que estava extinta em sua terra natal, houve muita especulação. Mesmo hoje, alguns detalhes ainda estão sendo ajustados conforme novos indícios vêm à tona. Tenha em mente que, conforme desbravamos os panoramas dos estilos, eles respondem a vários mestres, e sob pontos de vista distintos eles podem parecer muito diferentes.

As características mais importantes e óbvias que definem um estilo são as medidas objetivas: cor, densidade, teor alcoólico, amargor, atenuação, entre outras. Um estilo de cerveja quase pode ser definido apenas por esses aspectos. Além deles, há características sensoriais subjetivas: aroma, sabor, textura e sensações na boca, que completam o quadro acerca do que está no copo – e o que entra ou não na "caixinha" do estilo.

Mas isso é só a ponta do iceberg. As características sensoriais não nos contam a história completa ou explicam como o estilo passou a ser utilizado, por quem e para quê. No nível mais profundo e valioso estão fundações tecnológicas, geográficas e culturais que fizeram com que os pontos mais óbvios do estilo se estabelecessem. Compreendê-los e enxergar os estilos de cerveja em seu contexto histórico apropriado é essencial para captar os grandes temas e a essência do estilo, bem como permitir que tanto o cervejeiro quanto os apreciadores os celebrem em um nível mais elevado.

Os estilos são indispensáveis para que cervejeiros e apreciadores compartilhem dos mesmos fundamentos relativos ao sabor que uma cerveja em particular deve ter. Um estilo também é um atalho comercial – o que é mais fácil de compreender, "American Pale Ale" ou "uma Ale de cor âmbar, alta fermentação, teor alcoólico de 5% a 6,5% e amargor gasoso com toques de resina e frutas cítricas do lúpulo estadunidense"? Claro, isso tudo pode estar escrito com letras pequenas na parte de trás do rótulo; mas quem disse que as pessoas realmente leem os rótulos? Estudos demonstraram que os consumidores não gastam mais que alguns segundos quando observam pela primeira vez as embalagens na prateleira, então a comunicação tem que ser praticamente instantânea. Estilos ajudam muito nesse quesito.

Historicamente, muitos estilos se desenvolveram de maneira espontânea e só mais tarde receberam o nome pelo qual se tornaram famosos. Cervejas marrom-escuras foram produzidas em Londres por uma geração inteira antes que o nome "Porter" lhes fosse aplicado por volta de 1725. "Stout" era um termo usado genericamente para cervejas fortes na Inglaterra já no século XVII, mas não caiu na boca do povo até uma geração mais tarde, quando ele passou a significar exclusivamente uma Porter forte. Cervejas Münchener não eram nada mais que a cerveja local até que se tornaram populares em outros lugares e então se apropriaram do nome da cidade.

Outras cervejas são resultado de uma invenção, não da evolução: a Pilsner surgiu exatamente no ano 1842, quando os patriarcas da cidade decidiram construir uma cervejaria e produzir uma Lager clara, uma ideia inovadora para a época. Bill Owens, a força criativa por trás de um dos primeiros brewpubs estadunidenses da era moderna, considera-se o inventor da designação "âmbar": em suas palavras, "Eu já tinha uma cerveja clara e uma escura, e como eu ia chamar a intermediária? *Âmbar*".

Os estilos passam por mudanças, que ocorrem de geração em geração. O que parece ser constante é o fato de que ninguém quer beber a cerveja que seu pai bebia. Parece que cada geração tem que encontrar seu próprio caminho, mesmo que ele desemboque bem perto de casa. A novidade tem seu próprio encanto, e a tradição, apesar de às vezes ser boa, nem sempre comanda. Mesmo desde a primeira edição deste livro, as Red Ales e as Amber Ales tornaram-se mais lupuladas; a castanha Oktoberfest, tão sagrada, transformou-se quase por completo em uma cerveja clara; e as IPAs tornaram-se cada vez mais claras e aromáticas e, ao mesmo tempo, geraram versões brancas, pretas, vermelhas, Lager e Session – tudo isso dentro de meros seis anos.

A "linha da uva".

Esse mapa indica o limite setentrional do cultivo de uva na Europa e mostra de forma aproximada a extensão do antigo Império Romano (com a exceção da Grã-Bretanha). Acima dessa linha, definitivamente todos são bebedores de cerveja.

Sejam quais forem as outras influências na formação de um estilo – e há muitas –, a cerveja deve ser agradável para os sentidos. Todas as partes devem se aglutinar para formar uma cerveja de aparência, sabor, aroma e sensação incríveis. No leque de todas as cervejas possíveis, nem tudo vai funcionar: os gostos diferem de lugar para outro e de época para época, mas eu já fabriquei uma boa quantidade de cervejas históricas hoje extintas e descobri que são uma delícia. Apesar de nossas diferenças, acho que temos muito em comum quando se trata do que nos agrada em uma cerveja.

Em cada cultura, é possível encontrar cervejas distintas que atendem a necessidades particulares: hidratação, nutrição (o "pão líquido"), acompanhamento para refeições, bebida cotidiana, assim como cervejas para ocasiões especiais apresentando-se como bens de luxo. Mesmo na Suméria antiga, cervejas fracas, fortes, de qualidade superior, e até cervejas diet existiam concomitantemente. A cerveja faz parte da cultura, e ela desempenha todas as variadas funções para as quais é convocada.

A cerveja em sua época e seu local

Para compreender completamente os estilos de cerveja, é preciso contemplar as atividades humanas no contexto mais amplo possível. Há lugares no mundo onde a cevada cresce bem, regiões mais apropriadas para outros grãos, e, é claro, lugares onde nenhum grão prospera. Isso afeta quem vai fabricar a cerveja e com base em quê. Há uma linha que atravessa a Europa, ao norte da qual as uvas não crescem; ela corresponde mais ou menos à fronteira norte do antigo Império Romano. Por razões de agricultura, assim como de patrimônio cultural, as terras ao sul dessa linha sempre preferiram cultivar uvas em vez de grãos. Os gregos, e os romanos depois deles, viam o vinho como algo civilizado e a cerveja como uma bebida de bárbaros – uma mentalidade que infecta o pensamento ocidental até os dias de hoje. Felizmente isso está mudando. Antigas regiões desprovidas de cervejas, como a Itália, recentemente floresceram com algumas cervejas artesanais muito empolgantes.

CLIMA E MATÉRIA-PRIMA

A cevada e, em menor proporção, o trigo sempre foram os grãos preferidos para se produzir cerveja, mas uma bebida aceitável também pode ser obtida de grãos mais difíceis, como centeio e aveia, que toleram climas e solos mais hostis. A aveia e às vezes o centeio costumavam ser muito comuns na Inglaterra, nos Países Baixos, na Escandinávia e por toda a região do mar Báltico. O trigo requer um clima específico e um solo muito bom, e sempre existe a concorrência dos panificadores pela mesma matéria-prima; então, em várias épocas e em vários lugares, as cervejas de trigo foram reguladas mais rigorosamente do que as cervejas de centeio, às vezes até proibidas em anos mais difíceis ou designadas como pertencentes ao monopólio real, como aconteceu na Baviera durante o século XVIII.

O lúpulo tem uma faixa de latitudes mais estreita dentro da qual gera seus cones. Na Inglaterra, por exemplo, eles crescem estupendamente bem ao sul, mas nem tanto ao norte. A proporção com que o lúpulo é utilizado na cerveja inglesa tende a acompanhar essa variação. O lúpulo é um produto agrícola compacto e de alto valor que há séculos vem atravessando largas distâncias de navio. Seguir a trilha do lúpulo é outra maneira de compreender os estilos de cerveja.

Como qualquer fazendeiro pode dizer, o clima é imprevisível. As matérias-primas da cerveja estão sujeitas a essas incertezas, muitas vezes resultando nos períodos de escassez e nas altas de preço. A consequência dos anos de safras ruins é que os cervejeiros reduzem a utilização de algum ingrediente ou buscam substitutos. O açúcar foi proibido nas cervejas da Inglaterra até por volta do ano 1825, quando algumas safras de cevada que deixaram a desejar levaram primeiro a uma permissão temporária, e depois permanente (em 1847), da utilização do açúcar e de outros adjuntos na fabricação de cerveja.

GEOLOGIA E ÁGUA

Além do clima, deve-se considerar a geologia: a composição rochosa de uma região tem grande influência na composição química da água local. Conforme corre por rios, lagos e aquíferos, essa água dissolve minerais que afetam sua "dureza" (isto é, a quantidade de sais e substâncias dissolvidas, principalmente cálcio e magnésio) e seu equilíbrio ácido-alcalino, ambos muito relevantes para o processo de brassagem. Antes do final do século XIX, não se compreendia o suficiente sobre a composição química da água para que ela fosse manipulada, então os cervejeiros de uma região tinham que produzir cervejas que funcionassem com a água local.

Esse é um assunto complicado, mas o vetor mais importante a se compreender é que a água dura e alcalina funciona melhor para cervejas escuras e malteadas. Cervejas lupuladas exigem uma água dura e ácida (rica em gipsita/sulfatos) ou uma mais suave. As cervejas marrons de Londres, Dublin e Munique foram todas criadas em cidades com água dura. As cervejas lupuladas e gaseificadas de Plzeň e Burton-on-Trent, famosas desde meados do século XIX por suas Pale Ales amargas e cortantes, fizeram excelente uso das águas locais.

SAZONALIDADE

Antes de a refrigeração tornar a fabricação da cerveja uma empreitada que pode ser realizada durante o ano inteiro, o clima estabelecia um ciclo sazonal para sua produção. A necessidade de mão de obra na agricultura significava que os trabalhadores em geral não estavam disponíveis para atuar nas cervejarias durante o verão. Além disso, deve-se considerar o calor: sem maneiras de limitar a temperatura de fermentação e com uma quantidade muito alta de bactérias e leveduras selvagens no ar, as cervejas produzidas no auge do verão estragavam muito rapidamente, então apenas as cervejas leves essenciais para matar a sede eram feitas. O inverno era a estação ideal para a produção de cerveja.

Burton-on-Trent, Inglaterra.
Melhorias no canal, c. 1800, transformaram essa cidade em uma potência da cervejaria no norte do país.

As condições de armazenamento também estavam longe de ser as ideais, e no verão o malte do último outono – e especialmente o lúpulo – já estava bem passado. A prática comum era fazer cervejas mais fortes no final da época de produção de cerveja – em março, quem sabe abril – para que pudessem ficar maturando ao longo do verão e depois ser consumidas no outono para celebrar a colheita. O ciclo se repetia por toda a Europa. A cerveja mais valorizada da Inglaterra nos tempos antigos era uma cerveja October (de outubro) forte, e também era feita uma cerveja similar, mas de qualidade um pouco inferior, chamada March (de março). Por ao menos dois séculos, os franceses produziam e apreciavam a Bière de Mars ("cerveja de março"). A Märzen Lager era a cerveja original da Oktoberfest e, apesar de estar aos poucos desaparecendo, ainda existe em Munique. Os alemães da Saxônia também celebravam a Erntebier ("cerveja da colheita"), muito similar à Altbier dos dias de hoje.

A Bock é outro tipo de cerveja com conexões sazonais fascinantes: nascida em Einbeck, segundo a lenda, essa cerveja forte foi levada à Baviera e seu nome eventualmente foi corrompido de *Enbeckisches* para *Einpockisches bier*, até ser abreviado para "bockbier". A palavra *bock* significa bode em alemão, o símbolo saltitante da fertilidade priápica, que tem como sua estação natural a primavera. Os monges religiosos, em busca de uma brecha para os jejuns da quaresma, estudaram as regras e de alguma forma chegaram à conclusão de que Deus não proibia carne com cerveja, e aproveitaram-se disso com fervor. Para demonstrar sua gratidão, os monges de Paulaner – que na época era apenas um monastério, não uma cervejaria comercial – prepararam uma versão superforte da Bock em 1773 e a batizaram de "Salvator". Esse nome funcionou como um nome genérico para esse estilo por alguns séculos, até que eles decidiram recuperar sua marca registrada. Uma mitologia conturbada como essa serve para mostrar como é enorme a missão à frente dos pesquisadores dos estilos de cerveja.

Nós ainda podemos seguir os ciclos das estações com nossas cervejas. Uma cerveja consumida durante o verão para se matar a sede provavelmente não vai ser muito satisfatória durante a escuridão do inverno. A promessa da primavera cria um ambiente diferente das brisas secas do outono e também exige um tipo de cerveja distinto.

Paulaner Salvator.
Criada por monges, o nome Salvator já foi um termo genérico para o estilo Doppelbock até que a cervejaria secular começou a defender sua marca registrada.

A CERVEJA AO LONGO DO ANO*

Ano-novo: abra uma Belgian Tripel como alternativa àquele champanhe sem graça de sempre na virada do ano. No dia seguinte, alimente sua alma e sua mente com uma Weizenbock bem gostosa e com caráter de levedura.

Aqueles intermináveis últimos doze dias de janeiro: nada faz o tempo voar como uma degustação vertical da sua Barley Wine ou Imperial Stout favoritas. Tome cuidado para não deixar a degustação acabar na horizontal.

Dia de São Valentim:** são tantas opções! Experimente uma Belgian Strong Dark Ale com chocolate ao leite ou uma Imperial Stout com algo bem quente e pecaminoso, como um petit gâteau com um pedacinho de pimenta dentro. Se o objeto de sua afeição quer percorrer o caminho das cervejas claras, que tal uma Belgian Golden Ale bem forte com uma versão do bolo floresta negra com chocolate branco? (Quem disse que os apreciadores e apreciadoras de cerveja não conseguem ser românticos na hora certa?)

Quaresma: pessoalmente, não tenho muita experiência com a abstinência... Mas acho que eu escolheria uma Bock ou Doppelbock, que têm um ótimo sabor nessa época do ano.

Páscoa e outras expressões pagãs do equinócio de verão: as cervejas de Páscoa costumavam ser muito importantes na Escandinávia e em outras regiões do norte da Europa. Nós teremos que nos contentar com alguma coisa clara e de força média, desde que possamos abrir as Maibocks um pouco mais cedo. Abra uma garrafa de Framboise Lambic quando sua tia chegar para a comemoração.

Aquele primeiro dia realmente gostoso da primavera: apesar de eu mesmo fazer isso às vezes, acho que é errado beber uma Weissbier dentro em um lugar fechado. Então fico muito aliviado quando o clima melhora o suficiente para que consiga sentar em qualquer *biergärten* improvisado e beber uma Dunkel Weizen sob aquele solzinho frio, sem culpa.

---

* Vale lembrar que as datas de início e fim de cada estação do ano são diferentes nos hemisférios norte e sul; portanto, no Brasil algumas sugestões do autor podem não funcionar tão bem por aqui. (N. E.)

** É considerado o dia dos namorados norte-americano, comemorado em 14 de fevereiro. (N. E.)

Maio: vá de Maibock, se ainda tem alguma sobra da Páscoa.

Junho: vamos dizer que esse é o mês da India Pale Ale e não se fala mais nisso.

Quatro de julho (independência dos Estados Unidos): vamos nos deixar levar pela empolgação nacional e honrar as cervejas genuinamente estadunidenses produzidas em fundos de quintal, sejam elas mais potentes, sejam mais leves. Há tantas opções: Pilsners pré-Lei Seca, Kölsch, Steam Beer, Cream Ale, American Wheat Ale e Malt Liquor de cervejarias artesanais.

15 de julho, dia de São Suituno: sim, esse dia existe mesmo, e sua história envolve uma lenda interessante sobre enxurradas de água torrenciais. Eu recomendo que se tome uma cerveja leve.

Dias de calor do cão: o clima ainda está bem quente. Hora de abrir seu arsenal de matar a sede: Witbier, English Summer Ale, German Pilsner clássica, Hefeweizen - em copos bem grandes, por favor.

Volta às aulas, sei lá:* o tempo ainda está quente e ensolarado, mas as mudanças estão no ar. É a época perfeita para se tomar uma bela Saison, mas várias cervejas são uma boa pedida para a estação: British Bitter, Irish Stout, Schwarzbier, Gueuze. Espere até o fim de setembro e você poderá experimentar todas elas e muitas mais no Great American Beer Festival, em Denver, no Colorado.

Oktoberfest: será mesmo que é preciso fazer alguma sugestão aqui?

Halloween: a Pumpkin Ale se adequa naturalmente a essa época, mas tente descolar alguma de suas variantes mais assustadoras: Pumpkin Barley Wine, Pumpkin Weizenbock ou Pumpkin Imperial Porter. Muito melhor que torta de abóbora!

Dia de Ação de Graças: experimente uma Tripel com essa ave suculenta que é o peru, assado à perfeição - mas derrame uma garrafa de Scotch Ale no fundo da assadeira quando você começar a assá-lo. A Tripel vai harmonizar bem com a torta de noz-pecã, mas, para acompanhar uma torta de abóbora, uma Brown Ale forte é melhor.

Véspera de Natal: eu ouvi falar que o Papai Noel tem um fraco por beber uma Imperial Pale Ale acompanhando seus cookies de chocolate.

Festas de fim de ano: os ingleses contavam com a Wassail e muitas outras bebidas quentes e compostas que são capazes de transformá-lo na alegria da festa - se você não chegar a atear fogo à casa. Há muitas cervejas festivas inspiradas pelos sabores picantes e gordurosos da Velha Inglaterra. Mas, honestamente, a essa altura do ano basta aproveitar todas as cervejas comemorativas e se permitir aquele empurrãozinho para se comprometer de verdade com algumas promessas de ano-novo.

* Nos Estados Unidos e na maior parte dos países europeus, as aulas iniciam em meados de agosto ou setembro. (N. E.)

Tecnologia e estilos de cerveja

A tecnologia tem uma influência enorme sobre a cerveja; porém, enquanto o progresso em outras áreas (como a aviação) indica que os avanços tecnológicos claramente se refletem na qualidade do produto, o efeito da tecnologia sobre a cerveja é um pouco mais complicado e nem sempre resulta em uma cerveja mais deliciosa. Qualquer sujeito que tenha o conhecimento para isso consegue fazer uma cerveja estupenda com pouco mais de um balde e um punhado de leveduras, mas somente com tecnologia é possível fazer isso de forma consistente e, em especial, mais econômica. Todas as tecnologias novas trazem consigo mudanças que provavelmente não foram previstas por seus inventores e que influenciaram os estilos nos quais são empregadas.

A EVOLUÇÃO DAS ESTUFAS DE SECAGEM

Nos tempos pré-industriais, às vezes se secava o malte simplesmente espalhando-o no chão do sótão, mas o mais comum era que se usassem estufas de secagem. Esses primeiros aparatos eram aquecidos diretamente pelo fogo, então os gases quentes da combustão corriam sobre o malte e lhe davam um aroma defumado. No século XVIII, melhorias na tecnologia das estufas fizeram com que a maior parte das cervejas produzidas na Europa não tivesse mais esse caráter defumado. No entanto, o toque rústico da fumaça ainda é apreciado hoje em dia em Bamberg e no norte da Baviera, e nas cervejarias ancestrais de Gotland, na Suécia. Um século atrás, as cervejas com um toque de fumaça eram mais comuns, e cervejas como a Grodziske (Grätzer) e a Lichtenhainer faziam sucesso no norte da Alemanha e na Polônia. Hoje em dia, elas começam a ser resgatadas. Mesmo em Estrasburgo, na França, havia uma cerveja defumada antes das Lager tomarem conta do pedaço.

A fumaça não era a única questão decorrente dos antigos métodos de secagem do malte. É bem fácil produzir malte de cor âmbar ou castanha usando equipamentos simples; mas fazer com que ele fique bem claro ou muito escuro é um desafio maior. Em 1817, Daniel Wheeler patenteou um torrador contendo um cilindro de ferro para abrigar o malte, o que evitava que ele entrasse em contato com o fogo. Até hoje ele é chamado de Black Patent Malt ("malte negro patenteado"). O malte negro transformou para sempre a cerveja Porter.

Cervejas defumadas. Hoje nós amamos seu charme rústico, mas os cervejeiros fizeram tudo o que podiam para se afastar dos processos fumacentos de secagem assim que isso se tornou possível.

Apenas uma geração antes, um cervejeiro chamado Richardson havia escrito um livro que detalhava suas observações sobre o processo de brassagem com o auxílio de um densímetro. Surpresa! Todo aquele malte castanho conseguia deixar a cerveja mais gostosa e escura, mas como ele produzia muito menos extratos fermentáveis por volume do que o malte claro, os contadores das cervejarias estavam sofrendo para tentar convencer os cervejeiros a utilizar mais malte claro e menos castanho, a fim de reduzir os custos. Embora não estivesse muito dentro da lei, o governo parecia fazer vista grossa para o fato de que a Porter e a Stout eram escurecidas com açúcar caramelizado, pelo menos até Wheeler e sua patente surgirem. Os livros que registram esse período tumultuado de mudanças nessas cervejas populares muitas vezes lamentavam o fato de que não era mais possível encontrar Porter "de verdade".

Da mesma forma, foi necessário que surgissem estufas sofisticadas de aquecimento indireto, com um bom controle de temperatura, para produzir um malte claro o suficiente para a fabricação de cervejas que realmente pudessem ser chamadas de claras. O malte "branco" seco ao ar livre já existia na Inglaterra e no continente europeu havia muito tempo, mas não foi até meados do século XIX que um malte muito claro, ou Pilsner, foi produzido em quantidades respeitáveis.

Quando ou onde o malte caramelo ou cristal foi inventado é um mistério. Esse malte tão forte usado nas cervejas modernas não dá as caras nos livros antigos até 1870, aproximadamente, então ele teve muito pouca influência na criação da maioria dos estilos clássicos de cerveja europeia. Ele teve um papel inicial na criação das Bitters inglesas de baixa densidade. O malte cristal eventualmente encontrou seu lugar em muitos estilos clássicos, mas teve muito pouco a ver com o início da maioria deles.

Torrador de malte, c. 1850.
Projetado com base no dispositivo revolucionário patenteado por Daniel Wheeler em 1817, torradores como esse tornavam possível a produção de malte negro e deram início a uma nova era de cervejas muito escuras.

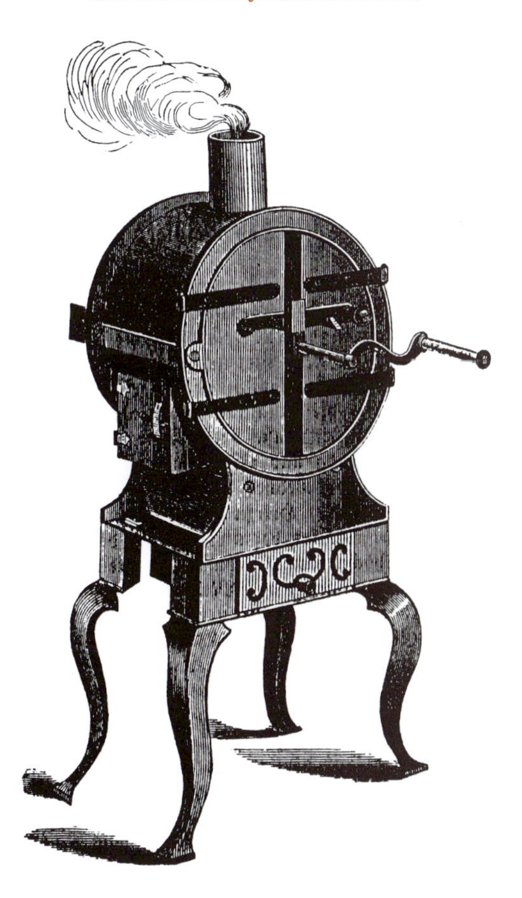

RECIPIENTES E INSTRUMENTOS

Uma tarefa altamente desafiadora nas primeiras cervejarias era o trabalho importante de aquecer a água, a mosturação e o mosto. Recipientes de metal são as partes mais caras da cervejaria até hoje, e de início só eram utilizados quando não havia nenhuma outra opção. A madeira ainda era capaz de conter água, mas não dá para colocá-la no fogo. Nos tempos antigos, rochas quentes eram jogadas na mosturação ou na fervura para aumentar a temperatura. Mais tarde, um cervejeiro com uma pequena chaleira era capaz de recolher um pouco do mosto, fervê-lo e jogá-lo de volta no resto da mosturação para subir uma rampa de temperatura. Esse processo, conhecido como decocção, tem um papel muito importante nos estilos tradicionais de Lagers alemãs e tchecas, nas quais acrescenta um toque caramelizado único e delicioso.

Outros instrumentos além do densímetro também exerceram sua influência: por muito tempo, os cervejeiros controlaram a temperatura da mosturação com base em suas experiências pessoais, fosse controlando cuidadosamente a proporção entre água fervente e água fria, ajustando de acordo com as variações de temperatura da estação, fosse observando o comportamento da água quando aquecida. A certa altura, conforme se aproxima do ponto de fervura, a água perde sua "névoa" branca, mas antes de a superfície começar a entrar em ebulição, há um momento breve em que a superfície translúcida permite que o cervejeiro enxergue seu próprio reflexo sobre a água. Isso ocorre por volta dos 77 °C, que é aproximadamente a temperatura certa para se produzir o mosto. Mesmo com a prática de uma vida inteira, essa técnica certamente não passava de uma aproximação, então é difícil avaliar quanto controle de fato se tinha sobre a temperatura da mosturação e, consequentemente, sobre a fermentabilidade do mosto. Ser capaz de ajustar com precisão a temperatura em cada estágio é essencial para quem quer produzir cerveja com consistência e eficiência. Usar medidas de temperatura também permitia que os cervejeiros discutissem as partes mais críticas do processo de brassagem por meio de uma linguagem em comum.

Assim que compreenderam como a temperatura afetava o processo de brassagem, os cervejeiros desenvolveram um interesse intenso por maneiras de regulá-la. Isso levou ao controle de temperatura dos fermentadores, o que em geral era obtido com água fria correndo por dentro de tubulações suspensas dentro dos tanques. Na década de 1870, a tecnologia de refrigeração se tornou algo que podia ser utilizado na produção de cerveja. A essa altura, já era possível fabricar cerveja ao longo de todo o ano, em vez de apenas durante os seis meses mais frios. Finalmente, surgiram cervejas feitas para serem bebidas estupidamente geladas. Entre essas

Tinas de cobre.
O cobre é tão tradicional que a tina de cobre em si muitas vezes é simplesmente chamada de "cobre".

cervejas claras, frescas e altamente gaseificadas estavam as Cream Ales e as Sparkling Ales, assim como as American Pilsners associadas.

PASTEURIZAÇÃO

Louis Pasteur também teve sua influência: a natureza da levedura foi descoberta por outras pessoas, mas foi ele que, em seu *Études sur la bière*, de 1871, identificou as "doenças" da cerveja e desenvolveu métodos práticos para evitá-las. Ele também descobriu um método para tornar a cerveja e outros produtos mais estáveis microbiologicamente por meio do aquecimento por um tempo e uma temperatura específicos – a chamada pasteurização. Essa técnica aumentou muito a validade da cerveja em garrafa, e isso, em conjunto com a refrigeração, tornou possível uma rede de distribuição em massa, levando a cerveja a lugares como o sul dos Estados Unidos, onde até então ela tinha sido rara e inconsistente.

O PAPEL DA GARRAFA

O chope sempre foi pouco gaseificado, já que os barris de madeira suportavam apenas quantidades limitadas de pressão. Garrafas feitas à mão de vidro ou de argila existiam, mas eram pesadas e pouco confiáveis. Não foi até as últimas décadas do século XIX que chegaram ao mercado garrafas capazes de aguentar muita pressão, feitas com máquinas – o que possibilitou o surgimento de novas cervejas, altamente carbonatadas. Gueuze, uma forma blendada e engarrafada da Lambic,* surgiu pouco tempo depois. A Berliner Weisse usufruiu de grande popularidade no século XIX dentro de suas pesadíssimas garrafas de pedra. Na Escócia (principalmente como um produto a ser exportado para a América), na Austrália e nos Estados Unidos, as cervejas gaseificadas e engarrafadas eram a sensação do momento. E não vamos nos esquecer da Lager industrial moderna.

Cerveja engarrafada.
Nos tempos mais antigos, as pessoas engarrafavam um pouco de cerveja esporadicamente, mas o processo só adquiriu uma escala maior no final de 1800.

TALVEZ A MAIOR MUDANÇA trazida por todas essas tecnologias tenha sido que as cervejas não estavam mais tão intimamente ligadas aos materiais e às condições de seus pontos de origem. Talvez houvesse muitas razões culturais para que certos estilos de cerveja permanecessem em áreas particulares, mas, a partir de 1900, mais ou menos, havia poucas razões tecnológicas. A partir do momento em que certos estilos – como as Pilsners – passaram a ser fabricados internacionalmente e aos poucos se transformaram em algo muito diferente, a expressão pura e autêntica de um estilo muitas vezes passou a depender da teimosia intransigente dos cervejeiros originais. Eu sou muito a favor da criatividade, mas essa é uma maneira bem

* Para a fabricação de Gueuze, os produtores misturam (ou blendam) Lambics jovens, que contribuem com açúcares para a refermentação na garrafa, e Lambics velhas, que contribuem com complexidade e acidez. (N. E.)

ruim de se preservar as tradições. A capacidade de fazer qualquer coisa em qualquer lugar transforma a equação das tradições de forma dramática. Hoje, em uma época na qual os gênios dos departamentos de marketing "metem o dedo" nos clássicos, como a Oktoberfest e a Bohemian Pilsner, cabe aos cervejeiros apaixonados e historicamente informados preservar um estilo em sua forma mais verdadeira. Como animais em um zoológico, os estilos podem eventualmente retornar a seus *habitats* naturais, mas, no momento, a missão é simplesmente preservar as espécies.

Leis, impostos e estilos de cerveja

O governo colocou suas mãozinhas sujas em nossas cervejas desde o início, e nós desejamos tanto essa bebida que geralmente permitimos que isso aconteça sem maiores consequências. A famosa placa de pedra em que está talhado o Código de Hamurábi, de 2225 a.C. – o primeiro conjunto de leis escritas do mundo –, inclui uma norma sobre quanto os proprietários de tavernas deveriam cobrar pela cerveja. Na Europa medieval, os impostos cobrados sobre a bebida compunham metade ou mais da renda municipal em localidades como Bruges. Antes do advento da cerveja lupulada, o imposto era cobrado na forma da *Gruitrecht*, que era o direito de se vender uma mistura de condimentos altamente sobretaxada para os cervejeiros locais, os quais eram obrigados por lei a utilizá-la. Mais tarde, quando surgiu a cerveja com lúpulo, instaurou-se um imposto sobre o malte e o lúpulo. A *Reinheitsgebot*, a tão famosa lei de "pureza" da Baviera para a cerveja, foi criada principalmente para compelir o pagamento de impostos, ao obrigar que os cervejeiros utilizassem ingredientes taxados.

QUANDO OS CERVEJEIROS TÊM QUE PAGAR IMPOSTOS SOBRE O MALTE, geralmente há também leis adicionais que especificam quanto deve ser usado nas cervejas em cada faixa de preço, para garantir que os apreciadores obterão uma bebida com a força pela qual pagaram. Esses regulamentos foram comuns no norte da Europa por centenas de anos. Quando o imposto sobre o lúpulo é alto, os cervejeiros passam a ser cautelosos em relação à quantidade que utilizam. Na Grã-Bretanha, a revogação das tarifas sobre o lúpulo em 1862 coincidiu com a popularidade crescente das Pale Ales altamente lupuladas.

As cervejarias britânicas de hoje pagam impostos sobre o teor alcoólico, o que significa que há uma pressão constante para que se mantenha as cervejas o mais fracas possível, e é claro que isso cai bem com a maneira britânica de beber Session Beers.

Na metade do século XIX, os belgas contaram com um sistema de taxação próprio que se baseava no volume da tina de mosturação. Como o imposto era aplicado sobre o volume do recipiente, não fazia diferença quanto malte estava dentro dele – o que acabava por incentivar os cervejeiros a encher as tinas até a borda ou mais, e isso afetava as cervejas. O governo também permitia a utilização de uma segunda tina para grãos não malteados. Como pagariam a mesma quantidade de impostos mesmo se a tina não estivesse cheia, os cervejeiros também ficavam ávidos para preenchê-las por completo, o que levou a receitas clássicas de Witbier e Lambic, que usam trigo não malteado em um esquema de mosturação todo próprio.

A TAXAÇÃO DO ÁLCOOL remete-se diretamente ao fim do século XIX. É comum haver escalões com impostos progressivamente mais altos quanto maior for o teor alcoólico, como o sistema de classes I, II e III utilizado em partes da Escandinávia. Em todos os lugares onde isso acontece, as cervejas são recriadas pelas cervejarias para que se enquadrem à classe mais baixa que ainda será tolerada pelos consumidores, na opinião dos cervejeiros. Muitas cervejas na Alemanha que eram razoavelmente fortes (de 4% a 5% de teor alcoólico) foram rebaixadas à categoria *schenkbier*, ou "cerveja leve", quando a lei foi criada por volta de 1890, o que fez com que passassem a apresentar um teor alcoólico na faixa entre 2% e 3%.

Muitas vezes também existe uma batalha entre a cerveja e os destilados, o que, em última instância, também afeta os estilos das cervejas. Em muitos lugares e em muitas épocas, o governo costuma aplicar impostos menores à cerveja para desencorajar o consumo de destilados. Quando o governo belga proibiu a venda de gim no local de consumo em 1919, ele sem querer criou um mercado de cervejas fortes que ocupou o vácuo existente no comércio.

As guerras também afetam a cerveja de maneiras profundas. Elas criam escassez de ingredientes e de equipamentos, e a cerveja resultante não é muito boa. Isso não seria um problema se as pessoas não se acostumassem tão facilmente à qualidade inferior. Parece que as cervejas afetadas nunca se recuperam muito bem dessas catástrofes. E, para os soldados, a guerra é um evento transformador; as cervejas que compartilhavam com seus amigos tornam-se parte de padrões que perduram pela vida inteira. As latas de cerveja foram as principais beneficiadas por esses rituais de companheirismo masculino durante a Segunda Guerra Mundial.

Os cervejeiros e os governantes às vezes atuam em conjunto quando o assunto é denominações controladas. Trata-se de categorias de produtos protegidas que limitam como e quem pode fabricar uma cerveja para que ela oficialmente se enquadre em determinado estilo. As Ales trapistas, por exemplo, não são um estilo, mas precisam aderir a um conjunto de regras que definem o que é uma cervejaria monástica de verdade, e isso determina quem tem permissão para usar a designação *Trappiste* (confira o capítulo 12). A Lambic tem seu conjunto de regras próprio. Na Alemanha, muitos estilos contam com limites máximos e mínimos para a densidade do mosto, e os fabricantes de cerveja Oktoberfest devem ter suas instalações dentro do perímetro da cidade de Munique. Essas regras quase não existem na América.

Pressões do mercado da cerveja

Os esforços para controlar os preços e manter-se competitivo no mercado influenciam muito do que acontece dentro da cervejaria. Os cervejeiros estadunidenses de início começaram a usar adjuntos para deixar o corpo da cerveja mais leve e diluir a proteína a níveis próprios para as cervejas envasadas; em dado momento, eles perceberam que adjuntos como o milho e o arroz eram mais baratos do que a cevada malteada. Depois da Segunda Guerra Mundial, conforme se expandia o segmento das cervejas baratas, esses cervejeiros entraram em uma "orgia de redução de custos" de seus produtos. Hoje em dia, as cervejas mais baratas contêm até 50% de adjuntos, o máximo permitido por lei nos Estados Unidos.*

Nossas atitudes culturais afetam o que comemos e o que bebemos, e essas atitudes oscilam em longos arcos. Hoje estamos usufruindo dos benefícios civilizatórios de um retorno do pêndulo aos prazeres de comidas e bebidas mais especializadas e autênticas. Por ser um grupo de imigrantes em geral indisciplinados, a população dos Estados Unidos tentou encontrar maneiras de constituir uma nação íntegra. Quando se descobriu uma linguagem comum no mercado de massa, os produtos "modernos" tornaram-se uma maneira de se atingir esse objetivo: a sopa Campbell's, o pão de forma e o queijo americano. Eles ainda estão nas prateleiras, mas estão em declínio. A racionalidade brilhante e desalmada desses ícones industriais não possui mais tantos atrativos. Muitos de nós hoje preferimos que o pão não seja fatiado, que nosso queijo tenha bolor, que o café seja recém-torrado e que nossa cerveja seja escura – e até, quem sabe, um pouco turva. A irracionalidade pode ser algo belo, e eu espero que consigamos levar o pêndulo para essa direção por muito, muito tempo.

* No Brasil, a Instrução Normativa 54/2011 do Ministério da Agricultura, Pecuária e Abastecimento limita a 45% o uso de adjuntos em relação ao extrato primitivo (quantidade de substâncias dissolvidas do mosto, expressa em porcentagem em peso). (N. E.)

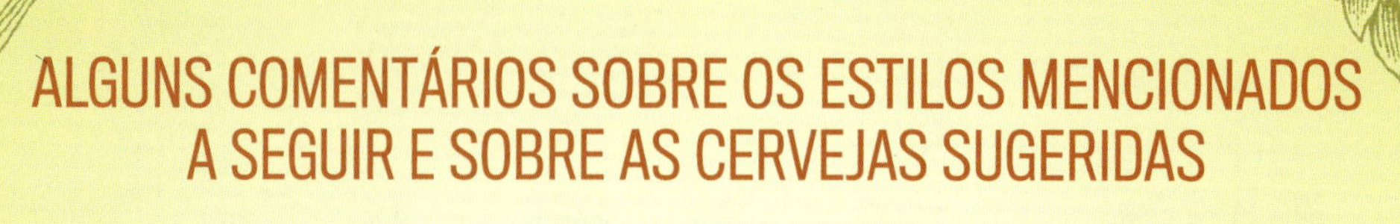

ALGUNS COMENTÁRIOS SOBRE OS ESTILOS MENCIONADOS A SEGUIR E SOBRE AS CERVEJAS SUGERIDAS

Quando se começa a dividir o mundo da cerveja em estilos, é preciso tomar algumas decisões. As grandes competições de cerveja fatiam a torta dos estilos em pedaços muito pequenos para reduzir a gama de cervejas dentro de uma categoria específica a um número possível de lidar. Muitos estilos que têm categorias próprias garantidas em competições são variantes menores de outras que têm em comum a história, os ingredientes e outras coisas mais. Neste livro, eu tratei certos estilos - Pale Ale e Bitter, por exemplo - como uma família muito unida, não como uma série de entidades individuais. Minha meta é descrever com clareza os estilos e elucidar as relações entre eles.

Os estilos em si estão mudando constantemente, alterando-se de acordo com os gostos do mercado e com as pressões econômicas. Há um "cabo de guerra" entre os estilos contemporâneos e os estilos históricos, com algumas cervejas, como a Oktoberfest, rapidamente se metamorfoseando em algo diferente, apesar de alguns cervejeiros menores baterem os pés e seguirem reproduzindo amostras de inspiração histórica para o mercado. Eu geralmente sigo uma abordagem conservadora e lanço uma rede ampla, mantendo sempre o ponto de vista histórico em mente ao definir estilos e estabelecer parâmetros.

Os números nessa edição são cortesia das diretrizes de estilo da BJCP de 2015. Eu fatiei as categorias de maneira um pouco diferente da deles para enfatizar as similaridades e as famílias em comum, já que este é um olhar educativo, sem a necessidade de estabelecer divisões muito bem definidas, as quais são exigidas pelas grandes competições de cerveja.

Eu escolhi para os exemplos uma mescla de clássicos europeus e de produtos de cervejarias artesanais estadunidenses, e essas últimas são um pouco mais gritantes do que suas inspirações europeias. Tentei selecionar cervejas de ampla disponibilidade e de regiões diferentes. Cervejarias artesanais menores e locais, bem como brewpubs, muitas vezes produzem exemplares deslumbrantes de muitos estilos, então por favor separe um tempo para buscá-los.

Escolhi essas cervejas para ilustrar aspectos específicos de seus estilos. Há muitas cervejas incríveis que fogem um pouco das regras e que, portanto, não cabem aqui. E nunca se esqueça de que há um grande número de cervejas excelentes que não tem nada a ver com um estilo em particular. Às vezes essas são as mais divertidas.

CAPÍTULO 9

ALES BRITÂNICAS E IRLANDESAS

Os habitantes da Grã-Bretanha e da Irlanda bebem cerveja há muito, muito tempo. Traços de cereais e de mel, uma mistura ancestral muito comum, foram encontrados na Escócia em cacos de cerâmica que datam por volta de 3000 a.C. Em outros lugares da Escócia, há ainda mais indícios de que os pictos, seus povos habitantes originais, gostavam de tomar cervejas temperadas com urze, erva-ulmeira, alecrim-do-norte, cranberries e uma erva psicotrópica perigosa chamada meimendro. Estudiosos acreditam ser totalmente possível que essas tradições cervejeiras tenham se originado no local, e não que foram transferidas de regiões mais ao leste.

**"Eles falam de seus vinhos estrangeiros – Champagne e Moselle brilhante –
E acham que, por serem de lugares distantes, nós devemos apreciá-los,
E sobre suas qualidades benéficas contam histórias maravilhosas;
Mas, azedas ou doces, elas não conseguem superar um copo da Old English Ale.
Pensas que meu olhar seria tão brilhante, meu coração tão leve e alegre,
Se eu não apertasse as mãos da 'old John Barleycorn' todos os dias?
Não, não; e por mais que os abstêmios do malte e do lúpulo se afastem,
Deles rirei e alegremente beberei a English Ale em grandes goles."**

— J. Caxton, da canção "A Glass of Old English Ale"

ANTES DA CHEGADA DOS ROMANOS, não houve nenhuma grande invasão celta, como muitas vezes se sugere. No entanto, com o tempo as tribos gaélicas, posteriormente identificadas como celtas, infiltraram-se na Bretanha, e com elas veio uma cultura cervejeira já bem estabelecida. Os gregos e os romanos já haviam tido muitos encontros com os celtas no Oriente, e também na França e na Itália. Escritores clássicos registram seu apreço pela bebida e por suas escolhas escandalosamente indiscriminadas, dignas da alcunha de "bárbaros". O vinho italiano importado era um produto de luxo na Bretanha Antiga. Os romanos chamavam a cerveja de *cerevesia*, palavra provavelmente derivada dos termos celtas *korma* ou *curmi*. Menciona-se que o mel é utilizado em algumas cervejas, o que provavelmente significa que elas eram mais fortes e mais luxuriantes do que as cervejas cotidianas.

A partir de 55 a.C., Júlio César introduziu a cultura romana nesse cenário já bastante complexo. Ele aponta que em Kent (Cantium) as pessoas viviam da mesma maneira que os gauleses, mas que mais para o norte havia uma cultura que lhe era menos familiar e muito mais voltada à cerveja. A cerveja era imensamente popular entre as tropas contratadas para proteger a fronteira romana, já que estes não eram auxiliares italianos, mas, sim, germânicos. Essas tropas podem ter tido algumas coisas em comum com os povos que vieram para dominar, e possivelmente chegaram até a reforçar os costumes de se beber cerveja da Bretanha.

Há uma grande quantidade de indícios documentais e arqueológicos de produção de cerveja na Bretanha romana. Como sempre, os detalhes a respeito da cerveja são escassos, mas sabe-se que a cevada, o trigo e a espelta (um tipo de grão intermediário entre esses dois) eram utilizados e que existiam instalações dedicadas à malteação e à secagem do malte.

Diz a lenda que Santa Brígida transformou a água de seu banho em cerveja.

Roma nunca conquistou a Irlanda, o que permitiu que por lá se mantivessem as tradições nativas de produção de cerveja e que estas se fundissem com as dos primeiros cristãos conforme avançaram para a era monástica. Santa Brígida, em particular, tinha alguns poderes fantásticos: uma vez transformou água em cerveja em prol dos doentes, e em outra multiplicou a cerveja para uma celebração de Páscoa quando houve falta de grãos.

A cerveja na Idade Média

Os romanos finalmente abandonaram as ilhas britânicas no século V. Na época, a Inglaterra foi invadida várias vezes pelos pictos provenientes da Escócia e pelos escoceses, que eram os habitantes originais da Irlanda. Depois de pedirem ajuda a Roma, sem sucesso, os líderes bretões recorreram aos mercenários anglo-saxões. Estes decidiram que gostavam bastante do lugar e ali permaneceram, contra a vontade de seus anfitriões. O sucesso mítico do rei Artur em Badon Hill foi uma vitória rara em um esforço para expulsá-los que acabou não dando em nada.

Os anglo-saxões trouxeram consigo uma nova onda de bebedores de cerveja, assim como sua tradição de beber em grupo nas tavernas. A saga *Beowulf* cita quatro tipos de bebidas: *win* e *medo*, obviamente o vinho e o hidromel; *beor*, que, apesar de soar similar à palavra beer (cerveja, em inglês), provavelmente se refere a outra bebida feita de mel; e *ealu*, que é uma forma ancestral da palavra *ale* do inglês atual, e indica uma bebida feita de grãos.

Documentos do início da Idade Média mencionam a "Ale clara" (Clear Ale), a "Ale galesa" (Welsh Ale, que era doce e pode ter tido mel em sua composição), a "Ale brassada em dobro" (Double-Brewed Ale) e a "Ale suave" (Mild Ale, cujo significado não fica claro em seu contexto). Mais tarde, o termo Mild (suave) passou a se referir à cerveja que era fresca e não tinha passado por um período de maturação extenso.

O LÚPULO SURGE nos herbários ingleses em conexão com as bebidas já no século IX ou X. Ele não se torna comum nas cervejas inglesas até 1500, mais ou menos, mas já no século XIV se fazia uma distinção entre Ales sem lúpulo e cervejas com lúpulo. No início do século XV, a cerveja com lúpulo já havia se estabelecido em Kent e em outros lugares do sudoeste da Inglaterra.

Mesmo no final da era medieval, as receitas indicavam a utilização de uma certa proporção de trigo. Também havia cervejas de aveia que eram feitas a baixo custo e vendidas para uma clientela pobre, apelidada de *grouters* por causa da mistura de grãos e especiarias que era utilizada para produzi-las, parecida com um mingau grosso (*grout*). Essas cervejas na verdade fazem parte da grande família de cervejas brancas que se espalharam ao longo da costa europeia do mar do Norte e que encontraram seu último refúgio nas ilhas britânicas, ao fim do século XIX, em Devon e Cornwall.

No final do século X, as tavernas começaram a se tornar um refúgio importante da cultura da cerveja anglo-saxã, mas pouco se sabe a respeito de quem produzia a bebida. Fora dos monastérios, a produção de cerveja era uma atividade doméstica, primariamente realizada por mulheres; essa situação se manteria por centenas de anos, até a produção de cerveja atingir uma escala maior e prestígio o suficiente para se tornar comercial por completo, além de um negócio preponderantemente masculino. As mulheres que durante esse período inicial produziam cerveja eram chamadas de *brewsters* ou *alewives*. Fazer cerveja em casa era uma maneira legítima de se ganhar um

"A Ale dela, quando nova, tem a aparência de uma manhã enevoada, tão espessa; bem, se forte for sua Ale, bom seu fogo, bela sua face, e grande ou rica sua vila, raras vezes se sentará ela sem pássaros gorjeantes para lhe fazer companhia, e quando ocorrer a próxima missa ou batismo, certamente ela venderá de duas ou três dúzias de bolos e Ale para seus vizinhos futriqueiros."

— Donald Lupton, em *London and the Countrey Carbonadoed*, 1632

You laugh now goodman twoshoes but at what?
My Grove my mansion house or my dunn hatt?
Is it for that my loveing Chin and Snout.
Are mett because my teeth are fallen out;
Is it at me or at my ruffe you titter;
your Grandmother you rogue nere wore a fitter.

Is it at foreheads wrinkle or cheekes furrow,
Or at my mouth so like a Cony-burrough;
Or at those Orient eyes that nere shed teare
But when ye Excisemen come thats twice a yeare
Kisse me & tell me true and when they fayle
Thou shalt have bigger potts and stronger ale;

dinheirinho a mais e era especialmente útil para as mulheres viúvas ou que se encontravam em situações difíceis por alguma outra razão. Assim como na antiga Suméria, onde as mulheres também eram cervejeiras e donas de tavernas, as *alewives* que dispunham de cerveja para vender penduravam uma vassoura ou um pequeno arbusto – uma *ale-stake* ("vara de Ale") – acima de sua porta. A prática pode ter suas raízes na utilização de galhos torcidos ou trançados para se capturar leveduras e preservá-las entre um lote e outro.

AO LONGO DE SÉCULOS, possivelmente desde a Conquista Normanda,* os ingleses sempre mantiveram algum tipo de controle sobre os preços de suas Ales. Um dispositivo legal, conhecido como *Assize of Bread and Ale*,** fixou o preço de quantidades específicas de cerveja com base no preço corrente do malte. Essa norma também especificava quanto malte deveria ser usado para uma cerveja simples e para uma cerveja dupla, e, portanto, qual seria a força de cada um desses tipos. O veredito foi ajustado para aumentar seus rendimentos várias vezes, mas permaneceu em vigência até 1643, quando foi substituído por um sistema escalonado que aumentou bastante o imposto sobre cervejas fortes e caras, e foi um predecessor do sistema tarifário atual.

Mãe Louse, *alewife* e proprietária do Louse Hall, perto de Oxford, Inglaterra.
Mãe Louse representou o fim de uma era em que as *alewives* forneciam cerveja para os residentes locais.

Por quase mil anos, na Inglaterra, a cerveja foi vendida apenas em medidas certificadas por medidores reais. Os antigos documentos estão cheios de violadores que eram presos ao pelourinho ou à cadeira de imersão por adulterarem as medidas, usando em suas vendas medidas não certificadas, entre outros crimes. Para os estadunidenses, acostumados a comprar cervejas em copos, essa aparente fixação por encher o copo até a linha de medida pode parecer obsessiva até que se perceba como isso está profundamente enraizado na cultura inglesa.

"Você ri, meu caro pobretão, mas de quê –
De meu bosque, de minha mansão ou de meu chapéu de palhaço?
Será por que meu amável queixo e meu focinho se tocam
Já que meus dentes caíram todos:
Ou é por causa de minhas rugas que você ri;
Sua avó, você insiste, nunca usou bengala.
Você ri das riscas de minha fronte, ou dos sulcos de minha face,
Ou de minha boca, que mais parece uma vagina,
Ou dos olhos orientais que nunca verteram uma lágrima.
Mas, quando o cobrador vier, e são duas vezes por ano?
Me dê um beijo e diga que sou fiel, e quando eles me faltarem,
Terás panelas maiores e Ale mais forte."

– David Loggan

* Invasão da Inglaterra, ocorrida no século XI, por um exército de normandos, bretões e franceses que era comandado pelo duque da Normandia, o qual ficou conhecido como Guilherme, O Conquistador. (N. E.)

** "Veredito do Pão e da Ale", em tradução livre. (N. E.)

Linha de medida
Na Inglaterra e no restante da Europa, há uma garantia de que as bebidas sejam servidas na quantidade específica em razão de séculos de controle governamental sobre os pesos e as medidas.

Rumo à era moderna

Os séculos XVI e XVII testemunharam o desenvolvimento dos modernos estilos de cerveja britânicos. Como costuma acontecer quando um exército conquista um território, a antiga Ale sem lúpulo não desapareceu de repente, mas transformou-se, aos poucos, em uma cerveja lupulada. Mesmo uma pequena quantidade de lúpulo tornava a bebida bem mais estável e, quando combinadas a grandes quantidades de álcool, as cervejas poderiam ser maturadas por um ano ou mais.

Durante esse tempo, as fazendas se tornaram maiores e mais eficientes, e como a cerveja fazia parte do pagamento dos empregados, uma cervejaria se fazia necessária para que os negócios funcionassem tranquilamente. Cervejarias "de fazenda" ou "da casa" tipicamente produziam cerveja em três intensidades: cerveja leve, com teor alcoólico por volta de 2% e que ficava disponível praticamente para todos; cerveja de mesa, que nós reconheceríamos como uma cerveja normal dos dias de hoje, com teor alcoólico entre 5% e 6%; e as cervejas March ou October, com teor alcoólico de 8% a 10%, batizadas com o nome dos meses em que eram produzidas (março ou outubro). Era uma questão de etiqueta que não houvesse uma gradação especial de cerveja leve para a família; todos bebiam a mesma cerveja pequena. Também havia cervejas mais fortes: uma "cerveja dupla", com teor alcoólico de 10% ou mais, às vezes era feita e colocada para maturar à espera de ocasiões especiais.

A receita de escala doméstica registrada pelo cronista William Harrison (na obra *The Description of Elizabethan England*, de 1577) é de uma cerveja de malte de cevada, com 5% a 6% tanto de trigo como de aveia, o que comprova que esses grãos ainda estavam sendo utilizados nas cervejas corriqueiras da época. Chamadas de *headcorne* ("grãos de colarinho", em tradução livre), eles provavelmente eram utilizados para melhorar a espuma da cerveja, uma tarefa que o trigo ainda cumpre nas cervejas inglesas. Essa receita também usa por volta de três quartos de libra (mais ou menos 350 gramas) de lúpulo por barril, uma quantidade bem razoável para os padrões modernos. Harrison provavelmente obteve a receita de sua esposa – ela era a cervejeira da família.

Quando a industrialização teve início, as fortes cervejas âmbar do campo tinham a reputação de ser superiores às cervejas preparadas comercialmente. Os donos de propriedades não passavam pelas mesmas pressões econômicas que os cervejeiros comuns e também podiam usar mais malte e mais lúpulo, além de que provavelmente dispunham de materiais de melhor qualidade. Soma-se a isso o fato de que eles produziam para consumo próprio e por isso podiam produzir a cerveja do jeito que quisessem. Eles pagavam menos impostos que os cervejeiros comerciais, o que lhes dava ainda mais vantagem.

Outra característica importante dessa época foi a distinção entre as Ales "suaves" ou "correntes" (*mild* ou *running*) e as cervejas "envelhecidas" (*stale*) mais maturadas, que, por ficarem em tonéis ou barris de madeira, passavam por uma longa e complexa fermentação secundária, capturando aromas frutados e terrosos e provavelmente sabores picantes dos micro-organismos que viviam na madeira. Essas cervejas merecidamente recebiam o

apelido de Old Ales, já que a maturação realmente lhes concedia sabores únicos. Essa já foi uma prática universal entre as cervejas fortes, mas hoje é uma raridade na Grã-Bretanha. Até duas décadas atrás, a Guinness ainda misturava uma pequena proporção dessa cerveja maturada em todas as Stouts que fabricava.

O SÉCULO XVIII foi um tempo difícil para a cerveja na Inglaterra, apesar dos avanços da tecnologia e dos espantosos aumentos na escala de produção trazidos pela industrialização. O café e o chá estavam substituindo a cerveja leve para todas as pessoas, com exceção das mais pobres, e o gim conquistou tamanha popularidade e com tanta força que chegou a abalar a estrutura da sociedade por causa de seus altos níveis de consumo. Assim como ocorreu com a Lei Seca nos Estados Unidos, tentativas de proibir o álcool levaram ao contrabando desenfreado e a todos os problemas decorrentes da criminalidade generalizada. Muitos cervejeiros acrescentavam ilegalmente alguns ingredientes medicinais em suas receitas, os quais eram narcóticos ou tóxicos, para dar um barato – por exemplo, o *Cocculus indicus*, uma fruta amarga do sudeste asiático que continha um estimulante potente e perigoso, e a bitter bean, uma especiaria amarga das Filipinas que continha estricnina. Não foi até o início do século XIX que se pôs fim a essa bagunça.

Apesar desse tumulto, ou por causa dele, a produção de cerveja passou a se concentrar nas mãos de um número reduzido de operações de maior porte, e essa consolidação continua acontecendo até hoje. Àquela época, Londres tornou-se o centro da produção de cerveja no reino: em 1701, os 194 cervejeiros plebeus da cidade produziam entre si duas vezes mais cerveja (em média, por volta de

**"Ferva os grãos em mais água,
com os grãos ainda quentes,
E mexa-os no cobre como
mingau na panela,
Aquecer-se assim com palha,
dando bom uso aos refugos,
É agradável e relaxante, o que
mais pode-se querer?"**

– Thomas Tusser, "Pointes of Good Huswiferie", 1557

5 mil barris cada um) do que os 574 cervejeiros do resto do país; mas deve-se notar que a produção de cerveja para o público naquele período estava concentrada no sul.

Na Londres do final do século XVII, uma cerveja chamada de âmbar ou "dois-tostões" (*twopenny*) era o último vestígio da Ale sem lúpulo. Ela tinha uma pequena quantidade de lúpulo, mas muito menos que as novas Ales castanhas e lupuladas que logo seriam chamadas de Porter.

Os velhos livros registram muitas odes e elogios às excelentes cervejas fortes da época, e embora seus apelidos fossem numerosos, a descrição mais recorrente tendia a ser Ale "marrom" ou "castanha". Apesar das dificuldades do século XVIII, essa era para muitos é o exemplo de um período clássico da cerveja na boa e velha Inglaterra. Desde então existe muita nostalgia por essa época na cultura da cerveja britânica.

"A cerveja mais forte está dividida em duas partes: jovem e velha; a primeira é capaz de matar a sede do homem, mas a última é como jogar água na forja do ferreiro, e dá mais azia, e assim como a ferrugem desgasta o ferro, a cerveja velha demais rói e perfura as entranhas, a não ser que me falhem os conhecimentos, e o que eu escrevi a esse respeito deve então ser tomado por gracejo."

— John Taylor, *The Water Poet*, c. 1630

ENTÃO SURGIU A PORTER. Assim como a da industrialização, a história da Porter será contada mais para a frente (veja na página 249), mas, neste momento, basta dizer que esse foi um

Pronto para uma tarde pacata.
Por toda a transição da economia agrícola para a industrial, a cerveja foi uma parte indispensável da boa vida, tanto dos trabalhadores como dos cavalheiros. *Still Life with Clay Pipes*, por Pieter Claesz, 1636.

fenômeno jamais visto no mundo da cerveja. Barata, potente, saborosa e bastante salutar, a Porter era o produto adequado ao espírito da época e abriu caminho para toda uma família de cervejas escuras – entre elas a Stout – que sobrevive até hoje.

Uma nação exportadora

A exportação teve um papel importante para a cerveja britânica a partir do final do século XV. Nessa época, os cervejeiros britânicos já tinham aprendido a arte da cerveja com lúpulo o bastante para exportá-la de volta para a Holanda, de onde ela havia vindo originalmente. Conforme o império crescia, também cresciam as oportunidades de vender todo tipo de produto – incluindo cerveja – ao redor do mundo. E, para o benefício da cerveja, o espaço nos conveses dos navios que partiam da Inglaterra eram praticamente de graça, já que itens pesados eram necessários para servir de lastro e estabilizar o navio. Portanto, onde quer que houvesse ingleses, também havia barris e garrafas da velha e doce cerveja inglesa. Esse era o caso especialmente na Índia, onde havia um grande contingente de soldados, negociantes e administradores. A cerveja inglesa estava sendo enviada para lá já na década de 1630, primeiro aos poucos, depois aos borbotões, com o aumento da demanda. Inicialmente eram enviadas as fortes Ales âmbar ou castanhas, mas, quando estourou o fenômeno da Porter, suas versões mais fortes também passaram a ser despachadas.

Brasão da Companhia das Índias Ocidentais.
Este grupo poderoso controlou o comércio na Índia por mais de dois séculos.

A PARTE MAIS FAMOSA dessa história de exportação teve início no meio do século XVIII, com a Pale Ale e finalmente a India Pale Ale. No início da década de 1780, um cervejeiro londrino chamado George Hodgson começou a exportar barris de uma cerveja October âmbar altamente lupulada. Essa era uma cerveja forte, criada para ser armazenada por bastante tempo, e já vinha sido produzida havia mais de um século. Ela se adequava à jornada de seis meses pelos oceanos e chegava em condições excelentes. Não há qualquer indício de que tenha sido criada uma receita especial para o mercado de exportação indiano nessa época. Depois de quarenta anos de sucesso retumbante, seu filho, que agora comandava a cervejaria, tornou-se ganancioso demais e perdeu os favores da Companhia das Índias Ocidentais, o poderoso monopólio que controlava o comércio das empreitadas britânicas na Ásia.

Enquanto isso, os cervejeiros mais ao norte, em Burton-on-Trent, haviam se tornado famosos desde o século XIII por suas Ales fortes, doces e relativamente escuras. Um pouco antes de 1800, um novo canal foi projetado abrindo uma rota viável entre Burton e o mar, e os cervejeiros dali aumentaram imensamente a quantidade de Ale que despachavam pelo mar Báltico por territórios que alcançavam até a Rússia. Essa conexão russa desmoronou em 1822 por causa da imposição de uma tarifa alta, bem no momento em que o desentendimento com Hodgson abriu o mercado indiano. A cervejaria Allsopp, de Burton, foi rápida e aproveitou-se dessa oportunidade.

A cerveja mais clara e mais lupulada que Hodgson vendia era bem diferente das cervejas de Burton na época, que tinham uma coloração acastanhada e eram atenuadas em meros 50%. Era necessário que se desenvolvesse uma cerveja mais clara e refrescante para substituir convincentemente a cerveja londrina. A água de Burton, cheia

"A cerveja inglesa é famosa na Holanda e na Baixa Alemanha, feita com cevada e lúpulo, pois a Inglaterra produz lúpulo em abundância, apesar de também utilizarem lúpulos flamengos. As cidades da Baixa Alemanha próximas aos mares proíbem a venda em público da cerveja inglesa, para atender a seus próprios cervejeiros, e, no entanto, a sorvem como se fosse néctar. Mas na Holanda ela é consumida em grandes e incríveis quantidades."

— Fynes Moryson, *Itinerary*, 1617

de gipsita, na verdade era mais adequada que a de Londres para se produzir uma cerveja clara e lupulada. Diz a lenda que essa cerveja exigia um malte mais claro que aquele que a cervejaria vinha produzindo, e que supostamente a receita foi testada em uma xícara de chá.

Por fim, essa cerveja ficou conhecida como India Ale ou India Pale Ale. Essas Ales claras eram altamente lupuladas, de acordo com a regra geral de aumentar a quantidade de lúpulo em cervejas feitas "para se guardar". Os livros relatam a história de que barris de IPA teriam sido resgatados dos escombros de um navio que ia para a Índia e tornaram-se absurdamente populares entre os apreciadores de cerveja ingleses. Há muitos problemas com essa história, mas essa cerveja clara e refrescante realmente foi um sucesso enorme. Assim como aconteceu com a Porter antes dela, essa nova cerveja espalhou-se rapidamente e, em meados do século XIX, as Pale Ales e as India Pale Ales tinham tomado o lugar das Porters como a cerveja da moda na Inglaterra.

AS CERVEJAS BRITÂNICAS do meio do século XIX eram bastante fortes quando comparadas ao que se passou a produzir depois. As anotações detalhadíssimas do consultor cervejeiro George Amsinck, em 1868, indicam quantidades que variam de 5% de álcool por volume para a Stout, a Mild Ale ou a Running Ale, até os impressionantes 13,8% para a London Ale, com muitas cervejas na faixa entre 5,5% e 7%, porcentagem muito mais alta que a das cervejas inglesas de hoje. Amsinck fazia críticas abertas aos outros cervejeiros britânicos e escreveu em sua obra *Practical Brewings*, em 1868, que os cervejeiros instituíram "um sistema de fabricação para as classes baixas, tentando vender suas Ales e outras bebidas no grito, permitindo descontos enormes... esses gastos devem ter sido, na vasta maioria das vezes, incapazes de gerar qualquer tipo de lucro".

NOMES INGLESES ANTIGOS PARA CERVEJAS FORTES

Clamber-skull ("Escala-crânio")

Dragon's milk ("Leite de dragão")

Mad-dog ("Cachorro louco")

Lift-leg ("Ergue-a-perna")

Angel's food ("Comida de anjo")

Stride-wide ("Estica-o-passo")

Entre outros...

Hogarth, *Gin Lane* (à esquerda) e *Beer Street* (à direita).
A visão desse crítico social inglês sobre o impacto desastroso da produção e venda sem licença de destilados no século XVIII. A cerveja há muito tempo é vista como uma bebida dos moderados.

As raízes dos estilos modernos

Em 1880, o imposto sobre o malte foi abolido e substituído por um sistema que taxava a cerveja tomando como base a densidade original do mosto, o que corresponde aproximadamente ao seu teor alcoólico. Esse sistema por gradações – de cobrar impostos de acordo com o teor alcoólico – permanece até hoje e acabou por incentivar a fabricação de cervejas cada vez mais fracas, uma tendência que se acelerou nos últimos cinquenta anos.

Pale, Bitter e cervejas K: nos últimos anos da Inglaterra vitoriana, a maioria dos estilos de cerveja era fabricada com várias intensidades diferentes. A força tanto das cervejas claras como das escuras era indicada por um ou mais Xs, chegando até "XXXX". O termo *bitter* (amargo) em referência ao estilo de cerveja surge no meio do século como uma gíria utilizada pelos consumidores para as novas Pale Ales e IPAs. Especialmente no sul, usava-se "K" para se referir a uma gama de cervejas claras, secas e um pouco menos amargas que a Pale Ale tradicional. Assim como as cervejas X, elas formavam um espectro, que começava por volta de 1,045 OG (11 graus Plato) para uma cerveja de 1 K (também conhecida como AK) até por volta de 1,090 OG (24 graus Plato) para as KKKK. Com o tempo, essas correntes distintas de Pale Ale, Bitter e cervejas K acabaram se fundindo em consequência de um século e meio de vocabulário em comum, diferenças regionais, marqueteiros empolgadões e das mudanças normais que acometem qualquer produto cultural.

Cervejas escuras: no final do século XIX, a Porter já estava dando seus últimos suspiros. O trono na região das cervejas realmente escuras agora era ocupado por sua herdeira, a Stout, orgulhosamente fabricada com bastante Black Patent Malt, sem qualquer remorso por deixar para trás os métodos antigos que utilizavam o malte castanho (Brown) e a fermentação que durava um ano. Quem também se aproximava para tentar ocupar o lugar da Porter era uma cerveja chamada de Mild (suave), apesar de já existirem variedades claras e escuras. O termo é muito antigo e se referia a cervejas que eram vendidas relativamente frescas, sem passar muito tempo armazenadas em recipientes de madeira. No século XX, a Mild muitas vezes era fabricada com malte um pouco mais escuro que o usado para as Pale Ales, com um pouquinho de malte Black para dar cor, e diluída com ingredientes adjuntos. Os londrinos gostavam que sua Mild fosse de uma cor castanho-avermelhada, mas as versões mais claras encontravam sucesso em outras regiões. Todas continham pouco lúpulo quando comparadas às Pale Ales da época. A Mild era feita em várias intensidades, mas alcançou seu nível máximo em 1,070 OG (17 graus Plato) em 1871, para ter seu nível reduzido dramaticamente no início do século seguinte.

A ascensão das cervejas de baixa densidade: a Primeira Guerra Mundial foi cruel com a cerveja inglesa, já que a falta de materiais, o racionamento e a pressão para utilizar a mão de obra em prol da guerra significavam uma redução na densidade da cerveja e no horário de funcionamento dos pubs, ao mesmo tempo que os preços aumentavam, causando um afunilamento cada vez maior conforme a guerra avançava. Os impostos foram elevados de forma dramática com a expectativa da guerra. Em 1918, o governo exigiu que metade de todas as cervejas produzidas não poderia ser mais forte que 1,030, o que significava um teor alcoólico de menos de 3%. As cervejarias, as cervejas e os impostos nunca voltaram a ser como haviam sido antes da guerra. Para piorar, a cerveja passava a ser vista como uma bebida fora de moda, sem o brilho moderno dos coquetéis nem a classe do vinho. Tanta complicação criou ainda mais pressão para que ocorressem fusões, e o resultado foi que muitas cervejarias fecharam as portas.

No final da década de 1930, houve um aumento do consumo de cerveja, mas a guerra mais uma vez surgia no horizonte europeu. A Segunda Guerra Mundial teve efeitos similares aos da primeira: cervejas mais ralas a preços maiores, e, dessa vez, a questão era pessoal. As bombas alemãs estavam destruindo pubs e cervejarias. Quando a guerra chegou ao fim, havia muito o que reconstruir, e

Copo de Pillar Ale. Estes copos de cristal eram populares, já que exibiam os efeitos luminosos do novo estilo de cerveja mais claro do meio do século XIX.

isso limitou o progresso das cervejarias por mais de uma década. Em 1950, a Inglaterra havia perdido um terço das cervejarias que estavam em funcionamento em 1940.

Todos os estilos clássicos já haviam sido em grande parte estabelecidos em 1900, e, por mais que tenham oscilado no último século, é improvável que tenham ganhado muito com o século XX. Na verdade, foi o contrário: as cervejas inglesas estão mais fracas, menos amargas, mais cheias de ingredientes adjuntos e menos variadas do que eram em 1900. Há vários culpados, mas esses efeitos são o resultado de forças sociais enormes que também afetaram outros países de maneira similar. E não se pode dizer que os apreciadores da Grã-Bretanha não gostam que sua cerveja seja assim. Cervejas de corpo mais leve e com menos álcool podem ser consumidas em grandes quantidades, o que permite encontros joviais e até bastante sóbrios, algo que nós nos Estados Unidos deveríamos considerar, se conseguirmos colocar um freio na guerra dos lúpulos por tempo o suficiente para pensar a esse respeito.

Real Ale na exposição de cerveja de Covent Garden, Londres, 1975. A CAMRA dedicou-se unicamente a preservar a Cask Ale inglesa e tornou-se o primeiro grupo de consumidores modernos a se dedicar ao ofício da cerveja.

O resgate da Real Ale

O respeito pela cerveja e por seu passado extenso e vibrante havia se reduzido tanto que, na década de 1960, a tradicional Real Ale inglesa estava prestes a ser substituída por cervejas inertes que chegavam em caminhões-tanque e eram despejadas em tanques nas adegas dos pubs. A Real Ale já foi discutida em detalhes no capítulo 6, mas, resumindo, trata-se de uma cerveja viva, que ainda está passando pelo processo de fermentação quando chega ao pub. O pouco de fermentação que ainda ocorre no cask deixa a cerveja mais gasosa antes do assentamento da levedura. Sem pasteurização nem filtragem, a Real Ale é mais complexa e sutil. Cientificamente, ainda não há muita certeza sobre os benefícios da carbonatação natural em si, mas como ela acontece com base em um processo vivo e natural, há de ser algo bastante bom.

É fácil entender por que as forças do mercado moderno lutam contra a Real Ale: ela é complexa, pouco eficiente e tem um cheiro estranho. Os barris de madeira são inconsistentes e exigem cuidado e habilidade no manejo para que a cerveja chegue ao copo em excelentes condições. Além do mais, sua validade é limitada: depois de alguns dias, a cerveja fica tão choca e inerte – e até azeda, às vezes – que não dá mais para vender. Mas também é fácil entender por que ela é tão valorizada por quem se permite o tempo para descobrir seus encantos: sutil e aveludada, uma excelente Real Ale tem uma sensação de vida e profundidade que faz com que se tome um copo atrás do outro. Não há nada igual no universo das cervejas.

Como vimos, uma organização chamada Campaign for Real Ale (CAMRA) formou-se em 1972 para lutar ativamente pela tradição da Cask Ale. Eles conseguiram frear a aniquilação da "Ale verdadeira", mas esse tem sido um sucesso parcial. A Lager é um grande negócio na Grã-Bretanha e continua a crescer. Ainda há muitas cervejas apáticas e com gás demais em barris de metal por aí. A Real Ale foi salva, mas ela agora é uma cerveja especial que não se parece mais com nada que existe no mercado de massa, e talvez a situação seja sempre essa. Enquanto houver um mercado viável com pessoas que reconhecem a diferença e estão dispostas a fazer o esforço para obtê-la, a Real Ale vai sobreviver. E recentemente uma nova geração de cervejeiros está trazendo vida nova e ideias inovadoras para as cervejas da Grã-Bretanha, sem deixar de honrar as tradições.

O sabor da Ale

Todos esses estilos utilizam cepas de levedura de alta fermentação específicas das Ales inglesas, escocesas e irlandesas. Fermentadas em temperaturas que ficam entre a temperatura ambiente e a da adega, elas são frutadas e condimentadas quando comparadas às Lagers. As cepas variam muito, mas tendem a ser menos efervescentes que suas primas belgas. Grande parte da magia da levedura britânica vem de sua habilidade de ampliar e expandir os sabores do malte, do lúpulo e de outros ingredientes da receita. Algumas acentuam a cremosidade do malte, enquanto outras enfatizam a característica amadeirada de certos maltes ou os sabores picantes e herbais do lúpulo.

De 1700 até 1847, aproximadamente, a Ale britânica era, por lei, um produto composto apenas de malte. Depois dessa época, o uso de açúcar e de outros adjuntos passou a ser permitido, e os cervejeiros britânicos vêm fazendo uso deles desde então. Os adjuntos podem ser bons ou ruins. Em pequenas quantidades, grãos como o trigo ou a aveia acrescentam uma textura voluptuosa e cremosa e melhoram a retenção da espuma. Açúcar ou grãos de milho e de arroz tornam o corpo mais leve e produzem uma cerveja que empanturra menos o apreciador (consequentemente, é mais fácil de beber). Isso pode ser bom ou não, mas, como a maioria dos adjuntos é mais barata que o malte de cevada, o pessoal do financeiro sempre fica tentado a colocar esses ingredientes em quantidades maiores que as recomendadas pelo mestre-cervejeiro para se obter uma excelente cerveja. Isso é algo para se prestar atenção quando se experimenta uma Ale inglesa.

O malte em si tende a ser mais nítido e vivo, com traços de tostado, mesmo nas cervejas claras. Muitas vezes ele apresenta um sabor amendoado particular que eu sempre comparo à avelã e que raramente se repete quando cervejas de estilo inglês são feitas em outro lugar. O caráter caramelizado que se encontra tantas vezes nas Lagers alemãs âmbar e escuras também não é tão presente. Uma exceção é a categoria das Scotch Ales intensas, nas quais esses sabores de malte exuberantes são a maior estrela.

Todos os membros da família da Pale Ale apresentam o lúpulo com destaque. Os lúpulos ingleses têm uma semelhança entre si por causa de suas características herbais ricas e acentuadas. Além de suas próprias excelentes variedades, os cervejeiros ingleses há muito tempo utilizam lúpulo importado, mas nunca de maneira a passar por cima dos aromas tradicionais; em outras palavras, não há nenhuma variedade de lúpulo estadunidense muito presente no aroma, apesar de isso não ser mais verdade no renascimento da cervejaria artesanal que está acontecendo por lá. No passado, as cervejas escuras como a Porter e a Stout tinham bastante lúpulo, mas isso não acontece mais hoje. De todas essas cervejas escuras, apenas as Stouts irlandesas mantêm algo que se assemelha ao amargor original.

Nos Estados Unidos, raras vezes se vê uma Ale inglesa sendo servida da maneira correta. Há

"A Ale deve ter estas propriedades: deve ser fresca e clara, não deve ser nem pegajosa nem fumacenta, nem ser sem pé nem cabeça."

– Andrew Borde, *A Compendious Regiment or a Dyetary of Helth*, 1542

**"Já experimentei do jarrete e do clarete também, do Madeira e do Moselle,
Mas nenhum desses vinhos espessos revelam esse inchaço lânguido;
De todas as reclamações de A a Z, este fato permanece bem claro,
Não há doença que não seja curada por uma gloriosa cerveja amarga."**
— MacLaghlan

alguns barris especiais que conseguem atravessar o oceano, e alguns sobrevivem a essa travessia com um resquício de vida. As cervejas nos barris de chope da Bass e de outras produtoras grandes geralmente ficam carbonatadas demais ou são servidas geladas demais. Se houver como controlar isso de alguma forma, uma temperatura entre 10 °C e 13 °C está na faixa ideal. Mexa sua cerveja com um garfo rapidamente para soltar parte do gás e você vai se aproximar da situação certa. Sua melhor aposta seria buscar uma cervejaria artesanal local que as produza de forma tradicional e as sirva em casks.

Pale Ale e Bitter

Estas cervejas constituem uma família unida de Ales que compartilham de uma mesma nomenclatura confusa. O nome "Pale Ale" tipicamente se aplica a cervejas engarrafadas mais fortes, mas também há muitas versões em chope. "Bitter" pode abarcar todos os níveis de força, e apesar de o termo geralmente ser usado com chope, existem versões envasadas. As denominações "Ordinary" (comum), "Best" (melhor) ou "Special" (especial), e "Extra Special Bitter" (ou ESB) são aplicadas a cervejas com níveis crescentes de força, apesar de que esse princípio não é universal, e a maioria das cervejarias oferece apenas duas opções, não três.

Essa família de cervejas de alta fermentação se cristalizou na forma como é hoje depois da Primeira Guerra Mundial e mudou muito pouco desde então. Quanto ao sabor, essas cervejas são feitas sobre uma base de malte levemente seco chamado "Pale Ale", que traz uma característica amendoada de sabor e, com frequência, apenas um toque de tostado. Em grande parte, essas cervejas são feitas com adjuntos, o que lhes dá refrescância e as torna fáceis de beber. Cevada ou trigo em flocos às vezes são usados para acrescentar um pouco de cremosidade. Não é coincidência que o nome desse estilo é Bitter (amargo): o lúpulo sempre tem um papel proeminente, às vezes até dramático, apesar de cada cervejaria ter seus próprios princípios a respeito dessa questão. Lúpulos ingleses são obrigatórios, pelo menos quando se trata do aroma.

English Bitter

ORIGEM: surgiu em 1850 como uma Pale Ale em forma de chope e adquiriu corpo e densidade mais leves no início do século XX. Faz parte da gama de subestilos pouco definidos, como já foi dito. Adjuntos tipicamente são usados para tornar o corpo mais leve e aumentar a drinkability. Essa cerveja fica muito melhor quando servida de um cask na forma de Real Ale. Apesar de sua baixa densidade e das receitas com adjuntos, as melhores cervejas desse tipo conseguem ser sedutoramente complexas e atraentes.

LOCALIZAÇÃO: Grã-Bretanha, especialmente Inglaterra; versões tradicionais verossímeis também são produzidas por algumas cervejarias artesanais estadunidenses e canadenses.

AROMA: primeiro de lúpulo, depois de malte amendoado/amadeirado; especiarias e frutas também ficam em evidência.

SABOR: lúpulo fresco mais malte amendoado, final refrescante.

EQUILÍBRIO: equilibrado quanto ao lúpulo ou ao malte, final amargo.

SAZONALIDADE: o ano todo.

HARMONIZE COM: uma ampla gama de comidas; frango assado ou carne de porco; acompanhamento clássico do curry.

EXPERIMENTE ESTAS CERVEJAS: este estilo realmente é diferente quando servido como Real Ale. Tente encontrar alguma em um bar especializado ou em um brewpub, e é claro que as cervejas inglesas têm um sabor muito melhor em sua terra natal. Anchor Small Beer, Coniston Bluebird Bitter, Deschutes Bachelor ESB, Fuller's Chiswick Bitter, Harviestoun Bitter & Twisted, O'Hanlon Royal Oak Traditional Bitter.

DENSIDADE: Ordinary: 1,030-1,039 (7,6-9,8 °P); Best/Special: 1,040-1,048 (10-11,9 °P); Strong Bitter: 1,048-1,060 (11,9-14,7 °P).
ÁLCOOL: Ordinary: 2,4%-3%; Best/Special: 3,8%-4,6%; Strong Bitter: 4,6%-6,2%.
ATENUAÇÃO/CORPO: muito seco a médio.
COR: 8-18 SRM, âmbar claro a escuro.
AMARGOR: 25-50 IBU, médio a alto.

Classic English Pale Ale

Como já foi dito, é quase impossível tirar completamente uma Pale Ale da família das Bitters, e Pale Ale é praticamente sinônimo de uma cerveja bastante amarga. Cervejeiros estadunidenses adoram esse estilo e o reinventaram à sua própria imagem. Alguns exemplos de cervejarias estadunidenses poderiam se passar por ingleses, mas, em sua maioria, essas versões são mais fortes e quase sempre feitas de puro malte, mas a diferença fica com o lúpulo: as verdadeiras English Pale Ales sempre apresentam um caráter de lúpulo inglês.

ORIGEM: descendente das cervejas October produzidas nas fazendas inglesas, foi adotada em Londres bem antes de 1800. Um pouco mais tarde, este estilo se tornou fortemente associado à cidade de Burton-on-Trent, e finalmente a toda a Inglaterra, tornando-se praticamente sua cerveja nacional. Ela passou por tremendas reduções de densidade entre 1870 e 1920.

LOCALIZAÇÃO: Inglaterra; versões verossímeis são feitas nos Estados Unidos e em outros lugares.

AROMA: malte limpo aliado a uma boa dose de lúpulos ingleses herbais/gramíneos.

SABOR: refrescante (por causa da água), malte amendoado, lúpulos condimentados.

EQUILÍBRIO: equilibrado ou seco/amargo; final limpo.

SAZONALIDADE: o ano todo.

HARMONIZE COM: uma ampla gama de comidas; tortas de carne, queijo inglês.

EXPERIMENTE ESTAS CERVEJAS: assim como as que estão na família Bitter, tente encontrá-las em casks ou adequadamente engarrafadas. O'Hanlon Royal Oak Pale Ale, Whitbread Pale Ale, Firestone Walker Double Barrel Ale, Odell 5-Barrel Pale Ale.

ESPECIFICAÇÕES: confira as especificações para a Strong Bitter na seção English Bitter, página 239.

English India Pale Ale

Apesar de esse estilo ter criado vida própria nos Estados Unidos nos últimos tempos, historicamente ele faz parte da ampla família da Pale Ale, e os dois se sobrepõem bastante. No entanto, dentro do portfólio de qualquer cervejeiro, a IPA sempre será um pouco mais clara, mais forte e mais amarga que suas Pale Ales, de acordo com a história do estilo. Elas podem ser difíceis de reconhecer; a Pale de um cervejeiro é a IPA de outro. Assim como acontece com a Pale Ale, nos Estados Unidos se produzem versões mais vigorosas que investem nos aromas de pinho, de grapefruit e de frutas tropicais das variedades estadunidenses e internacionais de lúpulo.

ORIGEM: a verdadeira India Pale Ale evoluiu com base nas cervejas October que eram enviadas para a Índia, mais notoriamente por um cervejeiro de Londres, chamado George Hodgson, por volta de 1780. Em 1830, Hodgson foi dispensado e os cervejeiros de Burton-on-Trent haviam criado a versão mais refrescante e seca dessa cerveja, que se tornou o padrão para esse estilo.

LOCALIZAÇÃO: Inglaterra; cervejarias artesanais dos Estados Unidos.

AROMA: lúpulos ingleses picantes em primeiro plano acrescidos de um malte amendoado na retaguarda.

SABOR: bastante malte, mas dominado pelo lúpulo; deve apresentar algum equilíbrio mesmo nos exemplares mais amargos.

EQUILÍBRIO: sempre lupulado, mas em níveis diversos.

SAZONALIDADE: o ano todo.

HARMONIZE COM: comidas fortes e temperadas; sobremesas destemidas e doces, como bolo de cenoura.

EXPERIMENTE ESTAS CERVEJAS: Brooklyn East India Pale Ale, Burton Bridge Empire IPA, Goose Island India Pale Ale, Meantime India Pale Ale, Summit India Pale Ale, Yards India Pale Ale.

DENSIDADE: 1,050–1,070 (12–17°P).

ÁLCOOL: 5,0%–7,5% por volume.

ATENUAÇÃO/CORPO: refrescante, seco, mas pode ter traços da suntuosidade do malte.

COR: 6–14 SRM, dourado a âmbar.

AMARGOR: 40–60 IBU, alto.

Estilo histórico

Burton Ale

Esse primo mais escuro da IPA estava sendo criado pelos cervejeiros de Burton antes de surgir aquela enorme oportunidade que foi a India Pale Ale. Essa cerveja rica, de cor âmbar escuro, às vezes até castanha, tem bastante doçura residual e uma alta densidade original. Ela era avidamente consumida por pessoas em torno de todo o mar Báltico até a Rússia, que era o mercado de exportação original de Burton. Apesar de esse estilo costumeiramente passar despercebido, algumas versões são fabricadas comercialmente e ele merece ser mais

conhecido. Parece que essa cerveja era apreciada na Escócia e talvez tenha até se transformado na Scotch Ale quando era produzida por lá; ela ficou na moda por um tempo durante a década de 1920. Para aumentar a confusão, "Burton Ale" foi um termo comercial aplicado posteriormente às Pale Ales ou às India Pale Ales.

EXPERIMENTE ESTAS CERVEJAS: Ballantine Burton Ale, Dogfish Head Burton Baton, August Schell's Burton Ale.

English Golden Bitter ou Summer Ale ("Ale de verão")

É maravilhoso ver algumas ideias novas surgirem nas cervejarias britânicas depois de um século tão árido.

ORIGEM: um desenvolvimento recente de cervejarias britânicas menores, esse estilo é basicamente uma IPA mais leve criada para ajudar a combater a maré de Lagers com uma cerveja fresca e refrescante. A lupulagem, apesar de em geral ser leve, tende a ser um pouco menos convencional do que aquela das Bitters.

LOCALIZAÇÃO: Inglaterra; também em cervejarias artesanais dos Estados Unidos.

AROMA: caráter limpo de malte acrescido de um buquê de lúpulo leve, mas marcante.

SABOR: malte limpo, vivo e brilhante; finalização de lúpulo firme.

EQUILÍBRIO: do equilibrado ao razoavelmente lupulado.

SAZONALIDADE: verão.

HARMONIZE COM: uma ampla gama de comidas; frango, frutos do mar, cozinhas apimentadas.

EXPERIMENTE ESTAS CERVEJAS: Hop back Summer Lightning, Wychwood Scarecrow Golden Pale Ale, Tomos Watkin's *Cwrw Hâf* ("Ale de verão" em galês).

DENSIDADE: 1,038–1,053 (9,5–13,1 °P).

ÁLCOOL: 3,6%–5 % por volume.

ATENUAÇÃO/CORPO: seco, refrescante.

COR: 2–6 SRM, âmbar-dourado claro.

AMARGOR: 20–45 IBU, médio.

English Wheat Ale (Ale de trigo inglesa)

Esse estilo basicamente acompanha a história e as especificações da Golden Bitter, apesar de ser feito de trigo e possuir um perfil de lúpulo um tanto mais baixo.

Irish Ale [estilos irlandeses]

A Irlanda é mais famosa pela Stout, e trataremos disso em breve com o resto das Stouts e Porters. Por dois séculos, a Stout foi basicamente a cerveja da Irlanda. As mudanças de gostos, no entanto, levaram a mudanças de cerveja, então nasceu a Irish Red Ale, há muito esquecida.

Irish Red Ale

Na Idade Média, os irlandeses eram famosos por sua Red Ale (Ale vermelha). Pouco se sabe a seu respeito exceto pela cor, mas ela provavelmente seguia o padrão de outras cervejas medievais. A Irish Red moderna é um fenômeno bastante recente, que praticamente não existia até o final do século XX. Esse estilo provavelmente é mais importante nos Estados Unidos do que na própria Irlanda, atendendo à necessidade dos bares irlandeses de terem uma cerveja âmbar para servir, e que foi feita na Irlanda, não na Inglaterra.

ORIGEM: apesar de o nome ser muito antigo, não há qualquer conexão entre as Irish Reds modernas e as medievais. O estilo foi promovido pela primeira vez pela Coors, dona da Killian's Irish Red, um dos primeiros casos de sucesso em que uma cervejaria do mercado de massa tentou invadir o setor das artesanais.

LOCALIZAÇÃO: cervejarias artesanais dos Estados Unidos e, às vezes, até na Irlanda.

AROMA: caramelo doce leve, notas tostadas; muito pouco de lúpulo.

SABOR: caramelo queimado (toffee) e um leve tostado macio, final seco.

EQUILÍBRIO: uma cerveja delicada, meio-termo entre a Scottish Ale clássica e a English Bitter.

SAZONALIDADE: o ano todo.

HARMONIZE COM: uma grande variedade de comidas; salmão, carne de porco assada, queijos de casca lavada.

EXPERIMENTE ESTAS CERVEJAS: Caffrey's Irish Ale, Great Lakes Conway's Irish Ale, Harpoon Celtic Ale, O'Hara's Irish Red, Smithwick's Ale.

DENSIDADE: 1,036-1,046 (9-11,5 °P).
ÁLCOOL: 3,8%-5,0% por volume.
ATENUAÇÃO/CORPO: seca, refrescante.
COR: 9-14 SRM, do âmbar avermelhado ao rubi.
AMARGOR: 20-28 IBU, médio.

Scottish Ales [estilos escoceses]

As cervejas da Escócia eram muito parecidas com suas primas inglesas. Apesar de haver algumas diferenças, elas todas vêm da mesma grande tradição, e, conforme progrediu a industrialização, as cervejas se tornaram ainda mais similares.

A imagem que se tem das cervejas de lá é a de bebidas adocicadas, levemente lupuladas, de cor rubi, e sem dúvida há exemplos que confirmam isso; mas se você for até a Escócia em busca de uma Scottish Ale clássica, escura e maltada, você vai sofrer para encontrá-la: há mais de um século, Edimburgo é famosa por suas Pale Ales secas e minerais, feitas com água semelhante à de Burton. As cervejas escocesas de hoje em dia apresentam grande variedade e não diferem em sua essência das English Ales.

Como mais para o norte o clima é mais frio, as cervejas escocesas costumam ser fermentadas em temperaturas mais baixas que as inglesas. Isso quer dizer que as Ales escocesas exibem menos características frutadas e condimentadas que as English Ales, o que acaba por ressaltar mais o malte. Houve um tempo em que se cultivava lúpulo na Escócia, mas essa região fica demasiado ao norte para que eles prosperem, então no momento não há produção comercial por ali. Seja porque os escoceses não querem dar seu dinheiro para os ingleses, seja por qualquer outra razão menos interessante, algumas Ales escocesas são pouco lupuladas, mas, ao mesmo tempo, cervejas amargas também existem.

Como ainda estamos nas ilhas Britânicas, a nomenclatura vai ser um pouco confusa. A cerveja escocesa historicamente é dividida em vários níveis de força designados em xelins (e por vezes escritos como 60/-, 70/-, e 80/-), que, em algum ponto vago da história, já foi o preço de verdade do barril. Essa terminologia deixou de ser usada, mas os três preços correspondem aos termos "leve", "pesado" e "de exportação", e correspondem aos três níveis de força das Bitters inglesas. Em níveis mais altos de álcool, existe uma cerveja chamada apenas de Scotch Ale, também conhecida como Wee Heavy ("pesadinha demais", em tradução livre), ou por sua designação em xelins, 120/-.

As Ales escocesas medievais provavelmente possuíam aroma de fumaça por causa da turfa utilizada como combustível para secar o malte. De acordo com os antigos livros de produção de cerveja, os cervejeiros do século XVIII claramente apreciavam os sabores límpidos do malte que passou a ser seco nas novas estufas de aquecimento indireto, alimentadas por carvão ou coque. Eles encaravam o novo processo livre de fumaça como um verdadeiro progresso, o qual permaneceu assim por quase trezentos anos. Recentemente, no entanto, conforme as cervejarias artesanais começaram a reexaminar suas raízes, pareceu completamente lógico reintroduzir pequenas quantidades de malte turfado na cerveja escocesa, e assim foi feito. Deve-se notar que parte da água utilizada pelas cervejarias corre pela turfa e captura um certo sabor fenólico que pode ir parar nas cervejas.

Scottish Light Ale (60/-)

ORIGEM: classe baixa das cervejas escocesas, com história similar à Bitter inglesa.

LOCALIZAÇÃO: Escócia.

AROMA: caráter limpo de malte, sem aroma de lúpulo evidente; traços de turfa são aceitáveis.

SABOR: caráter seco de malte, com traços de caramelo e tostado.

EQUILÍBRIO: forte e maltada, pode ser um pouco tostada.

SAZONALIDADE: o ano todo.

HARMONIZE COM: comidas mais leves; queijos simples, preparações mais leves de salmão ou frango.

ATENÇÃO: não costuma ser encontrada nos Estados Unidos. Confira em seu brewpub local.

DENSIDADE: 1,030-1,035 (7,6-8,8 °P).
ÁLCOOL: 2,5%-3,2 % por volume.
ATENUAÇÃO/CORPO: leve e seco.
COR: 17-22 SRM, âmbar a castanho-rubi.
AMARGOR: 10-20 IBU, baixo.

Scottish Heavy (70/-)

ORIGEM: faixa média das cervejas escocesas, história similar à da Bitter inglesa.

LOCALIZAÇÃO: Escócia.

AROMA: caráter limpo de malte, sem aroma de lúpulo evidente; traços de turfa são aceitáveis.

SABOR: malte suave, com traços de caramelo e tostado.

EQUILÍBRIO: cremosidade de malte equilibrada por traços mínimos de lúpulo e um leve torrado.

SAZONALIDADE: o ano todo.

HARMONIZE COM: comida leve; queijos simples, preparações mais leves de salmão e frango.

EXPERIMENTE ESTAS CERVEJAS: Caledonian Amber Ale; outros exemplos à venda nos Estados Unidos são raros. Confira em seu brewpub local.

DENSIDADE: 1,035-1,040 (8,8-10°P).
ÁLCOOL: 3,2%-3,9 % por volume.
ATENUAÇÃO/CORPO: médio a muito leve.
COR: 17-22 SRM, âmbar a castanho.
AMARGOR: 10-20 IBU, baixo.

Scottish Export (80/-)

ORIGEM: classe alta das cervejas escocesas; história similar à da Pale Ale e da Bitter inglesas.

LOCALIZAÇÃO: Escócia.

AROMA: malte complexo; nuances de cacau; pouco sinal de lúpulo.

SABOR: sabores ricos de caramelo queimado (toffee)/malte tostado, apesar do corpo relativamente leve; caráter muito leve de levedura; traços de turfa são raros, mas aceitáveis.

EQUILÍBRIO: definitivamente maltado, mas equilibrado por elementos tostados e um suspiro de lúpulo.

SAZONALIDADE: o ano todo.

HARMONIZE COM: comidas mais leves; queijos moderadamente intensos; preparações mais leves de salmão e carne de porco.

EXPERIMENTE ESTAS CERVEJAS: Belhaven Scottish Ale, McEwan's Export, Odell's 90 Shilling Ale, Samuel Adams Scotch Ale, Three Floyds Robert the Bruce (mais para o extremo mais forte desse estilo).

DENSIDADE: 11,040-1,052 (10,0-12,9 °P).
ÁLCOOL: 3,9%-6,0 % por volume.
ATENUAÇÃO/CORPO: moderadamente leve para um pouco encorpado.
COR: 13-22 SRM, âmbar a marrom.
AMARGOR: 15-30 IBU, baixo.

Scotch Ale/ Wee Heavy (120/-)

ORIGEM: desenvolveu-se lentamente como a faixa mais alta da família da Scottish Ale, provavelmente inspirada pela Burton Ale; na realidade, trata-se de uma Barley Wine meio escura.

LOCALIZAÇÃO: Escócia, cervejarias artesanais dos Estados Unidos.

AROMA: malte intenso e complexo, mistura de caramelo queimado (toffee) e torrado leve; pouco além disso, mas às vezes tem um traço de turfa.

SABOR: sabores de malte ricos, similares ao caramelo queimado (toffee), que duram bastante; levedura de caráter reduzido; versões envelhecidas lembram um pouco do vinho do Porto.

EQUILÍBRIO: pesado e maltado, talvez um pouco tostado.

SAZONALIDADE: o ano todo.

HARMONIZE COM: pudins melados e outras sobremesas substanciosas.

EXPERIMENTE ESTAS CERVEJAS: AleSmith Wee Heavy, Brasserie de Silly Scotch Silly, Founders Dirty Bastard, Oskar Blues Old Chub, Thirsty Dog Wulver, Traquair House Ale.

DENSIDADE: 1,070-1,130 (17,1-30,1 °P).
ÁLCOOL: 6,5%-10,0% por volume.
ATENUAÇÃO/CORPO: encorpado e doce.
COR: 14-25 SRM, âmbar a castanho-rubi.
AMARGOR: 17-35 IBU, baixo.

English Brown Ales (castanhas inglesas)

As origens da Brown Ale perderam-se nas brumas do tempo. Desde os tempos mais primórdios, as pessoas fazem cerveja castanha, mas nós vamos acompanhar essa história a partir de 1700, quando a descendente da velha Ale inglesa sem lúpulo, a cerveja âmbar ou dois-tostões, estava tomando conta de Londres. Na época, havia outras cervejas castanhas mais amargas no pedaço, que vieram a ser as Porter. Apesar do enorme sucesso da Porter, as cervejas escuras com pouco lúpulo conseguiram sobreviver por bastante tempo ao lado de seus primos mais populares. Os termos "marrom" e "castanha" já se aplicavam à cerveja havia séculos, mas parece que só passaram a ser utilizados para descrever um estilo ou como terminologia comercial no final do século XIX, e não há indícios de que essas palavras eram usadas em conexão com as dois-tostões da era anterior.

A Brown Ale nunca foi a cerveja mais popular, mas parece que sempre há consumidores para uma cerveja que é um pouco mais tostada e menos lupulada que a Pale Ale. O estilo divide-se entre o norte e o sul da Inglaterra. As Brown Ales do norte são mais pálidas e um pouco mais fortes que as do sul, e há variações sutis de lugar para lugar. Há quem exalte as Brown Ales do sul, mas atualmente é quase impossível distingui-la da Mild Ale, e competições como a World Beer Cup consideram as duas como se fossem o mesmo estilo.

English Brown Ale

LOCALIZAÇÃO: norte da Inglaterra, especialmente Yorkshire e algumas cervejarias artesanais dos Estados Unidos.

AROMA: complexo e maltado, possivelmente com traços de torrado, sem aroma de lúpulo.

SABOR: tostado, amendoado, com um pouco de malte caramelizado; um pouco de lúpulo.

EQUILÍBRIO: delicado, vai do refrescante para um adocicado muito leve; final limpo.

SAZONALIDADE: o ano todo.

HARMONIZE COM: carnes assadas e uma ampla gama de comidas gordurosas.

EXPERIMENTE ESTA CERVEJA: Samuel Smith's Nut Brown Ale.

DENSIDADE: 1,040-1,052 (10,0-12,9 °P).

ÁLCOOL: 4,2%-5,4 % por volume.

ATENUAÇÃO/CORPO: seco a levemente doce.

COR: 12-22 SRM, âmbar médio a escuro.

AMARGOR: 20-30 IBU, baixo a médio.

"Deixe que os avaros acumulem
suas riquezas
E fitem suas bolsas de ouro;
Perto de minha fortuna são eles pobres
Depois de comparar nossos tesouros;
Mas tenho eu mais
Riquezas reais guardadas,
E alegrias que nunca falham
Enquanto o santuário da amizade
Existir em minha cabana
Com um copo de Brown Ale saborosa."

— John Hammond,
"A Glass of Rich Brown Ale"

Dark Mild Ale

O significado original desse nome se referia à cerveja que era vendida relativamente fresca e que não havia sido submetida a um longo período de maturação em madeira (confira English Old/Strong Ale a seguir). Por volta de 1880, as Ales do dia a dia de Londres estavam começando a se assemelhar às cervejas inglesas modernas. Até por volta de 1910, Mild ("suave") se referia simplesmente a qualquer cerveja fresca e não maturada, não importava qual era a cor, a força ou o estilo; e, apesar de em geral serem mais fracas que as cervejas maturadas, elas ainda apresentavam intensidades variadas. Quando a Primeira Guerra Mundial chegou ao fim, o termo com certeza já se referia às Session Beers de baixa densidade. A Mild fez um sucesso estrondoso em meados do século XX; na década de 1960, ela representava 61% do mercado de cerveja inglês. Apesar de haver poucos exemplos de Milds claras, sua forma mais duradoura é uma cerveja escura cor de rubi, e hoje já se dispõe novamente de várias intensidades. Na década de 1980, a Mild representava apenas 14% do mercado inglês.

LOCALIZAÇÃO: norte da Inglaterra, especialmente na região de Birmingham, e algumas cervejarias artesanais dos Estados Unidos, que geralmente apresentam interpretações mais fortes.

AROMA: complexo e levemente torrado/maltado, sem aroma de lúpulo.

SABOR: levemente torrado com um pouco de malte caramelizado; leve lúpulo.

EQUILÍBRIO: maltado, mas com traços de torrado e um final refrescante.

SAZONALIDADE: o ano todo.

HARMONIZE COM: carnes assadas e uma ampla gama de comidas fartas.

EXPERIMENTE ESTAS CERVEJAS: Broughton Black Douglas, Moorhouse's Black Cat, Orkney Brewery Dark Island, Surly Mild, Wychwood Hobgoblin Dark English Ale, Yards Brawler Pugilist Style Ale.

DENSIDADE: 1,030-1,038 (7,6-9,5 °P), apesar de existirem versões consideravelmente mais fortes.

ÁLCOOL: 3,0%-3,8 % por volume.

ATENUAÇÃO/CORPO: seco a levemente adocicado nas versões mais fortes.

COR: 12-25 SRM, âmbar médio a escuro.

AMARGOR: 10-25 IBU, baixo a médio.

English Old/ Strong Ale/ Winter Warmer

Aqui na verdade estão dois estilos similares. O estilo Old ("velho") se refere à cerveja que foi maturada em recipientes de madeira por um ano ou pouco mais, e que durante esse período capturou uma acidez sutil e um conjunto de aromas abundante. Cervejas que passam por esse processo antigamente eram chamadas de stale ("passadas") e muitas vezes eram misturadas com cervejas mais frescas quando eram vendidas. Hoje em dia, há poucas cervejas que são feitas dessa maneira na Inglaterra, mas essa abordagem ainda sobrevive em Flandres (confira o capítulo 12).

Strong Ale é um termo genérico para qualquer cerveja forte em qualquer tom de âmbar ou castanho. Outros aspectos da cerveja, como a lupulagem, podem variar muito, e os produtos de muitas cervejarias nessa linha não carregam os termos Strong (forte) ou Old (velho). Esses termos são problemáticos nos Estados Unidos, já que as leis federais proíbem que os cervejeiros promovam a força de suas bebidas (além de indicar o teor alcoólico).

A Winter Warmer é feita na Inglaterra para ser uma cerveja de inverno e geralmente é escura, tostada, às vezes também um pouco lupulada. Como o conceito do que é uma cerveja forte varia muito da Inglaterra para os Estados Unidos, essas cervejas podem chegar a ter meros 5% de teor alcoólico no Reino Unido. Esse é outro termo que não pode ser usado em rótulos nos Estados Unidos; as leis consideram que *warmer* (algo como “mais quente” ou “capaz de aquecer”) indica uma propriedade terapêutica.

ORIGEM: resquício dos tempos remotos em que todas as cervejas fortes eram maturadas em barris de madeira por até um ano.

LOCALIZAÇÃO: Inglaterra, cervejarias artesanais dos Estados Unidos.

AROMA: frutado, malte que lembra uvas-passas e possivelmente alguns elementos tostados/torrados; pode ter certo caráter de levedura selvagem.

SABOR: caramelo frutado e gorduroso, um toque de lúpulo; as versões realmente envelhecidas apresentam um toque de acidez marcante.

EQUILÍBRIO: geralmente mais para o doce, mas pode ser equilibrada por igual.

SAZONALIDADE: o ano todo, mas é realmente excelente quando faz frio.

HARMONIZE COM: pratos fartos e intensos como carne assada e carneiro; segura bem as sobremesas mais gordurosas.

EXPERIMENTE ESTAS CERVEJAS: Anderson Valley Winter Solstice Seasonal Ale, Deschutes Jubelale, North Coast Old Stock Ale, Fuller's Vintage Ale.

DENSIDADE: 1,055-1,088 (15-22 °P).

ÁLCOOL: 5,5%-9,0 % por volume.

ATENUAÇÃO/CORPO: médio a encorpado em Strong Ales; em Old Ales é bem mais atenuado.

COR: 10-25 SRM, âmbar a castanho.

AMARGOR: 17-60+ IBU, médio a alto.

English Barley Wine/Barleywine

ORIGEM: outra das antigas, descendente das October fortes fabricadas em fazendas. O termo foi usado pela primeira vez em 1903 pela Bass para sua Strong Ale Nº 1. Existe uma variação razoável dentro dessa categoria; do punhado de cervejas inglesas muito fortes que são fabricadas, poucas realmente recebem o rótulo de Barley Wine.

LOCALIZAÇÃO: Inglaterra, cervejarias artesanais dos Estados Unidos.

AROMA: malte frutado e rico, lúpulo condimentado.

SABOR: muitos maltes complexos com retaguarda de lúpulo.

EQUILÍBRIO: maltado ou lupulado.

SAZONALIDADE: o ano todo; melhor no inverno.

HARMONIZE COM: comidas muito intensas, mas melhor com sobremesas; experimente com queijo stilton.

EXPERIMENTE ESTAS CERVEJAS: Anchor Old Foghorn, The Bruery Mash, J. W. Lees Harvest Ale, Midnight Sun Arctic Devil Barley Wine, O'Hanlon's Thomas Hardy's Ale, Revolution Brewing Company Straight Jacket, Ridgeway Criminally Bad Elf.

DENSIDADE: 1,080-1,120 (19,3-28 °P).
ÁLCOOL: 8%-12% por volume.
ATENUAÇÃO/CORPO: médio a alto.
COR: 8-22 SRM, âmbar a castanho.
AMARGOR: 35-70 IBU, médio a alto.

Porter

Você sabe o que é uma Porter? Eu também não.

Estudar a história dessa cerveja é como fitar o universo multidimensional de cosmologia teórica, com múltiplos mundos paralelos em fluxo constante distorcendo-se e transformando-se nas correntes do tempo. Quanto mais se tenta defini-la, mais ela escorrega e se torna algo diferente e inesperado. Isso pode ser bem divertido, é claro.

"Mas todas as nações sabem que Londres é onde a Porter foi inventada; e judeus, turcos, germânicos, negros, persas, chineses, neozelandeses, esquimós, índios, americanos e hispano-americanos unem-se em um sentimento de respeito pela cidade-natal da bebida preferida pelo mundo todo."
— Charles Knight, Londres, 1843

Ela não foi inventada, muito pelo contrário (apesar das lendas a respeito de Ralph Harwood e a cervejaria Bell Brewery em Shoreditch): a Porter surgiu ao longo de uma geração ou mais, transformando-se de uma mistura de Brown Ales a uma família de cervejas castanhas dignas de *pedigree*, as quais ganharam um nome derivado dos trabalhadores que eram seus entusiastas mais visíveis (*porter* quer dizer "carregador" em inglês). Nunca existiu uma coisa única chamada Porter. Quando o nome começou a ser aplicado a essas cervejas, havia muitas variações tanto na nomenclatura como na interpretação.

Ao longo destes quase três séculos de história, a Porter se transforma de geração em geração. No início, ela era feita principalmente com um malte "castanho" que passava um bom tempo na estufa (mas não era torrado), o que lhe dava corpo e um rico sabor tostado. Quando os cervejeiros passaram a utilizar o densímetro e descobriram como esse método era ineficiente, eles passaram a usar o malte claro, que tinha mais extrato, a partir de 1790 aproximadamente. Com essa mudança, tiveram que resolver o problema de como alcançar a cor castanho-escura do processo anterior. Apesar de ilegais, diversas preparações de açúcar queimado foram empregadas, e isso transformou o sabor da cerveja de maneira dramática.

O cervejeiro e autor William Tizard, em 1843, afirmou: "é difícil que exista em nosso país, tão afeito à cerveja, dois cervejeiros cujos produtos tenham o mesmo sabor e a mesma qualidade (principalmente se forem vizinhos), e ainda mais quando se tratar da Porter. Mesmo em Londres, um apreciador experiente será capaz de descobrir, sem hesitar, o sabor característico que distingue o gestor de cada uma das cervejarias principais ou das vizinhanças...".

Em 1817, o tambor torrador de Daniel Wheeler permitiu que o malte fosse torrado até o preto profundo, e isso resolveu o problema da coloração, mas transformou novamente a Porter. Por todo o século XIX, a Stout perdurou enquanto a Porter definhava, conforme a densidade, o amargor e a cor – e provavelmente também o sabor – lhe eram quase que completamente arrancados. À época da Primeira Guerra Mundial, ela mal sobrevivia em sua terra natal.

As diretrizes da World Beer Cup dividem o universo da Porter em "Brow" e "Robust". Essa distinção é um pouco arbitrária e foi criada em uma época em que a Porter não havia sido fabricada nas ilhas britânicas havia mais de vinte anos. Charlie Papazian, fundador da American Homebrewers Association e do Great American Beer Festival (entre outras coisas), admitiu para mim que ele e o famoso escritor de cerveja Michael Jackson sentiram que havia a necessidade de dois tipos nas competições, e então inventaram isso sem muita base na realidade histórica. As diretrizes da BJCP de 2015 listam essas duas subcategorias como versões "inglesa" e "estadunidense", esta última sendo a mais robusta, o que pelo menos reflete a realidade atual até certo ponto. Como sempre, a Porter é um enigma.

Na realidade, as Porters representam uma gama bastante grande de cervejas castanhas-escuras sem qualquer subestilo bem definido. Algumas chegam até a invadir o território da Stout. Meu ponto de vista pessoal é que a Porter deveria ter um tipo de sabor torrado que remete ao chocolate ao leite ou a um café mocha suave, em vez do café *espresso* encorpado de uma Stout, e eu acho que a história confirma essa ideia. Fora desse quesito, vale quase qualquer coisa.

ORIGEM: Londres, por volta de 1700. A Porter é considerada a primeira cerveja industrializada; versões mais fortes são chamadas de Stout.

LOCALIZAÇÃO: Inglaterra, cervejarias artesanais dos Estados Unidos.

AROMA: malte torrado; geralmente pouco ou nenhum aroma de lúpulo.

SABOR: cremosidade de malte torrado/tostado, lupulado ou não.

EQUILÍBRIO: malte, lúpulo, torrado em várias proporções.

SAZONALIDADE: o ano todo, excelente em tempos mais frios.

HARMONIZE COM: comidas assadas ou defumadas; churrasco, linguiças, cookies de chocolate.

EXPERIMENTE ESTAS CERVEJAS: Boulevard Bully! Porter, Fuller's London Porter, Great Lakes Edmund Fitzgerald Porter, Harviestoun Old Engine Oil, Meantime London Porter, Samuel Smith's Taddy Porter.

DENSIDADE: 1,040-1,052 (10-12,9 °P).
ÁLCOOL: 4,0%-5,4 % por volume.
ATENUAÇÃO/CORPO: médio.
COR: 18-35 SRM, marrom a quase preto.
AMARGOR: 20-40+ IBU, baixo até meio-alto.

Baltic Porter

ORIGEM: esse tipo de Porter tem por base as cervejas que a Inglaterra exportava para a Rússia no século XVIII. De muitas maneiras, a Baltic Porter é a verdadeira herdeira do manto das Porters, já que foi fabricada por quase dois séculos sem interrupção. As versões modernas são Lagers, em vez de Ales; mas, como elas compartilham a história com as versões inglesas, estão incluídas aqui, e apesar de sua fermentação de Lager, elas têm um sabor levemente torrado, como café com leite. Ninguém seria capaz de confundi-las com uma Stout.

LOCALIZAÇÃO: região báltica, inclusive Polônia, Lituânia e Suécia; também em cervejarias artesanais dos Estados Unidos.

AROMA: malte suave e queimado; geralmente nenhum aroma de lúpulo.

SABOR: malte queimado/tostado cremoso, levemente lupuloso, razoavelmente doce no final.

EQUILÍBRIO: malte, lúpulo, torrado em várias proporções.

SAZONALIDADE: o ano todo; excelente em tempos mais frios.

HARMONIZE COM: comidas assadas e defumadas; churrasco, costela assada, bolo de chocolate.

EXPERIMENTE ESTAS CERVEJAS: Baltika #6 Porter, Carnegie Porter, Duck-Rabbit Baltic Porter, Jack's Abby Framinghammer, Okocim Porter, Smuttynose Baltic Porter.

DENSIDADE: 1,060-1,090 (14,7-21,6 °P).

ÁLCOOL: 6,5%-9,5% por volume.

ATENUAÇÃO/CORPO: médio a alto.

COR: 17-30 SRM, marrom a castanho-escuro.

AMARGOR: 20-40 IBU, baixo para médio.

Stout

A palavra *stout*, com o significado de cerveja escura forte, é usada desde pelo menos 1630. Esse termo foi aplicado às Stout Butt Beers que eventualmente viriam a ser chamadas de Porter. Então, toda a história que se aplica à Porter também é parte da história da Stout. Ela forma uma família de cervejas extensa e variada, na qual todos os membros compartilham do mesmo caráter profundo, escuro e torrado.

ORIGEM: a Stout é filha da Porter e praticamente a superou, tendo vários subestilos, do seco ao doce, do forte ao fraco.

LOCALIZAÇÃO: Inglaterra, Irlanda, Estados Unidos, Caribe, África - o mundo.

AROMA: malte torrado; com ou sem aroma de lúpulo.

SABOR: sempre torrado; pode ter caramelo e lúpulo também.

EQUILÍBRIO: muito seco a muito doce.

SAZONALIDADE: o ano todo.

HARMONIZE COM: comidas gordurosas e fartas; steak, tortas de carne; clássico com ostras; versões mais fortes com chocolate.

Irish Dry Stout

Os irlandeses entraram com tudo no negócio da fabricação de cerveja mais ou menos na mesma época em que a Porter estava sendo industrializada na Inglaterra no fim do século XVIII. Mas, como a Irlanda é uma ilha separada, suas cervejas evoluíram em uma direção um pouco diferente. Representada pela Guinness, que venceu a competição contra todas as suas rivais, a Irish Stout é caracterizada pelo uso de cevada torrada em vez de malte negro torrado. Isso dá à cerveja seu sabor torrado único e marcante, semelhante ao café. A cevada crua e não malteada também é usada na receita moderna, o que dá à cerveja uma textura cremosa e rica mesmo em versões de baixa densidade.

ORIGEM: versão irlandesa das Stouts originárias de Londres.

LOCALIZAÇÃO: Irlanda, e cervejeiros artesanais onde quer que estejam.

AROMA: marcante, semelhante ao café em virtude das características da cevada torrada (em vez de malte negro); pouco ou nenhum aroma de lúpulo.

SABOR: marcantemente torrado e bastante amargo para sua densidade. Um traço de acidez e um pouco de cremosidade por causa da utilização de cevada em flocos não malteada.

EQUILÍBRIO: muito seca, refrescante.

SAZONALIDADE: o ano todo.

EXPERIMENTE ESTAS CERVEJAS: Beamish Irish Stout, Guinness Draft, Murphy's Irish Stout, North Coast Old Nº 38 Stout, O'Hara's Irish Stout.

DENSIDADE: 1,036-1,044 (9,0-11 °P).

ÁLCOOL: 4,0%-4,5 % por volume.

ATENUAÇÃO/CORPO: seco.

COR: 25-40 SRM, preta.

AMARGOR: 25-45 IBU, média a alta.

Sweet (London) Stout/Milk Stout

A Stout que se transfigurou até se tornar, em sua terra natal, um estilo mais fraco, suave, doce e torrado. No início do século XX, ela ficou conhecida como uma bebida para os enfermos e muitas vezes era adoçada com lactose, açúcar não fermentável derivado do leite. Surpreendentemente, as Milk Stouts estão passando por uma pequena

onda de popularidade nos Estados Unidos, muitas vezes sendo servidas com máquinas nitro para se obter uma textura cremosa e macia.

EXPERIMENTE ESTAS CERVEJAS: Left Hand Milk Stout (experimente na nitro!), Mackeson XXX Stout, Samuel Adams Cream Stout, Three Floyds Moloko, Young's Double Chocolate Stout (não contém chocolate).

DENSIDADE: 1,044-1,060 (11-14,7 °P).
ÁLCOOL: 4,0%-6,0% por volume.
ATENUAÇÃO/CORPO: doce, encorpado.
COR: 30-40 SRM, preto.
AMARGOR: 20-40 IBU, baixo.

Oatmeal Stout

A adição de aveia crua ou malteada à Stout parece ser um desenvolvimento do século XX. A aveia acrescenta uma cremosidade muito suave e rica e um traço de sabor de amêndoas que remete aos cookies.

EXPERIMENTE ESTAS CERVEJAS: Anderson Valley Barney Flats Oatmeal Stout, Firestone Walker Velvet Merlin, McAuslan St-Ambroise Oatmeal Stout, New Holland The Poet Oatmeal Stout, Rogue Ale Shakespeare Oatmeal Stout, Young's Oatmeal Stout.

DENSIDADE: 1,045-1,065 (11,2-15,9 °P).
ÁLCOOL: 4,2%-5,9% por volume.
ATENUAÇÃO/CORPO: médio, rico, caráter de aveia.
COR: 22-40 SRM, marrom-preto.
AMARGOR: 25-40 IBU, baixo a médio.

Irish Extra e Foreign Extra Stout

Estas eram as Stouts fortes vendidas de casa em casa como produto de luxo, mas também exportadas para os confins do Império Britânico. Esse estilo encontrou seus fãs mais ardorosos nos trópicos, e Stouts fortes são fabricadas por toda parte, da Jamaica à Nigéria até Singapura.

EXPERIMENTE ESTAS CERVEJAS: D&G Dragon Stout, Bell's Special Double Cream Stout, Guinness Foreign Extra Stout, Lion Stout (Ceylon!), Pike Brewery XXXXX Stout, Schlafly Irish-Style Extra Stout.

DENSIDADE: 1,052-1,062 (12,8-15,3°P)/ 1,056-1,076 (13,8-18,5 °P).
ÁLCOOL: 5,5%-6,5%/6,3%-8,0% por volume.
ATENUAÇÃO/CORPO: médio a alto.
COR: 30-40 SRM, preto profundo.
AMARGOR: 35-50/50-70 IBU, médio a alto.

Imperial Stout

Ainda mais forte, a denominação "imperial" se deriva da popularidade desse estilo dentro da monarquia russa durante grande parte do século XVIII.

EXPERIMENTE ESTAS CERVEJAS: Courage Imperial Russian Stout, Great Divide Yeti Imperial Stout, Harvey's Le Coq Imperial Extra Double Stout, North Coast Old Rasputin Russian Imperial Stout, Stone Imperial Russian Stout, Three Floyds Dark Lord.

DENSIDADE: 1,075-1,115+ (18,2-27 °P).
ÁLCOOL: 8,0%-12,0 % por volume.
ATENUAÇÃO/CORPO: médio a alto.
COR: 35+ SRM, preto.
AMARGOR: 50-90 IBU, alto.

CAPÍTULO 10

A FAMÍLIA LAGER

A história da Lager é a lenda das cervejas que dominaram o planeta, pelo menos do ponto de vista da quantidade. Quando bem-feitas, elas podem estar entre as coisas mais maravilhosas do mundo. A família Lager abarca uma variedade de estilos – dos claros mais pálidos até o castanho mais escuro, do fraco ao mais potente – que compartilham a característica de ser uma cerveja fermentada a frio e armazenada em temperaturas baixas por um período de tempo longo.

O berço da Lager é a Baviera e suas regiões próximas. Ela permaneceu por lá até meados do século XIX, quando entrou na moda com tudo e se espalhou para o resto do mundo.

TRATANDO-SE DE UM FAMÍLIA DE CERVEJA TÃO BEM-SUCEDIDA, é meio chocante perceber como suas origens são mal documentadas. Como ocorre com a maioria dos estilos de cerveja, há um conto originário repetido à exaustão e pouco satisfatório: diz a lenda que os cervejeiros da Baviera estavam fermentando cerveja em cavernas naturais ou em adegas escavadas nas laterais das montanhas de calcário. Com o passar do tempo, sua levedura adaptou-se ao frio, transformando-se em uma cepa verdadeiramente nova em algum momento do século XVI, mais ou menos.

Raízes no norte da Alemanha

Sabe-se que, antigamente, grande parte das atividades em cervejaria acontecia no extremo norte da Alemanha, em Bremen, Hamburgo, e em outras cidades da Liga Hanseática de comércio. A Baviera na época era uma região rústica e estagnada, uma imagem que é alegremente cultivada até hoje, apesar de a área ser o lar da BMW e de outras empresas extremamente sofisticadas.

As cidades de Hansa estavam entre as primeiras do mundo a produzirem cerveja com lúpulo, que era amplamente enviada por toda a região do mar do Norte e do mar Báltico. Naqueles dias, havia duas famílias distintas de cerveja: a vermelha e a branca. Elas eram tão diferentes que cada uma tinha sua própria guilda de cervejeiros. As cervejas brancas tinham lúpulo, enquanto as vermelhas ainda eram feitas utilizando-se o velho *gruit* para dar sabor à bebida. O *gruit* era uma mistura que incluía alecrim-do-norte (*Myrica gale*), possivelmente milefólio e às vezes alecrim selvagem, além de uma horda de especiarias não identificadas que faziam parte do arsenal culinário da época. Vendida a altos preços pela igreja ou pelo titular designado do *Gruitrecht*, a mistura constituía uma das primeiras formas de taxação sobre a cerveja.

Ao fim da era medieval, Nuremberg, no norte da Baviera, estava se tornando conhecida como um centro de comércio de lúpulo (e, quinhentos anos depois, ela continua sendo o centro mundial de comércio do lúpulo). No sul da Baviera, cervejas vermelhas sem lúpulo ainda predominavam. Tenha em mente que não havia, na época, uma nação alemã como hoje a conhecemos; em seu lugar havia uma coleção de pequenos principados, cada um com seus próprios costumes e leis, bem como pesos, medidas e tamanhos de barril.

EINBECK ERA UMA CIDADE famosa por sua cerveja desde os séculos XIII e XIV. Ela ficava fora do controle da igreja, o que significava que seus cervejeiros não eram obrigados a usar o *gruit*. Por ser um centro de comércio de lúpulo, a cidade se especializou em fabricar cerveja utilizando-o, e grandes quantidades da bebida eram enviadas para a Baviera, onde fazia o maior sucesso. Essa nova cerveja de Einbeck foi uma inspiração para os cervejeiros da Baviera. Ao longo da história, é possível ver as cervejarias locais copiando as cervejas importadas repetidas vezes, especialmente na adição de lúpulo. O período de produção de cerveja em Einbeck ia do fim de setembro até o começo de maio, o que significava que a cerveja geralmente fermentava a temperaturas bem baixas; isso pode ter contribuído para o desenvolvimento da levedura adaptada ao frio, apesar de esse padrão sazonal de fabricação ocorrer também na maior parte da Europa.

Os anais do conselho municipal de Munique de 1420 incluem uma menção que pode ser interpretada como se referindo à cerveja Lager. Uma lei municipal de Munique de 1487 (a antecessora da *Reinheitsgebot*) limitava os cervejeiros à utilização de lúpulo, malte e água – um sinal certeiro de que as antigas cervejas feitas de *gruit* já eram. Um decreto de 1553 exigia que a fabricação de cerveja acontecesse entre 29 de setembro e 23 de abril, e, em 1612, o duque Maximiliano I da Baviera contratou um mestre-cervejeiro do norte chamado Hans Pichler para que ele trouxesse os segredos do sucesso da fabricação de cerveja de Einbeck para a Baviera, no sul. As cervejas produzidas no clima frio que resultaram disso eram conhecidas como *Braunbiers* (cervejas castanhas), e Munique desde então é famosa por produzi-las.

Assim como ocorreu em outros lugares, a fabricação de cerveja na Alemanha permaneceu em uma modesta escala "artesanal" de produção até que os efeitos da Revolução Industrial se fizeram sentir por lá. Uma força importante para a modernização da fabricação de cerveja na Baviera foi Gabriel Sedlmayr II, e, na Áustria-Hungria, Anton Dreher Sr. Esses dois homens foram os prodígios da fabricação de cerveja na Alemanha. A família de Sedlmayr já estava no negócio (Spaten), assim como a de Dreher (em Schwechat, perto de Viena). Eles eram grandes amigos, tendo sido enviados para a Inglaterra em 1833, quando tinham apenas 22 anos, para tentar descobrir o que pudessem acerca das cervejarias britânicas, que se industrializavam rapidamente. Eles realizaram um pouco de espionagem industrial e chegaram até a montar uma bengala vazia com uma válvula na parte inferior para que pudessem enchê-la sorrateiramente com cerveja em fermentação quando ninguém estivesse olhando, e em seguida levarem-na de volta ao hotel em que estavam para fazer análises. Eles provavelmente se divertiram à beça, e aprenderam o suficiente para retornar e criar impérios cervejeiros cujo legado sobrevive na Europa até hoje.

Foram necessárias várias centenas de anos, mas a Lager bávara finalmente substituiu a maioria das cervejas de alta fermentação que eram produzidas em outros lugares da Alemanha e dos países vizinhos. O golpe final foi a incorporação da Baviera à unificação alemã em 1871, e sua subsequente adoção da *Reinheitsgebot* em 1906. Nesse momento, já havia vários estilos regionais bem desenvolvidos de Lager que formavam a base para todos os atuais estilos clássicos. Os estilos claros dominam o mercado, mas há muitas outras Lagers fascinantes e deliciosas.

ALE OU LAGER?

Uma linha é invariavelmente traçada pelo mundo da cerveja, dividindo-o entre o reino da Lager e o reino da Ale. Histórica e culturalmente, e em termos de estilos de cerveja específicos, isso pode ser incontestável, mas será que faz sentido do ponto de vista do sabor? A diferença depende da fermentação e, para a Lager, de uma cepa de levedura em particular que se adaptou a temperaturas frias. Isso suprime boa parte da atividade bioquímica da levedura, o que reduz os sabores derivados da fermentação: frutado e condimentado. O resultado é que as Lagers tendem a dar mais destaque a suas matérias-primas em detrimento do buquê exótico da levedura.

A diferença entre as Ales e as Lagers pode ser dramática, especialmente quando se comparam cervejas com bastante sabor de levedura, como a Hefeweizen, com as que ficam no espectro fenol-éster das Belgian Ales, mas entre elas há uma enorme faixa que não é muito bem definida. Estilos como Altbier e Kölsch têm alta fermentação, mas também são cervejas fermentadas em baixas temperaturas. Dá para fazer uma Pilsner "passável" com levedura inglesa na parte inferior da faixa de temperatura, e a maioria das pessoas, a não ser as altamente treinadas, nunca vai perceber o traço de sabor frutado. A maioria das cervejas de produção em massa estadunidenses gaba-se de seu *status* de Lager, mas na verdade são bebidas maturadas em temperaturas bem mais altas (de 7 °C a 10 °C) quando comparadas às temperaturas logo acima do ponto de congelamento, e por períodos bem mais curtos do que a clássica Lager histórica. A Budweiser, na verdade, é famosa por seu caráter de maçã, que pode ser parte éster e parte aldeído, e a Coors tem uma nota de banana perceptível. Essas notas frutadas provavelmente seriam muito menos proeminentes se a cerveja fosse maturada sob as temperaturas mais frias da Lager clássica.

A Lager chega à América do Norte

Enquanto isso, na América do Norte, a cerveja Lager estourou quando os imigrantes alemães desembarcaram por lá nas décadas que antecederam a Guerra Civil. Até então, os Estados Unidos tinham sido, em sua maioria, uma terra em que se bebiam destilados. As estatísticas de consumo são notoriamente difíceis de se obter, mas relatórios do governo escritos em 1810 registram o consumo de pouco mais de 14 quartos* de galão (aproximadamente 13 litros) de destilados *per capita* por ano; enquanto o consumo de cerveja, na época, era estimado por volta de apenas 5 quartos de galão (aproximadamente 4,75 litros) *per capita* por ano – uma proporção de 70 para 1, mais ou menos, quando se considera as porções de álcool. Estados como Pensilvânia, Nova York, e Massachusetts fabricavam bastante cerveja, mas nas outras regiões a cevada era muito difícil de cultivar ou então os destilados eram tão baratos que não fazia sentido fabricar cerveja.

Alguns dos cervejeiros alemães que imigraram tinham visões de negócio ambiciosas o suficiente para fazer valer essa oportunidade. Até a década de 1870, homens como Pabst, Busch e os Uihleins de Schlitz já haviam montado vastas redes de distribuição de cerveja, enviando-a para o sul e para outros lugares onde antes ela quase não existia. Eles também aproveitaram outros avanços tecnológicos, como o motor a vapor, as estradas de ferro, a refrigeração, a pasteurização e o telégrafo. Movidos por personalidades de proporções titânicas e equipados com excelentes habilidades organizacionais, esses cervejeiros alemães ambiciosos criaram algumas das primeiras marcas nacionais a existir em qualquer categoria de produto. Até hoje, manter cerveja fresca em todos os mercados é um feito considerável, mas no século XIX estamos falando de cervejas em garrafas fechadas com rolha à mão, dentro de caixas de madeira que viajavam milhares de milhas nos vagões de trem, parando regularmente depois de algumas horas para ser recarregados com gelo cortado de lagos e rios do norte e distribuídos em pontos estratégicos durante o inverno anterior.

Logo no começo, a cerveja de estilo alemão nos Estados Unidos era predominantemente o tipo escuro de Munique, mas havia outros. Os cervejeiros locais obtiveram sua inspiração de várias cidades alemãs, então havia cervejas chamadas Culmbachers, Erlangers, Duesseldorfers, e é claro, Pilsners e Budweisers. Na década de 1870, Anton Schwartz, um cientista cervejeiro que trabalhava como editor da revista *American Brewer*, e outros, como John Ewald Siebel, do Zymotechnic Institute (posteriormente Siebel Institute), começaram a popularizar os métodos de preparação necessários

Stein do Zymotechnic Institute, c. 1911.
Hoje chamado Siebel Institute, localizado em Chicago e fundado em 1868, trata-se da escola de cervejaria mais antiga dos Estados Unidos.

* Medida usada para líquidos, equivalente a 0,95 litros nos Estados Unidos ou 1,14 litros no Reino Unido. (N. E.)

para se incorporar ingredientes que diluíam o corpo da cerveja, como o arroz e o milho. Schwartz vinha da Boêmia e sem dúvida conhecia os experimentos com adjuntos que aconteciam na Áustria naquela época – ao contrário da Baviera, dominada pela *Reinheitsgebot*. Ao mesmo tempo, as garrafas feitas por máquinas e a refrigeração permitiam que os cervejeiros fizessem e vendessem cervejas claras, efervescentes e concebidas para serem apreciadas geladas. Foi aí o nascimento da cerveja estadunidense com adjuntos. Quando a Lei Seca surgiu, ela já dominava o mercado.

O sabor da cerveja Lager

A cerveja Lager é fermentada em baixas temperaturas e armazenada gelada, o que significa que os processos químicos do metabolismo da levedura são desacelerados. As notas superiores frutadas dos ésteres e outras substâncias químicas produzidas pela fermentação em Ales são encontradas em níveis muito menores nas Lagers. (Inclusive, nas competições, qualquer indício de sabor frutado em uma Lager é motivo para que ela seja expulsa da mesa dos juízes.) Uma fermentação longa permite que haja bastante tempo para essas substâncias químicas serem reabsorvidas e convertidas em compostos menos aromáticos. Isso significa que os sabores das Lagers são mais limpos, menos complexos e mais focados no malte e no lúpulo – quase à exclusão de qualquer outra coisa. Nas Lagers, os cervejeiros exigem que as matérias-primas façam todo o trabalho pesado: é trabalho do cervejeiro misturá-las corretamente e depois sair do caminho.

Há centenas de cepas diferentes de levedura Ale, mas apenas dois grupos de levedura de Lager, os quais são bastante parecidos, com algumas pequenas variações; isso quer dizer que o sabor derivado da levedura e o aroma não são algo a se considerar muito na Lager, certamente não na medida em que isso é feito nas Ales.

O equilíbrio pode ser qualquer ponto que vai do avassaladoramente maltado ao suavemente lupulado. Lúpulos de caráter alemão ou tcheco são críticos para a maioria dos estilos. Os fabricantes de Lagers, mesmo nas cervejarias artesanais, costumam seguir as regras à risca, e há muito pouco das explorações alucinadas que acontecem nas Ales inspiradas pelos estilos ingleses e belgas. Eu amo uma Lager clássica bem-feita, mas eu gostaria de ver os estadunidenses relaxarem um pouco e ficarem menos reverentes. Um toque de criatividade pode ajudar a renovar essa categoria no mercado.

EXEMPLOS DE ESTILOS CLÁSSICOS DE LAGER FEITOS NOS ESTADOS UNIDOS

Firestone Walker Pivo Pils (Paso Robles, Califórnia)

Victory Prima Pils (Downingtown, Pensilvânia)

Great Lakes Dortmunder Gold (Cleveland, Ohio)

Sierra Nevada Oktoberfest (Chico, Califórnia)

New Glarus Uff-Da bock (New Glarus, Wisconsin)

Capital Dark (Middleton, Wisconsin)

Metropolitan Magnetron Schwarzbier (Chicago, Illinois)

Boston Beer Company Samuel Adams Double Bock

... E ALGUMAS LAGERS ESTADUNIDENSES MAIS EXCÊNTRICAS

Capital Autumnal Fire, uma Doppelbock âmbar (Middleton, Wisconsin)

Dogfish Head Imperial Pilsner (Milton, Delaware)

Great Divide Hoss Rye Lager (Denver, Colorado)

Full Sail LTD, uma série rotativa de Lagers diferentonas (Hood River, Oregon)

Como as Lagers tradicionais da Europa em sua maioria são puro malte, sempre vale a pena prestar atenção no caráter específico do malte. Ele lembra o sabor da massa de pão, ou tem traços de mel ou caramelo suave? Lembra caramelo queimado (toffee), caramelo forte, sabores tostados, torrados? Em geral, você não vai encontrar muitos sabores de torrado ou tostado marcantes; "macio" é a palavra de ordem. Aromas limpos de lúpulo e amargor são os objetivos. Esses lúpulos não são chamados de "nobres" à toa. Você pode encontrar aromas herbais, quase mentolados nos Hallertauers alemães, e talvez notas mais frutadas dos Spalter, Tettnangers e Saaz. Algumas dessas personalidades de aroma são bem específicas do estilo, então trate de conhecer seu lúpulo.

Deve haver pouco caráter de fermentação. Qualquer resquício de sabor frutado é um sinal de fermentação em temperatura mais elevada. Um pouquinho de aroma de enxofre é aceitável, e quem sabe um toquezinho de DMS (veja a página 87), mas qualquer aroma amanteigado é sinal de problema. Certifique-se, no entanto, de que ele realmente vem da cerveja e não do equipamento de chope antes de reclamar para o cervejeiro. A aspereza (harsh) pode ser causada por várias coisas, mas provavelmente é ocasionada pela composição química da água. A cevada do Canadá e de alguns países de terceiro mundo pode adicionar um toque de adstringência fenólica áspera, que é uma parte aceitável do estilo nesses locais.

Czech/Bohemian Pilsner

ORIGEM: essa é a fonte original da Pilsner, que gerou milhares de imitadores. Foi inventada em 1842, na cidade tcheca de Plzeň, como resposta à popularidade da Pale Ale. A cerveja tornou-se amplamente conhecida como Plzensky Prazdroj ou Pilsner Urquell. A palavra *urquell* quer dizer "original". O estilo Bohemian Pilsner está passando por mudanças, já que a nova administração arrancou dele algumas das complexidades sutis da Pilsner Urquell, e é cada vez mais difícil encontrar uma Czech Pilsner que ainda tenha aquela potência charmosa. Repare que as cervejas de České Budějovice por muito tempo representaram uma variação mais leve, seca e pálida da Pale Lager tcheca.

A bebida legítima, quando você a encontrar, terá uma cor de ouro polido e brilhante, com um buquê complexo de caramelo que é quase acobertado pelo aroma fresco do lúpulo Saaz. O que não falta são imitações ruins, então seja exigente.

A Bohemian Pilsner é fabricada em vários graus de força, mas apenas a versão mais forte é exportada. Dentro do país, a maioria das pessoas bebe a versão mais leve e menos cara. Também há várias Lagers âmbar ou escuras, sendo a mais famosa delas aquela fabricada em U Fleků, o brewpub mais antigo do mundo, em Praga.

LOCALIZAÇÃO: República Tcheca, também em cervejarias artesanais dos Estados Unidos.

AROMA: caráter limpo de malte com um aroma condimentado do lúpulo Saaz.

SABOR: malte doce, traços de caramelo; lúpulo Saaz.

EQUILÍBRIO: um tanto mais para o lado lupulado, ou bastante; final limpo e amargo apesar das taxas às vezes agressivas de lupulagem.

SAZONALIDADE: sempre apropriada.

HARMONIZE COM: uma ampla gama de comidas mais leves, como frango, saladas, salmão, salsicha bratwurst.

EXPERIMENTE ESTAS CERVEJAS: BrouCzech Lager, Czechvar (Budvar na Europa), Live Oak Pilz, Lagunitas Pils (apesar de ser mais forte que o estilo clássico, com teor alcoólico de 6%), Pilsner Urquell, Staropramen Lager, Summit Pilsener.

DENSIDADE: 1,044-1,060 (11-14,7 °P).
ÁLCOOL: 4,5%-5,8% por volume.
ATENUAÇÃO/CORPO: médio.
COR: 3,5-6 SRM, claro a dourado profundo.
AMARGOR: 30-45 IBU, médio.

German Pilsner

ORIGEM: Norte da Alemanha, fruto do sucesso da Czech Pilsner. As versões nortenhas são mais secas e mais amargas.

LOCALIZAÇÃO: Alemanha, outras partes da Europa.

AROMA: aroma limpo de malte com uma boa dose de lúpulos nobres herbais/mentolados.

SABOR: malte refrescante e macio; lúpulos Hallertau herbais e amargor sólido.

EQUILÍBRIO: uniforme ou seco/amargo; final limpo.

SAZONALIDADE: o ano todo, mas melhor se apreciada em tempos mais amenos ou quentes.

HARMONIZE COM: uma ampla gama de comidas mais leves, como saladas, frutos do mar, bratwurst.

EXPERIMENTE ESTAS CERVEJAS: Firestone Walker Pivo Pils, Hill Farmstead Mary, Jever Pilsener, Mahr's Pilsner, Sierra Nevada Nooner Pilsner, Trumer Pils, Victory Prima Pils.

DENSIDADE: 1,044-1,050 (11-12,5 °P).
ÁLCOOL: 4,4%-5,2% por volume.
ATENUAÇÃO/CORPO: refrescante e seco.
COR: 2-5 SRM, palha a dourado claro.
AMARGOR: 22-40 IBU, médio.

Münchener Helles

ORIGEM: inspirado pelo sucesso da Czech Pilsner, este estilo surgiu em Munique, na Alemanha. Os cervejeiros da cidade trabalharam muito até descobrirem, em 1870, uma maneira de tratar as águas do rio Isar e fazer uma cerveja clara decente; mas, mesmo assim, ela ainda reflete a aversão local a amargor demais.

LOCALIZAÇÃO: Munique, Alemanha; também em cervejarias artesanais dos Estados Unidos.

AROMA: caráter limpo de malte com uma boa dose de lúpulo herbal.

SABOR: malte rico e levemente caramelizado, um traço de lúpulo.

EQUILÍBRIO: uniforme a malteado; final suave e rico.

SAZONALIDADE: o ano todo, mas melhor em climas mais amenos ou quentes.

HARMONIZE COM: uma ampla gama de comidas leves, como saladas ou frutos do mar; é um clássico com Weisswurst.

EXPERIMENTE ESTAS CERVEJAS: Augustiner Lagerbier Hell, Spaten Münchner Hell (Premium Lager), Sly Fox Helles Lager, Stoudts Gold Lager, Surly Hell, Weihenstephaner Original.

DENSIDADE: 1,044-1,048 (11-11,9 °P).
ÁLCOOL: 4,7%-5,4% por volume.
ATENUAÇÃO/CORPO: fresco, seco.
COR: 3-5 SRM, dourado claro.
AMARGOR: 16-22 IBU, baixo a médio.

KELLERBIER

Muitas das cervejarias alemãs servem versões não filtradas das cervejas da casa apenas em suas *rathskellers* (restaurantes ou bares localizados em porões). Com uma leve turbidez leitosa, elas têm um sabor muito fresco e costumam ser um pouco mais encorpadas que a mesma cerveja depois de filtrada. A Kellerbier é o equivalente alemão da Real Ale: ela nos faz perceber o quanto se perde com a filtração. Neste estilo, elas são mais frescas e com um sabor um pouco mais rico que quaisquer outras Pilsners, Helles ou outro estilo de cerveja que o cervejeiro estiver fazendo.

Dortmunder Export/Helles Exportbier

ORIGEM: Dortmunder, a cerveja de exportação da Alemanha, foi a primeira Lager clara do país. Os cervejeiros da cidade começaram a se industrializar por volta de 1845, e, em 1868, um observador reparou que, no que se referia à cerveja, "Dortmunder faz para o nordeste da Alemanha o que a Baviera costumava fazer pelo país inteiro". Ao se afastarem das tradições locais de fabricação de cerveja e de matérias-primas, certamente algo diferente estava acontecendo ali. O "processo bávaro" de fazer cerveja Lager foi adotado em 1865, e a nova cerveja clara foi um enorme sucesso. Infelizmente, depois de centenas de anos de sucesso, a Dortmunder Export agora está praticamente extinta em sua terra natal.

A Dortmunder originalmente era uma cerveja um pouco mais forte, tendo em mira a exportação. Felizmente, às vezes ela pode ser encontrada em versões de cervejarias artesanais estadunidenses. Quanto ao equilíbrio, ela fica num nível intermediário entre as Helles e a Pilsner, mas um pouco mais forte que essas duas. A cidade de Dortmund tem uma composição de água bastante incomum, que inclui carbonatos, sulfatos e cloretos, e ela se prestava bem à produção de uma cerveja clara moderadamente lupulada.

LOCALIZAÇÃO: a verdadeira cerveja estilo Dortmund hoje é mais facilmente encontrada em algumas cervejarias artesanais dos Estados Unidos. Os cervejeiros de Munique estão oferecendo-a aos frequentadores da Oktoberfest como um substituto para as Märzens clássicas, então esse estilo está se tornando a cerveja Oktoberfest moderna.

AROMA: aroma limpo de malte e de lúpulo suave.

SABOR: malte rico e levemente caramelizado, traço de lúpulo.

EQUILÍBRIO: perfeitamente uniforme, rico e redondo, mas com um final refrescante e mineral.

SAZONALIDADE: o ano todo.

HARMONIZE COM: uma ampla gama de comidas: porco, comida asiática apimentada, cajun, comida latina.

EXPERIMENTE ESTAS CERVEJAS: Ayinger Jahrhundert, DAB (Dortmunder Actien-Brauerei) Original, Great Lakes Dortmunder Gold, Three Floyds Jinx Proof, Two Brothers Dog Days Dortmunder Style Lager.

DENSIDADE: 1,048-1,056 (11,9-13,8 °P).
ÁLCOOL: 4,8%-6,0% por volume.
ATENUAÇÃO/CORPO: médio.
COR: 4-7 SRM, palha a dourado claro.
AMARGOR: 20-30 IBU, baixo a médio.

Estilo histórico

American Pre-Prohibition Pilsner

Antes da Primeira Guerra Mundial, as cervejas de produção em massa nos Estados Unidos tinham um caráter bem mais forte do que têm hoje. As densidades eram similares, ou quem sabe um pouco mais altas, e avaliando-se pela cor das cervejas nas propagandas e fotos antigas, elas também costumavam ser mais escuras naquela época. A proporção de lúpulo era muitas vezes maior do que é hoje. Apesar de existirem os exemplos de puro malte, a maioria delas continha adjuntos, tipicamente com 20% a 25% de milho ou arroz na receita, similar às cervejas premium de hoje. As versões atuais são fermentadas em temperaturas mais altas por um período de tempo mais curto. O resultado é que traços de ésteres remetendo a maçã e banana não são incomuns entre as "Lagers" de produção em massa estadunidenses.

EXPERIMENTE ESTAS CERVEJAS: Brooklyn Lager, Narragansett Lager, Yuengling Traditional Lager. Fique de olho também em seu brewpub local, já que às vezes esse estilo aparece como um produto sazonal.

PALE LAGER AO REDOR DO MUNDO

Além dos estilos clássicos, a Pale Lager tornou-se muito difundida e assume um caráter um pouco diferente em cada uma de suas terras adotivas. A lista a seguir está longe de ser completa.

China e Índia: essas cervejas tendem a ser mais rústicas, e a cevada local de seis fileiras acrescenta um caráter gramíneo e por vezes adstringente.

Japão: essas cervejas formam toda uma faixa de produtos que, como um todo, são extremamente límpidos e refrescantes. O arroz, como seria de se esperar, é o adjunto mais comum. Existem exemplos de puro malte, e produtos premium têm por princípio evitar ao máximo qualquer aspereza – uma estética emprestada da cultura do saquê.

Austrália. esse país tem uma longa herança cervejeira inspirada pelos britânicos, mas também tomou a Lager para si. Essas cervejas estão no estilo internacional, bem na linhagem das Pilsners estadunidenses que usam adjuntos, mas muitas vezes com uma proporção de lúpulo um pouco maior. Os lúpulos da Tasmânia e da Nova Zelândia são também bastante diferentes e são responsáveis pelo aroma único de muitas cervejas fabricadas na Oceania.

Polônia: essas cervejas não são tão distantes das cervejas tchecas, exceto pelo fato de que tendem a ser um pouco menos amargas e ter um sabor de grãos um pouco mais evidente. Elas são feitas em uma gama extensa de forças, começando nos 4,5% a 5% de teor alcoólico e chegando até mais de 9%. Eu acho que aquelas que ficam entre 6,5% e 7% são as mais interessantes. A Polônia tem sua própria região de cultivo de lúpulo e um primo da Saaz, o Lublin, que vive lá.

Canadá: as Lagers de produção em massa canadenses são muito similares aos exemplares estadunidenses, mas até 0,5% mais fortes em seu teor alcoólico. O malte "azul" de seis fileiras, particular do Canadá, tem esse nome por causa da cor de sua camada aleurona (pele), e pode acrescentar um caráter de grãos agudo e seco. Existem por lá numerosas cervejas artesanais refinadas, incluindo Pilsners autênticas, Ales inspiradas pelos britânicos em Toronto e em locais do oeste, e uma cena muito empolgante em Quebec, inspirada pela Bélgica.

México e América Latina: a maioria desses produtos segue as variedades-padrão industriais, cheias de adjuntos para diluí-las ou torná-las mais refrescantes. São comuns cervejas de produção em massa contendo agentes que melhoram a espuma, bem como antioxidantes e muito mais do que 50% de adjuntos. Existem exceções, como a Bohemia e a Negra Modelo no México, e a Moza, da Guatemala, uma Lager estilo Bock. Uma cena de cervejarias artesanais muito empolgante está prosperando em muitos locais na América Latina, mas elas ainda enfrentam muitos desafios.

Um recipiente do século XXI.
As pessoas em Qingdao, na província de Shandong, China, usam sacolas de plástico quando compram cerveja para viagem.

DENSIDADE: 1,044-1,060 (11-13 °P).
ÁLCOOL: 3,5%-6,0% por volume.
ATENUAÇÃO/CORPO: médio.
COR: 3-5 SRM, palha a dourado claro.
AMARGOR: 25-40 IBU, médio.

American Adjunct Lager

ORIGEM: cervejas que contam com o arroz ou o milho como adjuntos existem desde a década de 1540 nos Estados Unidos, mas esse estilo da forma como o conhecemos hoje foi desenvolvido no fim do século XIX e foi se tornando cada vez mais delicado conforme avançava o século XX. Trata-se da Lager que mais vende no mundo. Os dois principais adjuntos são milho e arroz, que geralmente não são utilizados ao mesmo tempo. Por volta de 25% da receita das principais marcas é constituída de adjuntos; a quantidade aumenta conforme o preço cai, e o açúcar às vezes é usado como um adjunto muito barato. Nos Estados Unidos, o limite superior definido por lei para uma "bebida de malte", ironicamente uma categoria mais restritiva do que "cerveja", é de 75% de adjuntos, apesar de que a maioria das marcas mais baratas de cerveja usa no máximo por volta de 50% desses ingredientes.

LOCALIZAÇÃO: Estados Unidos; hoje internacional.

AROMA: leve caráter de malte remetendo a grãos, ocasionalmente um traço de lúpulo.

SABOR: um malte leve que remete ao pão branco, com bastante carbonatação. Um toque levíssimo de amargor, pelo menos nas versões de produção em massa dos Estados Unidos; versões premium ou europeias podem apresentar um amargor modesto. Com o milho como adjunto, há uma leve sensação redonda que recobre o palato, quase um adocicado. O arroz tem um final mais refrescante e, se usado em quantidade muito grande, pode adicionar uma leve adstringência áspera.

EQUILÍBRIO: seco, com um final limpo e refrescante.

SAZONALIDADE: o ano todo, mas melhor se consumida em clima quente.

HARMONIZE COM: apesar de essas cervejas acompanharem milhões de refeições todos os dias, sua natureza leve e delicada significa que elas serão sobrepujadas por qualquer alimento que não seja dos mais leves.

EXPERIMENTE ESTAS CERVEJAS: essas cervejas são tão onipresentes que eu dificilmente precisaria fazer alguma sugestão, mas Budweiser, Coors Banquet e Miller Genuine Draft são as líderes da categoria. A Pabst tem um sabor um pouco mais encorpado.

DENSIDADE: 1,040-1,050 (10,1-12,4 °P).
ÁLCOOL: 4,2%-5,3% por volume.
ATENUAÇÃO/CORPO: fresco, seco, efervescente.
COR: 2-4 SRM, palha a dourado pálido.
AMARGOR: 8-18 IBU, bem baixo.

American Light Lager

ORIGEM: criada na década de 1940 como uma cerveja diet para as mulheres, a cerveja light foi masculinizada pela Philip Morris, na época a dona da Miller, com sua marca "Lite". A Lager Light agora vende mais que a Lager normal. Enzimas derivadas de fungos são usadas para reduzir todos os amidos presentes em açúcares fermentáveis, o que garante que não haverá nenhum carboidrato residual e que o máximo de álcool é produzido com o menor nível calórico possível.

LOCALIZAÇÃO: Estados Unidos, também internacional.

AROMA: leve caráter de malte remetendo a grãos, ponto final.

SABOR: o mais tênue dos traços de malte, com muito gás.

EQUILÍBRIO: superseco, com um final limpo e refrescante.

SAZONALIDADE: o ano todo, mas melhor se consumida em climas mais quentes.

HARMONIZE COM: na verdade, não é recomendada para acompanhar alimentos.

EXPERIMENTE ESTAS CERVEJAS: assim como as Lagers estadunidenses que contam com adjuntos, essas são praticamente onipresentes; Bud Light, Coors Light e Miller Lite dominam essa categoria.

DENSIDADE: 1,028-1,040 (7,1-10,1 °P).
ÁLCOOL: 2,8%-4,2% por volume.
ATENUAÇÃO/CORPO: superseco.
COR: 2-3 SRM, palha clara a dourado claro.
AMARGOR: 8-12 IBU, superbaixo.

ALGUMAS CERVEJARIAS "TRADICIONAIS" ESTADUNIDENSES E SUAS MARCAS DAS ANTIGAS

CERVEJARIA ESTADUNIDENSE	MARCA ANTIGA
August Schell	Schell's, Grain Belt
High Falls Brewing	Genesee
Minhas Craft Brewery	Huber, Rhinelander
Iron City	Iron City
Point Brewing	Point Special
The Lion Brewery	Stegmaier
Straub Brewery	Straub
Yuengling	Yuengling

American Malt Liquor

ORIGEM: criada para deixar as pessoas bêbadas sem gastar muito, a Malt Liquor é feita como outras cervejas industriais baratas, com muita ajuda dos adjuntos, muitas vezes apenas açúcar. Esse estilo tem muito pouco lúpulo e às vezes é levemente adoçado durante o envase.

LOCALIZAÇÃO: Estados Unidos.

AROMA: leve caráter de malte remetendo a grãos e talvez um aroma de álcool adocicado.

SABOR: uma pincelada de malte, com um final adocicado, álcool evidente.

EQUILÍBRIO: álcool *versus* carbonatação, e um pouco de doçura.

SAZONALIDADE: o ano todo.

DENSIDADE: 1,050-1,060 (12,4-14,7 °P).
ÁLCOOL: 5,2%-8,1% por volume.
ATENUAÇÃO/CORPO: superseco.
COR: 2-5 SRM, palha clara a dourado claro.
AMARGOR: 12-23 IBU, baixo.

Vienna, Märzen e Oktoberfest

ORIGEM: Anton Dreher originalmente criou esse estilo em Viena por volta de 1840. Pouco tempo depois, uma cerveja similar foi feita em Munique por seu amigo Gabriel Sedlmayr II (que na época comandava a produção de cerveja em Spaten). *Märzen* quer dizer "março", e esse termo normalmente se aplicava a cervejas fabricadas no fim da primavera para usar o que restou do lúpulo e do malte do outono anterior, antes que a fabricação fosse encerrada para o verão. Então, a ideia geral da cerveja de março é bem velha na Alemanha, assim como em outros lugares. A primeira edição da Oktoberfest aconteceu em 1810, quase cinquenta anos antes, pelo menos, de existir o estilo que agora carrega esse nome. No início, os celebrantes dessa festa provavelmente estavam bebendo a famosa Munich Dunkel.

Originalmente, pode não ter havido uma distinção tão grande entre essas cervejas de origem tão próxima, apesar de os cervejeiros de Viena usarem um malte que era um pouco mais pálido do que o Munich, bastante tostado. A Vienna Lager está fora de moda em sua terra natal já há bastante tempo, mas as versões artesanais estão surgindo em algumas das cervejarias mais ousadas da Áustria.

Na Alemanha, o termo "Oktoberfest" só pode ser utilizado por cervejarias instaladas em Munique. É mais uma denominação do que um estilo, e algumas de suas versões se tornaram mais claras e mais secas nos últimos anos, enquanto as outras se mantêm como as boas e velhas Märzen; algumas cervejarias fabricam as duas. Por causa dessa bifurcação, é inútil tratá-lo como um estilo, mas o nome ainda tem significado como um termo comercial nos Estados Unidos e em outros lugares fora da Europa. Há muitas versões excelentes fabricadas por cervejarias artesanais como produtos de outono.

LOCALIZAÇÃO: Alemanha, Áustria, México (em razão de uma conexão colonial com a Áustria-Hungria), Estados Unidos e cervejarias artesanais internacionais.

AROMA: malte, malte e malte, com ênfase em um caráter de caramelo e cookie. Fabricada primariamente com malte Vienna ou Munich. Geralmente pouco ou nenhum aroma de lúpulo.

SABOR: malte caramelizado, com traços de tostado doce, um pouco de amargor.

EQUILÍBRIO: malteado, mal equilibrado pelo lúpulo.

SAZONALIDADE: de setembro a outubro; mas também o ano todo, especialmente nos Estados Unidos.

HARMONIZE COM: cozinha mexicana e outras comidas apimentadas; frango, salsicha, queijos suaves.

EXPERIMENTE ESTAS CERVEJAS: Ayinger Oktober Fest-Märzen, Firestone Walker Oaktoberfest, Paulaner Oktoberfest Märzen, Samuel Adams Octoberfest, Devil's Backbone Vienna, Figueroa Mountain Damish Red (Viena).

MÄRZEN

DENSIDADE: 1,054-1,060 (13,3-14,7 °P).
ÁLCOOL: 5,8%-6,3% por volume.
ATENUAÇÃO/CORPO: médio.
COR: 8-17 SRM, dourado claro a âmbar escuro.
AMARGOR: 18-24 IBU, baixo a médio.

VIENNA

DENSIDADE: 1,048-1,055 (11,9-13,6 °P).
ÁLCOOL: 4,7%-5,5% por volume.
ATENUAÇÃO/CORPO: médio.
COR: 9-15 SRM, dourado claro a âmbar escuro.
AMARGOR: 18-30 IBU, baixo a médio.

Munich Dunkel

ORIGEM: descendente das antigas cervejas "vermelhas" no sul da Alemanha, a Dunkel foi o primeiro estilo de Lager, alcançando essa forma provavelmente no século XVI. A água rica em carbonatos era perfeita para a cerveja maltada castanha, e os cervejeiros achavam que era impossível fazer cerveja clara até que descobriram como ajustar o conteúdo mineral dessa água. De início, as cervejas eram feitas inteiramente com o malte Munich, de cor âmbar, mas as receitas mais modernas são muitas vezes uma mistura de maltes Pilsner e Munich, com um pouco de malte Black adicionado para compensar pela cor que ficou faltando.

LOCALIZAÇÃO: Munique, Alemanha; também de cervejarias artesanais dos Estados Unidos.

AROMA: malte rico e complexo; sem aroma de lúpulo.

SABOR: malte rico e tostado, que remete a cookies e a caramelo queimado (toffee), sobretons gentis de tostado.

EQUILÍBRIO: maltado, mal equilibrado pelo lúpulo e um tostado suavemente amargo.

SAZONALIDADE: o ano todo; ótima em tempos mais frios.

HARMONIZE COM: comidas apimentadas e gordurosas; churrasco, linguiças, carne assada; pudim de pão.

EXPERIMENTE ESTAS CERVEJAS: Ayinger Altbairisch Dunkel, Capital Munich Dark, Harpoon Dark, Hofbräuhaus Hofbräu Dunkel, Lakefront Eastside Dark.

DENSIDADE: 1,048-1,056 (11,9-13,8 °P).
ÁLCOOL: 4,5%-5,6% por volume.
ATENUAÇÃO/CORPO: médio.
COR: 14-28 SRM, rubi a castanho-escuro.
AMARGOR: 18-28 IBU, médio.

Estilo histórico

American Dark/Bock

Os cervejeiros alemães que imigraram para os Estados Unidos trouxeram consigo suas receitas de Dunkel, tão ricas e maltadas. Com o tempo, as cervejas ficaram mais leves quanto ao seu peso e à doçura por meio da adição de milho ou de grãos de arroz. A Pilsner logo superou as cervejas escuras, mas elas conseguiram se manter até a década de 1970 em uma forma bastante reduzida, especialmente como cervejas Bock sazonais. A maioria delas desapareceu, mas a Yuengling e outras poucas cervejarias regionais tradicionais ainda fazem Lagers escuras. Uma derivada de cor âmbar e corpo particularmente leve, a Shiner Bock, é o carro-chefe da cervejaria Spoetzl do Texas.

EXPERIMENTE ESTAS CERVEJAS: Dixie Blackened Voodoo Lager, Shiner Bock, Yuengling Porter.

German Schwarzbier

ORIGEM: feitas há muito tempo em certas regiões da Alemanha, especialmente Augsburg, Bad Köstritz e Kulmbach, estas são as cervejas mais escuras da Alemanha. A palavra *Schwarz* significa "preto", mas em certas regiões esse termo é usado casualmente para se referir a qualquer cerveja escura. Parece que há alguma conexão com a popularidade imensa da English Porter em meados do século XIX, porque o cervejeiro e autor Ladislaus von Wagner (1877) a chama de *Englischer Köstritzer*. Naquela época, a cerveja era feita com uma preparação especial chamada de satz, em que se deixava a mosturação por muito tempo de molho na água fria para então ferver o lúpulo no mosto diluído, um passo que era chamado de "torrar" o lúpulo.

LOCALIZAÇÃO: Kulmbach, Bad Köstritz, Alemanha; também no Japão (cerveja preta); ocasionalmente em cervejarias artesanais dos Estados Unidos.

AROMA: puro malte torrado; pouco ou nenhum aroma de lúpulo.

SABOR: agridoce, com um torrado bem limpo de cacau.

EQUILÍBRIO: torrado/maltado, mal equilibrado pelo lúpulo.

SAZONALIDADE: o ano todo, excelente em tempos mais frios.

HARMONIZE COM: comida gordurosa e apimentada, como churrasco, linguiças, carne assada; pudim de pão.

EXPERIMENTE ESTAS CERVEJAS: Sapporo Black Lager, Samuel Adams Black Lager, Sprecher Black Bavarian Lager, Köstritzer Schwarzbier, Kulmbacher Mönchshof Schwarzbier, Metropolitan Magnetron Schwarzbier.

DENSIDADE: 1,046-1,052 (11,4-12,9 °P).
ÁLCOOL: 4,4%-5,4 % por volume.
ATENUAÇÃO/CORPO: médio.
COR: 17-30 SRM, rubi a castanho profundo.
AMARGOR: 20-30 IBU, médio.

Estilo histórico

German Porter

Um estilo pouco conhecido que teve seu auge do meio para o final do século XIX, em decorrência do sucesso sem precedentes da English Porter. De acordo com autores contemporâneos, há dois estilos distintos: um que é doce e maltado, e outro que é fresco e altamente lupulado, os dois com densidade original entre 1,071 e 1,075 (17,3 a 18,2 graus Plato). Existem versões Lager e de alta fermentação. A Neuzeller Kloster Brau fabrica uma Porter que é importada para os Estados Unidos.

Maibock/Heller Bock

ORIGEM: Einbeck, no sul da Alemanha, afirma ser o ponto de origem dessa cerveja Bock. Mesmo em 1613, ela era descrita no *The Herbal Book of Johannes Theodorus* como "rala, sutil, límpida, com sabor amargo, com uma acidez agradável na língua e muitas outras boas qualidades". Um mestre-cervejeiro de Brunswick (perto de Einbeck) levado até a Baviera por Maximiliano I ajudou a acertar os detalhes da fabricação desse estilo de cerveja mais forte por lá, ou assim diz a lenda. No final do século XVIII, o estilo parece ter se espalhado por todo o sul da Alemanha. Meio século mais tarde, ele já existia por toda a Europa, especialmente na França, onde era consumido com gosto.

LOCALIZAÇÃO: sul da Alemanha, França, Estados Unidos, Tailândia.

AROMA: muito malte, levemente caramelizado, com leve toque de lúpulo.

SABOR: malte rico e caramelizado, com uma final suave a amargo.

EQUILÍBRIO: encorpado e maltado; lúpulo em equilíbrio.

SAZONALIDADE: tradicionalmente no fim da primavera (maio), mas agora o ano todo.

HARMONIZE COM: comidas ricas ou picantes, como a tailandesa; cheesecake, strudel de maçã.

EXPERIMENTE ESTA CERVEJA: Einbecker Mai-Ur-Bock.

DENSIDADE: 1,064-1,072 (15,7-17,5 °P).
ÁLCOOL: 6,3%-7,4% por volume.
ATENUAÇÃO/CORPO: muito encorpado, rico.
COR: 6-11 SRM, dourado a âmbar.
AMARGOR: 23-35 IBU, baixo a médio.

Dark (Dunkel) Bock

ORIGEM: pinturas antigas que exibem cervejas Bock raramente mostram qualquer coisa que seja mais escura que um âmbar médio, então as Bock mais escuras aparentemente eram a forma secundária quando comparadas às de cor âmbar. A Bock escura é bem mais importante na imaginação dos cervejeiros artesanais e amadores dos Estados Unidos do que jamais foi historicamente.

LOCALIZAÇÃO: sul da Alemanha, cervejarias artesanais dos Estados Unidos.

AROMA: muito malte com um leve toque de torrado.

SABOR: cookie tostado rico com notas de malte caramelizado; final macio e agridoce com traços de cacau.

EQUILÍBRIO: encorpado e maltado, quase fora do equilíbrio com o lúpulo.

SAZONALIDADE: tradicionalmente no fim da primavera (maio), mas agora o ano todo.

HARMONIZE COM: comidas ricas ou picantes, queijos de casca lavada ou de casca florida com bastante gordura.

EXPERIMENTE ESTAS CERVEJAS: Aass Bock, Einbecker Ur-Bock Dunkel, New Glarus Uff-Da bock, Schell's Bock, Weltenburger Kloster Asam Bock.

DENSIDADE: 1,064-1,072 (15,7-17,5 °P).
ÁLCOOL: 6,3%-7,2% por volume.
ATENUAÇÃO/CORPO: muito encorpado, rico.
COR: 14-22 SRM, âmbar a castanho-escuro.
AMARGOR: 20-27 IBU, baixo.

Doppelbock

ORIGEM: criada em 1629 como "Salvator" pela cervejaria monástica Paulaner em Munique. O termo foi usado de forma genérica até o início do século XX, quando a Paulaner, a essa altura já uma empresa secular, tomou as providências para proteger seu nome. O sufixo "-ator" permanece desde então, e a maioria das cervejarias por todas as partes termina os nomes de suas Doppelbock com "-ator". Essa ainda é uma cerveja pesada, mas no passado ela já foi bem mais, com densidades altas e atenuação muito baixa (o *American Handy Book of the Brewing, Malting and Auxiliary Trades*, de Wahl-Henius, cita uma Salvator de 1897 que tinha 4,61% de teor alcoólico, mas uma densidade inicial de 18,8 °P/1,078!), mas, para acompanhar as mudanças de preferência, sua densidade final foi sendo reduzida ao longo dos últimos 150 anos, tornando a cerveja mais seca, menos doce e mais alcoólica.

LOCALIZAÇÃO: sul da Alemanha, cervejarias artesanais dos Estados Unidos.

AROMA: alta complexidade de maltes; nem sinal de lúpulo.

SABOR: muito malte caramelo; final suave e torrado.

EQUILÍBRIO: malte, equilíbrio tênue com o lúpulo e um torrado suave.

SAZONALIDADE: o ano todo; ótimo com clima mais frio.

HARMONIZE COM: comidas pesadas, gordurosas e assadas (como pato!); perfeita com bolo de chocolate e cream cheese triplo.

EXPERIMENTE ESTAS CERVEJAS: Augustiner Bräu Maximator, Ayinger Celebrator, Ettaler Klosterbrauerei Curator, Metropolitan Generator, Tröegs Troegenator Doublebock, Weihenstephaner Korbinian.

DENSIDADE: 1,077-1,112 (18,7-26,3 °P).
ÁLCOOL: 7,0%-10,0% por volume.
ATENUAÇÃO/CORPO: muito encorpado, rico.
COR: 6-25 SRM, âmbar profundo a castanho-escuro.
AMARGOR: 16-26 IBU, baixo.

Eisbock

Esta é simplesmente uma Bock que os cervejeiros fazem ficar ainda mais forte congelando-a e removendo parte da água em forma de gelo, o que aumenta o álcool e todo o resto. Os sabores são os mesmos das Bocks comuns, mas muito mais concentrados.

DENSIDADE: 1,078-1,120 (18,9-28 °P).
ÁLCOOL: 9,0%-14,0% por volume, mas já conseguiram fabricar cervejas com até 40%.
ATENUAÇÃO/CORPO: muito encorpado, rico, parecendo um licor.
COR: 18-30 SRM, âmbar profundo a castanho--escuro.
AMARGOR: 25-35 IBU, baixo.

Rauchbier

Antes do advento das estufas de aquecimento direto, todo malte era defumado ou seco ao ar livre; e, apesar de haver indícios de algumas estufas indiretas muito primitivas em lugares como a Noruega, é óbvio que muitas cervejas europeias de antes de 1700 tinham certa característica defumada proveniente da madeira que era usada para secar o malte. Os registros mostram que as cervejas defumadas saíram de produção na maioria dos lugares assim que os malteadores descobriram como secar o malte sem a fumaça toda, com exceção da região da Francônia, no norte da Baviera. Sobrevivendo próximo a Bamberg, está um núcleo irredutível dessa cerveja defumada no estilo antigo, conhecida como Rauchbier.

Essa especialidade está na categoria Lager porque a maioria dessas cervejas passa pelo processo Lager (com exceção das cervejas de trigo), compartilhando, portanto, de uma mesma história e do perfil de sabor dos demais estilos da tradição de cerveja bávara. A única diferença é a fumaça. A madeira, geralmente faia, é utilizada nas estufas. As cervejas são fabricadas com diversas proporções de malte defumado e não defumado para se obter o nível de defumação desejado. Fabricam-se vários estilos de cerveja diferentes, inclusive a Bock e a Helles, mas o estilo defumado mais comum é o Märzen, que possui um caráter de malte tão rico que consegue se contrapor à fumaça, trazendo um equilíbrio único a essa cerveja.

A Rauchbier pode ser meio desconcertante ao primeiro gole, mas segure as pontas: a cerveja se torna cada vez melhor conforme seu palato vai se acostumando a ela.

DESCRIÇÃO: confira a Märzen, a Helles, a Bock e a Weizen, e então adicione uma camada de fumaça seca que remete ao presunto. Hmmm, bacon líquido!

EXPERIMENTE ESTAS CERVEJAS: qualquer um dos produtos Aecht Schlenkerla: Braüerei Spezial Rauchbier, e ocasionalmente alguma sazonal em seu brewpub local.

ESPECIFICAÇÕES: elas são feitas em várias versões de estilos clássicos, especialmente a Märzen, mas também a Helles, a de trigo e a Bock.

Estilo histórico

Steinbier

Na era medieval, os cervejeiros nem sempre tinham acesso a tinas de metal e precisavam se virar com madeira mesmo. Isso criou alguns problemas óbvios na hora de se aquecer a mosturação e o mosto. A solução era jogar rochas quentes diretamente no líquido, que transmitia seu calor de forma bem eficiente. O último reduto desse estilo antigo ficava na Caríntia, uma região montanhosa no sul da Áustria, no fim do século XIX.

As rochas, um tipo duro de arenito chamado "graywacke", eram colocadas em uma gaiola de metal, aquecidas até ficarem brancas e então jogadas no mosto. Uma fervura veloz acontecia em seguida, e as rochas ficavam recobertas com uma camada espessa de mosto caramelizado, que, quando era dissolvido durante a fermentação, transmitia para a cerveja um sabor defumado de açúcar queimado.

Por razões óbvias, essa é uma cerveja bem difícil de se fazer, especialmente em quantidades comerciais, e ela só surge ocasionalmente em projetos especiais.

CAPÍTULO 11

ALES CONTINENTAIS, WEISSBIERS E HÍBRIDOS ALE-LAGER

Mesmo na grandiosa terra natal da Lager havia a Ale. Claro que, centenas de anos atrás, todas as cervejas eram Ales, ou cervejas de alta fermentação, mas a maioria delas foi relegada à obscuridade ou à extinção quando o grande dilúvio das Lager da Baviera e da Boêmia inundou a Europa no final do século XIX.

TODAS AS ALES USAM LEVEDURAS que realizam sua fermentação perto do topo do mosto. Ainda mais importante é o fato de a levedura da Ale preferir temperaturas mais altas que a levedura Lager, geralmente entre 18 °C e 23 °C, apesar de isso variar de acordo com o estilo. A essas temperaturas, a levedura produz quantidades bem maiores das moléculas responsáveis pelos aromas frutados, chamadas ésteres, e de outras substâncias químicas que acrescentam complexidades frutadas e condimentada à cerveja. Na maioria dos casos, a cepa da levedura é essencial para o caráter da cerveja. Leveduras utilizadas nas Ales fabricadas em Colônia e Düsseldorf, no vale do Reno, por exemplo, são bastante neutras, com um sabor frutado delicado, e, como são fermentadas nas temperaturas mais baixas da faixa de temperatura das Ales e depois maturadas no frio como as Lagers, o efeito é sutil. O mesmo acontece com os híbridos Ale-Lager, que são fermentados a frio com leveduras Ale, ou, como na cerveja Steam, em temperaturas mais altas, mas com levedura Lager. A levedura cheia de personalidade utilizada na Bavarian Weizen provoca uma explosão de aromas frutados na cerveja: banana, chiclete, e algumas notas condimentadas que lembram o cravo. Não há qualquer tipo de fruta ou condimento na cerveja; a magia aromática vem exclusivamente da levedura.

O QUE OS NOMES SIGNIFICAM?

Weis, Weiss e Weisse significam "branco" em alemão e há muito tempo são termos usados para descrever cervejas claras e cheias de turbidez que contêm trigo e podem ser encontradas por toda a parte norte da Europa.

Weizen significa "trigo" em alemão e se refere à forma bávara ou *süddeutsch* da Weissbier.

Hefe quer dizer "levedura" e indica uma Weissbier que contém levedura, de longe a forma mais popular.

Kristal indica uma Weizen totalmente brilhante.

Weissbier é um termo amplo que inclui tanto as diversas cores e forças da Hefeweizen da Baviera quanto a Berliner Weisse, acre e formigante. Comparadas a cervejas feitas de malte de cevada, as cervejas de trigo são mais leves no palato, com aromas marcantes, sensação cremosa na boca e final refrescante – bem diferente da falta de sabor criada por adjuntos como milho e arroz. A cor mais clara e os níveis altos de carbonatação incrementam as características refrescantes desse estilo.

A maioria dessas cervejas é composta de Session Beers, feitas para serem bebidas em grandes quantidades na companhia de outros amantes de cerveja. A Alt e a Kölsch são deliciosas e estão à venda nos Estados Unidos, mas, para apreciá-las em todo seu potencial, você terá de viajar até suas cidades natais às margens do rio Reno. Nos bares e brewpubs de lá, as cervejas são servidas em pequenos barris empoleirados bem em cima do balcão, e a cerveja é derramada em copos altos e finíssimos. Novos copos são levados a sua mesa automaticamente até que se coloque um porta-copos sobre seu copo, para que eles saibam que você já bebeu o suficiente.

A palavra *alt* quer dizer "antigo", o que significa que é um estilo dos velhos tempos. Há poucas Altbiers fora de Düsseldorf. A Pinkus Müller produz uma Münster-style Alt. Uma Amber Broyhan ainda é fabricada pela Lindener Gilde em Hanover – fundada por Cord Broyhan em 1546. Dortmund já foi famosa por ser a cidade das Altbiers, tendo obtido renome mundial por sua forte Adambier um século atrás. Por causa das fusões e da "pilsnerização" do mercado, está se tornando cada vez mais difícil encontrar Dortmunder Alts.

Como a tradição da Lager bávara demorou para chegar ao norte da Alemanha, há muitas especialidades locais que quase foram esquecidas. Algumas, como a Gose, estão passando por um renascimento; outras definham, prontas para renascerem.

Kölsch

Kölsch é uma denominação controlada: na Europa, apenas cervejarias de Köln (ou Colônia) podem usar esse nome, apesar de que essa proteção não se estende aos Estados Unidos. Trata-se de um estilo refrescante, mas não muito marcante; equilibrado, mas não excessivamente amargo. Há notas frutadas deliciosamente sutis no aroma e um palato mais seco, com traços de cremosidade que podem ser provenientes da adição de uma pequena proporção de trigo (poucas cervejarias clássicas fazem isso). Fresca, sedutora e incapaz de cansar o apreciador, a Kölsch é uma das grandes Session Beers. Algumas cervejarias artesanais estadunidenses já reconheceram isso e as convocam para seu rol de produtos, geralmente como um produto especial de verão.

ORIGEM: Köln, Alemanha.

LOCALIZAÇÃO: Köln (Colônia), Alemanha; também em cervejarias artesanais dos Estados Unidos e de outros países.

AROMA: malte que lembra massa de pão com um toque de lúpulo nobre e de caráter frutado.

SABOR: malte fresco e limpo; lúpulo na retaguarda.

EQUILÍBRIO: uniforme; final suave, levemente amargo.

SAZONALIDADE: o ano todo, mas mais bem apreciada em tempos quentes.

HARMONIZE COM: uma ampla gama de comidas leves, como frango, salada, salmão, salsicha bratwurst.

EXPERIMENTE ESTAS CERVEJAS: Gaffel Kölsch, Goose Island Summertime, Reissdorf Kölsch, Saint Arnold Fancy Lawnmower Beer.

DENSIDADE: 1,044-1,050 (11-12,4°P).
ÁLCOOL: 4,4%-5,2% por volume.
ATENUAÇÃO/CORPO: baixo a médio.
COR: 3,5-5 SRM, dourado claro a médio.
AMARGOR: 18-30 IBU, baixo a médio.

Düsseldorfer Altbier

Existe uma tradição há muito estabelecida de fabricação de cervejas castanhas de alta fermentação às margens do rio Reno, na Baixa Saxônia. A Düsseldorfer Alt parece ser descendente de um estilo mais antigo, chamado Erntebier ("cerveja de colheita"), que era muito apreciado no século XIX.

A Alt clássica é uma Ale puro malte cor de bronze com força razoável. Essas cervejas podem ser extremamente secas ou suavemente maltadas, mas são todas bem amargas, com pouco aroma de lúpulo. Assim como a Kölsch, a Alt é servida direto dos barris sobre o balcão em pequenos copos cilíndricos chamados "stanges".

Exemplos importados e de cervejarias artesanais estadunidenses são raros, mas, quando bem executados, mostram-se Session Beers instigantes. Duas vezes por ano, no outono e no meio do inverno, as cervejarias alemãs que fabricam Altbier produzem uma versão um pouco mais forte chamada Sticke que é lançada sem muito estardalhaço, como um agradecimento para seus clientes regulares. Uma versão é importada para os Estados Unidos, assim como uma Double Sticke que não existe em sua terra natal. A cervejaria Diebels, em Issum, perto da fronteira com a Holanda, especializa-se em cervejas Alt e produz uma versão da Düsseldorf bastante digna, que é bastante fácil de encontrar nos Estados Unidos.

ORIGEM: Düsseldorf, Alemanha.

LOCALIZAÇÃO: Düsseldorf, Alemanha; cervejarias artesanais dos Estados Unidos.

AROMA: caráter de malte limpo remetendo a toffee e possivelmente um traço de lúpulo herbal.

SABOR: maltado, mas refrescante; uma porção de lúpulos nobres.

EQUILÍBRIO: mais para o lado do seco e amargo; final limpo.

SAZONALIDADE: o ano todo.

HARMONIZE COM: uma ampla gama de comidas de média intensidade, como leitão assado, linguiça defumada ou salmão.

EXPERIMENTE ESTAS CERVEJAS: August Schell Schmaltz's Alt, Metropolitan Brewing Iron Works Altbier, Zum Uerige Sticke Alt.

DENSIDADE: 1,044-1,052 (11-12,9 °P).
ÁLCOOL: 4,3%-5,5 % por volume.
ATENUAÇÃO/CORPO: refrescante, seco.
COR: 11-17 SRM, âmbar profundo a castanho-rubi.
AMARGOR: 25-50 IBU, médio a alto.

American Cream Ale

Eu experimentei esse estilo pela primeira vez enquanto fazia faculdade em Cincinnati, Ohio, na extremidade oeste do cinturão das cervejas Cream Ale nos Estados Unidos. A essa altura, ela era bem similar às Lagers com adjuntos fabricadas pelas velhas cervejarias artesanais que ainda sobreviviam por ali, mas com um pouquinho mais de álcool. Nós a adorávamos – mas a gente não conhecia muita coisa, não é? A origem do nome Cream ("cremosa") é obscura, e o produto também era conhecido como "Ale de uso presente". No início, a Cream Ale pode ter sido uma maneira de os cervejeiros oferecerem um produto intermediário entre a Lager e a Stock Ale mais forte, misturando as duas. Depois que as cervejarias começaram a produzir mostos de alta densidade, ela passou a ser simplesmente uma cerveja mais forte por terem diluído menos a mosturação e, às vezes, por adicionarem açúcar antes da pasteurização, e possivelmente um pouco de óleo de lúpulo para acrescentar aroma. Conceitualmente, essa cerveja não é assim tão diferente da Kölsch, exceto pelo milho ou pelo açúcar que normalmente contém.

ORIGEM: fim do século XIX; uma mistura de Lager e Stock Ale.

LOCALIZAÇÃO: cervejarias artesanais do leste/centro-oeste dos Estados Unidos.

AROMA: malte limpo e com caráter de grãos; às vezes uma leve presença de lúpulo.

SABOR: caráter de malte macio e cremoso; final suave e amargo.

EQUILÍBRIO: um toque adocicado, final limpo e refrescante.

SAZONALIDADE: o ano todo, mas melhor em climas quentes.

HARMONIZE COM: comidas mais leves e aperitivos; versões artesanais conseguem enfrentar comidas mais gordurosas.

EXPERIMENTE ESTAS CERVEJAS: Hudepohl-Schoenling Little Kings Cream Ale, New Glarus Spotted Cow, Gennessee Cream Ale.

DENSIDADE: 1,042-1,055 (10,5-13,6 °P).
ÁLCOOL: 4,2%-5,6 % por volume.
ATENUAÇÃO/CORPO: seco a médio.
COR: 2,5-5 SRM, palha clara a dourado claro.
AMARGOR: 8-20 IBU, baixo a médio.

Steam Beer

Esse termo descreve um estilo de cerveja que era feito durante a época em que um grande número de migrantes se estabeleceu na Califórnia, em Washington e em outros estados do oeste dos Estados Unidos. Dizem que a Steam Beer tem esse nome por causa do "vapor" (*steam*) que saía dos barris quando se colocava a torneira para servir, uma consequência de seus altos níveis de carbonatação. Essa característica única da Steam Beer é decorrente das tentativas, naqueles tempos passados, de se produzir uma cerveja tipo Lager sem ter acesso ao gelo ou à refrigeração. A fermentação em alta temperatura lhe dá um perfil mais frutado e de ésteres quando comparado às Lagers verdadeiras.

Esse é um estilo de uma cerveja só: a única Steam Beer dos Estados Unidos é a Anchor Steam, feita pela Anchor Brewing Company de São Francisco, que já tentou proteger esse termo como uma marca registrada exclusiva. A BJCP e a World Beer Cup chamam esse estilo de "California Common" (ou "popular da Califórnia", em tradução livre). A Anchor abandonou qualquer característica histórica de sua Steam Beer (se é que ainda havia alguma) quando a reinventou por completo em 1971. A cerveja se tornou o modelo para uma multidão de cervejas artesanais a serem acompanhadas: puro malte, com a inclusão de uma boa dose de malte cristal/caramelo, além de um tipo particular de lúpulo, nesse caso o lúpulo Northern Brewer.

ORIGEM: oeste dos Estados Unidos, especialmente na Califórnia.

LOCALIZAÇÃO: a Anchor Steam, de São Francisco, é a última que ainda sobrevive entre os produtos das antigas cervejarias que produziam Steam Beer, mas outras cervejarias artesanais produzem suas próprias versões desse estilo de tempos em tempos.

AROMA: caráter refrescante de malte com toques de caramelo equilibrado por lúpulos herbais frescos.

SABOR: maltado, mas refrescante, com uma boa porção do sabor seco do lúpulo Northern Brewer.

EQUILÍBRIO: mais para o lado do seco e amargo; final limpo.

SAZONALIDADE: o ano todo.

HARMONIZE COM: uma ampla gama de comidas de intensidade média, como leitão assado, linguiça assada ou salmão; fabuloso com camarão empanado com coco.

EXPERIMENTE ESTAS CERVEJAS: Anchor Steam Beer, Flat Earth Element 115, Toppling Goliath Dorothy's New World Lager.

DENSIDADE: 1,048-1,056 (11,9-13,8 °P).
ÁLCOOL: 4,5%-5,5% por volume.
ATENUAÇÃO/CORPO: leve suntuosidade, mas final fresco e seco.
COR: 10-17 SRM, âmbar.
AMARGOR: 25-40 IBU, médio a alto.

Estilo histórico

Sparkling Ale

Vamos começar com as versões escocesas. O livro *American Handy Book of the Brewing, Malting and Auxiliary Trades*, de 1902, lista uma versão de 1901 com 18,03 graus Balling (1,075) e teor alcoólico de 8,6% por volume. Uma versão daquela época feita pela McEwan's alcança respeitáveis 21,6 graus Balling (1,090) e teor alcoólico de 7,8% por peso (9,6% por volume), indicando uma densidade final alta e fazendo dela uma cerveja muito doce. As duas apresentam quantidades moderadas de ácido lático – 0,15 e 0,38, respectivamente (a título de comparação, tanto as Lambics contemporâneas como as Irish Stouts têm por volta de 1%,) –, o que indica um tanto de envelhecimento em madeira com a atividade inevitável da *Brettanomyces*. As quantidades de lúpulo são difíceis de descobrir, mas uma Scottish Ale "X" de densidade similar em meados do século utilizava de 482 a 709 gramas por barril, o que pode situá-la por volta de 40 a 60 IBU.

Nos Estados Unidos, a Sparkling Ale ocupava uma posição entre a Cream Ale e a Stock Ale. As densidades eram menores que nas versões importadas, por volta de 1,057 (14 graus Plato), mais ou menos as mesmas que as Cream Ales. A diferença era um processo de maturação Lager extenso a 4°C. Três meses é o tempo de maturação típico.

As Sparkling Ales sobrevivem na Austrália mais que em qualquer outro lugar. As densidades estão na faixa das bebidas mais comuns de 1,038 a 1,050 (9,5 a 12,4 graus Plato), teor alcoólico de 4,5% a 6,0%, com amargor de lúpulo moderado.

EXPERIMENTE ESTAS CERVEJAS: Coopers Sparkling Ale, Sam Adams Sparkling Ale.

Bavarian Weissbier/ Hefeweizen

Imagine uma tarde quente de verão, e você está aproveitando o que resta do dia em um *biergärten* antigo e cheio de plantas. Brotos de lúpulo estão escalando as treliças em busca de um pouco de luz do sol. Apenas as conversas em voz baixa e os brindes ocasionais perturbam a tranquilidade. Há apenas uma bebida perfeita para esse momento, e seus lábios pronunciam a palavra "Weissbier" quando você faz seu pedido.

Tem início o ritual: uma garrafa de meio litro com o formato de uma bala surge ao lado de um copo muito alto, com o formato de um vaso. O copo é colocado sobre a garrafa e o conjunto inteiro é invertido na diagonal. A cerveja começa a ser derramada e a garrafa é retirada à medida que a bebida preenche o copo. Então, logo antes de a garrafa ficar completamente vazia, ela é colocada de lado sobre a mesa e rolada para frente e para trás várias vezes, para que se tenha certeza de que a levedura em seu fundo está bem misturada ao restante de espuma. Esses últimos resquícios de espuma quase sólida são jogados sobre o copo, acima do colarinho já considerável da cerveja. Essa criação elegante é coroada por uma fatia de limão fresco, e então o ritual está completo; só falta beber.

No século XVI, a cerveja de trigo já era algo estabelecido como uma especialidade regional da Baviera. O *Reinheitsgebot* tem apenas uma brecha, que permite utilizar trigo nas Weizens. A família real da Baviera deteve os direitos exclusivos sobre a produção de cervejas de trigo ao longo de um ciclo de ascensão e decadência que durou quase trezentos anos, atingindo seu ponto de maior popularidade no final do século XVII. Em 1872, quando a moda tinha quase se extinguido, Georg Schneider negociou os direitos para fabricar esse estilo real, e até hoje a cervejaria Schneider ainda o fabrica em Munique. As cervejas de trigo hoje são tão populares na Baviera que são responsáveis por quase um quarto das cervejas vendidas por lá.

As cervejas de trigo devem ser servidas geladas, mas não estupidamente geladas: 7 °C é a temperatura ideal. A Weizen realmente deveria ser servida em seu copo especial em formato de vaso, já que ele é capaz de conter todo o conteúdo da garrafa, inclusive toda sua espuma. A Erdinger, principal produtora de cerveja de trigo da Baviera, recomenda que o copo esteja absolutamente limpo e que seja molhado primeiro, para manter a espuma sob controle. E o limão deve ser cortado com uma faca totalmente livre de gordura, para que esta não interfira em seu colarinho espetacular.

Feita com 50% a 60% de trigo malteado e com o restante de cevada malteada, essas cervejas vão do amarelo-claro até o dourado profundo, com uma turbidez de levedura bastante nítida. Elas são levemente lupuladas, mas sem aroma de lúpulo aparente. O sabor residual deve ser limpo e macio, com um pouco de amargor persistente. O trigo contribui para obter uma textura firme e cremosa e um estalo vivaz, quase cítrico. Os níveis de carbonatação são muito altos, e por causa do conteúdo proteico do trigo, a cerveja deve ter uma espuma densa, que parece um suspiro.

As Weizens passam por alta fermentação utilizando um tipo especial de levedura Ale que possui o gene do defeito sensorial fenol (*phenol off-flavor* ou POF), tornando-a capaz de produzir uma substância química chamada 4-vinil-guaiacol, que dá a esse estilo seu aroma característico de cravo/pimenta-da-jamaica. O perfil de fermentação é sempre um equilíbrio entre especiarias, banana e chiclete. O perfil específico varia de cervejaria para cervejaria. Para alguns, essas características extremas de fermentação são um gosto adquirido, mas depois que você se acostuma, torna-se uma verdadeira paixão.

ORIGEM: Munique, Alemanha; originalmente um monopólio da família real; extremamente popular no século XVIII.

LOCALIZAÇÃO: toda a Baviera; também nos Estados Unidos e em cervejarias artesanais de outros países.

AROMA: frutado (chiclete, bananas) com especiarias (cravo, pimenta-da-jamaica).

COM LIMÃO OU SEM LIMÃO?

Não há uma resposta definitiva. A fatia de limão que muitas vezes decora a borda do "vaso" de Weissbier entra e sai de moda. Já ouvi dizer que houve um tempo em que a Weizen era mais azeda, e que, quando mudaram a receita, os mais velhos começaram a espremer limões em suas cervejas para compensar a acidez que faltava. Nos Estados Unidos, nos dias de hoje, você provavelmente vai ganhar uma fatia de limão, então, se acha que isso é uma abominação, por favor, peça para que não coloquem uma em seu copo quando você pedir. Por outro lado, ela compõe uma bela apresentação e ressalta o caráter refrescante da cerveja. Devo dizer que se você é um *nerd* da cerveja que busca o respeito de seus amigos, que também são *nerds*, é melhor você dispensá-la.

SABOR: leve caráter de grãos com textura de milk-shake; não tem muito de lúpulo, apesar de as versões "Hopfen-Weisse" estarem começando a surgir; altamente carbonatada.

EQUILÍBRIO: seco maltado/com caráter de grãos; certa suntuosidade e textura cremosa.

Weizen em um copo do século XIX cheio de protuberâncias.

SAZONALIDADE: o ano todo; tradicionalmente apreciada durante o verão.

HARMONIZE COM: uma ampla gama de comidas leves; saladas, frutos do mar; clássico com Weisswurst.

EXPERIMENTE ESTAS CERVEJAS: Erdinger Weissbier, Hacker-Pschorr Hefe Weiss Natürtrub, Schneider Weisse Weizen Hell; confira seu brewpub local durante o verão.

DENSIDADE: 1,044-1,052 (11,0-12,9 °P).
ÁLCOOL: 4,9%-5,6% por volume.
ATENUAÇÃO/CORPO: espesso, mas seco.
COR: 2-6 SRM, palha a âmbar claro.
AMARGOR: 8-15 IBU, baixo.
OBSERVAÇÃO: as versões Kristal (filtradas) têm as mesmas especificações.

Bavarian Dunkelweizen

Essa cerveja é igual à Bavarian Hefeweizen, porém com o acréscimo de malte cristal ou outros tipos escuros. É geralmente de uma cor âmbar profunda (chamada *steinfarbenes*, em alemão) em vez de um castanho, e a ênfase fica no caramelo, não no tostado. Ela pode ser um pouco mais doce que o padrão das Hefeweizens.

EXPERIMENTE ESTAS CERVEJAS: Ayinger Urweisse, Schneider Weisse Unser Original, Franziskaner Weissbier Dunkel.

DENSIDADE: 1,044-1,056 (11,0-13,8 °P).
ÁLCOOL: 4,3%-5,6 % por volume.
ATENUAÇÃO/CORPO: espesso, mas seco.
COR: 14-23 SRM, âmbar claro a médio.
AMARGOR: 10-18 IBU, baixo.

Roggenbier

Essa é uma variante da Bavarian Dunkelweizen, com a substituição do trigo por centeio malteado. O centeio dá à cerveja uma mistura de notas frutadas/de tabaco e também um pouco de condimentação.

Weizenbock e Weizen Doppelbock

Maior, mais forte e mais escura que a Dunkelweizen, essa é a cerveja de trigo perfeita para o inverno. O mesmo aroma de salada de frutas está presente, com a adição de profundos aromas de malte caramelizado e talvez também alguns traços de tostado. Apesar de sua força, essas cervejas são muito fáceis de beber. A Schneider também faz uma versão Eisbock que é congelada para remover um tanto de água, o que a eleva a um teor alcoólico de 12%. Tem que estar muito frio para encarar algo assim.

ORIGEM: Baviera, Alemanha; uma versão mais forte e mais escura fabricada como um projeto de luxo.

LOCALIZAÇÃO: Baviera, Alemanha; também em cervejarias artesanais dos Estados Unidos.

AROMA: malte caramelizado rico com levedura frutada/condimentada.

SABOR: caráter cremoso e caramelizado de malte; leve amargor.

EQUILÍBRIO: maltado e doce, mas altamente carbonatado.

SAZONALIDADE: o ano todo, mas melhor em climas frios.

HARMONIZE COM: comida mais gordurosa, como leitão assado, carne, presunto defumado; sobremesas pesadas; queijo maturado.

EXPERIMENTE ESTAS CERVEJAS: Erdinger Pikantus, Schneider Mein Aventinus.

DENSIDADE: 1,064-1,090 (15,7-21,6 °P).

ÁLCOOL: 6,5%-9,30% por volume.

ATENUAÇÃO/CORPO: médio.

COR: 6-25 SRM, âmbar.

AMARGOR: 15-30 IBU, baixo a médio.

Berliner Weisse

A Berliner Weisse é um clássico, mas vem perdendo terreno em sua terra natal há quase 150 anos. Apenas uma marca grande permanece em Berlim: a Kindl. Uma segunda cervejaria independente, a Berliner Bürgerbräu, fechou recentemente, mas muitos brewpubs locais mantêm a tradição.

É uma pena, porque de muitas maneiras a Weisse é a cerveja correta para a época de hoje. De baixo teor alcoólico, com um final ácido e refrescante, ela é fácil de beber em grandes quantidades como um refresco de verão. Seus sedimentos de levedura lhe deram o nome de "cerveja branca". Na Alemanha, elas são servidas com um fio de xarope de framboesa ou de essência de aspérula, mas essa última foi banida das comidas e bebidas dos Estados Unidos e é controlada na Alemanha, então foram desenvolvidos alguns substitutos.

Os cervejeiros alemães trouxeram consigo as cervejas de trigo ácidas e gasosas de estilo berlinense para os Estados Unidos durante a imigração em massa que aconteceu logo depois da Guerra Civil. Parte proeminente das linhas de produção de muitas cervejarias dos Estados Unidos no passado, a cerveja Weisse era muitas vezes feita com milho (por volta de 30%) no lugar de trigo e ficava entre 1,040 e 1,048 (10 e 12 °P), sendo mais forte que as versões atuais da Berliner. Nos Estados Unidos, ela sucumbiu ao golpe duplo dos ressentimentos contra os alemães durante a Primeira Guerra Mundial seguido da Lei Seca, e foi esquecida por quase um século.

Graças à popularidade crescente da técnica kettle sour,* que oferece um método seguro e controlável de fermentação lática, a Berliner Weisse está passando por um retorno de pequenas proporções,

* Técnica semelhante à sour mash, mas a acidificação ocorre após a clarificação do mosto. (N. E.)

pelo menos nos Estados Unidos. O mosto passa para a tina de fermentação, inoculado com as bactérias láticas, e é mantido entre 44 °C e 49 °C por um período que vai de 12 a 48 horas. O mosto então é fervido para matar quaisquer micróbios antes de prosseguir para a fermentação.

ORIGEM: Berlim, na Alemanha, como parte de uma família de cervejas brancas desenvolvida na Idade Média; versões semelhantes um dia foram populares no coração da produção de cerveja dos Estados Unidos.

LOCALIZAÇÃO: Berlim, Alemanha; cervejarias artesanais dos Estados Unidos.

AROMA: penetrante e vivo de iogurte; um pouco de aroma frutado.

SABOR: leve caráter de grãos com acidez marcante de iogurte; altamente carbonatada.

EQUILÍBRIO: superleve e seca, com final ácido e refrescante.

SAZONALIDADE: uma cerveja tradicional de verão.

HARMONIZE COM: saladas mais leves e frutos do mar, talvez um queijo suave.

EXPERIMENTE ESTAS CERVEJAS: Bayerischer Bahnhof Berliner Style Weisse, The Bruery Hottenroth Berliner Weisse, Professor Fritz Briem's 1809 Berliner Style Weisse; confira também seus brew pubs locais para versões de verão.

DENSIDADE: 1,028-1,032 (7-8 °P).
ÁLCOOL: 2,5%-3,5 % por volume.
ATENUAÇÃO/CORPO: ácido e seco.
COR: 2-4 SRM, palha clara a dourado claro.
AMARGOR: 3-6 IBU, ultrabaixo.

Estilo histórico

Broyhan Alt

Um cervejeiro chamado Cord Broyhan, de Hanover, Alemanha, inventou essa cerveja branca muito famosa em 1526. Originalmente uma cerveja de trigo, no final do século XIX, ela havia se transformado em uma cerveja feita puramente de malte de cevada. Era uma cerveja de densidade modesta e consta que tinha um aroma de vinho e um sabor meio salgado e ácido.

Estilo histórico

Grätzer/ Grodziskie

A Grodziskie é uma Ale de baixa densidade feita com malte de trigo defumado no carvalho. Já foi bem popular no oeste da Prússia, mas morreu por um tempo. Variações de cervejas brancas como essa já foram um dia muito populares, especialmente no norte da Europa, e representam a ponta de um espectro que também inclui a Berliner Weisse e as Witbier belgas. Com uma densidade que varia de 1,028 a 1,032 e um teor alcoólico correspondentemente baixo, de 2% a 2,8% por volume, essa cerveja levemente ácida, defumada e altamente carbonatada provavelmente podia ser apreciada em grandes quantidades como um refresco do dia a dia. A Grodziskie provavelmente tinha cor âmbar em razão da proporção de malte bem tostado, na linha dos tipos "aromáticos" ou de melanoidina. Cervejeiros caseiros poloneses vêm trabalhando duro para reviver esse estilo fascinante, chegando até a apresentar suas cervejas para trabalhadores de cervejarias que se lembram de como ela era e a localizar uma cepa de levedura especial que estava escondida em uma biblioteca de culturas.

Estilo histórico

Gose

A Gose é uma cerveja branca que já foi muito popular no norte da Alemanha, nas regiões de Jena, de Leipzig e da cidade que lhe dá o nome, Goslar. Fabricada com 40% de malte de cevada e 60% de malte de trigo, a Gose é muito pálida, temperada com coentro e sal, o que incrementa o corpo e a sensação na boca dessa cerveja muito leve e de alta fermentação. Em alguns dos pubs, o cliente era capaz de pedir o nível de sal que desejava.

Eu sempre pensei que ela devia ser bem interessante e até a fabriquei para Michael Jackson em 1997. A Gose hoje é fabricada em pelo menos três cervejarias da Alemanha, e um exemplar da Bayerischer Bahnhof atualmente é importado para os Estados Unidos. Há um verdadeiro renascimento acontecendo, já que os sabores ácidos, condimentados e levemente salgados chamaram a atenção dos fãs de cerveja que buscam algo diferente, único e divertido. Da última vez que contei, várias dúzias de cervejarias dos Estados Unidos que estavam produzindo uma Gose, inclusive algumas cervejarias artesanais bem grandes.

EXPERIMENTE ESTAS CERVEJAS: Anderson Valley The Kimmie, the Yink and the Holy Gose; Bayerischer Bahnhof Leipziger Gose; Döllnitzer Ritterguts Gose; Off Color Troublesome; Sixpoint Jammer.

Estilo histórico

Lichtenhainer

Essa é uma cerveja defumada e de alta fermentação, do norte da Alemanha. Sempre apresentava densidade relativamente baixa (1,045 [ou 11 °P] em 1886; 1,031 [ou 7 °P] em 1898) e um palato defumado derivado de seu malte 100% cevada, apesar de utilizar até um terço de trigo em versões posteriores. Assim como muitas cervejas brancas, ela era levemente lupulada e tinha um belo estalo de acidez. Também está recuperando seus fãs, com um punhado de versões já em produção nos Estados Unidos e na Alemanha.

Caneca da Lichtenhainer.
Às vezes é divertido servir a cerveja em um recipiente só dela.

CAPÍTULO 12

AS CERVEJAS DA BÉLGICA

Ah, a Bélgica! O grande parque temático de aventuras para quem sente curiosidade pela cerveja; o destino cervejeiro dos amantes de vinho; um recurso que facilita a harmonização para os fãs de culinária, um museu vivo da história da cerveja – a Bélgica é muitas coisas para muitas pessoas.

As cervejas belgas são como nenhuma outra, apesar de as cervejarias de lá terem raízes similares às de outros países europeus. O panorama cervejeiro atual é uma mistura fascinante de trilhas folclóricas ancestrais e criatividade pós-moderna.

A BÉLGICA É UM PAÍS PEQUENO que nunca formou um grande império, mas foi próspero desde a mais tenra idade. No fim da Idade Média e no Renascimento, Flandres (que forma uma porção importante da Bélgica moderna) era uma das potências econômicas do norte da Europa. Com o passar dos séculos, a pequena Bélgica foi dominada por todas as potências vizinhas, mas nunca foi completamente absorvida por elas.

A Bélgica é formada por várias regiões menores, cada qual com sua própria língua, cultura e, é claro, especialidade de cerveja.

5 mil anos de cerveja belga

Vamos começar essa história com os mesmos gauleses da Idade do Ferro que nós – e César – encontramos na Inglaterra. Uma tribo, a Belgae, supostamente era uma mistura guerreira de celtas e alemães que, dizem, amavam uma cerveja. A Cultura do Vaso Campaniforme, espalhada e centrada na bebida, já estava presente em 2800 a.C., então há uma tradição bastante longa de bebedores na Bélgica. Com o vácuo criado pelo colapso do Império Romano, o poder passou para os lordes locais e para as autoridades eclesiásticas instaladas em abadias.

MONGES CERVEJEIROS

Lá pelo século VIII ou IX, o campo de todo o norte da Europa estava salpicado de monastérios. Eram necessárias grandes quantidades de cerveja para garantir o bom funcionamento desses monastérios, então fabricar a bebida era uma função essencial. Como muitas das ordens religiosas ditavam que os monges têm que trabalhar pelo seu próprio sustento, a fabricação de cerveja não era deixada para pessoas de fora.

Um documento medieval famoso mostra a planta do Monastério de São Galo, na Suíça, por volta de 830 d.C. Ele nunca foi construído, mas servia como exemplo idealizado dos tipos de organização e de escala que eram apropriados para uma instituição como essa. As plantas mostram três cervejarias diferentes, cada uma dedicada a produzir um nível diferente de cerveja. Os hóspedes nobres obtinham uma cerveja de classe alta, feita de cevada e trigo, enquanto os monges e os pobres peregrinos tinham que se virar com as cervejas de aveia de qualidade mais baixa. Estima-se que um complexo de cervejarias como esse poderia produzir de 350 a 400 litros de cerveja por dia, então sem dúvida o pessoal bebia com vontade.

UMA DAS PRIMEIRAS REFERÊNCIAS escritas quanto aos detalhes da fabricação da cerveja vem da abadessa Hildegard de Bingen, que registrou, em 1067, o fato de que a cerveja era feita principalmente de aveia. Ela gostava que suas freiras bebessem cerveja porque assim elas ficavam com "as faces coradas". Documentos do século XIII mencionam cervejas feitas de cevada, espelta e um item chamado *siliginum*, que, creem os estudiosos, provavelmente era centeio. Outros documentos mostram que os cervejeiros de Liège e de Namur pagavam seus impostos em espelta, um grão usado na fabricação de cerveja que ainda é tradicional por essas regiões da Bélgica quase mil anos depois.

Nesses primórdios, não havia cerveja com lúpulo na Bélgica. O amargor era obtido com o composto chamado *gruit*, que continha uma mistura secreta de ervas e especiarias disfarçadas pelos grãos moídos que lhe eram adicionados. O direito de vender essa mistura, o *Gruitrecht*, era mantido por um poder religioso ou por um figurão político. No século XII, necessitava-se de 2,3 kg de *gruit* para se produzir um barril de cerveja (2 kg/hl). Esse deve ter sido um grande negócio nessa época, como pode atestar a exuberância da *Gruithuis* ("casa da *gruit*"), que ainda existe em Bruges (confira a página 16).

Foram os belgas que nos deram uma das personificações míticas da cerveja, o rei Gambrinus. Ele pode ter sido uma pessoa de verdade que se chamava Jan Primus (Jean I), nascido por volta de 1250, que governou como duque de Brabante, a parte da Bélgica que hoje inclui Bruxelas. Ele era, pelos relatos contemporâneos, um cara bem

A CERVEJA BELGA ATRAVÉS DO TEMPO

Década de 1980: a cerveja belga alcança os Estados Unidos e outros mercados internacionais pela primeira vez.

1971: a Duvel deixa de ser uma cerveja escura e passa a ser clara.

Décadas de 1950 e 1960: período de expansão de cervejas especiais e grande crescimento da exportação.

***c.* 1948–58:** Jean DeClerck reconstrói a cervejaria Chimay e escreve um livro incrível sobre a fabricação de cerveja.

1940–45: a Segunda Guerra Mundial destrói quase tudo.

1933–34: a Westmalle registra o termo "Trappistenbier" e cria a Pale Tripel.

1931: a Orval começa a fabricar cerveja.

1928: a Alken Maes fabrica a primeira Pilsner belga.

1923: a Duvel é criada como um clone escuro da McEwan's Scotch Ale.

Década de 1920: a era de ouro da cerveja belga.

1919: o governo proíbe a venda de gim para consumo no local.

Primeira Guerra Mundial (1914-18): a Grande Guerra praticamente arruína a Bélgica. A cerveja também se dá bastante mal.

1908: metade de todas as cervejas da Wallonia: 5 °P/1020 OG.

1902–04: a "Competição pela melhoria da cerveja belga", do professor Henri Van Laer, leva ao surgimento de cervejas melhores, "nível exportação".

1900: importações do Reino Unido e da Alemanha superam a concorrência belga.

1899: Rochefort funda uma cervejaria.

Década de 1890: o consultor de cervejaria George Maw Johnson afirma: "A cerveja belga atingiu um estado deplorável".

1871: a Westvleteren começa a produzir cerveja.

1863: a Chimay começa a produzir cerveja.

1856: a Westmalle começa a vender localmente.

1851: Georges Lacambre escreve o *Traité complet de la fabrication des bières*.

1833: o primeiro monastério em território belga se abre depois da Revolução Francesa.

1822: os holandeses dominam a região e instauram uma lei de taxação ridícula: os cervejeiros pagam impostos de acordo com o *volume* da tina de mosturação.

1797: todos os monastérios do território belga são fechados por causa da Revolução Francesa.

1400–1750: grande lacuna nos livros de história da cerveja.

***c.* 1300:** a cerveja com lúpulo chega a Flandres.

1254–98: o rei Gambrinus, uma personificação mítica da cerveja (pode ser que seja Jan Primus, duque de Brabante, ou não).

Um tanto antes: os romanos descrevem a tribo celta dos Belgae como bebedores de cerveja guerreiros.

Um monge na Cervejaria Chimay. Apesar de os monastérios fabricarem cerveja na Idade Média, as cervejas de abadia e as trapistas são criações modernas.

incrível: um guerreiro, um excelente amante, um *bon vivant*, e era tão ambicioso quanto habilidoso politicamente. Há também outros candidatos: pode ter sido "John, o Corajoso, da Borgonha (1371-1419), um copeiro de Carlos Magno que utilizava a alcunha de Gambrinus; ou simplesmente uma corruptela de dois termos diferentes em latim – *cambarus*, que significa "adegueiro", ou *ganae birrinus*, "bebedor de taverna". Desde que recebeu seu título de "rei da cerveja" pelo cronista bávaro Johannes Turmair, em 1519, Gambrinus serviu como o símbolo feliz e bonachão de tudo que é bom e cervejeiro pelo norte da Europa. Se você quiser brindar em honra de seu aniversário, ele é celebrado no dia 11 de abril.

O lúpulo chegou a Flandres pela primeira vez por meio de cervejas importadas de Hamburgo e Amsterdã, certamente já no início do século XIV. Em 1364, o bispo de Liège deu permissão para que os cervejeiros locais usassem lúpulo e, pouco tempo depois, passou a cobrar imposto sobre as cervejas com lúpulo – um padrão que se repetia em todos os lugares que passaram a usar lúpulo.

Ao longo dos séculos, é possível encontrar algumas observações sobre a cerveja belga. O herbalista Johannes Theodorus (1588) afirmou: "A cerveja de Flandres é uma cerveja boa. Acima de tudo, a cerveja dupla, que é feita em Ghent e Bruges, supera todas as cervejas da Holanda". Estima-se que essa cerveja dupla teria uma densidade original em torno de 1,077 (19 graus Plato) e possivelmente teor alcoólico de 6% a 7%. O autor também aconselha que trigo, espelta, centeio ou aveia podem ser usados em combinações de duas ou três partes ou por si só, se necessário. Don Alonzo Vasquez, um capitão do mar espanhol estacionado na Bélgica por volta de 1616, relata: "A cerveja, que é feita com uma base de trigo, tem uma cor tão límpida quanto o linho e enche-se de espuma quando é derramada da jarra". Esses pedacinhos fascinantes de informação são sempre breves demais, mas, sem dúvida, nos oferecem uma visão de como era vibrante o panorama da cerveja belga naquela época.

O rei Gambrinus em um cartão-postal alemão, c. 1900.

A FABRICAÇÃO DA CERVEJA TORNA-SE ALGO PÚBLICO

No século XVII, a fabricação de cerveja havia se movido para muito além dos monastérios: várias cervejarias públicas existiam, e a burguesia das cidades já havia estabelecido cervejarias comunitárias similares ao sistema Zoigl no leste da Baviera, onde diferentes indivíduos se revezavam fazendo cerveja para seus lares. Em 1718, havia 621 cervejarias como essa apenas em Bruges.

Por volta dessa época começamos a encontrar cervejas que nós reconhecemos. Em 1698, o intendente de Flandres registrou: "os flamengos usam em suas cervejas um tipo de cevada chamada de cevada de inverno. Depois de germiná-la com água, eles adicionam um oitavo de aveia moída sem ser germinada e fervem a mistura por 24 horas. Eles então colocam o líquido em barris, onde ela fermenta por meio de uma quantidade de levedura. Quinze dias mais tarde, a cerveja está pronta para ser bebida". Deve-se apontar que essa fervura da massa pode ser uma impressão incorreta feita por um observador que não conhece os processos da fabricação de cerveja.

Os monastérios viram sua influência política entrar em declínio ao longo dos séculos, mas eles eram centros de poder mais influentes em um país fortemente católico como a Bélgica do que na maioria dos outros países europeus. Mesmo assim, os monastérios foram fechados em 1797 durante as turbulências da Revolução Francesa e permaneceram de portas fechadas durante os conflitos napoleônicos que se seguiram. A maioria dos que reabriram o fez entre 1830 e 1840. Isso criou um hiato de quarenta anos, interrompendo as tradições da cervejaria monástica. Nós não sabemos o que se perdeu ou o que foi esquecido durante esse período, mas é evidente que as cervejas trapistas de hoje têm mais a ver com o século XX do que com o século XVIII.

Em 1822, os administradores holandeses da Bélgica instituíram um sistema de impostos em que as cervejarias tinham de pagar impostos, por lote, sobre a capacidade de suas tinas de mosturação. Como o observador inglês G. M. Johnson constatou, em 1916, "... o monarca em poder era William I, cuja memória jamais será abençoada nos círculos cervejeiros, pois ele sancionou, se é que não foi totalmente responsável por ela, uma das leis tributárias mais ridículas e vexatórias que já desgraçaram os anais da interferência fiscal e da estupidez fiscal... Pelo período de aproximadamente sessenta anos (1822-1885), as melhores mentes no mundo da fabricação de cerveja belga parecem ter se preocupado com a questão de como fazer um quarto de galão se transformar em um quartil". Esse sistema estranho foi a origem de muitas peculiaridades das cervejas belgas, sendo a mais importante delas os processos de mosturação túrbida (ou turva) que ainda são utilizados, de maneira modificada, para se fabricar Witbier e Lambic. Quando a lei foi modificada para um sistema tributário no estilo inglês, os consumidores reclamaram que as cervejas estavam mais ralas e não eram mais tão boas quanto antes. Finalmente, parte dos processos antigos retornaram.

A INDEPENDÊNCIA BELGA

Os belgas finalmente obtiveram sua independência em 1830, depois de treze mudanças de suseranos. Eu tenho certeza de que há outras razões para as particularidades da cultura cervejeira belga, mas acho que uma boa explicação é que, conforme os príncipes estrangeiros se sucediam, as pessoas tentaram se agarrar às coisas que sentiam ser verdadeiramente belgas. A cerveja é o que há de mais puro quanto a isso, e, deixando-se de lado as questões tributárias, as potências estrangeiras em geral deixaram ela quieta em seu canto, já que um abastecimento adequado de cerveja ajudava a esfriar as cabeças dos descontentes.

Uma descrição bastante completa da situação da indústria cervejeira belga em 1851 é oferecida por Georges Lacambre em seu *Traité complet de la fabrication des bières*. "Não há um país", ele diz, "que produz tantas especialidades de naturezas diferentes e gostos variados como a Bélgica e a Holanda". De acordo com Lacambre, a utilização de vários grãos era seu principal trunfo: "... apesar de algumas poucas cervejas serem feitas exclusivamente com malte de cevada, na maioria dos lugares eles a produzem com cevada, aveia, trigo e espelta ao mesmo tempo". Ele aponta que mesmo as cervejas que eram consideradas como feitas de cevada, como a Bière D'orge da Antuérpia, continham "um pouco de aveia, ou, às vezes, de trigo". Ele chama a atenção para a antiguidade de várias dessas receitas, que são confirmadas pelas nossas referências históricas mais antigas. Há muitas coisas a respeito da cerveja belga que realmente são muito antigas, especialmente as muitas cervejas com adjuntos que são colocadas na família das cervejas brancas. No entanto, apesar da meticulosidade impressionante do livro de Lacambre, não há em suas páginas uma linha sequer sobre cervejas monásticas ou qualquer coisa que lembre uma cervejaria de fazenda.

CINQUENTA ANOS DEPOIS, em 1895, G. M. Johnson registrou que o panorama da cervejaria belga havia atingido um estado lamentável. As cervejarias eram pequenas e mal equipadas, e as cervejas eram, em grande parte, fracas e levemente azedas, sendo vendidas rapidamente para os clientes locais. Em 1908, metade das cervejas da Valônia tinha densidade original de 1,020 (5 graus Plato) ou menos, que mal conseguia produzir um teor alcoólico de 2%. Os impostos de importação baixos eram parte do problema: as Ales importadas da Inglaterra e da Escócia e as Lagers alemãs eram tão baratas que os cervejeiros belgas não conseguiam fabricar a bebida a preços competitivos, então os produtos importados dominavam o segmento de cerveja de alto padrão.

Naturalmente, os cervejeiros não estavam felizes com isso. Por meio da Guilda de Cervejeiros Belgas, o proeminente cervejeiro Henri Van Laer organizou uma "Competição pela Melhoria da Cerveja Belga" em 1902. O objetivo era criar algumas cervejas respeitáveis na faixa entre 1,044 e 1,057 (11 a 14 graus Plato), com um olho no mercado de exportação. Como os detalhes da brassagem deveriam ser públicos, poucas cervejarias participaram. Quando Van Laer promoveu

A CERVEJA BELGA SEGUNDO G. LACAMBRE, 1851

Bière d'Orge d'Anvers (cerveja de cevada da Antuérpia): geralmente feita com um pouco de trigo ou aveia, as melhores eram feitas apenas com malte de cevada, tinham teor alcoólico entre 5% e 6% por volume e eram maturadas por pelo menos seis meses. A cor ficava entre o âmbar e o castanho; às vezes se adicionava cal à caldeira para escurecer o mosto. Levemente lupulada, mas com ênfase no aroma. Lotes bastante maturados muitas vezes eram misturados com cervejas mais frescas ou eram adoçados com xarope de caramelo.

Bière d'Orge des Flandres (cerveja de cevada de Flandres, também chamada de Uytzet): fabricada na região de Ghent, feita principalmente com malte de cevada de cor âmbar e um pouco de trigo ou aveia. Duas versões: uma comum, com teor alcoólico de 3,2% por volume, e uma dupla com teor alcoólico de 4,5%. As duas eram moderadamente lupuladas.

Bière Brune des Flandres (cerveja castanha de Flandres): uma cerveja castanha levemente lupulada com teor alcoólico entre 4% e 5%, feita com malte de cevada, às vezes com um pouco de trigo ou aveia. A cor é consequência apenas da fervura que durava de 15 a 20 horas.

Bières de Maastricht, Masek, Bois-le-Duc: essa era uma família de cervejas castanhas muito pouco lupuladas produzidas nas partes holandesas da Bélgica e populares no interior da Holanda, feitas de trigo duro, espelta malteada e trigo de baixa proteína.

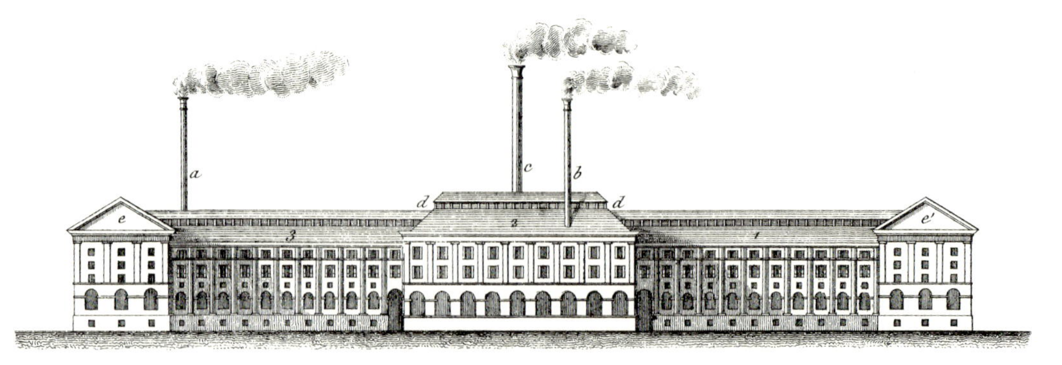

Grande Brasserie, Ghent, 1851.
A cervejaria da cidade de Lacambre era uma maravilha tecnológica, impressionante até para os padrões de hoje.

outra competição, em 1904, a confidencialidade prevaleceu, e houve uma enxurrada de candidatos – vários dos quais existem até hoje, como a Palm Spéciale, a Ginder Ale e a Op-Ale. Apesar desse desenvolvimento encorajador, levaria um certo tempo até que as coisas melhorassem como um todo.

AS GUERRAS MUNDIAIS

A Primeira Guerra Mundial fez o turbilhão girar ainda mais rapidamente. Os alemães confiscaram todo o equipamento de cobre das cervejarias e instituíram um racionamento muito estrito de materiais e ingredientes. As densidades originais caíram para a faixa entre 1,010 e 1,015 (3 a 4 graus Plato), a essa altura nada muito mais forte que

Bière d'Orge Wallones (Verviers, Namur, Charleroi) (cervejas de cevada da Valônia):[1] um grupo desordeiro, com cores e sabores variáveis; todas com teor alcoólico entre 4% e 5% por volume e maturadas de quatro a seis meses antes de serem servidas. Versões de Liège e Mons empregavam trigo duro (com altos níveis de proteína), espelta, aveia e às vezes até trigo-mourisco ou favas.

Peetermann: uma variante "fortemente âmbar" da Witbier, com densidades que vão de 1,057 a 1,074 (14 a 18 graus Plato). Geralmente se adicionava cal para escurecer o mosto. A cerveja pronta era pouco atenuada e descrita como "viscosa".

Bières de Diest: dois tipos, incluindo um chamado "Gulde Bier" ou "Bière de Cabaret", que tinha 44% de malte, 40% de trigo não malteado e 16% de aveia, e era descrito como uma cerveja "untuosa e levemente doce". O outro tipo, devidamente conhecido como Diest, era uma cerveja escura e doce, feita com 55% de malte, 30% de trigo não malteado e 15% de aveia, vendida em dois níveis de força: uma simples, de 1,047 a 1,049 (12 a 12,5 graus Plato), e uma dupla, de 1,061 a 1,081 (15 a 19,5 graus Plato). A Diest tinha a reputação de ser uma cerveja nutritiva, boa para mães que amamentavam.

Bière Brune de Malines (cerveja castanha de Malinas, ou Mechelen, em flamengo): era "muito escura", por causa de uma fervura que levava de 10 a 12 horas, geralmente com a adição de cal. Misturava-se de um quarto a um terço de um lote envelhecido por 180 meses na cerveja fresca para dar "um certo sabor de cerveja antiga", bem na linha das cervejas azedas de Flandres, apesar de Malinas não ser mais o lar desse estilo.

Bière de Hoegaerde: uma cerveja clara de trigo que ele descreveu como "de pouca importância", mas "muito aprazível durante o verão", com "certa acidez e uma característica refrescante tímida". Feita com 63% de malte, 21% de trigo não malteado e 16% de aveia.

Bières de Lierre, "Cavesse" (*Lier*): feita com 67% de malte, 13% de trigo e 20% de aveia e disponível em dois níveis de força. Lacambre descreve essa cerveja como uma *bière jaune* (cerveja amarela) que tinha muito em comum com cervejas de Hoegaarden e Leuven.

Bières de Liège: em outros lugares chamado de Liège Saison, esse estilo era feito de maltes de cevada e espelta com aveia e trigo. Havia duas forças: uma "bière jeune" (cerveja jovem) e uma "bière de saison", o que significava que ela fora feita na estação adequada para o inverno.

1 Valônia é a porção francófona da Bélgica. (N. A.)

um chá de cevada fraco. Os cervejeiros estavam tão desesperados para conseguir nitrogênio para nutrir suas leveduras que as radículas do malte – geralmente usadas como ração para os animais – eram jogadas na mosturação.

Depois que a guerra acabou, passaram-se vários anos até a situação ficar melhor. Em 1919, o governo belga proibiu a venda de gim em tavernas e cafés. Isso abriu um mercado para cervejas mais fortes voltadas para os bebedores acostumados a seu ardente jenever (o gim local). Até a década de 1920, os cervejeiros belgas já estavam em melhor situação, e a qualidade de suas cervejas melhorou. Muitos dos estilos antigos haviam morrido, mas outros perduraram. Também havia uma nova classe híbrida de cervejas que fundia as tradições belgas e as inglesas. A Duvel, por exemplo, foi feita pela primeira vez em 1923 como uma cerveja escura, utilizando uma cepa de levedura da cervejaria escocesa McEwan's. Havia uma atitude muito positiva com relação aos britânicos, que, afinal de contas, haviam socorrido o país ao lado dos Aliados durante a guerra.

O mapa da cerveja na Bélgica havia se transformado dramaticamente nos cem anos que se passaram desde que Lacambre havia registrado a variedade incrível do que se produzia ali. Algumas variedades sobreviveram, como a Lambic e a Witbier. Outras, como a Uytzet e a Brune de Flandres, mais escura, ganharam novos nomes, mas alinham-se bastante bem com a Flanders Red Ale e a Flanders Brown Ale, maturadas em carvalho. Muitas desapareceram, e quando Jean DeClerck começou a escrever seu livro épico sobre produção de cerveja no meio do século, boa parte delas eram apenas memórias distantes. Em seus lugares estavam novas cervejas: a Belgian Pale Ale, a Saison e a Tripel.

Apesar de a abadia de Scourmont (em Chimay) produzir cerveja desde 1862, a maioria das cervejas trapistas surgiu entre as duas guerras. Orval deu início a sua cervejaria em 1931, e em 1934 registrou sua imagem de um peixe com um anel na boca. Westmalle registrou o nome Trappistenbier em

Cartões-postais exibindo as ruínas das cervejarias eram uma especialidade macabra depois da Primeira Guerra Mundial, deixando evidente a escala inimaginável de destruição.

1933 e, um ano depois, criou a primeira Tripel clara, uma cerveja que se tornaria um ícone amplamente copiado para esse estilo.

Na segunda metade do século XIX, os bávaros haviam estabelecido grandes cervejarias na Bélgica. O estilo escuro de Munique era conhecido, mas as grandes cervejarias da Bélgica e da França concentravam sua produção em Bière de Mars (Märzen), Bock e, posteriormente, Blonde. Em 1895, G. M. Johnson registrou que apenas 25 das 2.700 cervejarias da Bélgica dedicavam-se às cervejas de baixa fermentação, mas muitas eram operações de tamanho considerável. É possível encontrar similaridades entre aquelas cervejas Münchener e Bock escuras e alguns dos sabores ricos e deliciosos que eventualmente foram parar nas Dubbels. A primeira Pilsner feita na Bélgica foi a Cristal Alken em 1928. Assim como em todos os outros lugares, a Pilsner atualmente domina o mercado belga.

A Segunda Guerra Mundial foi outro desastre para a Bélgica, mas não abalou tanto a indústria da cerveja a longo prazo, provavelmente porque ela já estava em uma situação bastante boa antes do conflito. Houve problemas, é claro, mas depois da guerra a situação voltou mais ou menos ao ponto em que se encontrava antes. A Pilsner continuou a crescer às custas das cervejas locais comuns, como a Peetermann e a cerveja branca, até estas desaparecerem. Os cervejeiros belgas finalmente descobriram um mercado para suas próprias cervejas de luxo, e hoje a exportação compõe uma fatia crescente de 50% de sua capacidade.

O que torna a cerveja belga única

Apesar de haver estilos específicos (apresentados extensivamente aqui), os belgas favorecem uma abordagem artesanal de produção de cerveja, o que significa que o cervejeiro é considerado um artista que não precisa se submeter às expectativas de estilos preexistentes. Mais da metade de todas as cervejas belgas não se encaixa exatamente em qualquer estilo, e os estilos que eles tomam para si são interpretados de forma bastante casual. Isso torna mais difícil conseguir compreender a situação, mas quem não curte esse tipo de aventura?

Há uma variedade enorme de forças, cores, texturas e métodos de produção; centenas de leveduras distintas e outros micro-organismos; fermentação em barris; cervejas blendadas; açúcares, mel e xarope de caramelo, além do malte; grãos não malteados, como aveia, trigo, espelta e às vezes trigo-mourisco; uma cesta inteira de frutas; todo tipo de especiaria concebível, inclusive grãos-do-paraíso, camomila, cominho, anis-estrelado e um "líquen medicinal". A lista é longa, profunda, ampla e empolgante.

Uma coisa que une todos os elementos desse caos tão feliz, com a exceção das Pilsners industriais, é o uso de leveduras altamente características. A maioria das cervejas belgas não usa micro-organismos verdadeiramente selvagens; eles estão limitados majoritariamente à família Lambic e às Oud Bruins ácidas de Flandres. Mas a levedura da Bélgica é muito diversa, e a cepa empregada em uma cerveja definitivamente marca de maneira única o produto final. Os cervejeiros estimulam isso ao fermentar alguns estilos sob temperaturas relativamente altas, o que facilita a produção de aromas frutados e condimentados. Pode-se, na verdade, utilizar qualquer tipo de mosto e fermentá-lo com leveduras belgas, e o resultado será uma cerveja com sabor belga. No entanto, há alguns estilos, como o Saison, que absolutamente dependem de uma cepa específica de levedura, e se ela não for utilizada, a cerveja realmente pode ficar bem diferente.

Como há tantas cepas, às vezes é difícil compreender toda sua esplêndida variedade. Deixando os espécimes selvagens de lado por um momento, eu considero que é útil entender as leveduras belgas como um espectro que vai do frutado/éster em uma extremidade para o fenólico e marcante na outra. Um exemplo dessa primeira poderia ser a Brasserie d'Achouffe, em Ardennes; no outro extremo está a Saison, especialmente a levedura seca e picante utilizada pela Brasserie Dupont.

É claro, o equilíbrio aromático é afetado pela temperatura, pela taxa de inoculação* e por outros fatores, então os cervejeiros têm bastante controle sobre ele.

Em geral, há uma ênfase muito maior sobre o malte do que sobre o lúpulo. As variedades de lúpulo belga tradicionalmente são boas para produzir aromas, mas muito fracas na habilidade de transmitir amargor. O aroma de lúpulo é tão assertivo que consegue mascarar outros mais delicados, e os belgas preferem uma abordagem mais sofisticada e cheia de nuances do que aquelas oferecidas pelas bombas de lúpulo. Alguns dos sabores maltados realmente vêm dos xaropes de caramelo escuros e outros tipos de açúcar. O açúcar pode ser algo ruim se for utilizado em excesso, mas é usado em cervejas belgas mais fortes principalmente para diminuir o corpo e torná-las mais fáceis de beber.

A Bélgica nunca foi muito a favor de leis de pureza, então as antigas tradições que utilizam outras ervas e especiarias além do lúpulo ainda sobrevivem por lá. Lacambre faz um comentário interessante a respeito disso, afirmando que o coentro, a casca de laranja, os grãos-do-paraíso e outras são "especiarias inglesas". E, realmente, elas constam nas receitas inglesas até a metade do século XIX, especialmente em cervejarias estatais, não comerciais. Nem todas as cervejas belgas empregam especiarias, e mesmo naquelas que as empregam, o resultado nem sempre é óbvio. Geralmente, se você consegue perceber uma especiaria em particular, o cervejeiro fez algo errado. Casca de laranja amarga (ou sua forma pequena e ainda não madura, curaçao) e coentro são a dupla dinâmica, que é essencial na Witbier e misturada em muitas outras. O sabor apimentado e vivaz dos grãos-do-paraíso (um parente africano do cardamomo) muitas vezes é encontrado em Saisons e em outras cervejas claras fortes. Cervejas escuras mais profundas e ricas se ajustam bem a especiarias como o alcaçuz, o anis-estrelado e até o cominho.

Há uma abundância de cervejas fortes, e muitas delas são fechadas com rolhas – técnica que gera uma bela apresentação e está sendo adotada para cervejas de alto padrão nos Estados Unidos e em outros lugares. A carbonatação varia muito, mas a maioria das cervejas fortes conta com uma espuma que forma uma espécie de mousse produzido por níveis de carbonatação que chegam ao dobro do que seria considerado apropriado para cervejas "normais". Cervejas refermentadas nas garrafas também são comuns. A levedura e uma pequena quantidade de açúcar são acrescentados durante o envase, e essa nova fermentação cria a carbonatação, deixando para trás um pequeno acúmulo de leveduras no fundo da garrafa. Para evitar "sujar" a bebida na hora de servir, derrame a cerveja com cuidado ou permita que ela decante. Apesar de não fazer mal à saúde, a levedura estraga a aparência e pode adicionar sabores lamacentos à cerveja.

A BÉLGICA É O ÚNICO PAÍS que conta com muitas cervejas com um toque ácido. Os sabores das Lambics antigas realmente gravitam ao redor da acidez, e às vezes em níveis chocantes. As Flanders Red e as Brown Ales fazem jus a seus nomes, e até mesmo em algumas Witbiers e Saisons a pontada de acidez traz mais vida para esses estilos refrescantes.

A última coisa que se deve saber sobre a cultura da cerveja belga é que essa não é uma questão só da bebida: sua tradição gastronômica altamente evoluída elenca a cerveja como seu elemento principal. Ali é possível encontrar restaurantes dedicados à *cuisine à la bière*, uma maneira fantástica de se apreciar as cervejas belgas em seu devido contexto. Com um pouco de pesquisa, é possível criar sua própria versão dessa experiência em quase qualquer lugar. A variedade, a sutileza e a complexidade da cerveja belga fazem dela uma boa parceira para as comidas.

* Número de células de levedura adicionadas ao mosto para a fermentação. Geralmente é expressa por milhões de células por ml de mosto. (N. E.)

Belgian Pale Ale

ORIGEM: a cervejaria De Koninck afirma que sua versão foi criada por Johannes Vervliet em 1833; mas a Antuérpia é conhecida há muito tempo como um centro de cervejas feitas à base de malte (em oposição às feitas de trigo). Versões modernas, em particular a Palm Spéciale, foram criadas no começo do século XX para capturar a fatia do mercado dominada pelas Pale Ales importadas do Reino Unido. Elas realmente têm muitos pontos em comum com a British Ale, inclusive um paladar refrescante, uma presença de lúpulo marcante e um perfil de malte levemente refrescante.

LOCALIZAÇÃO: Antuérpia, Bélgica; cervejarias artesanais dos Estados Unidos.

AROMA: caráter limpo de malte com notas condimentadas de levedura; perfil de levedura bem sutil comparado à maioria dos outros estilos belgas.

SABOR: malte caramelizado leve, levemente lupulado.

EQUILÍBRIO: uniformemente equilibrado; final refrescante e maltado.

SAZONALIDADE: o ano todo.

HARMONIZE COM: uma ampla gama de alimentos, como queijo, mariscos, frango e pratos picantes.

EXPERIMENTE ESTAS CERVEJAS: De Koninck, New Belgium Fat Tire Amber Ale, Palm Spéciale, Two Brothers Prairie Path Ale.

DENSIDADE: 1,048-1,054 (11,9-13,3 °P).
ÁLCOOL: 4,8%-5,5% por volume.
ATENUAÇÃO/CORPO: médio.
COR: 8-14 SRM, dourado a âmbar profundo.
AMARGOR: 20-30 IBU, médio.

Belgian Blonde Ale

ORIGEM: provavelmente motivadas pela popularidade crescente das Pilsners, essas Blonde Ales começaram a surgir na década de 1920.

LOCALIZAÇÃO: Bélgica.

AROMA: malte leve que lembra a massa de pão com uma levedura belga caracteristicamente frutada, às vezes também com alguns ésteres condimentados.

SABOR: malte delicado, possivelmente com toques de caramelo bem suave, equilibrado precariamente por um amargor limpo.

EQUILÍBRIO: uniformemente equilibrada; final refrescante e seco.

SAZONALIDADE: o ano todo.

HARMONIZE COM: uma ampla gama de alimentos, como queijos leves, mariscos e outros frutos do mar.

EXPERIMENTE ESTAS CERVEJAS: Affligem Blonde, Leffe Blonde, St-Feuillien Blonde.

DENSIDADE: 1,062-1,075 (15,2-18,2 °P).
ÁLCOOL: 4,8%-5,5% por volume.
ATENUAÇÃO/CORPO: médio.
COR: 4-7 SRM, dourado a âmbar profundo.
AMARGOR: 15-30 IBU, médio.

Belgian Strong Golden Ale

ORIGEM: a Duvel da cervejaria Moortgat é o arquétipo desse estilo, mas curiosamente era uma cerveja escura até 1971. A primeira Ale forte de cor dourada da Bélgica foi a Westmalle Tripel, criada em 1934. Isso traz à tona a questão da diferença entre a Tripel e os estilos dourados fortes, se é que ela existe. Essa última supostamente é uma versão mais simples e limpa, mas há uma grande área de sobreposição entre elas e, assim como tantas outras coisas na Bélgica, um certo nível de ambiguidade. Levedura complexa e frutada; notas de lúpulo gramíneo/herbal e um final refrescante decorrente de 20% de açúcar de milho na receita são características importantíssimas desse estilo.

LOCALIZAÇÃO: Bélgica, cervejarias artesanais dos Estados Unidos.

AROMA: levedura condimentada/frutada, malte e lúpulo.

SABOR: malte muito refrescante, final lupulado limpo.

EQUILÍBRIO: superseco, mas moderadamente amargo; altamente carbonatado.

SAZONALIDADE: o ano todo.

HARMONIZE COM: uma ampla gama de comidas; salmão, frango, pratos apimentados como os da cozinha tailandesa.

EXPERIMENTE ESTAS CERVEJAS: Brooklyn Brewery Brooklyn Local 1, Delirium Tremens, Duvel, North Coast PranQster Belgian Style Golden Ale.

DENSIDADE: 1,070-1,095 (17,1-22,7 °P).
ÁLCOOL: 7,5%-10,5% por volume.
ATENUAÇÃO/CORPO: superseco.
COR: 3,5-6,0 SRM, palha a dourado.
AMARGOR: 22-35 IBU, médio a alto.

Belgian Strong Dark Ale

ORIGEM: na verdade, essa está mais para uma categoria genérica do que um estilo com uma história específica. Como Lacambre aponta, havia várias cervejas escuras fortes e históricas, mas não há uma linhagem bem definida com base nessas cervejas mais antigas, com a possível exceção da Gouden Carolus, uma cerveja de cor

Tina de fervura, década de 1930.
Essa tina do norte da França ou da Bélgica reflete a natureza rústica de muitas pequenas cervejarias da área naquela época.

âmbar profundo tingida de leve com alcaçuz que afirma descender do antigo estilo Mechelen (veja a página 287) – apesar de o sabor e o processo de brassagem não ornarem muito bem com a descrição antiga. As versões modernas incluem várias cervejas trapistas (Rochefort e Westvleteren) e diversas outras mais excêntricas. O uso de açúcar é bem comum como elemento diminuidor do corpo.

LOCALIZAÇÃO: Bélgica, cervejarias artesanais dos Estados Unidos.

AROMA: caráter de malte complexo com levedura frutada/condimentada e talvez um traço de especiarias de verdade ou alcaçuz.

SABOR: malte caramelizado e pesado, equilibrado precariamente pelo lúpulo.

EQUILÍBRIO: malteado a uniforme; finalização longa e rica.

SAZONALIDADE: o ano todo, com muitas versões de fim de ano.

HARMONIZE COM: comidas mais pesadas; queijos fortes; é fabulosa com chocolate.

EXPERIMENTE ESTAS CERVEJAS: Chimay Grande Réserve/Capsule Bleue, Dogfish Head Raison d'Extra, Het Anker Gouden Carolus, Goose Island Pere Jacques, Van Steenberge Gulden Draak.

DENSIDADE: 1,075-1,110 (18,2-25,9 °P).
ÁLCOOL: 8,0%-12,0% por volume.
ATENUAÇÃO/CORPO: seco a moderadamente cheio.
COR: 12-22 SRM, âmbar a castanho.
AMARGOR: 20-35 IBU, médio.

Ales trapistas e de abadia

O termo "trapista" (ou *Trappiste*) é uma denominação controlada, isto é, uma designação legal que pode ser imposta como uma marca registrada, o que significa que apenas as cervejarias que cumprem certos requisitos podem usar esse nome. As cervejas trapistas têm que ser feitas sob a supervisão direta dos monges em uma cervejaria localizada dentro de uma propriedade monástica. Apesar de essa designação já estar em uso desde 1900, os direitos exclusivos sobre o nome *bière trappiste* ou *trappistenbier* foram conquistados pelo grupo em 1962 como resultado de uma ação legal encabeçada pela Chimay. Cervejas de abadia (ou *Abbey*) têm estilos similares, mas são feitas por cervejarias seculares comerciais que podem atuar sob a licença de uma abadia em atividade, derivar seu nome de uma abadia extinta ou ainda sem ter qualquer tipo de conexão monástica em especial.

As ales trapistas são um grupo diverso, que reflete as tradições cervejeiras das regiões em que estão situadas. Atualmente, existem onze cervejarias trapistas (veja o box nas páginas 294-295) pelo mundo; seis ficam na Bélgica, duas na Holanda e uma em cada um dos seguintes países: Áustria, Itália e Estados Unidos.* Cervejas trapistas são altamente individualistas, apesar de a Westmalle Tripel e a Chimay Rouge (Dubbel) serem arquétipos de seus estilos específicos. Como um grupo, elas são todas cervejas soberbas. É difícil encontrar um apreciador de cerveja que não possua pelo menos duas cervejas trapistas em sua lista das dez melhores. As cervejas Singels são raras, geralmente fabricadas apenas para os monges.

Cervejas de abadia existem em números maiores e tendem a sabotar a convenção de que as Dubbel são castanhas e as Tripel são claras, com uma ou outra Blonde ou escura forte colocada no meio.

* Além das citadas, a abadia inglesa Mount St. Bernard, a espanhola Cardeña e a francesa Mont des Cats também produzem cervejas trapistas. No entanto, apenas a primeira possui o selo Autentic Trappist Product ("Produto Trapista Autêntico"), pois as outras duas não produzem suas cervejas no terreno dos mosteiros, uma das exigências da Associação Trapista Internacional para obtenção do selo. (N. E.)

ALGUMAS CERVEJARIAS TRAPISTAS CLÁSSICAS E SUAS ALES

Achel

(Brouwerij der Sint-Benedictusabdij de Achelse Kluis)

Fundada em 1648, reconstruída em 1844. No final do século XIX, a cerveja era produzida ali, mas a cervejaria foi desmontada pelos alemães durante a Primeira Guerra Mundial e não foi reconstruída e certificada como uma cervejaria trapista até 1998. Suas cervejas incluem a Blond 8, uma Tripel com densidade original de 1,079 (19,1 graus Plato); a Bruin Extra, com densidade original de 1,090 (21,5 graus Plato); além da cerveja clara Achel 5 (com 5% de teor alcoólico), que só é vendida localmente.

Chimay

(Abbaye de Notre Dame de Scourmont)

Em atividade desde 1863, essa cervejaria foi reconstruída em 1948 pelo importante cientista cervejeiro belga Jean DeClerck, que influenciou muito as receitas atuais. A Chimay produz várias cervejas, entre elas a Capsule Rouge, uma Dubbel clássica com densidade original de 1,063 (15,5 graus Plato), 7%; a Capsule Blanche (Cinq Cents), uma Tripel lupulada e vivaz com densidade original de 1,071 (17,3 graus Plato), 8%; e a Capsule Bleue (Grande Réserve), uma cerveja potente, encorpada, escura e espessa com densidade original de 1,081 (19,1 graus Plato), 9%. A Chimay também produz a Dorée, de teor alcoólico de 4,8%, feita apenas para o consumo local.

Orval

Fundada em 1132, mas reconstruída em 1926, depois de um período de abandono que se seguiu à Revolução Francesa, a Orval produz uma cerveja para vender ao público geral – uma Golden Ale alaranjada que se encaixa no estilo Saison, com densidade original entre 1,054 e 1,055 (13,3 a 13,5 graus Plato), marcantemente lupulada e muito seca, que recebe, durante o envase, uma adição de levedura *Brettanomyces*, a qual começa a desenvolver aromas ricos de estábulo depois de alguns meses. O teor alcoólico fica entre 5,2% e 5,7%.

La Trappe/ Koningshoeven

(Onze Lieve Vrouw van Koningshoeven)

Essa cervejaria do sul da Holanda tem uma história bastante complexa, às vezes funcionando como uma cervejaria no

Belgian Abbey Dubbel

ORIGEM: as abadias produziam essas cervejas em um passado distante, mas os estilos de abadia modernos foram criados nos últimos cem anos.

LOCALIZAÇÃO: Bélgica, cervejarias artesanais dos Estados Unidos.

AROMA: caráter limpo de malte, lúpulo suave, perfil de levedura condimentado/frutado; maltes de coloração média são cruciais para esse estilo e podem se manifestar como toques suaves de cacau ou um perfil profundo de frutas secas, como uvas-passas ou ameixas secas.

SABOR: caráter de malte suave e cremoso; condimentação considerável.

local e por outras vezes funcionando sob licença. Os produtos à venda atualmente são bastante recentes (Dubbel, Tripel, 1987; Blonde, 1992). Ela produz uma Dubbel escura clássica com 7% de teor alcoólico, uma Pale Tripel com teor alcoólico de 8% e uma Quadruple com teor alcoólico de 10%. A cervejaria também produz uma Blonde com teor alcoólico de 6,5%, uma Bockbier sazonal de 7% de teor alcoólico e uma Witbier. A cervejaria perdeu sua certificação trapista entre 1999 e 2005, mas agora resolveu sua desavença com a International Trappist Association (Associação Trapista Internacional).

Rochefort

(Abbaye Notre-Dame de Saint-Remy em Rochefort)
Rochefort foi fundada em 1230, fechada em 1794 e então reocupada pelos monges em 1889. Eles produzem três cervejas designadas 6, 8 e 10, mas não seguem a nomenclatura de graus belga. A cerveja 6 na verdade tem 1,072 (17,5 graus Plato), a 8 tem 1,078 (19 graus Plato) e a 10 tem 1,096 (23,4 graus Plato). Elas compartilham um perfil rico e agridoce de chocolate. O teor alcoólico é de 7,5%, 9,2% e 11,3%, respectivamente.

Westmalle

(Abdij Onze-Lieve-Vrouw van het Heilig Hart van Jezus)
Fundada em 1794, a Westmalle começou a vender cerveja para os habitantes da região em 1856 e por canais comerciais em 1921. A cervejaria foi modernizada na década de 1930, mais ou menos na época em que lançou sua nova e radical Pale Tripel. Três cervejas são fabricadas: uma Extra, que só é consumida pelos monges; a famosa Tripel com densidade original de 1,080 (20 graus Plato) e 9,5% de teor alcoólico; e uma rica Dubbel, cuja receita vem desde os tempos mais remotos, mas que foi reconstituída em 1926, com densidade original de 1,063 (15,7 graus Plato) e 7% de teor alcoólico.

Westvleteren

(The Abbey of Saint Sixtus of Westvleteren)
Estabelecida em 1831, essa cervejaria só começou a funcionar em 1871. Ela nunca expandiu realmente suas operações, optando por permanecer pequena. A cervejaria só vende pessoalmente, com hora marcada e com um limite estrito por pessoa. Na verdade, recentemente ela tomou medidas legais para dar fim ao mercado paralelo que vendia suas cervejas raras. A cervejaria produz uma Blonde lupulosa de 1,051 (12,6 graus Plato), com 41 IBU, e duas cervejas escuras e com caráter de uvas-passas: a 8, ou Blue Cap ("tampa azul"), de 1,072 (17,5 graus Plato), com teor alcoólico por volta de 8%, e a 12, ou Yellow Cap ("tampa amarela"), de 1,090 (21,5 graus Plato), com teor alcoólico de 11%. O autor Stan Hieronymous, do livro *Brew Like a Monk,** afirma que há variações consideráveis de um lote para outro.

* "Faça cerveja como os monges", em tradução livre. (N. E.)

EQUILÍBRIO: maltado, e, no entanto, razoavelmente seco no palato graças à utilização de açúcar (às vezes escuro) para diminuir o corpo.

SAZONALIDADE: o ano todo.

HARMONIZE COM: uma ampla gama de comidas gordurosas; perfeita com costela na brasa, queijo de abadia, tiramisù, bolo de chocolate, sobremesas de intensidade média.

EXPERIMENTE ESTAS CERVEJAS: Affligem Dubbel, Chimay Première/Capsule Rouge, Ommegang Abbey Ale, Allagash Dubbel Reserve.

DENSIDADE: 1,062-1,075 (15,2-18,2 °P).
ÁLCOOL: 6,0%-7,6% por volume.
ATENUAÇÃO/CORPO: médio seco.
COR: 10-17 SRM, âmbar a castanho.
AMARGOR: 15-25 IBU, baixo a médio.

Belgian Abbey Tripel

ORIGEM: Abadia de Westmalle na década de 1930, em reação à moda das Pilsner e Pale Ale.

LOCALIZAÇÃO: Bélgica, cervejarias artesanais dos Estados Unidos.

AROMA: condimentado/frutado com caráter limpo de malte, um pouco de lúpulo.

SABOR: caráter de malte complexo e limpo com muita profundidade condimentada; altamente carbonatada.

EQUILÍBRIO: mel, mas seco, com final limpo e refrescante.

SAZONALIDADE: o ano todo.

HARMONIZE COM: leitão assado, frutos do mar gordurosos, como lagosta, e sobremesas cremosas, como crème brûlée.

EXPERIMENTE ESTAS CERVEJAS: Bosteels Tripel Karmeliet, Westmalle Tripel, New Belgium Trippel, Unibroue La Fin du Monde.

DENSIDADE: 1,075-1,085 (18,2-20,4 °P).
ÁLCOOL: 7,5%-9,5% por volume.
ATENUAÇÃO/CORPO: rico, mas seco.
COR: 4,5-7 SRM, dourado claro a profundo.
AMARGOR: 20-40 IBU, médio.

Saison

ORIGEM: por onde começar? A história da Saison da maneira como costuma ser contada é bem problemática. Dizem que ela se originou em cervejarias de fazendas, feita para trabalhadores sazonais para mantê-los de pé durante seu trabalho. É um conto convincente, capaz de atiçar a imaginação dos modernos entusiastas por cerveja, que buscam uma autenticidade rústica, mas não há qualquer indício de que isso seja verdade.

É claro que a produção de cerveja em escala pequena e primitiva sem dúvida existia em um passado distante, mas na época de Lacambre ela já não tinha um papel significativo na produção de cerveja. Sim, as cervejarias em lugares rurais existiam, mas montar uma cervejaria pequena era uma empreitada significativa, mesmo há 150 anos. Fotos feitas por volta de 1900 costumam mostrar edifícios sólidos de tijolos com dois andares que contavam com um complexo central grande e uma equipe de vinte pessoas, mais ou menos, que faziam tudo, desde mexer a massa manualmente até a tanoaria* e o cuidado com os cavalos. Fazer cerveja não era algo que a esposa do fazendeiro improvisava em suas horas vagas.

Lacambre dá uma explicação sensata para o nome dessa cerveja, que é a palavra francesa para "estação". A expressão *en saison* significava "feita na estação", ou seja, entre novembro e março, indicando uma cerveja com toda a força (pelas contas do autor, geralmente com um teor alcoólico entre 4,5% e 6,5% por volume) em contraste com as cervejas "simples", mais fracas, feitas ao longo do ano e consumidas tão rapidamente que não dava tempo de estragar no calor do verão. É altamente improvável que os funcionários de uma fazenda

* Diz respeito ao ofício de construir e consertar barris. (N. E.)

Koelschip em DeDolle Brouwers, Bélgica. Tinas de resfriamento como essa já foram a maneira universal de resfriar o mosto antes da fermentação. Em cervejarias de Lambic, elas eram usadas para incentivar a fermentação espontânea.

recebessem cervejas fortes durante o período de trabalho se seus empregadores se importavam com os custos – ou com a produtividade.

O outro problema é que, historicamente, o termo Saison foi usado para designar as cervejas excêntricas de Liège no extremo leste, perto da Alemanha. A Saison de Liège era feita com malte, trigo, aveia, espelta e, às vezes, até mesmo trigo--mourisco ou *fèves* (favas). A cor variava do âmbar ao castanho, igual a todas as cervejas mais para o oeste na parte da Valônia, que agora é famosa pela Saison. Ainda há muitas coisas a se desvendar.

Em algum momento ainda desconhecido (eu chuto que foi por volta da década de 1920, assim como muitos outros estilos), nasceu a Blonde Saison moderna. Em seu livro *World Guide to Beer*, de 1977, Michael Jackson só oferece uma mísera frase a esse respeito: "no sul do país, cervejas de alta fermentação às vezes são chamadas de Saisons". Então fica claro que não havia um estilo muito importante circulando com esse conceito na época. Seu sucesso, aparentemente, veio mais tarde.

Hoje a Saison pode conter trigo ou não, apesar de que pelo menos uma versão (a Saison d'Epeautre) contém espelta. Muitos produtores oferecem uma gama de forças; algumas das mais fortes são feitas com açúcar para aumentar a drinkability.

Uma das principais características desse estilo é a levedura. As cepas variam bastante, mas a da Dupont, famosa por ser muito fenólica, provavelmente é descendente da levedura do vinho tinto. Ela tolera temperaturas de fermentação muito altas – acima de 32 °C, na qual produz muitos fenóis condimentados, mas não muitos ésteres. A essas temperaturas elevadas, a maioria das leveduras criaria uma cerveja tão cheia de ésteres que seria impossível bebê-la, por causa do forte aroma de removedor de esmalte. É uma levedura lenta e geniosa, então muitos cervejeiros começam a produzir suas Saisons por ela e então partem para uma levedura tradicional para terminar o trabalho. Não são exigidas especiarias para esse estilo, mas às vezes se usam grãos-do-paraíso, pimenta-do-reino e outras para complementar o perfil da levedura.

MOSTURAÇÃO TÚRBIDA (TURVA) E *SLIJM*

As cervejas de trigo são feitas há séculos na Bélgica, e no passado remoto havia inúmeros processos extremos e extensivos de mosturação que hoje fazem muito pouco sentido para nós. Além disso, as regulamentações esquisitas que foram impostas aos cervejeiros belgas entre 1822 e 1885, cobrando impostos sobre o tamanho da tina de mosturação, influenciaram a maneira como muitos tipos de cerveja eram feitos. Os cervejeiros belgas produziam muitas cervejas "simples" ou "comuns", com densidades muito baixas, e elas ficavam com um sabor mais encorpado e rico se houvesse vários açúcares não fermentáveis no mosto.

Produzir cervejas de trigo belgas exige procedimentos de brassagem especiais para se extrair materiais fermentáveis e não fermentáveis. Na brassagem das Lambic, dextrinas não fermentáveis são valiosas para alimentar as bactérias *Pediococcus*; na ausência delas, não será possível obter o gosto ácido marcante.

Historicamente, o procedimento era encher a tina de mosturação até a borda, o que significava utilizar muito pouca água quente. O fundo falso tradicional desperdiçava muito espaço, então, para se filtrar o líquido, uma *stuikmand*, ou cesta de cervejeiro (uma cesta de vime comprida), era enfiada no mosto, permitindo-se que o líquido escorresse para dentro por meio de suas laterais. Esse líquido era então retirado com grandes conchas. A característica mais importante da mosturação túrbida era esse mosto turvo e rico em enzimas, conhecido como *slijm*, que era jogado em uma tina contendo um conjunto de correntes giratórias, as quais se arrastavam por seu fundo, evitando que os amidos grudassem e se queimassem. Conforme o *slijm* fervia, as enzimas eram destruídas. Quando isso acontecia, o mosto original voltava a receber água quente e a mosturação continuava. Depois de um tempo, líquidos adicionais eram retirados da mosturação e fervidos. A essa altura, o *slijm* fervente era novamente infusionado nos grãos e a mosturação ocorria de novo, com outros escoamentos e mais fervura de mosto. Na verdade, o processo todo é bem mais complexo do que é possível explicar neste espaço. O resultado desse procedimento complicadíssimo é que se destrói a capacidade das enzimas de converter amidos em açúcares fermentáveis, obtendo-se um mosto rico em dextrina.

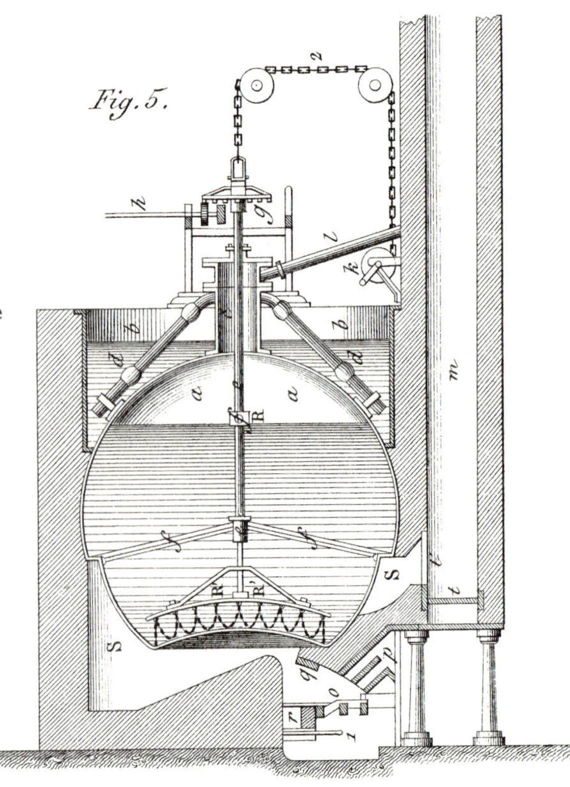

Tina de cobre com corrente, Bélgica, c. 1851.
Esse recipiente para fervura contava com correntes que se arrastavam pelo fundo para evitar que as pequenas partículas ficassem grudadas e queimassem.

LOCALIZAÇÃO: Hainault e Valônia (francófona), na Bélgica.

AROMA: especiarias complexas e condimentadas; toques de malte que lembram a massa de pão e lúpulos frescos; às vezes um sopro de frutas cítricas.

SABOR: caráter cremoso de maltes claros, caráter limpo de lúpulo; um leve sabor cítrico; pode também utilizar especiarias ou leveduras selvagens *Brettanomyces*; muito refrescante e seco no palato, mas mesmo assim suave e fácil de beber.

EQUILÍBRIO: superseco, com final limpo e lupulado.

SAZONALIDADE: tradicional para o verão e o período de colheita, mas boa o ano todo.

HARMONIZE COM: saladas substanciosas, frango, pratos de frutos do mar mais temperados; muito boa com queijos de casca florida; versões mais terrosas são ótimas com queijo de cabra maturado.

EXPERIMENTE ESTAS CERVEJAS: Allagash Saison, Brasserie Dupont Saison Dupont, Brasserie des Géants Saison Voisin, Brasserie de la Senne Zinnebir; interpretações mais fortes incluem The Bruery Saison Rue, North Coast Le Merle, Boulevard Tank 7.

DENSIDADE: 1,048-1,080 (11,9-19,3 °P).
ÁLCOOL: 3,5%–9,5% por volume.
ATENUAÇÃO/CORPO: superseco.
COR: 4-14 SRM, dourado a âmbar (apesar de existirem versões escuras).
AMARGOR: 20-35 IBU, médio.

Witbier/Bière Blanche/White Ale

A Witbier é uma cerveja difícil de produzir direito. A receita tradicional tem 50% de malte seco ao ar livre, 45% de trigo macio não malteado e 5% de aveia. A produção do mosto tradicional é similar à da Lambic, empregando uma mosturação túrbida ou *slijm* (palavra holandesa que significa "lodo", em português), a qual deixa uma boa quantidade de amido no mosto. Quando se usam grãos crus com técnicas mais modernas, eles precisam ser fervidos por um breve período para gelatinizar seus amidos, um procedimento que poucas cervejarias pequenas conseguem fazer. Para mosturações convencionais, os melhores resultados parecem ser obtidos do trigo em flocos. De qualquer maneira, a textura rica e cremosa é uma parte indispensável desse estilo – um fato do qual nem todos os cervejeiros se dão conta.

Casca de laranja amarga e coentro são essenciais para a Witbier, mas precisam ser escolhidos com cuidado para evitar sabores vegetais ou desagradavelmente amargos, e devem sempre fundir-se em um conjunto harmonioso em vez de ter algum destaque individual. Se a casca de laranja for muito grossa, a mistura pode ganhar um amargor áspero e seco que é muito desagradável. Há uma certa tradição de utilizar a flor do sabugueiro; e camomila ou os grãos apimentados do grão-do-paraíso às vezes são usados como "especiarias secretas".

A Witbier é um estilo tão forte que consegue aguentar grandes experimentações, então ocasionalmente é possível encontrar algumas variantes mais fortes ou mais escuras com boas chances de serem deliciosas.

ORIGEM: esse já foi um estilo muito comum, surgido no norte da Europa medieval por volta do século XI. As cervejas brancas foram as primeiras a utilizar lúpulo, apesar de, ironicamente, hoje elas serem consideradas um dos poucos estilos em que é essencial usar temperos além do lúpulo. Existiam diversas variantes, da Kvass da Rússia à White Ale de Devon, na Inglaterra; mas em 1900 muitas já haviam desaparecido. A Berliner Weisse e a Gose, recentemente resgatada, são sobreviventes dessa família.

A palavra flamenga *wit* significa "branco", que descreve a cor de palha da cerveja e sua aparência turva. As cervejas brancas invariavelmente contêm trigo e muitas vezes outros grãos também.

No final do século XIX, o estilo estava centralizado em Leuven (Louvain), na Bélgica, e em menor proporção na cidade próxima de

Pierre Celis quando muito jovem (segundo a partir da direita), na cervejaria Tomsin, c. 1943.
Depois que a última cervejaria de Witbier foi fechada em sua cidade natal de Hoegaarden, na Bélgica, Celis salvou esse estilo quando fundou uma cervejaria e passou a produzir a Oud Hoegaarden Bier, hoje vendida pela InBev como Hoegaarden Witbier. Repare que ele está segurando uma *stuikmand*, a cesta de vime dos cervejeiros utilizada para separar o mosto dos grãos.

Hoegaarden, onde, em 1955, a última cervejaria tradicional de Witbier, a Tomsin, fechou suas portas. Dez anos mais tarde, Pierre Celis, que havia trabalhado ali quando jovem, decidiu ressuscitar o estilo. Ele fundou a Brouwerij Celis (rebatizada como "de Kluis" em 1978) em um casarão e lançou uma cerveja chamada Hoegaarden. A cerveja acabou se tornando um sucesso e posteriormente foi vendida para a InBev, e a Witbier hoje é feita por muitas cervejarias ao redor do mundo. O gigante industrial Molson Coors obteve sucesso com sua versão "quase-artesanal", a Blue Moon.

LOCALIZAÇÃO: Bélgica, cervejarias artesanais dos Estados Unidos, Japão.

AROMA: levedura condimentada com notas sutis de laranja e coentro e possivelmente traços de outras especiarias.

SABOR: cremosidade seca; final suave e ácido.

EQUILÍBRIO: textura de milk-shake, mas seco; um pouco ácido.

SAZONALIDADE: o ano todo, mas melhor em climas quentes.

HARMONIZE COM: comidas mais suaves, como mariscos, salmão, frango.

EXPERIMENTE ESTAS CERVEJAS: St. Bernardus Blanche, Brasserie du Bocq Blanche de Namur, Allagash White, Bell's Winter White Ale, Unibroue Blanche de Chambly.

DENSIDADE: 1,044–1,052 (1,0–12,9 °P).
ÁLCOOL: 4,5%–5,5% por volume.
ATENUAÇÃO/CORPO: seco a médio, muito cremoso.
COR: 2–4 SRM, palha clara a dourado, turva.
AMARGOR: 8–20 IBU, baixo a médio.

Lambic

ORIGEM: a Lambic é uma cerveja ancestral feita na região ao redor de Bruxelas. Não dá para uma cerveja ser mais esquisita do que essa. Ela tem uma proporção alta de trigo (de 40% a 60%) e emprega o procedimento de mosturação turva que foi mencionado anteriormente. Seu mosto extremamente diluído e rico em proteínas também exige muitas horas de fervura (diferente da maioria das cervejas, que leva apenas uma hora). Além disso, seu lúpulo é envelhecido por dois ou três anos até que perca quase todo seu amargor ou aroma, já que os cervejeiros que produzem Lambic querem apenas suas propriedades antibacterianas.

A Lambic fermenta espontaneamente, ou pelo menos essa é a ideia. O método clássico é expor o mosto em processo de resfriamento ao ar noturno, para que recaia sobre ele um verdadeiro zoológico de criaturas microscópicas que realizam vários papéis na fermentação e na acidificação da cerveja. Nos tempos antigos, a região era rica em pomares que funcionavam como o ecossistema natural em que viviam os micróbios. Hoje em dia esses pomares são história, e ficou a sensação de que os métodos antigos já não são mais tão confiáveis como já foram um dia. Parte do problema é que o processo todo é bem, bem complicado; apesar de muitas pesquisas minuciosas já terem sido feitas, ainda há muitas áreas da ciência da produção da Lambic que são pouco compreendidas. Por exemplo, quando a cervejaria Lindemans se expandiu há alguns anos, eles retiraram uma parede inteira do prédio antigo e a fixaram no prédio novo, pois não queriam correr o risco de que os organismos necessários para sua produção estivessem ausentes quando se fizessem necessários.

Felizmente, muitos desses "bichinhos" vivem felizes nos barris em que a Lambic é fermentada. As histórias sobre como os cervejeiros que a produzem nunca limpam as teias de aranha dos barris são verdadeiras: estão todos pisando em ovos o tempo inteiro no esforço de não abalar os equilíbrios delicados exigidos para se fazer uma Lambic de excelência. Nenhuma outra cerveja depende tanto de magia quanto essa.

A fermentação espontânea da Lambic tem início com o ataque de uma enterobactéria, como a *E. coli*, que metaboliza a pequena quantidade de glicose presente no mosto e então morre. Em seguida, a *Saccharomyces* faz o trabalho pesado da fermentação, convertendo a maltose em álcool e dióxido de carbono. A essa altura, as coisas ficam bem mais vagarosas, os aromas frutados e terrosos da *Brettanomyces* tornam-se aparentes e a *Pediococcus* constrói uma acidez considerável. Uma longa maturação em barris de madeira é necessária para que esses "bichinhos" lentos cumpram seu papel, e com isso a acidez agressiva é suavizada.

LAMBICS A SE EXPERIMENTAR

Straight Lambic (Lambic simples): cerveja ácida não blendada, raramente disponível fora de Bruxelas. Ela pode ser suave ou dolorosamente ácida, dependendo de quem está servindo. Costuma ser servida com pouca ou nenhuma carbonatação; o método tradicional de servi-la deve oferecer um pote com cubos de açúcar e um pilão para amassar esse açúcar no fundo do copo, a fim de adicionar doçura de acordo com o gosto individual.
EXPERIMENTE ESTAS CERVEJAS: Cantillon Bruocsella (1900) Grand Cru, Oud Beersel Lambic, Lambickx.

Gueuze: um blend engarrafado de Lambics velhas e jovens que foi criado entre 1850 e 1875, quando surgiram as garrafas feitas mecanicamente e os impostos sobre elas foi extinto. A Gueuze é engarrafada e altamente carbonatada, apesar de no passado existirem versões *sans acide carbonique*. A palavra *gueuze* provavelmente está relacionada à palavra "gêiser", com o significado óbvio que ela transmite.
EXPERIMENTE ESTAS CERVEJAS: Cantillon Gueuze 100% Lambic, Lindemans Cuvée René, Drie Fonteinen Oude Gueuze.

Faro: uma forma diluída da Lambic, adoçada com xarope de caramelo e às vezes temperada com especiarias, a Faro era de longe sua forma mais popular no século XIX, mas hoje é rara.
EXPERIMENTE ESTAS CERVEJAS: Lindemans Faro Lambic, Cantillon Faro.

Fruit Lambic: faz sentido supor que versões caseiras da Fruit Lambic (produzida com adição de frutas) existem há séculos, mas como um produto comercial ela só foi criada na década de 1930. Alguns exemplos incluem a de cereja (Kriek), de framboesa (Framboise), de pêssego, de cassis, e muitas outras.
EXPERIMENTE ESTAS CERVEJAS: Cantillon Rosé de Gambrinus, Boon Kriek (nontraditional), Lindemans Kriek ou Framboise.

Espécies de levedura comuns na produção do xerez acrescentam outra camada de sabores. Blendar é essencial para compensar as variações de barril para barril. Mesmo assim, alguns barris ficam ácidos demais, mesmo depois de diluídos e adoçados; nos velhos tempos, esses barris eram usados para lavar as tinas de cobre da cervejaria.

E qual é o nível de acidez ideal para uma Lambic? Essa é uma questão amplamente debatida sempre que um novo grupo de entusiastas descobre esse estilo, muitas vezes prestando atenção apenas em sua acidez particular e esquecendo-se de todo o resto. Certamente há lugar para uma Lambic extremamente ácida, mas deve-se lembrar que essa cerveja deveria ser equilibrada e incrivelmente complexa – a acidez é apenas uma característica entre várias. Também é importante lembrar que, durante a maior parte de sua história, a maioria das Lambics era consumida em sua versão diluída e adoçada, a Faro, ou servida com cubos de açúcar ao lado para reduzir a acidez. O importante não é o pH baixo e as raridades que devem ser domadas, mas, sim, a possibilidade de obter uma bebida gostosa, refrescante e profunda que deve ser tomada *com prazer*.

Jarra de Lambic.
Essa jarra de pedras resume a sofisticação terrosa da Lambic.

LOCALIZAÇÃO: Bruxelas, na Bélgica, e a região próxima dela no sul e no oeste, apesar de haver tentativas de obter fermentações espontâneas nos mais variados níveis de autenticidade (e sucesso) por cervejeiros artesanais dos Estados Unidos e de outros países. O termo Lambic é uma designação controlada, restrita aos cervejeiros desta região da Bélgica que seguem receitas e procedimentos aprovados.

Nem todos apreciam esses estilos, mas cervejas fermentadas espontaneamente estão sendo desenvolvidas por várias cervejarias artesanais dos Estados Unidos e às vezes são colocadas à venda em quantidades limitadas. Procure produtos desse tipo da Cambridge Brewing Company, Jolly Pumpkin, Lost Coast/ Pizza Port, New Belgium, Russian River, e outras.

AROMA: iogurte, *Brettanomyces*, vinagre, frutado.

SABOR: agudo, palato acídico, uma complexidade maravilhosa.

EQUILÍBRIO: muito agudo e ácido, traços adocicados.

SAZONALIDADE: o ano todo.

HARMONIZE COM: comidas mais leves; ela corta bem a gordura; versões de frutas são perfeitas com sobremesas.

EXPERIMENTE ESTAS CERVEJAS: confira o box da página 301.

Gueuze

LOCALIZAÇÃO: centro da Bélgica, definida por uma designação controlada; é uma mistura de Lambics velhas e jovens, tradicionalmente engarrafadas, mas às vezes envasadas de outras maneiras.

AROMA: incrivelmente complexo, com aroma de frutas (especialmente abacaxi), estábulo/ *Brettanomyces* e às vezes traços de carvalho ou vinagre.

SABOR: do levemente ácido ao extremamente ácido e bastante seco, muitas vezes com um final de tanino amadeirado.

EQUILÍBRIO: acidez contra taninos de carvalho; um pouco de lúpulo ou malte.

SAZONALIDADE: o ano todo.

HARMONIZE COM: vai bem com frutos do mar e alguns queijos, mas pode ser difícil de harmonizar.

ALGUMAS EXCENTRICIDADES DA BÉLGICA

Há muitas cervejas belgas que não fazem o menor esforço para se encaixar em qualquer estilo em particular. Se você está acostumado às categorias alemãs claramente delineadas, isso pode ser meio confuso no início. Relaxe, aperte os cintos e aproveite a viagem.

Kwak: de Bosteels, em Buggenhout, consta que essa cerveja foi criada por um cervejeiro e dono de estalagem chamado Pauwel Kwak em 1791. Ela tem uma cor âmbar rica, apresenta uma textura cremosa e caramelizada e um perfil de especiarias particular que, dizem, inclui alcaçuz. É bem equilibrada e tem teor alcoólico de 8%. A Kwak é servida em uma "caneca-estribo" com a parte inferior em forma de bulbo, que remete à sua história nas estalagens.

De Dolle Brouwers: significa, literalmente, "os cervejeiros malucos". Essa pequena cervejaria de Esen, saindo da Antuérpia, foi fundada por um time de mãe e filhos. Eles produzem uma grande variedade de cervejas, incluindo uma Blonde suave de Páscoa, uma cerveja âmbar lupulosa com teor alcoólico de 8%, uma azeda forte (9%) e uma Stout.

Wostyntje: essa cerveja vem da Brasserie de Regenboog. Uma Blonde Ale tingida de mostarda (sério!), com um perfil de lúpulo inglês, é uma cerveja seriamente gasosa e refrescante.

Poperings Hommelbier: feita pela Van Eecke na região de lúpulo belga, essa Blonde com teor alcoólico de 7,5% tem um aroma fresco e vivaz cheio de lúpulo, suavizado pela sutileza da abordagem belga.

Bush/Scaldis: essa Golden Ale extremamente forte (12% de teor alcoólico) da Dubuisson tem um sabor maltado leve semelhante ao açúcar queimado (toffee), equilibrado por um tipo de lúpulo Goldings e suavizado por um condicionamento longo em baixas temperaturas. É muito fácil de beber, apesar de sua força.

D'Achouffe: essa empresa de Ardennes produz uma variedade de cervejas cheias de caráter, inclusive uma Scotch Ale e uma American IPA vendidas apenas nos Estados Unidos. Todas as cores de suas cervejas vêm dos xaropes de caramelo, não de maltes especiais.

Brasserie de la Senne: essa é uma cervejaria nova de Bruxelas que mantém um olho nas tradições e outro no mundo mais amplo das cervejarias artesanais. Seus carros-chefes são as cervejas Taras Boulba e Zinnebir, ambas Blonde Ales superfrescas e secas com certo perfil de Saison, mas a cervejaria também produz cervejas escuras deliciosas. Os nomes e rótulos apresentam conteúdos políticos muito divertidos.

EXPERIMENTE ESTAS CERVEJAS: confira o box da página 301.

DENSIDADE: 1,040-1,060 (10,0-14,7 °P).
ÁLCOOL: 5,0%-8,0 % por volume.
ATENUAÇÃO/CORPO: mais seco impossível.
COR: 3-7 SRM, palha a dourado.
AMARGOR: 0-10 IBU, muito baixo.

Sour Red e Sour Brown/Oud Bruin

ORIGEM: atualmente, há dois focos regionais para as Brown Ales ácidas na Bélgica. Um fica em Roeselare, no oeste de Flandres, lar da Rodenbach, e o outro fica nos arredores de Oudenaarde, no leste de Flandres. Os dois tipos têm muitas coisas em comum, mas não são idênticos. A coloração castanha, a maturação em carvalho e a mistura de cervejas jovens com cervejas maturadas eram práticas bastante comuns até 1800, mas poucas cervejas desse tipo sobreviveram até os dias de hoje. A região e o estilo se alinham bastante bem com a variação mais escura de uytzet, descrita por Lacambre em 1851; e os blends de cervejas jovens e maturadas – inclusive um estilo castanho azedo com altos níveis de ácido lático – parecem ter sido populares por todo o norte da Bélgica naquela época.

O estilo vermelho do oeste de Flandres é exemplificado pela Rodenbach. Essas cervejas castanho-avermelhadas são feitas da forma convencional e então maturadas por quase dois anos em tanques de madeira, dos quais obtêm bastante gosto ácido vindo das bactérias *Lactobacillus*, *Acetobacter* (a bactéria do vinagre), e da levedura selvagem *Brettanomyces*. Não se trata de fermentação espontânea: a madeira é o substrato que incentiva o crescimento desses organismos, emprestando um toque terroso, além de nuances de baunilha e de outros que amaciam os gostos ácidos incisivos.

As Oudenaarde Brown dependem da levedura misturada com bactéria *Lactobacillus* para conseguir seu caráter ácido particular. Essas cervejas, exemplificadas pela Liefmans Goudenband, têm um sabor terroso complexo e às vezes também um toque de turbidez. A Liefmans, pelo menos, não é envelhecida em carvalho, mas sua Goudenband é uma mistura de cervejas jovens e maturadas.

As vermelhas, em particular, demonstram uma variedade de estratégias de blendagem. Elas podem apresentar uma boa quantidade de cerveja "velha" ácida, geralmente para os produtos premium, ou apenas uma pequena quantidade para produzir o sabor agridoce. Cervejas "meio ácidas", como a Jack-Op e a Zottegem, já foram bem populares e algumas permanecem no mercado.

Sour Ales são excelentes bases para Fruit Beers, já que sua acidez fornece à fruta tudo aquilo de que ela necessita para ter o sabor correto. Existem versões de cereja e framboesa de ambos os estilos e as duas valem o esforço para encontrá-las.

LOCALIZAÇÃO: Flandres, na Bélgica; às vezes alguém tenta produzi-las nos Estados Unidos.

AROMA: profundamente frutado/éster, com notas acídicas (notas de vinagre/picles nas Ales vermelhas), traços de malte.

SABOR: acidez que vai do suave ao incisivo, com malte caramelizado ou açúcar queimado (toffee).

EQUILÍBRIO: doce e azedo; quase nada de lúpulo.

SAZONALIDADE: o ano todo.

HARMONIZE COM: queijos fortes, carnes suntuosas, pratos fritos; experimente com uma torta de frutas leve.

EXPERIMENTE ESTAS CERVEJAS: Jolly Pumpkin La Roja, Liefmans Goudenband, New Belgium La Folie, New Glarus Wisconsin Belgian Red (with cherries), Rodenbach Grand Cru, Verhaeghe Duchesse de Bourgogne.

DENSIDADE: 1,040-1,074 (10-18 °P), geralmente nos níveis intermediários dessa faixa.
ÁLCOOL: 4%-8 % por volume.
ATENUAÇÃO/CORPO: médio a seco.
COR: 10-22 SRM, âmbar profundo a rubi, mas com versões claras.
AMARGOR: 10-25 IBU, baixo.

Bières de Garde francesas

ORIGEM: a França sempre ficou em cima do muro com relação à cerveja. Existem ali verdadeiros apaixonados por essa bebida, mas a cultura do vinho é tão forte que a cerveja tem dificuldade de ganhar espaço. Historicamente, duas regiões são as fontes de cultura cervejeira na França. A Alsácia-Lorena, região germânica, era a potência francesa das Lagers, produzindo quantidades enormes de Blondes, Bocks e Märzens. Em Nord, próximo da Bélgica, as cervejas eram Brunes rústicas de alta fermentação e Blanches, como aquelas das vizinhas Flandres e Hainault. As duas regiões se encontram no estilo Bières de Garde dos dias atuais. Essa expressão, sinônimo da palavra *lager* em alemão, significa "cerveja para ser armazenada" e originalmente não tinha qualquer conexão com a cerveja bávara ou com qualquer outro estilo em particular; era simplesmente um termo em francês para as versões "duplas" ou mais fortes das cervejas básicas, utilizado também em algumas partes da Bélgica.

Então aconteceu um problema: em 1871, os alemães conquistaram a Alsácia-Lorena depois de sua vitória na Guerra Franco-Prussiana, e por consequência a maior parte da indústria cervejeira da França não estava mais sob domínio dos franceses. Isso obrigou o governo a melhorar a capacidade de fabricação das cervejarias em Nord, que não eram altamente industrializadas. Isso também significava que havia um mercado à espera de qualquer coisa que lembrasse, mesmo que levemente, as Bocks, as Blondes e as Bières de Mars (Märzens) que os franceses costumavam beber – ainda que as palavras *fermentation haute* (alta fermentação) estivessem no rótulo.

Apesar disso tudo, os cervejeiros em Nord ainda não eram muito sofisticados; repórteres contemporâneos (como R. E. Evans, do *Journal of the Institute of Brewing*, 1905) descobriram as cervejarias em condições bem fracas. Assim como no resto do continente, houve duas guerras terríveis com um período curto, mas intenso, entre elas. As cervejarias recuperaram algo de sua força durante esse intervalo e, talvez incentivadas pelo sucesso dos cervejeiros belgas do outro lado da fronteira, começaram a produzir cervejas de luxo em nível de exportação.

Depois que o estrago causado pela Segunda Guerra Mundial foi reparado, as cervejas engarrafadas de luxo se tornaram um grande negócio, e as cervejarias francesas do norte, agora nas mãos de uma geração mais ambiciosa, começaram a envasar bebidas mais fortes. Logo de início, essas cervejas eram predominantemente castanhas, para depois tornarem-se uma mistura de cervejas castanhas ou *ambrèe* e Blondes. As Blondes são muito mais populares hoje em dia. Na verdade, está começando a ficar bem difícil encontrar as versões mais escuras.

Elas são cervejas saborosas, mas particularmente profundas, carentes das leveduras mais cheias de personalidade de suas primas belgas. No entanto, os bons exemplos são deliciosos, e, como seria de se esperar dos franceses, vão muito bem com uma grande variedade de comidas.

LOCALIZAÇÃO: norte da França, cervejarias artesanais dos Estados Unidos.

AROMA: malte complexo com um perfil terroso de leveduras.

SABOR: malte caramelo, traços de tostado.

EQUILÍBRIO: definitivamente maltado, precariamente equilibrado pelo lúpulo.

SAZONALIDADE: o ano todo, ótima em climas mais frios.

HARMONIZE COM: comidas ricas e pesadas; filé bovino, leitão assado, sopa com carne; sobremesas simples.

EXPERIMENTE ESTAS CERVEJAS: La Choulette Ambrée, Brasserie La Choulette Bière des Sans Culottes, Lost Abbey/Port Brewing Avant Garde, Russian River Perdition, Two Brothers Domaine DuPage.

DENSIDADE: 1,060-1,080 (14,7-19,3 °P).
ÁLCOOL: 6,0%-8,5% por volume.
ATENUAÇÃO/CORPO: médio a encorpado.
COR: 6-19 SRM, âmbar claro a médio.
AMARGOR: 18-28 IBU, baixo a médio.

CAPÍTULO 13

CERVEJA ARTESANAL NOS ESTADOS UNIDOS E ALÉM

As cervejarias artesanais brotaram do desejo ardente de salvar nossos palatos dos produtos industriais com sabores idênticos, resgatar os sabores autênticos das grandes cervejas do mundo e restaurar o poder do artista na produção dessa bebida tão amada. Como tantos outros movimentos sociais derivados das mudanças de comportamento da década de 1960, o das cervejas artesanais tinha objetivos audazes e, talvez, até inocentes. Se esse movimento foi bem-sucedido só a história dirá, mas sem dúvida ele é bem divertido no momento. O panorama da cerveja é mais rico e mais profundo hoje do que jamais foi, e é simplesmente delicioso.

Fazer cerveja com um propósito

Em 1975, os Estados Unidos eram um lugar bastante estéril para as boas cervejas. As cervejarias, grandes e pequenas, haviam entrado em uma disputa de preços durante as décadas que sucederam a Segunda Guerra Mundial, e o resultado disso foi que cervejas genéricas sem marca estavam sendo vendidas nos supermercados. Podia-se contar em uma mão o número de cervejas especiais genuínas, e ainda sobrariam dedos.

Uma série de fatores contribuíram para que as cervejarias artesanais se tornassem realidade. Primeiro vieram as experiências europeias que os militares e mochileiros universitários haviam tido: na Grã-Bretanha, eles haviam encontrado cervejas com uma sensibilidade pessoal e íntima; na Alemanha, cervejas com uma sensação de ordem e justiça; e na Bélgica, uma fonte ilimitada de ideias cervejeiras e raízes ancestrais. Esses eram lugares grandiosos para servir de pontos de partida.

O otimismo cego da geração *baby boomer* nos deu a certeza de que poderíamos criar qualquer tipo de futuro que se poderia conceber. E daí que ninguém tinha fundado uma cervejaria nos últimos cinquenta anos. Seria isso tão difícil assim?

Nascido no cemitério

Em Boulder, no Colorado, Charlie Papazian liderava um alegre bando de cervejeiros caseiros que depois veio a formar a American Homebrewers Association, a qual divulgou uma mensagem divertida e subversiva de autoconfiança em questões de cerveja. A produção caseira da bebida foi legalizada em 1979, provocando um verdadeiro estouro no número de cervejeiros caseiros, que começaram a planejar voos mais altos. Em todo o mundo, a produção de cerveja caseira oferece um reservatório de energia, ideias e mão de obra, de onde brotam as cervejarias artesanais comerciais.

Muitas dessas primeiras cervejarias artesanais foram montadas dos restos recuperados de fábricas de laticínios. Se um dia houver um "Hall da Fama da Cervejaria Artesanal", um item da exposição deveria ser um tanque grundy – uma adega com capacidade para sete galões que foi expulsa dos pubs pela CAMRA, a qual acabou com os

Origens humildes.
A cervejaria Sierra Nevada e o cervejeiro/proprietário Ken Grossman em seus primeiros dias, c. 1981.

COMO DEFINIR O QUE É CERVEJA ARTESANAL E CERVEJEIRO ARTESANAL

"Artesanal" é um daqueles termos complicados de definir com exatidão. Se beber uma cerveja artesanal em qualquer lugar do mundo, você provavelmente vai reconhecê-la, mas quanto mais precisamente se tenta explicar esse termo, maior se torna o desafio de encontrar uma definição. Seria a cerveja artesanal uma questão apenas do que está no copo ou também importa quem a fabricou? Ela deve ser puro malte? Em caso positivo, o que fazer das cervejas de trigo? Depende do proprietário? Poderia um grande conglomerado industrial produzir uma boa cerveja artesanal? Uma cerveja artesanal é artesanal apenas porque alguém disse que é?

Atualmente, as duas empresas que reúnem as informações de códigos de barra nos Estados Unidos, a IRI e a Nielsen, estabelecem duas categorias de cervejas artesanais no país: artesanal-independente e artesanal-afiliada. A primeira segue a definição de cerveja artesanal ditada pela Brewers Association e exclui as cervejarias ligadas a grandes companhias ou empresas estrangeiras. A segunda categoria abarca todas as restantes, entre elas cervejas similares às artesanais como a Blue Moon da Molson Coors.

A Brewers Association (BA) recentemente modificou sua definição de cervejaria artesanal, considerando-a como uma entidade que produz menos de seis milhões de barris por ano; que mantém sua independência (isto é, cedeu menos de 25% de seus direitos de propriedade para outra empresa que não seja uma cervejaria artesanal); e tradicional, entendida como aquela "cujos sabores produzidos derivam de ingredientes de brassagem tradicionais ou inovadores e de sua fermentação", o que especificamente exclui bebidas de malte saborizadas.

Como ex-membro da diretoria da BA que esteve envolvido nessas discussões, posso dizer que o processo foi longo e árduo, e no final não houve unanimidade. Eu pessoalmente vejo a cervejaria artesanal como uma forma de arte. Isso quer dizer que as ideias e as receitas para as cervejas devem vir dos cervejeiros, não dos departamentos de marketing ou de contabilidade. É necessário um ponto de vista apaixonado e muitas vezes altamente pessoal para criar algo único, memorável e significativo.

planos dos cervejeiros ingleses de utilizá-lo para entregar e servir suas cervejas em massa. Esses tanques baratos e funcionais, que agora estavam sobrando, eram perfeitos para brewpubs, e permitiram que os cervejeiros pioneiros desenvolvessem seu ofício e construíssem uma relação com seu mercado. Muitas das cervejarias artesanais desse tipo começaram assim.

O primeiro brewpub, o Yakima Brewing and Malting, foi inaugurado em 1982 por um consultor de lúpulo aposentado chamado Bert Grant. Apesar das dificuldades do ramo dos restaurantes, os brewpubs têm conseguido prosperar. Ao longo dos anos, eles se tornaram uma manifestação altamente visível da cerveja artesanal e apresentaram milhões de pessoas a seus encantos. Em 2014, havia mais de 1.400 brewpubs em operação nos Estados Unidos.*

O que é realmente significativo sobre a produção artesanal da cerveja é que um bando de moços e moças que começaram a trabalhar em seus porões com cervejarias improvisadas e financiamento familiar conseguiram se apropriar do elmo conceitual da cerveja nesse país. Por mais de um século, apenas os figurões determinavam qual seria o futuro da cerveja, fosse ela clara, gelada, gaseificada, light, enlatada, barata, seca ou límpida. As grandes empresas de massa ainda detêm muito poder e não correm o menor risco de sair de cena, mas o fato de hoje elas estarem seguindo a liderança dos pequenos produtores e lançando cervejas em estilo artesanal demonstra onde estão as energias criativas. É difícil encontrar outra indústria que tenha passado por uma inversão tão dramática.

Um senso de estilo estadunidense

Eu situo o início da cervejaria artesanal moderna em 1971, com a Anchor Brewing Company de São Francisco. O novo proprietário, Fritz Maytag, estava lidando lentamente com a assustadora lista de problemas da Anchor, resolvendo um de cada vez, até que finalmente a cerveja entrou em sua mira. Ele e sua equipe reconstruíram a bebida praticamente do zero: jogaram fora os adjuntos e a transformaram em um produto puro malte, com cor e sabor cristal/caramelo; usaram um lúpulo novo e único, o Northern Brewer; e adotaram uma cepa de levedura que permitia resultados sólidos e consistentes.

Pelas décadas seguintes, a maioria das cervejarias artesanais seguiu esse padrão: o puro malte claro estadunidense foi misturado com malte cristal, ao qual se acrescentava uma boa dose de lúpulos norte-americanos cheios de personalidade – nada mais que uma cerveja honesta feita à mão. Para os apreciadores acostumados com aquele troço amarelo gasoso industrial, essas cervejas assertivas eram um tapa na cara. Depois do choque inicial, as pessoas se apaixonaram por elas, e o resto é história. As tradições do Velho Mundo eram a inspiração, mas o resultado era unicamente estadunidense, demonstrando respeito pela tradição mesmo quando distorciam – e às vezes até quebravam – as regras.

As Lagers sempre fizeram parte da história da cervejaria artesanal, especialmente longe das regiões costeiras. Mas elas apresentam um desafio logístico: como requerem um longo tempo de maturação no fermentador, uma cervejaria que produz Lagers precisa de mais ou menos duas vezes mais tanques do que uma cervejaria de Ales com a mesma capacidade – uma exigência dispendiosa que limitou o número de cervejarias artesanais de Lager. Em contraste com nossa disposição para desconstruir as Ales, as Lagers artesanais estadunidenses permaneceram fiéis a suas inspirações originais. Há menos reinvenções artesanais notáveis nesse estilo, talvez por causa de um campo de força invisível, gerado pela *Reinheitsgebot*, que faz com que as Lagers resistam aos esforços para modificá-las; mas isso está começando a mudar.

As cervejas de estilo belga começaram a ganhar importância no início da década de 1990. A New Belgium Brewing em Fort Collins, no Colorado, e a Celis Brewery em Austin, no Texas, foram as primeiras cervejarias estadunidenses a se dedicarem exclusivamente a cervejas inspiradas pelas criações belgas. Uma segunda geração, que inclui criadores como Tomme Arthur da Lost Abbey Brewing e

* Ainda segundo a Brewers Association, em 2018 esse número já havia crescido para 2.594 brewpubs nos Estados Unidos. (N. E.)

Vinnie Cilurzo da Russian River, está tomando as rédeas, mas muitos outros estão acrescentando cervejas de inspiração belga a seus catálogos.

A Goose Island de Chicago (agora parte da AB InBev) foi pioneira na utilização de barris de bourbon para maturar a cerveja, e depois cervejas maturadas em barril tornaram-se uma especialidade popular. O processo de maturação agora utiliza barris de vinho, foudres de carvalho (dornas de madeira maiores que os barris tradicionais) e até madeiras exóticas, como o Palo Santo paraguaio adotado pela Dogfish Head.

Cervejas selvagens e ácidas, apesar de ainda serem uma parte pequena do mercado, conquistaram seguidores fervorosos que buscam essas cervejas azedas e esquisitonas. Apesar de inspiradas pelas tradições belgas, elas estão começando a arrastar as coisas para novas direções. Especialidades ácidas e láticas, como a Gose e Lichtenhainer do norte da Alemanha, estão sendo ressuscitadas, e a onda do momento em Louisville, no Kentucky, é a Kentucky Common, uma cerveja quase esquecida que passou aproximadamente um século hibernando.

Ideias interessantes estão surgindo em todos os lugares. Recentemente, as cervejarias começaram a pontuar suas missões criativas com termos como "cervejaria culinária" e "cervejaria botânica", e estão tentando incorporar toda a gama de comidas e temperos do mundo em suas cervejas.

Os tanques impressionantes da Dogfish Head.
Esses tanques de maturação, feitos de madeira Palo Santo, são os maiores tanques de madeira construídos desde a Lei Seca.

UM RESUMO DAS TENDÊNCIAS DA CERVEJARIA ARTESANAL

Lúpulo, lúpulo, lúpulo! A insanidade não tem fim desde que as IPAs se tornaram o elemento predominante na categoria, e geraram variantes como as versões claras, escuras, belgas, Session e Lager. Os cultivadores de lúpulo alimentam essa loucura com uma fartura de novas variedades empolgantes, as quais apresentam aromas que vão de frutas tropicais a cereja, melão, tangerina, entre outras. Os cervejeiros estão cada vez mais explicitando as variedades específicas usadas em seus produtos conforme os consumidores vão aprendendo a seu respeito.

Qualquer coisa de fazenda: apesar de a história ser meio difusa, essa ideia atraente com sua simplicidade rústica e vaga cria cervejas instigantes e satisfatórias. Os exemplos mais extremos têm algum contato com o carvalho ou podem ser produzidos ao se acrescentar *Brettanomyces* e outros "bichinhos" selvagens.

Acidez selvagem: para algumas cervejarias, estes são pequenos projetos paralelos, mas muitas outras estão sendo montadas com a intenção específica de se dedicar a esses estilos complexos e encontrar maneiras de fazer com que reflitam o *terroir* de onde vieram. Culturas criadas espontaneamente podem ser arriscadas, mas são uma ferramenta importante, e, quando feitas da maneira certa, podem se tornar deliciosas.

Ressurreição histórica: os antigos livros sobre fabricação de cerveja estão repletos de descrições tentadoras de cervejas que há muito tempo sumiram do mapa. Estilos alemães de alta fermentação como o Gose são especialmente populares, mas a inspiração vem de muitas fontes. Procure os estilos Grodziskie, Kotbusser, Lichtenhainer, Seef, Kentucky Common, Sahti, Gotlandstricka, chicha, e muitos outros.

Do campo direto para a cervejaria: isso não é muito fácil de se fazer com cerveja, mas, quando é possível, as cervejarias estão tentando incorporar ingredientes locais em suas bebidas. O cultivo de lúpulo está retornando para a região dos Grandes Lagos e oferece uma oportunidade para conexões locais. Wet hopping, isto é, a utilização de lúpulo que não foi seco, muitas vezes retirado do jardim da própria cervejaria, é outra tendência. Micromalteadores têm acesso a variedades de malte que são verdadeiras relíquias, sendo capazes de processá-las de maneiras que liberam mais sabor do que nas realizadas em operações de grande porte. Além disso, outra tendência é instalar as cervejarias diretamente no terreno da fazenda.

Madeira: apesar de as possibilidades de usar barris de destilados para a cerveja já terem sido quase todas exploradas, as pessoas simplesmente amam os sabores ricos e complexos que esse método confere à bebida e estão dispostas a fazer fila para comprar essas cervejas. Muitos dos estilos, como o Farmhouse, o Wild Yeast, entre outros, incorporam o uso de barris ou dornas em seus processos. Cervejeiros da América do Sul estão usando madeiras de lei exóticas como amburana e madeira de bálsamo em seus tanques.

Session e Shandies: clientes e proprietários de bares buscam cervejas que podem ser apreciadas em grandes quantidades, uma missão totalmente impossível para uma IPA com teor alcoólico de 7,5%. As Session IPAs mais leves vêm fazendo bastante sucesso, assim como cervejas feitas de frutas ou de trigo e misturas que incorporam limonada ou outros refrigerantes.

Nano: esse termo se refere a cervejarias minúsculas, com instalações de 5 barris (6 hl) ou menos. Para sobreviverem, esses cervejeiros têm que vender a maior parte de suas cervejas diretamente para seus consumidores. Muitos contam com conceitos de financiamento incomuns, como *crowdsourcing* ou CSB (*community-supported brewery* – cervejaria mantida pela comunidade, em tradução livre).

Brassagem culinária, botânica, forrageada e "molecular": a Dogfish Head Craft Brewery foi uma das pioneiras, mas recentemente surgiu uma nova onda de cervejarias que buscam maneiras de fazer manifestações artísticas com a utilização de ingredientes mais associados à culinária que à brassagem. A utilização de ingredientes selvagens forrageados é um desenvolvimento menor, mas fascinante.

Um futuro tentador

E o que o futuro nos reserva? As cervejarias artesanais em 2015 detinham 12,2% do mercado de cerveja dos Estados Unidos e 21% em dólares (praticamente o quádruplo dos 3,5% em barris e 5% em dólares de 2006). Em Seattle, Washington, e em todo o estado do Óregon, a cerveja artesanal está alcançando 50% do mercado em dólares, então é evidente que, em alguns lugares, pelo menos, ela é capaz de crescer muito. Pode-se fazer uma comparação digna com o mercado do vinho: apesar de haver alguns *players* de grande porte, nenhuma companhia chega nem perto de dominar o mercado inteiro. Conforme os consumidores se afastam das marcas de produção em massa, eles buscam uma variedade de produtos em constante mutação, o que nunca foi o ponto forte das grandes cervejarias. Essas grandes cervejarias industriais ainda têm que demonstrar se é possível ganhar dinheiro com um número grande de marcas de baixo volume.

Nos últimos cinco anos, várias cervejarias artesanais maiores foram compradas por cervejarias internacionais de mercado de massa e empresas de investimento, conforme os fundadores dessas cervejarias artesanais bem-sucedidas alcançavam a idade de se aposentar e resolviam fazer dinheiro vendendo. Essa transferência de capital para os figurões vai continuar, já que as grandes cervejarias já demonstraram que são praticamente incapazes de criar as próprias marcas com jeito de cerveja artesanal. Uma grande cervejaria pode oferecer várias vantagens: assistência técnica e de marketing, acesso a matérias-primas e especialmente um lugar em seus caminhões – a distribuição sempre foi um aspecto muito desafiador da produção artesanal.

A cerveja artesanal está se tornando um fenômeno mundial, e cervejarias artesanais estão pipocando pela Europa e em todos os outros lugares. A Itália possui um grupo entusiasmado de cervejarias extremamente criativas, essencialmente movidas pelo amor às cervejas belgas. Os aromas de lúpulo da América do Norte estão aparecendo de vez em quando nas cervejas da Inglaterra. Até mesmo a Alemanha, tão afeita às tradições, está começando a ceder aos lampejos da criatividade. A Austrália e a Nova Zelândia estão timidamente entrando nesse movimento, mas seus lúpulos de sabor único estão dando um foco e uma voz instigantes para suas cervejas. A Escandinávia tem um cenário pujante em que as American IPAs e outras favoritas coexistem com reinterpretações de tradições rurais antigas. O Japão recentemente relaxou sua lei sobre o tamanho mínimo dos estabelecimentos, o que tornou possível a existência de pequenas cervejarias; e a cerveja artesanal na Coreia está crescendo rapidamente.

Este livro já foi publicado em chinês tradicional e em chinês simplificado, portanto, por lá, o interesse também é crescente. As cervejas artesanais da América Latina são um estouro, desde o México até a ponta da Patagônia, e apesar das condições de negócios difíceis, elas estão obtendo algum sucesso. Também há interesse na Índia e na África. Vivemos em um mundo pequeno e interconectado atualmente, e as pessoas estão ligadas em uma cultura criativa global em que a cerveja artesanal é algo comum. Assim como os entusiastas da cerveja dos Estados Unidos, que, a partir do final da década de 1970, transformaram sua paixão em um negócio, os amantes da cerveja no exterior também sempre vão dar um jeito de encher seus copos com cervejas artesanais belas e deliciosas.

A cervejaria artesanal sempre se adapta à cultura, ao mercado e aos gostos dos lugares em que se encontra, mas os fatores essenciais são sempre os mesmos: as pessoas com paixão pelos sabores das boas cervejas produzem cervejas frescas e cheias de personalidade de todas as potências, cores e sensibilidades. Uma cerveja de qualidade faz parte de um estilo de vida que dá valor à experiência de se viver bem, de transformar cada momento em uma aventura, cada sabor digno de ser saboreado. A cervejaria artesanal veio para ficar, mas precisamos estender a mão para os outros e mostrar às pessoas o mundo de escolhas, autenticidade e sabores que ela oferece com tanta maestria.

Uma observação sobre os estilos artesanais

Apesar de haver alguns estilos específicos citados nas páginas a seguir, esteja ciente de que nenhum estilo ou tradição escapa ao alcance dos cervejeiros artesanais mais ousados, então considere que estes são os que conseguiram desenvolver definições claras e posições sólidas no mercado. E apesar de os números aqui apresentados definirem características muito específicas nos paradigmas dos estilos, na verdade há vários cervejeiros que ignoram esses parâmetros completamente. Isso resulta em um panorama que pode parecer um pouco confuso, mas, no fim, é muito mais rico e cheio de excentricidades deliciosas que fazem jus a um verdadeiro movimento artístico.

ALGUMAS VARIAÇÕES INOVADORAS DE LÚPULO, POR LOCAL

Austrália e Nova Zelândia: o Australian Galaxy é um lúpulo grandioso e destemido com muito sabor de fruta tropical e uma terrosidade úmida. A Nova Zelândia possui uma variedade enorme: o Motueka lembra frutas cítricas, como a lima e o limão; o Nelson Sauvin remete ao maracujá e à uva branca, com um toque de terra; o Pacifica combina o sabor cítrico da laranja com nota herbais verdes; o Pacific Gem traz sabores de frutas negras com um toque amadeirado; o Pacific Jade oferece aromas complexos frutados e apimentados; e o Wakatu mistura partes iguais de pinha e laranja.

República Tcheca: as novas variedades são todas baseadas no famoso Saaz, mas o Kazbek traz consigo muitas notas cítricas, e o Bohemie é prazeirosamente frutado e muito limpo.

Alemanha: há um trio de lúpulos sem igual que chamou muita atenção recentemente. O Hallertau Blanc tem notas florais e de frutas tropicais; o Mandarina Bavaria, aromas limpos e cítricos; e o Hüll Melon, notas de cereja, pera e melão. Há também o Saphir, que oferece uma versão mais destemida sobre o caráter nobre, e o Polaris, que apresenta notas de gaultéria e eucalipto.

França: a Alsácia há muito tempo é uma região de cultivo do lúpulo, mas novas variedades muito empolgantes estão surgindo agora. O Triskel, por exemplo, apresenta sabores frutados, cítricos e florais, e o Aramis é um pouco mais frutado com notas picantes e cítricas.

Eslovênia: uma produtora de lúpulo de longa data, essa região tem um programa de plantio muito antigo e está começando a lançar algumas variedades interessantes. O Aurora tem um aroma frutado tropical agradável com subtons úmidos. O Celeia é limpo e neutro, nada mais que um sabor de lúpulo agradável com algumas notas frutadas.

Estados Unidos: o Citra surgiu no cenário há poucos anos e imediatamente se tornou popular. Em seu melhor estado, ele é lindamente cítrico, mas pode apresentar notas de cebola tostada. O Glacier é um tipo bem semelhante ao Styrian, agradável e muito limpo. O Mosaic e o Azacca oferecem sabores cítricos, tropicais/de manga, e um traço de pinha. O Jarrylo apresenta um sabor frutado de banana e pera com traços de frutas cítricas e especiarias. O El Dorado traz um sabor forte de frutas tropicais com uma variedade de outras notas frutadas.

American Blonde ou Golden Ale

Essa é uma cerveja dourada básica e honesta, geralmente puro malte, mas às vezes com trigo ou outros adjuntos para aumentar a cremosidade e a retenção da espuma.

ORIGEM: Estados Unidos no início da década de 1980, conforme os brewpubs tentavam criar cervejas que parecessem acessíveis aos apreciadores do mercado de produção em massa.

LOCALIZAÇÃO: cervejarias artesanais dos Estados Unidos e todos os outros lugares.

AROMA: agradavelmente parecido com o aroma da massa de pão, ou notas de malte que remetem a biscoito, com um aroma de lúpulo que vai do delicado ao bastante assertivo.

SABOR: malte que lembra a massa de pão, talvez com um toque de caramelo cremoso e algum sabor e amargor variável de lúpulo.

EQUILÍBRIO: corpo médio; final refrescante e levemente amargo.

SAZONALIDADE: o ano todo.

HARMONIZE COM: uma ampla variedade de comidas; incrível com pratos mais leves ou qualquer coisa frita.

EXPERIMENTE ESTAS CERVEJAS: Hill Farmstead Walden, Lawson's Finest Liquids Knockout Blonde, Real Ale Four Squared.

DENSIDADE: 1,038-1,054 (9,5-13,3 °P).
ÁLCOOL: 5,5%-7,5 % por volume.
ATENUAÇÃO/CORPO: refrescante, seco.
COR: 3-6 SRM, palha a dourado claro.
AMARGOR: 15-28 IBU, médio, apesar de que algumas podem ser mais amargas.

American Pale Ale

Mais que qualquer outro, este estilo define a cerveja artesanal estadunidense. Ela é feita com uma base de malte Pale Ale, geralmente com sabores de malte cristal que remetem a caramelo e uvas-passas, contrabalançado pelos sabores frescos e pungentes dos lúpulos da América do Norte com suas notas florais, cítricas e de pinho.

Um subestilo chamado Session IPA acabou se desenvolvendo. Tecnicamente, ele se encaixa dentro dessa categoria mais ampla, mas é percebido como uma versão mais leve e com mais drinkability dos sabores encontrados nas IPAs de força total. Como resultado, tende a ser encontrado nos extremos mais claros e leves do estilo Pale Ale, e o aroma de lúpulo também tende a ser bastante pronunciado.

ORIGEM: fim da década de 1970, quando os cervejeiros estadunidenses tentavam saciar sua sede de lúpulo.

LOCALIZAÇÃO: cervejarias artesanais dos Estados Unidos e outros lugares.

AROMA: maltado, frutado e classicamente com lúpulos da América do Norte em primeiro plano.

SABOR: lúpulo fresco com caráter de malte amendoado, toques de uvas-passas ou caramelo, final refrescante.

EQUILÍBRIO: corpo médio; final refrescante e amargo.

SAZONALIDADE: o ano todo.

HARMONIZE COM: uma ampla gama de comidas; clássico com hambúrguer.

EXPERIMENTE ESTAS CERVEJAS: Deschutes Mirror Pond Pale Ale, Sierra Nevada Pale Ale, Three Floyds Alpha King Pale Ale, Maine Beer Co. MO, Ballast Point Grunion.

DENSIDADE: 1,045-1,060 (11,2-14,7 °P).
ÁLCOOL: 4,5%-6,2% por volume.
ATENUAÇÃO/CORPO: médio.
COR: 5-10 SRM, dourado escuro a âmbar claro.
AMARGOR: 30-50 IBU, médio a alto.

American IPA

A IPA é apenas um estilo mais claro, mais forte e com mais lúpulo da Pale Ale. E assim como a Pale Ale, as versões estadunidenses apresentam variedades de lúpulo estadunidenses.

ORIGEM: por volta de 1985, quando os cervejeiros estadunidenses procuravam outros veículos em que colocar mais lúpulo.

LOCALIZAÇÃO: cervejarias dos Estados Unidos e outros lugares.

AROMA: um golpe de lúpulos da América do Norte ou outros cheios de personalidade em primeiro plano, ao lado de alguns aromas frutados e de malte; versões mais recentes tendem a ser mais claras e mais secas no palato do que as versões das antigas.

SABOR: lúpulos frescos com uma impressão limpa de malte que lembra a massa de pão, talvez com um toque de caramelo; final limpo, refrescante e amargo.

EQUILÍBRIO: corpo médio; finalização fresca e amarga.

SAZONALIDADE: o ano todo.

HARMONIZE COM: uma ampla gama de comidas; clássico com hambúrguer.

EXPERIMENTE ESTAS CERVEJAS: Anderson Valley Hop Ottin' IPA, Ballast Point Sculpin IPA, Bell's Two Hearted Ale, Firestone Walker Union Jack IPA, Harpoon IPA, Surly Furious, Victory HopDevil.

VARIANTES DA IPA

Black IPA/Cascadian Dark Ale: a Rogue Brewery de Óregon geralmente é reconhecida como a primeira a ter produzido essa variante com sua Skull Splitter, mas as raízes podem ser mais profundas. Esse estilo não é uma Stout cheia de lúpulo, mas começa com uma fórmula de IPA, a qual é tingida de preto pela adição de um xarope de malte, chamado Sinamar. O resultado é uma cerveja parecida com a Stout, mas com muito pouco sabor torrado. Nossos olhos praticamente nos obrigam a encontrar o malte escuro, mas se você fizer um teste cego, vai encontrar muito pouco sabor torrado. Tirando a cor, seus números são os mesmos de qualquer IPA.

White IPA: no outro extremo desse estilo, está essa fusão de uma Witbier com a IPA. A base inclui uma grande proporção de trigo e possivelmente aveia, mas com uma força maior e com o golpe de lúpulo que se encontraria em uma IPA - apesar de que estas podem ser um pouco mais sutis que uma IPA normal. Deve haver uma cremosidade agradável proveniente do trigo e uma turbidez fina.

Belgian IPA: essa é outra fusão que une o lúpulo e a levedura frutada/fenólica da Bélgica. É um estilo difícil de produzir, já que a faixa de equilíbrio em que esses dois elementos conseguem coexistir em harmonia é bem pequena. O amargor e o aroma do lúpulo tendem a ser menos agressivos do que nas IPAs normais.

India Pale Lagers: como o nome já sugere, esse estilo tem lúpulos que costumam se inclinar para os perfis de aroma continentais.

Session IPAs: essas cervejas levantam a dúvida de que poderiam ser consideradas simplesmente como Pale Ales. Apesar de isso ser verdade tecnicamente, no mercado elas são mais claras e remetem menos às uvas-passas do que as Pale Ales normais, além de que podem oferecer mais aroma de lúpulo - essencialmente mais leves, e versões das IPAs estadunidenses modernas para serem consumidas em maior volume.

Red IPAs e Rye IPAs: essas cervejas tipicamente apresentam um perfil de malte cristal que lembra uvas-passas, às vezes com as impressões frutadas e condimentadas do centeio e com muito lúpulo por cima.

DENSIDADE: 1,056-1,070 (13,8-17,1 °P).
ÁLCOOL: 5,5%-7,5% por volume.
ATENUAÇÃO/CORPO: refrescante, seco.
COR: 6-14 SRM, dourado a âmbar médio.
AMARGOR: 40-70 IBU, médio a alto.

Double/Imperial IPA

O termo "imperial" de início se aplicava a cervejas que eram despachadas da Grã-Bretanha para a corte do Império Russo durante o século XIX; depois, passou a ser usado como uma designação para a fatia de alto padrão do catálogo de uma cervejaria, não importa o estilo. Recentemente, as cervejarias artesanais começaram a aplicar esse termo em qualquer coisa que faz sombra: Stout, Porter, Brown Ale, Blonde, Pilsner, e outras mais.

Os consumidores demonstraram gostar muito das garrafas grandes com cervejas Imperial ou Double IPAs fortes, e os cervejeiros têm o maior prazer em satisfazê-los.

ORIGEM: por volta de 1995. Mais malte! Mais lúpulo!

LOCALIZAÇÃO: cervejarias artesanais dos Estados Unidos e outros lugares.

AROMA: um golpe gigantesco de lúpulo com um pouco de malte.

SABOR: lúpulos intensos e chamativos no nariz, muitas vezes com um amargor de travar a língua amparado por uma cremosidade de malte em segundo plano; essas cervejas potentes deveriam apresentar bastante complexidade e são melhores quando muito frescas.

EQUILÍBRIO: corpo médio a leve; final longo e amargo.

SAZONALIDADE: o ano todo, mas melhor mantê-las longe do calor do verão.

HARMONIZE COM: comidas muito gordurosas, como gorgonzola maturado ou bolo de cenoura.

OUTRAS CERVEJAS IMPERIALIZADAS

Pilsner
- Dogfish Head.
- Odell.
- Rogue Morimoto Imperial Pilsner.
- Samuel Adams Hallertau Imperial Pilsner.

Blonde Ale
- Ska Brewing True Blonde Dubbel.

Red Ale
- Oscar Blues G'Night.
- Tröess Nugget Nectar.
- Lagunitas Lucky 13 Mando Large Red Ale.

Brown Ale
- Dogfish Head Palo Santo Marron.
- Lagunitas Brown Shugga'.
- Tommyknocker Imperial Nut Brown Ale.

Porter
- Flying Dog Gonzo Imperial Porter.
- Full Sail Top Sail (bourbon maturado em barril) Imperial Porter.
- Ska Brewing Nefarious Ten Pin Imperial Porter.

EXPERIMENTE ESTAS CERVEJAS: Dogfish Head 90 Minute IPA, Great Divide Hercules Double IPA, Rogue XS Imperial India Pale Ale (1^2PA), Stone Ruination Double IPA, Three Floyds Dreadnaught IPA.

DENSIDADE: 1,075-1,100 (18,2-24 °P).
ÁLCOOL: 7,9%-10,5% por volume.
ATENUAÇÃO/CORPO: refrescante, seco.
COR: 6-14 SRM, dourado a âmbar.
AMARGOR: 65-100+ IBU, muito alto.

Amber Ale e Red Ale [Ales âmbar e vermelhas]

Nos primórdios, toda cervejaria de maior porte querendo parecer cervejaria artesanal produzia uma Red Ale e a batizava com o nome de um bichinho silvestre peludo, na esperança de ganhar um dinheiro fácil no ramo das cervejarias artesanais. A maioria delas voltou para a floresta depois que a bolha estourou e, honestamente, é provável que isso aconteceu para o bem de todos, porque a maior parte dessas cervejas era bem insípida. Nos últimos anos, porém, o estilo evoluiu e formou um grupo de cervejas bastante assertivas.

A Amber Ale é uma Session Beer e precisa ser muito fácil de beber. O lúpulo deve estar presente, mas não deve ser assertivo demais. A ênfase deveria estar no amargor, não no aroma, apesar de que um pouco de aroma de lúpulo pode ser bom. Uma Amber Ale que tem demasiado aroma de lúpulo invade o território da Pale Ale. O malte deve se manter sempre superior – complexo, mas sem ser enjoativo.

A Red Ale já foi bem sem graça, mas agora ela se torna mais amarga a cada ano que passa. Seu caráter de malte geralmente é dominado pelo malte cristal caramelo médio a escuro, que acrescenta aromas marcantes de açúcar queimado e uva-passa caramelizada. Algumas versões incorporam centeio em sua receita para ganhar um leve toque condimentado. A força do lúpulo pode variar, mas pode ser tão marcante quanto nas IPAs.

ORIGEM: esse foi um dos primeiros estilos artesanais e era diferente sem ser desafiador demais. O termo surgiu nos Estados Unidos por volta de 1990 para cervejas avermelhadas e fáceis de assimilar, que não eram ligadas a qualquer tradição histórica específica.

LOCALIZAÇÃO: cervejarias artesanais dos Estados Unidos.

AROMA: malte caramelo com açúcar queimado e uvas-passas, e quantidades variáveis de lúpulos resinosos, florais ou cítricos.

SABOR: boa quantidade de malte caramelo e sabores de uva-passa e açúcar queimado; o sabor do lúpulo varia, do mais delicado ao muito forte e amargo.

EQUILÍBRIO: do mais maltado ao lúpulo marcante.

SAZONALIDADE: o ano todo.

HARMONIZE COM: uma ampla gama de comidas; frango, frutos do mar, hambúrgueres, culinária apimentada.

EXPERIMENTE ESTAS CERVEJAS: Alaskan Amber, Bell's Amber, Bear Republic Hop Rod Rye, Sierra Nevada Celebration Ale, Two Brothers Cane and Ebel, North Coast Ruedrich's Red Seal Ale.

DENSIDADE: 1,045-1,060 (11,2-14,7 °P).
ÁLCOOL: 4,5%-6,2% por volume.
ATENUAÇÃO/CORPO: médio.
COR: 10-17 SRM, âmbar claro a escuro.
AMARGOR: 25-40 IBU, médio.

Estilo histórico

Kentucky Common

Essa cerveja simples cor de âmbar já foi muito comum no vale do rio Ohio e ao redor de Louisville, em Kentucky. Depois de extinta por quase um século, as primeiras levas experimentais foram feitas na década de 1980 por meu primeiro parceiro de cervejaria, Ray Spangler, ele mesmo um nativo da região. O grão era principalmente o malte Lager de seis fileiras, com um terço de grãos de milho e uma pequena quantidade de malte Black para dar uma cor. O lúpulo era uma mistura do Cluster possivelmente com um tipo nobre europeu para se obter aroma. Muitos cervejeiros experimentaram recentemente usando a técnica sour mash, o que pode dar bons resultados, mas é bem improvável que esse processo já tenha feito parte da rotina de brassagem dessa cerveja. A densidade ficava entre 1,045 e 1,055 (11,2 a 13,6 °P), para um teor alcoólico de 4% a 5,5%.

American Barley Wine

Assim como as demais versões estadunidenses artesanais das cervejas britânicas, esse estilo se diferencia por usar lúpulo com vontade, especialmente aqueles que apresentam todas as características de pinho e de frutas cítricas das variedades norte-americanas. Na Inglaterra, esse termo é utilizado para se referir a cervejas que, pelos padrões norte-americanos, são assustadoramente fracas; mas as versões estadunidenses são bastante implacáveis quando a questão é álcool. Há uma certa sobreposição entre as Double IPAs mais fortes e as Barley Wines, mas, como regra geral, estas últimas são de coloração âmbar a castanho.

LOCALIZAÇÃO: cervejarias artesanais dos Estados Unidos.

AROMA: rico e maltado, às vezes com muito lúpulo; muitas vezes com notas de couro e xerez em exemplares envelhecidos.

SABOR: ricamente maltado, às vezes aproximando-se da uva-passa; pode ser ferozmente amargo.

EQUILÍBRIO: do mais equilibrado ao extremamente lupulado.

SAZONALIDADE: muito agradável nos dias escuros de inverno.

HARMONIZE COM: comidas fortes, especialmente queijos maturados e sobremesas intensas.

EXPERIMENTE ESTAS CERVEJAS: BridgePort Brewing Old Knucklehead, Hair of the Dog Fred, Middle Ages Brewing Company Druid Fluid, Rogue XS Old Crustacean, Sierra Nevada Bigfoot Barleywine Style Ale.

DENSIDADE: 1,080-1,120 (19,3-28,0 °P).
ÁLCOOL: 8,0%-12,0% por volume.
ATENUAÇÃO/CORPO: médio a encorpado.
COR: 10-19 SRM, âmbar claro a escuro.
AMARGOR: 50-100 IBU, alto.

American Brown Ale

Estilos ingleses clássicos possuem só um suspiro de amargor para compensar seu sabor de malte. As versões estadunidenses são mais assertivas, variando de um equilíbrio que pesa a mão um pouco mais até o bem lupulado. Elas são mais potentes e mais castanhas que suas primas inglesas; costumam ter um palato fortemente tostado e um pouco de doçura.

LOCALIZAÇÃO: cervejarias artesanais dos Estados Unidos.

AROMA: malte tostado e açúcar queimado (toffee), possivelmente um toque de lúpulo floral.

SABOR: bastante de malte caramelo; final delicado de lúpulo.

EQUILÍBRIO: malteado a um tanto lupulado, com o tostado como um elemento adicional de equilíbrio.

SAZONALIDADE: o ano todo.

HARMONIZE COM: uma ampla gama de comidas; frango, frutos do mar, hambúrgueres, culinária apimentada.

EXPERIMENTE ESTAS CERVEJAS: Bell's Best Brown Ale, Brooklyn Brown Ale, Lost Coast Downtown Brown Ale, Surly Bender.

DENSIDADE: 1,045-1,060 (11,2-14,7 °P).
ÁLCOOL: 4%-6% por volume.
ATENUAÇÃO/CORPO: médio a encorpado.
COR: 18-35 SRM, âmbar profundo a castanho.
AMARGOR: 20-30 IBU, médio.

Porter e Stout

A Porter foi a primeira cerveja do mundo a ser fabricada e exportada em escala industrial. É sabido que George Washington era seu fã e que, depois da Revolução Americana, ele regularmente comprava uma Porter engarrafada da cervejaria de Robert Hare, na vizinha Filadélfia, que era famosa por sua cerveja de alta qualidade. A Pensilvânia Oriental nunca perdeu completamente seu apreço pela Porter: a Yuengling ainda fabrica uma em Pottsville.

Para relembrar os detalhes da Porter e da Stout, confira as páginas 249-253. As versões estadunidenses costumam ser bem semelhantes a essas, apesar de muitas vezes usarem variedades norte-americanas de lúpulo e ocasionalmente saírem um pouco da caixinha com relação às regras do estilo.

American Wheat Ale

Esse estilo feito de forma artesanal tornou-se popular nos Estados Unidos primeiramente na costa norte do Pacífico. Essa interpretação estadunidense da cerveja de trigo é fermentada com a levedura Ale-padrão, sem o perfil de fermentação exótico dos estilos alemães. A maioria contém de 30% a 50% de trigo. As cervejas de trigo estadunidenses ganharam popularidade entre os consumidores jovens que procuravam algo realmente diferente, e trouxeram consigo muitas pessoas para o círculo das cervejas artesanais. O estilo ganhou vida nova como um estilo aromaticamente lupulado, tendência iniciada pela Gumballhead da Three Floyds.

ORIGEM: brewpubs dos Estados Unidos e cervejarias artesanais; originalmente uma cerveja para "iniciantes", mas transformada recentemente em uma bebida refrescante cheia de lúpulo para o verão.

LOCALIZAÇÃO: cervejarias artesanais dos Estados Unidos; versões britânicas também estão começando a dar as caras.

AROMA: frutado suave sem o cravo ou a banana das Weizens alemãs; variam de pouco a muito aroma de lúpulo.

SABOR: limpo, cremoso e refrescante; é mais lupulada que as Weizens alemãs.

EQUILÍBRIO: seco, com certa textura cremosa vinda do trigo; às vezes um leve traço de ácido e amargor suave a médio.

SAZONALIDADE: o ano todo, mas melhor no verão.

HARMONIZE COM: saladas, comidas leves como frango ou sushi; queijos simples.

EXPERIMENTE ESTAS CERVEJAS: Boulevard Unfiltered Wheat, Goose Island 312 Urban Wheat, Leinenkugel's Honey Weiss, Three Floyds Gumballhead Wheat Ale, Widmer Brothers Hefeweizen.

DENSIDADE: 1,040-1,055 (10-13,6 °P).
ÁLCOOL: 4,0%-5,5% por volume.
ATENUAÇÃO/CORPO: leve a médio.
COR: 3-6 SRM, palha a dourado.
AMARGOR: 15-30 IBU, baixo a médio.

Fruit Beer

"Cerveja de mulherzinha" é o nome que alguns nerds de cerveja dão a esse estilo. Você sabe como são: números pequenos, cor-de-rosa e fofinhos; uma base de cerveja de trigo sem sabor adornada por uma gota ou duas de essência de framboesa. Essas cervejas de fruta descomplicadas têm seus encantos em um dia quente de verão, e apesar de ainda ser possível encontrá-las – especialmente em brewpubs –, você também pode encontrar Fruit Beers que são um pouco mais evoluídas. Uma tendência do momento é misturar frutas com cervejas ácidas e láticas como a Berliner Weisse e a Gose, que é levemente salgada. As frutas também estão indo além dos sabores mais comuns de suco artificial, explorando opções como manga, goiaba, melão, laranja-vermelha e outras, às vezes incrementadas por um toque sutil de especiarias.

Há algumas cervejarias que estão conseguindo dar um toque frutado interessante em cervejas mais concentradas. A cervejaria New Glarus, de Wisconsin, fez bom uso das cerejas do condado de Door em uma bomba de frutas que eles batizaram de Wisconsin Belgian Red. Eles também produzem uma versão com framboesas. Não é por acaso que essas duas cervejas consistentemente ganham medalhas no Great American Beer Festival. Por outras partes, a Bell's Brewing há muito tempo produz uma Cherry Stout que dá conta do recado, e a Dogfish Head, de Delaware, oferece cervejas feitas de groselha, damasco e mirtilo.

ORIGEM: brew pubs dos Estados Unidos, começaram como cervejas divertidas de verão voltadas principalmente para mulheres.

LOCALIZAÇÃO: cervejarias artesanais dos Estados Unidos.

AROMA: notas marcantes de seja qual for a fruta que está sendo usada, mas em geral nada muito além disso.

SABOR: frutado delicado, como de framboesa, damasco, cereja, mirtilo, manga, maracujá, melão; sabores limpos e azedos com certa cremosidade se for feita com uma base de trigo ou Witbier.

EQUILÍBRIO: do fresco e seco ao adocicado, apesar de que certa quantidade de acidez geralmente é necessária para dar vida à fruta.

SAZONALIDADE: o ano todo.

HARMONIZE COM: saladas e comidas leves, sobremesas mais leves.

EXPERIMENTE ESTAS CERVEJAS: Harpoon UFO Raspberry Hefeweizen, Leinenkugel's Berry Weiss, Pyramid Apricot Ale, Saranac Pomegranate Wheat; também experimente a criação mais popular da estação nos brewpubs.

DENSIDADE: 1,040-1,055 (10-13 °P).
ÁLCOOL: 4,0%-5,5% por volume.
ATENUAÇÃO/CORPO: leve a médio.
COR: 3-12 SRM, palha a dourado, mas muitas vezes tingido pela cor da fruta.
AMARGOR: 15-25 IBU, baixo.

Shandies e Radlers

Elas serão discutidas como coquetéis no capítulo 14, mas algumas já são fabricadas e envasadas prontas para servir. Geralmente são feitas por cervejarias maiores que têm a habilidade de pasteurizar, o que evita que os adoçantes acrescentados à bebida fermentem dentro do recipiente. A estrela costuma ser uma fruta cítrica. O limão é um clássico, mas a grapefruit e a lima são populares, e sabores da moda também já foram testados. O teor alcoólico em geral é bem baixo, na faixa entre 2,5% e 4,2% por volume. Elas se tornaram muito populares como refrescos de verão.

Pumpkin Ale

ORIGEM: cervejarias artesanais dos Estados Unidos. As cervejas de abóbora começaram como um item sazonal de outono na temática da colheita, e podem ser muito divertidas, ajudando a demonstrar as raízes agrícolas da cerveja. O brewpub Elysian, de Seattle, promove um festival de Pumpkin Ale que conta com torneiras de mais de vinte estilos de abóbora, inclusive uma Barley Wine de abóbora e uma cerveja armazenada dentro de uma abóbora gigante, que é servida diretamente de dentro deste vegetal colossal.

LOCALIZAÇÃO: cervejarias artesanais dos Estados Unidos.

AROMA: uma condimentação agradável, talvez um pouco de malte.

SABOR: delicado de abóbora às vezes sobreposto por uma mistura tradicional de especiarias da torta de abóbora (canela, cravo, noz-moscada, etc.); quando sutil, fica melhor; um pouco de malte caramelo deixa a mistura mais interessante.

EQUILÍBRIO: geralmente adocicado.

Isso que é cerveja de abóbora!
O pessoal da Elysian Brewing, de Seattle, chegou à conclusão de que uma abóbora seria o barril perfeito para uma de suas Pumpkin Ales.

SAZONALIDADE: outono.

HARMONIZE COM: peru assado de Ação de Graças e gingerbread.

EXPERIMENTE ESTAS CERVEJAS: Buffalo Bill's Pumpkin Ale, New Holland Ichabod Ale, Weyerbacher Brewing Imperial Pumpkin Ale; confira também o Great Pumpkin Beer Festival [Grande Festival da Cerveja de Abóbora] da Elysian Brewing em Seattle, em outubro.

DENSIDADE: 1,047-1,056 (11,7-13,8 °P).
ÁLCOOL: 4,9%-5,5% por volume.
ATENUAÇÃO/CORPO: médio.
COR: 6-12 SRM, dourado a âmbar.
AMARGOR: 10-15 IBU, baixo.

O que vem por aí

Criar uma variedade sem fim continua a ser a missão dos destemidos cervejeiros artesanais, onde quer que estejam. Aqui estão algumas das ideias e tendências que os cervejeiros estão investigando atualmente.

Recriações históricas e fantasias

O passado sempre está presente na cervejaria. Seja voltando no tempo apenas algumas décadas, seja para os primórdios da cerveja, a história é uma fonte de ideias sempre à disposição do cervejeiro criativo. Muitas vezes, os detalhes cruciais das cervejas antigas já se perderam para sempre; consequentemente, a maioria das recriações é composta apenas de palpites bem embasados. Às vezes há algo de ciência real, como quando Fritz Maytag, da Anchor, colaborou com o sumerologista Solomon Katz para criar uma cerveja de edição limitada chamada Ninkasi, batizada com o nome da deusa suméria da cerveja.

Outros exemplos incluem uma gama de cervejas escocesas antigas, como uma cerveja picta feita com urze chamada Fraoch, e cervejas feitas com pinho e algas; uma Ale "Jacobita" pré-industrial feita com um pouco de coentro da Traquair House, também na Escócia; uma cerveja com pontas de abeto da Alaskan Brewing Co.; a novamente popular cerveja Kentucky Common em Louisville, em Kentucky; e uma versão italiana de uma cerveja do Egito Antigo chamada Nora, feita de kamut (um ancestral do trigo), da Le Baladin.

Juntamente da cerveja inspirada pelo rei Midas (confira página 13), essas cervejas ressuscitadas sempre são interessantes, já que trazem uma nova compreensão às antigas tradições impossíveis de se obter apenas pelos livros. E há uma boa chance de que elas também sejam deliciosas.

Single-Hop Ales

A ideia é pegar uma receita bastante simples, como a da American Pale Ale, e adicionar um único tipo de lúpulo, o que permitiria que o perfil dessa variante brilhasse. Essa é uma maneira excelente de aprender sobre o que torna um lúpulo único. Além de seu aspecto educacional, isso reforça o elo entre a cerveja e a terra e as estações, o que cria um nível alto de empolgação entre os consumidores. Uma empolgação semelhante em relação às cervejas Single-Hop está começando a se infiltrar entre os cervejeiros artesanais britânicos.

Fresh-Hop Ale

Outra técnica que está se tornando popular é a do chamado "wet hopping", ou seja, utilizar lúpulos frescos, que não foram desidratados, direto da planta. Muitas cervejarias da Califórnia estão colhendo os cones das plantas cultivadas em suas propriedades especificamente para esse propósito. Os cervejeiros que trabalham longe das plantações de lúpulo estão contratando entregadores para trazer o produto de um dia para o outro, muitas vezes com altos gastos. As cervejas que são produzidas dessa forma podem ter aromas frescos e verdes e uma certa vivacidade do produto recém-colhido. Os cervejeiros da Califórnia promovem o Wet Hop Beer Festival, em San Diego, sempre no mês de novembro. A Sierra Nevada está usando uma destilação a vapor para extrair os óleos do lúpulo fresco, para que sejam usados nesse tipo de cerveja ao longo de todo o ano.

LOCALIZAÇÃO: cervejarias dos Estados Unidos.

AROMA: depende muito da receita específica e especialmente da variedade de lúpulo; aromas condimentados, florais, de pinho, resinosos, herbais, de grapefruit, entre outros.

SABOR: varia de acordo com a base da cerveja, mas deveria sempre apresentar bastante amargor fresco.

EQUILÍBRIO: definitivamente mais para o amargo, mas deveria ser contraposto por um bom malte.

SAZONALIDADE: época de colheita.

HARMONIZE COM: comidas fortes como filé, carneiro, queijo azul.

EXPERIMENTE ESTAS CERVEJAS: Drake's Brewing Harvest Aroma Coma, Harpoon Glacier Harvest Wet Hop Ale, Sierra Nevada Harvest Ale (versões do hemisfério norte e sul), Two Brothers Heavy Handed IPA.

Novas Ales belgo-estadunidenses

Vários cervejeiros estão usando ideias e técnicas da cultura cervejeira da Bélgica para criar bebidas particularmente estadunidenses com uma certa magia belga. Alguns reverenciam o estilo original ao recriar clássicos como as cervejas trapistas, enquanto outros adotam uma abordagem mais descontraída. Isso envolve vários processos: acrescentar micro-organismos selvagens, como o *Brettanomyces*; envelhecer em barril; misturar e incorporar açúcar, frutas, especiarias; entre outros. Há até algumas parcerias com cervejarias da Bélgica, em que lotes dos dois lados do Atlântico são misturados e formam um elemento único. Os sabores dessas cervejas belgo-estadunidenses são tão variados e marcantes quanto a própria Bélgica.

EXPERIMENTE ESTAS CERVEJAS: Goose Island Matilda; Russian River Salvation, Perdition e outras; Lost Abbey Cuvee de Tomme e outras; especialidades sazonais da New Belgium Brewing.

Cervejas maturadas em barril

Dependendo de quem conta a história, o barril pode ter sido inventado pelos celtas da Idade do Bronze, pelos vikings ou por outras tribos igualmente cobertas por peles. Quando os romanos chegaram, os barris já eram utilizados em uma grande área do norte da Europa. Eles funcionaram de forma admirável em um mundo pré-industrial, mas a dificuldade para limpá-los e mantê-los fez com que fossem deixados de lado por volta de 1950. O aço inoxidável se adequa com perfeição à natureza limpíssima da Lager internacional, mas se você aprecia as profundezas suspeitas de uma cerveja realmente feita à mão, só vai obter aquela dimensão a mais por meio da madeira.

A madeira contém substâncias químicas que se dissolvem na cerveja com o passar do tempo, o que acrescenta sabores amadeirados, de carvalho e outros. As variações de temperatura fazem o líquido penetrar e sair da madeira, o que acelera esse processo. Ao longo dos meses, uma dessas substâncias, a lignina, transforma-se em vanilina, razão pela qual notas de baunilha muitas vezes são encontradas no uísque e em outros destilados envelhecidos em barril.

A madeira é porosa, o que significa que o conteúdo do barril fica exposto ao ar, criando o potencial para sabores oxidados, bons ou ruins. A porosidade oferece uma infinidade de pequenos esconderijos onde os micro-organismos conseguem se esconder, e isso pode ser usado a favor do cervejeiro. A Lambic e outras cervejas ácidas só acontecem porque os barris abrigam as leveduras selvagens e as bactérias responsáveis por esses estilos.

A indústria do bourbon usa os barris de carvalho de tosta alta, bastante caros, apenas uma vez para a bebida, então, depois de esvaziados, eles têm de ser descartados. A primeira vez que ouvi falar de uma cerveja maturada em barril de bourbon foi quando soube de um grupo de cervejeiros dos subúrbios de Chicago que produziram cinco lotes de dez galões de Imperial Stout para encher um barril de bourbon recém-descartado. Seis meses depois, eles se reuniram novamente para engarrafar essa cerveja. Pouco tempo depois, a Goose Island Beer Company começou a experimentar com esse estilo, uma das primeiras cervejarias comerciais a fazê-lo.

A maturação em barril não é a melhor maneira de lidar com a Pilsner; é melhor adotar essa técnica com cervejas fortes e escuras. A Imperial Stout é o clássico, e a Barley Wine também pode se beneficiar com ela. Uma Weizenbock superforte, uma Blonde Barley Wine ou uma Triple Bock também podem ganhar com um toque de sabor de barril de uísque.

LOCALIZAÇÃO: cervejarias artesanais dos Estados Unidos.

AROMA: malte e lúpulo adequado à cerveja-base, acrescentado de aroma de baunilha rico, coco queimado e talvez traços de aromas oxidados que lembram o xerez ou o vinho do Porto.

SABOR: o da cerveja-base mais o de baunilha, rico e redondo; coco, sabores caramelizados e talvez um toque de taninos amadeirados no final.

EQUILÍBRIO: geralmente mais para o doce.

SAZONALIDADE: melhor em climas mais frios.

HARMONIZE COM: sobremesas monumentais e ricas, queijo stilton.

EXPERIMENTE ESTAS CERVEJAS: Allagash Curieux, Firestone Walker Rufus, Goose Island Bourbon County Stout, Great Divide Oak Aged Yeti Imperial Stout, New Holland Dragon's Milk Ale.

Hipercervejas

A moda desse tipo de cerveja começou na costa leste dos Estados Unidos por volta de 1994, e ficou famosa ao ser defendida por Jim Koch, da Boston Beer Company; mas Sam Calagione, da Dogfish Head, já estava nessa onda desde o começo. Essas cervejas com superdensidade têm teor alcoólico de até 25%, e marcas como a Samuel Adams Utopias chegam a ser vendidas por até 200 dólares por garrafa. Mesmo com um preço como esse, os representantes das empresas afirmam que mal conseguem fechar as contas!

A levedura da cerveja muitas vezes costuma se dar mal em um teor alcoólico acima de 10%, então é necessário utilizar cepas tolerantes ao álcool. Depois da fermentação inicial, acrescenta-se açúcar pouco a pouco, e o teor alcoólico aumenta. Muitas vezes também é empregada a maturação em barris de madeira. Os sabores dessas cervejas estão mais próximos dos destilados e dos licores. A Utopias venceu numerosas disputas às cegas contra competidores como vinho do Porto e Calvados.

LOCALIZAÇÃO: cervejarias artesanais dos Estados Unidos e de outros países.

AROMA: maltado imenso, ao lado de um perfil de baunilha e coco proveniente do barril; muitos ésteres frutados, álcool.

SABOR: sabor colossal, adocicado, cremoso, frutas secas, especiarias, álcool; em exemplos escuros, caráter de malte torrado; o lúpulo costuma ser bastante reprimido.

EQUILÍBRIO: geralmente um pouco doce.

SAZONALIDADE: um golinho lento e contemplativo ao lado do fogo.

HARMONIZE COM: queijo stilton, avelãs; é uma sobremesa por si só.

EXPERIMENTE ESTAS CERVEJAS: Dogfish Head 120 Minute IPA, Dogfish Head World Wide Stout, Hair of the Dog Dave, Samuel Adams Utopias, Baladin Xyauyù.

DENSIDADE: 1,12+ (28+ °P).

ÁLCOOL: 14%-26% por volume.

ATENUAÇÃO/CORPO: médio a encorpado.

COR: 18-55 SRM, âmbar profundo a preto completamente opaco.

AMARGOR: 50-100+ IBU, médio a muito alto.

CAPÍTULO 14

UM GOLE ALÉM

Somente ler um livro não vai fazer de você um *expert* em cerveja. Isso porque ela existe no reino sensorial, e nenhuma quantidade de prosa é capaz de substituir o ato de estar face a face com a maior variedade de cervejas possível e de degustá-las, avaliá-las, contemplá-las – enfim, *experienciá-las*. É claro, você pode entrar nessa sozinho se quiser, mas, sério, essa missão é realizada de uma maneira melhor e mais agradável quando cumprida ao lado de outras pessoas. Cada um enxerga as coisas de maneira diferente. Nós trazemos nossas histórias pessoais à mesa, e o intercâmbio de pontos de vista leva a uma compreensão mais rica e mais completa da cerveja, além de formar uma comunidade mais forte. A meu ver, a cerveja e a comunidade são conceitos inseparáveis.

A alegria dos clubes de cerveja

Eu costumava me ater à velha máxima de Groucho Marx de me recusar a participar de qualquer clube que me aceitaria como membro. Mas isso acontecia antes de eu descobrir os clubes de cerveja e de cervejaria caseira, que são algumas das organizações mais acolhedoras da Terra.

Alguns de vocês podem já usufruir de seus benefícios: a camaradagem fácil entre um conjunto de colegas de bebida bem-dispostos; uma troca de informações a respeito da cerveja, da cervejaria e da vida como um todo; atividades organizadas e uma oportunidade de se realizar algo maior do que é possível alcançar sozinho. Para quem ainda não está convencido, eu vou insistir para que entre em contato com um clube existente ou, se for necessário, dê início ao seu próprio.

Charlie Papazian começou a dar aulas de cervejaria caseira no final da década de 1970, e isso levou à fundação de um clube local. Com sua visão destemida de um futuro mais brilhante e mais cervejeiro em mente, Charlie transformou seu clube na American Homebrewers Association, que eventualmente gerou a Association of Brewers, agora chamada Brewers Association. Essa organização representa os cervejeiros artesanais comerciais e os cervejeiros caseiros dos Estados Unidos. As grandes coisas começam pequenas.

A boa cerveja neste país depende da cultura vital e dinâmica que a apoia. Indivíduos que funcionam como uma comunidade maior criaram a cultura cervejeira excitante que hoje vivenciamos. Aquelas conexões interpessoais sustentarão e desenvolverão essa cultura no futuro.

As organizações existem em todos os níveis: local, nacional, internacional e até virtual. Vale a pena participar em todos eles. Nesse momento, a maioria dos grupos locais se dedica à produção caseira, mas grande parte dos cervejeiros artesanais sabe que os cervejeiros caseiros são seus apoiadores mais ardorosos e expressivos. Há muito o que podemos fazer juntos, e os benefícios alcançam a todos.

Muitos grupos de cervejeiros caseiros promovem eventos comerciais além de suas atividades ligadas à produção de cerveja. Os respeitados festivais em Madison, Wisconsin e Portland (Óregon) são organizados em grande parte por cervejeiros caseiros. De acordo com o tamanho e a experiência do clube, há uma gama de eventos em potencial, desde workshops de harmonização entre comida e cerveja até aulas sobre os diferentes estilos, jantares de degustação e festivais – que podem ser pequenos ou grandes, com eventos de vários dias, como o Spirit of Belgium, promovido a cada dois ou três anos pela BURP, um renomado clube de cervejeiros caseiros de Washington, D.C. Esses clubes são a chave para se começar a participar do Beer Judge Certification Program e são a melhor maneira de construir suas habilidades e seu vocabulário de degustação por meio da experiência como juiz de cervejas.[1]

Cada vez mais, as mulheres estão se tornando parte do panorama da cerveja, uma mudança bem-vinda em relação aos primeiros dias, em que só se via panças e barbas. Grupos de degustação como a Girls Pint Out promovem encontros e fazem excursões a destinos ligados à cerveja. A cervejeira Teri Fahrendorf fundou uma organização profissional chamada Pink Boots Society. A filiação está aberta a qualquer mulher "que obtém pelo menos parte de sua renda por meio da cerveja". O grupo organiza encontros por todo o país e oferece um programa de bolsas de estudo.

A seguir estão algumas das maiores organizações de produção de cerveja e de entusiastas da cerveja nos Estados Unidos.

The Brewers Association – BA (www.brewersassociation.org): essa associação de comércio da cerveja artesanal, editora e organização de cervejeiros caseiros formou-se em 2005 com a fusão da Association of Brewers e a Brewers Association of America. Ela representa os produtores pequenos e independentes de cerveja artesanal dos Estados Unidos. Grande parte de suas atividades tem como

1 Uma lista de clubes estadunidenses pode ser encontrada em www.homebrewersassociation.org. (N. A.)

objetivo promover e proteger as cervejarias artesanais, mas a BA também organiza o Great American Beer Festival, a imensa exposição anual de cervejas que acontece em Denver, geralmente por volta do fim de setembro. Em 2015, foram servidas 3.800 cervejas de 750 cervejarias para mais de 60 mil visitantes. Esta é uma organização profissional, e a filiação está aberta para cervejarias e outras pessoas no mercado da cerveja.

The American Homebrewers Association – AHA (www.homebrewers association.org):* essa organização faz parte da Brewers Association e é o clube nacional de cervejeiros caseiros dos Estados Unidos. Publica uma revista bimestral sobre cerveja e fabricação de cerveja (a *Zymurgy*), administra a National Homebrew Competition, a maior competição de cervejaria caseira que o mundo já viu; e organiza a National Homebrewers Conference, uma oportunidade anual para os cervejeiros caseiros de todos os lugares se reunirem e compartilharem seu conhecimento, entusiasmo, e, é claro, cervejas. A AHA também administra um fórum em expansão, um ambiente amistoso no qual os cervejeiros amadores se ajudam uns aos outros com perguntas sobre cerveja, brassagem, e recomendações de turismo de cerveja.

Support Your Local Brewery (www.craftbeer.com): esse programa da Brewers Association foi montado para criar um batalhão de voluntários dispostos a militar junto a seus governos locais quando o acesso à boa cerveja está sob ameaça. Conforme as legislaturas reagem às recentes decisões da Suprema Corte dos Estados Unidos com relação à distribuição, em muitos estados o jogo político tem o potencial de barrar nosso acesso a cervejas de qualidade. Os entusiastas da cerveja já ajudaram a revogar ou alterar projetos de lei que não faziam sentido, como o limite no teor alcoólico da cerveja na Carolina do Norte, e ajudaram a derrotar legislações que teriam impacto negativo sobre as pequenas cervejarias em Wisconsin, na Califórnia e em outros lugares. Nesses casos, a dedicação dos entusiastas da cerveja faz toda diferença. A filiação é gratuita e está aberta a todos.

Beer Judge Certification Program – BJCP (www.bjcp.org): formado em 1985, o BJCP é responsável pelos procedimentos e pela certificação de juízes em competições de cerveja caseira. Essa é uma organização sem fins lucrativos, administrada completamente por voluntários. Apesar de se dedicar primariamente à cerveja caseira, há muito material útil em seu site, como orientações de estudo para o teste de certificação de juiz, parâmetros de estilo detalhados e bem fundamentados, além de fichas de avaliação. Para se tornar um membro, um juiz em potencial deve pagar uma taxa única para fazer o teste, e então torna-se um membro vitalício e terá seu nível como avaliador e sua experiência acompanhada pela BJCP sem nenhum custo. Pode-se também acessar um grupo de discussão no website da BJCP. Essa organização está se tornando cada vez mais internacional, conforme as comunidades locais se desenvolvem e os materiais vão sendo traduzidos para outras línguas.

Cicerone Certification Program (www.cicerone.org): esse programa foi criado por Ray Daniels, um conhecedor da indústria, para se tornar o equivalente a um sommelier de vinho na indústria da cerveja, algo que já se fazia necessário há um bom tempo. O programa Cicerone funciona como uma autoridade de testes e de certificação para funcionários de estabelecimentos, consultores e outras pessoas do ramo da cerveja. Os participantes se submetem a um teste e demonstram sua experiência na indústria para tentar alcançar quatro níveis diferentes de certificação. A organização está expandindo seus programas para a Europa, a Ásia, a Austrália e a América Latina.

Fóruns sobre cerveja (www.beeradvocate.com e www.ratebeer.com): esses fóruns organizados em tópicos tornaram-se comunidades de tamanho razoável, e o BeerAdvocate deu origem também a uma revista. Os dois oferecem espaço de sobra para se trocar opiniões sobre os méritos relativos das cervejas mais amadas (ou mais desprezadas), apesar de que o RateBeer se dedica a isso com um pouco mais de foco.

* No Brasil, temos a ACervA Brasil – Federação Brasileira das ACervAs, que congrega as associações de cervejeiros artesanais estaduais: http://acervabrasil.com.br/. (N. E.)

Untappd (www.untappd.com): esse aplicativo de rede social funciona como uma ferramenta para as pessoas se conectarem e avaliarem cervejas e bares.

Movimento de comida artesanal: a cerveja faz parte de um movimento de comida artesanal mais amplo, então faz sentido acompanhá-lo nesse contexto. Em organizações como a Slow Food (www.slowfoodusa.org), você vai encontrar pessoas que já estão interessadas em comidas e bebidas de alta qualidade e produzidas localmente. Produtores e revendedores de comidas artesanais sempre buscam maneiras de colocar seus produtos na frente de clientes dispostos a adquiri-los e sabem que a boa cerveja tem o poder de atraí-los. Como você provavelmente já sabe, apreciar uma cerveja junto de comidas frescas, autênticas e deliciosas acrescenta uma dimensão maravilhosa à nossa bebida predileta.

Produza você mesmo

Se você tem instintos criativos e especialmente se gosta de cozinhar, é bem possível que vá gostar de fazer sua própria cerveja. Em sua forma mais básica, isso não é nem complicado nem caro, e os resultados podem ser profundamente recompensadores. Fazer cerveja em casa é a única maneira de realmente conhecer os bastidores da cerveja, o que, na minha opinião, oferece uma compreensão que não está disponível para quem não produz a bebida.

Hoje em dia, todo o material necessário para preparar uma boa cerveja está ao alcance das mãos. Há malte em todas as cores e sabores esperando para cair na sua receita. O lúpulo pode ser comprado em dúzias de variedades condimentadas,

Material de fabricação caseira. Produzir cerveja em casa é um *hobby* razoavelmente barato para quem está começando, e as recompensas são bebidas de primeira e um conhecimento muito maior da cerveja.

herbais, cítricas, resinosas e tropicais. A levedura, que já foi um dia o elo mais fraco da cadeia de produção da cerveja, está à venda em dúzias de cepas com pedigree e data de validade, para sua maior comodidade. Muitas das questões técnicas mais espinhosas já foram levadas ao chão. A informação flui por rios eletrônicos. Há clubes aos montes.

Começar não precisa ser algo difícil. Um kit de cervejaria na loja de materiais de cervejaria mais próxima vai custar de 100 a 300 dólares,* dependendo do nível de luxo que se deseja. Quem realmente se dedica a esse *hobby* acaba gastando muito mais dinheiro, mas esse costuma ser um processo gradual, em que se compra uma engenhoca de aço inoxidável de cada vez. Nesse estágio, o essencial já está ótimo.

Mas por que se dar o trabalho de fazer sua própria cerveja? Porque uma cerveja de qualidade depende totalmente do processo e das escolhas que foram feitas. Percorrer esse processo alinha seus sentidos aos vários elementos de sabor, aroma e textura que compõem uma cerveja.

E quando se começa a fabricar cerveja, entra-se na comunidade dos cervejeiros caseiros – uma sociedade surpreendentemente apaixonada, acolhedora e mística.

Quando se tem um lote de cerveja no currículo (literalmente), obtém-se algumas respostas e uma porção de outras perguntas. Leia, deguste, escute e cresça. Você será recompensado com uma cerveja das melhores e se sentirá incrivelmente realizado.

* No Brasil, um kit inicial vai de R$ 800,00 a R$ 1.600,00. (N. E.)

Objetos de colecionador

A cerveja conta com toda uma cultura material associada a ela, que é constituída por suas embalagens, materiais de divulgação, marcas, copos, prédios de cervejarias e muito mais. Para muitas pessoas, essa área de interesse é tão fascinante quanto os aspectos sensoriais da cerveja.

Reunir itens de colecionador ligados à cerveja é algo muito sedutor, mas também pode ser uma ferramenta valiosa para se entender as atitudes, os produtos e o papel da cerveja em qualquer período ou lugar. Esses objetos podem acrescentar outra camada de compreensão acerca da cerveja em si, por meio de palavras, imagens e métodos utilizados para divulgá-la. Apesar de não ser um desses colecionadores que têm uma garagem lotada com esse tipo de material, eu já aprendi muito só de acompanhar o fluxo desses objetos pelas trilhas do eBay. As imagens no website são gratuitas e frequentemente revelam pequenas informações sobre os estilos de cerveja que não seriam encontradas nos livros.

As pessoas colecionam tudo que se relaciona à cerveja, desde as tampinhas de garrafa aos caminhões de entrega. Em sua forma mais simples, colecionar objetos ligados à cerveja pode ser uma maneira agradável de registrar a própria jornada pelo mundo cervejeiro ao guardar porta-copos ou garrafas que lhe trazem boas recordações. Essas bugigangas tão baratinhas, se enquadradas ou exibidas do jeito certo, tornam-se atrações inspiradoras e bonitas para seu pub caseiro. Nos níveis mais altos, os colecionadores tornam-se *experts* sobre a história de uma cervejaria ou de uma região, e torram dezenas de milhares de dólares em itens que podem completar certas áreas de sua coleção. Os colecionadores também compartilham informações generosamente e podem fazer apresentações, guiar excursões por cervejarias extintas ou bares em funcionamento, ou ainda escrever artigos ou livros sobre seus assuntos preferidos. A maioria das regiões que produzem cerveja agora dispõe de um livro que descreve a história de sua indústria local, algo que pode valer o investimento quando se tem interesse pela história da cerveja em sua região.

Garrafas de cerveja com rótulos, c. 1910. Garrafas de cerveja antigas estão por todas as partes, mas exemplares com rótulos são muito mais difíceis de encontrar.

Os copos são algo particularmente divertido de colecionar, já que realmente é possível utilizá-los. Os preços vão de poucos centavos por copos *vintage* ou modernos até milhares de dólares por exemplares raros do século XVIII esculpidos com hastes retorcidas. Eu particularmente gosto de copos de vidro do século XIX feitos à mão, que podem ser encontrados sem gastar muito dinheiro, com uma frequência na medida certa para manter meu interesse. É divertido beber cerveja em copos de época. Enquanto se admira os encantos do copo, a mente vai longe imaginando quais histórias ele tem para contar.

A cerveja no papel

Livros antigos sobre cerveja e sua produção são obviamente valiosos para o estudante de cervejaria. Textos de época sobre brassagem podem ajudar a decifrar as biografias confusas das cervejas históricas. Há coleções que reúnem a sabedoria popular, livros com revisões históricas, sérias pesquisas arqueológicas e históricas, e uma variedade de livros publicados por cervejarias, geralmente feitos para comemorar algum marco. Apesar de serem mais raras, cópias de livros importantes volta e meia aparecem em lojas de livros usados, às vezes por preços bem razoáveis. As fontes mais confiáveis são redes de sebos on-line (como www.alibris.com e www.abebooks.com) que contam com catálogos do mundo inteiro.

Felizmente, muitos dos livros mais raros e valiosos sobre cerveja existem em versões reimpressas, e é cada vez mais comum que estejam disponíveis como downloads gratuitos. É muito fácil encontrar várias cópias do evocativo *Curiosities of Ale and Beer*, de 1889, já que ele teve uma edição barata impressa em 1965. Os sites beerbooks.com e beerinnprint.co.uk são outras duas boas fontes para procurar livros sobre cerveja que são difíceis de encontrar.

Pode-se também encontrar livros de receitas publicados por cervejarias, tipicamente nas décadas

de 1940 e 1950, concebidos para mostrar suas cervejas entre as caçarolas e outros pratos da época. Eu já me diverti muito colecionando fotos de pessoas anônimas bebendo cerveja em eras remotas, e elas acrescentam ainda outra dimensão ao nosso entendimento da relação que as pessoas tinham com a melhor bebida do mundo.

Coquetéis e outras bebidas com cerveja

Por que fazer coquetéis com cerveja? Antes de tudo, porque o sabor é ótimo. Além disso, eles expandem o alcance das possibilidades da cerveja e podem ser especialmente úteis nos lugares que dispõem de pouca variedade. Eles são divertidos e revigorantes, e despertam a criatividade de quem está no balcão, podendo ser feitos sob medida para o ambiente, para o momento e para o cliente. Os coquetéis com cerveja existem há séculos; eles aquecem, esfriam, refrescam e satisfazem, oferecendo diversão aos montes e uma variedade sem fim.

Coquetéis com destilados estão na moda hoje em dia por causa de sua criatividade, pela autenticidade caseira e pelas combinações fascinantes de sabores, mas tudo isso também pode ser conseguido com coquetéis de cerveja. Eles permitem que os bartenders sejam mais que pessoas que só puxam alavancas e se transformem em participantes ativos – ou até astros – com o tipo de atuação que realmente ilumina um ambiente.

**"Os dias são curtos,
o clima está frio,
contam-se histórias nas
fogueiras das tavernas.
Alguns pedem um copinho
quando acabaram de entrar
Outros já começam virando a caneca
e pedindo por mais."**

— *New England Almanac*, 1704

As primeiras cervejas talvez tenham sido uma espécie de coquetel. Indícios químicos extraídos da tumba do lendário rei Midas revelaram resquícios de cevada, uvas e mel na mesma tigela, uma mistura que o antropologista Patrick McGovern batizou de "birita neolítica". É provável que ela também continha infusões de ervas e especiarias. Desde muito cedo, já fazia parte da natureza humana tentar misturar as coisas e experimentar todas as possibilidades na busca por sabores interessantes – especialmente em nossas bebidas.

Coquetéis de cerveja podem ser simples combinações de duas cervejas ou mais, ou misturas com refrigerante ou limonada, criadas para fazer pouco além de matar a sede da pessoa. No extremo mais elaborado, eles podem incorporar destilados artesanais, bitters (licores amargos) e xaropes caseiros, e decorações surpreendentes.

Como ingrediente de coquetéis, a cerveja pode contribuir com vários aspectos. Seu gás pode deixar as coisas mais agitadas e tornar a bebida mais aromática, aumentando seu volume ao mesmo tempo em que a torna menos alcoólica. O amargor da cerveja pode rebater o gosto doce e melhorar o equilíbrio, assim como o fazem os bitters. Toda sua gama de cores é capaz de acrescentar apelos visuais ou estabelecer um estado de espírito. Cervejas especiais também podem acrescentar sabores frutados, de especiarias, envelhecidos em carvalho, entre outros.

Misturas com refrigerante, sucos [Radlers e Shandies] e espumantes

Essas bebidas são bem simples: nada mais que a cerveja fresca misturada com um refrigerante ou com suco de frutas. Shandy é um termo inglês para qualquer mistura de cerveja com um desses dois ingredientes, e na Alemanha a palavra *Biermischgetränke* indica a mesma ideia. O Shandy tradicionalmente era feito de limonada misturada com cerveja Bitter, mas agora também pode ser feito com Lager, em geral usando limonada gaseificada ou refrigerante de frutas cítricas. Os franceses o conhecem pelo nome *panaché*.

Diz a lenda que a Radler – que é a palavra alemã para "ciclista" – foi inventada em 1922 por uma taverna de Munique que ficava quase sem cerveja quando o clube de ciclismo vinha visitar. Ela sem dúvida atende a essa necessidade, mas essa mistura, geralmente feita meio a meio (metade cerveja, metade suco ou refrigerante de limão), provavelmente existia antes disso.

Há uma infinidade de variações de cerveja com suco ou refrigerante: Hefeweizen e suco de laranja compõem o *frühstuck Weisse*; Düsseldorfer Altbier e refrigerante de cola formam um "diesel", apesar de as bebidas similares com outras cervejas também serem conhecidas por esse nome e haver outras denominações em outros lugares da Europa (como *krefelder, colaweizen, brummbru, greifswalder, mazout, fir tree*); uma Shandygaff é uma mistura de cerveja e *ginger* beer do século XIX.

Esses clássicos não são expoentes culinários, mas cumprem bem seu papel de serem refrescantes. Não há razão para deixar de experimentar uma versão própria. Vários dos sucos e das cervejas listados entre os coquetéis na página 334 funcionam maravilhosamente bem em outras combinações. Eles são apenas algumas ideias para despertar sua imaginação.

A Berliner Weisse é servida hoje em dia com uma Himbeersaft de framboesa ou com o xarope verde-radioativo Waldmeister, feito de aspérula, apesar de que essa erva contém safrol, uma substância proibida, então outros substitutos foram criados. Há um século a Berliner Weisse era misturada com maior frequência com licores – ou o kümmel, feito de alcaravia, ou o kirsch, uma aguardente com sabor de cereja. As duas opções deixavam essa cerveja leve com um pouquinho mais de força.

Apesar de não serem exatamente Shandies, bebidas compostas de cerveja misturada com vinho ou cidra também são populares e fáceis de se fazer. Uma snakebite é feita com metade de Lager e metade de cidra. O black velvet (veludo negro) foi criado em 1861 durante o período de luto pela morte do príncipe Albert, da Inglaterra. É uma mistura de champanhe e Stout, com a champanhe flutuando sobre a cerveja, servida em uma taça de espumante.

Cervejas incrementadas chamadas de Chelada e Michelada são muito comuns em grande parte do México, apesar de a terminologia mudar de maneira bem confusa. Tradicionalmente, uma Chelada sempre contém Lager, limão e sal, às vezes com uma pimenta leve; a michelada também contém ingredientes como molho de pimenta, maggi (um molho vegetal rico em umami) e molho worcestershire, mas os termos variam bastante. Uma versão com suco de mariscos também é bem popular, e todas têm a fama de curar a ressaca. Sal saborizado com pimenta e limão, perfeito para deixar as coisas mais interessantes ou para crustar a borda dos copos, é vendido em supermercados; uma das marcas mais populares é a Tajín. Cheladas funcionam melhor com as Lagers mexicanas de corpo mais leve, então, se você estiver usando cervejas artesanais, certifique-se de que elas não são pesadas demais ou de sabor muito forte. A Witbier pode funcionar muito bem, mas obviamente não é tradicional. A seguir, estão algumas receitas de meu amigo de Monterrey, Champi Garza, junto de suas recomendações de cerveja.

Chelada

- **1** pitada de sal e mais um pouco para crustar a borda do copo
- **1** pitada de Tajín (opcional)
- **1 a 1½** lima-da-pérsia grande ou 2 a 3 limões (*limón agrio*) espremidos
- **1** cerveja de 355 ml (como a Dos Equis Dark Lager ou Victoria)
- Cubos de gelo

Cruste as bordas de um copo grande com sal ou Tajín. Esprema os limões dentro do copo. Acrescente o sal e o Tajín, se este for usado, e misture bem. Acrescente a cerveja e o gelo, misture e beba.

Michelada

- **1** pitada de sal e mais um pouco para crustar a borda do copo
- **1** pitada de Tajín (opcional)
- **1 a 1½** lima-da-pérsia grande ou 2 a 3 limões (*limón agrio*) espremidos
- **2** porções pequenas de molho Maggi
- **4** porções maiores de molho Worcestershire
- **1** porção pequena de Tabasco (ou mais)
- **1** cerveja de 355 ml (como a Dos Equis Dark Lager ou Victoria)
- Cubos de gelo

Cruste a borda de um copo grande com sal ou Tajín. Esprema os limões dentro do copo. Acrescente o molho Maggi, o molho Worcestershire, o Tabasco, o sal e o Tajín, se este for usado, e misture bem. Acrescente a cerveja e o gelo, misture e beba.

Ojo Rojo, Clamato con Cerveza (cerveja predileta: Indio)

- **1** pitada de sal e mais um pouco para crustar a borda do copo
- **1** pitada de Tajín (opcional)
- **1 a 1½** lima-da-pérsia grande ou 2 a 3 limões (*limón agrio*) espremidos
- **207 ml** de suco Clamato
- **2** porções pequenas ("sacudidas") de molho Maggi
- **4** porções maiores de molho Worcestershire
- **1** porção pequena de Tabasco (ou mais)
- **1** cerveja de 355 ml (como a XX Lager ou Victoria)
- Cubos de gelo
- **1** ramo de aipo
- **1** espeto de frutos do mar, como mariscos assados, camarões ou ostras cruas (opcional)

Cruste a borda de um copo grande com sal ou Tajín. Esprema os limões dentro do copo. Acrescente o suco Clamato, o molho Maggi, o molho Worcestershire, o Tabasco, o sal e o Tajín, se este for usado, e misture bem. Acrescente a cerveja e o gelo, e misture. Decore com um ramo de aipo e um espeto de frutos do mar, se preferir.

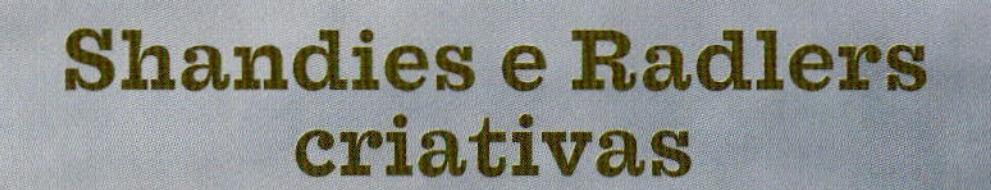

Suco de maracujá + Blonde Weizenbock

Graviola + Belgian Witbier

Néctar de manga + Saison

Suco de pera + Belgian Tripel

Refrigerante de tamarindo + IPA

Suco de cereja + Oatmeal Stout

Suco de romã + Red Rye Ale

Coquetéis de cerveja para o brunch

Essa refeição do começo do dia é uma ocasião excelente para tomar um tipo de cerveja mais leve e frutado, e as variações sobre esse tema não têm limites. Os sabores de certos tipos de cerveja e de algumas frutas somam-se de uma maneira maravilhosa, e, honestamente, é muito difícil que isso dê errado. Se você está fazendo isso em casa, eu recomendo que escolha uma dúzia dos itens listados no quadro a seguir e permita que todos os presentes experimentem misturá-los, inclusive as crianças (mas sem álcool, é claro). Na minha experiência, todas as cervejas de cor mais clara combinam-se bem com uma variedade de frutas, mas as cervejas mais escuras realmente parecem se dar bem melhor com frutas vermelhas.

Falando de brunch, um Bloody Mary pode ficar mais leve e mais alegre com a adição de cerveja. Uma Lager normal já serve, mas, com a exceção das Fruit Beers, a maioria das que estão presentes na lista de combinações de coquetéis (a seguir) funciona bem de diversas maneiras. Perceba que um pouco de suco de maracujá vai resgatar bem o sabor fresco e frutado que desaparece dos tomates quando eles são processados.

LISTA DE COMBINAÇÕES DE COQUETÉIS

Estes ingredientes são bastante amigáveis entre si. Basta escolher um elemento de cada uma das três primeiras colunas, misturar, acrescentar algum tipo de decoração e servir. Sério, é bem difícil dar errado.

Cerveja	Frutas	Extras	Decoração/borda
• Hefeweizen	• Suco de laranja	• Prosecco ou Cava	• Raspas de limão
• Berliner Weisse	• Limonada	• Cidra	• Casca de limão/ lima-da-pérsia
• Dunkelweizen	• Néctar de pêssego/ damasco	• Champanhe	• Fatia de fruta cítrica
• Witbier	• Suco de cereja	• Bebidas Ice (com limão)	• Pimenta-do-reino
• Belgian Blonde	• Néctar de manga	• Xarope de cereja	• Coentro moído
• Belgian Dubbel	• Suco de framboesa	• Grenadine	• Fatia de abacaxi
• Porter	• Suco de lichia	• Xarope de framboesa	• Uvas
• Oatmeal Stout	• Néctar de pera	• Suco de limão ou de lima-da-pérsia	• Erva-cidreira
• IPA	• Groselha	• Xarope de groselha	• Manjericão fresco
• Lambic de pêssego (Peche)	• Néctar de maracujá	• Moscatel	• Alecrim
• Lambic de framboesa (Framboise)	• Suco de abacaxi	• Brachetto d'Aqui	• Pimenta chili em pó
• Lambic de cereja (Kriek)	• Suco de uva branca	• Água tônica	• Jalapeño em rodela fina
• Belgian Sour Brown	• Suco de maçã	• Ginger ale	• Ramos de hortelã

Misturas de cervejas e outros drinques clássicos

Os habitantes da Londres do século XVIII pediam misturas de cerveja chamadas de "três fios" e "cinco fios", em que cada fio representava um dos tipos de cerveja que eram combinados na bebida final. Se a Porter realmente foi criada para simplificar o trabalho do bartender é uma questão em aberto, mas, de qualquer maneira, essa é uma tradição bem antiga e uma maneira excelente de criar variedade quando só se dispõe de um número limitado de cervejas. Agora há tanta possibilidade de escolha nos Estados Unidos que esse tipo de mistura é um tanto mais rara do que já foi um dia, mas misturar ainda pode ser útil e divertido.

Black and Tan: partes iguais de chope Stout Guinness e Pale Ale, com a Stout por cima.

Boilermaker (só no Reino Unido): partes iguais de Brown Ale engarrafada e Mild Ale em chope.

Dirty Ho: duas ou três partes de Belgian Witbier (a Hoegaarden é a mais clássica) com uma parte de Lindemans Framboise.

Foggy Night in the Sierras: duas partes Sierra Nevada Pale Ale com uma parte Anchor Old Foghorn Barleywine.

Chocolate Truffle: três partes de Imperial Stout ou Stout de chocolate com uma parte de Framboise Lambic.

Bebidas quentes com cerveja

O aquecimento central das residências nem sempre foi essa maravilha que é hoje, então as pessoas contavam com o poder de aquecer das bebidas feitas com Ale, destilados e condimentos para afastar o frio de seus ossos. A linha entre o líquido e o pão também não era tão nítida, e as pessoas tendiam a jogar comidas dentro de suas cervejas, como torrada, mingau de aveia, ovos, leite fresco, fruta, entre outras.

Ale-brue: algumas receitas sobrevivem desde a Renascença. Uma bebida espessa chamada "Ale-brue" ou "Ale-berry" consistia em Ale fervida com condimentos, açúcar e pedaços de pão, muitas vezes com um pouco de mingau de aveia. Existe uma cantiga que diz: "Deves fazer assim uma Ale-brue/Com aveia, açafrão e uma boa Ale". Esse tipo de bebida que mais parecia um mingau mais tarde passou a ser conhecida como "caudle" e era popular nas colônias da América do Norte.

Sack posset: esta receita vem do digníssimo Sir Walter Raleigh, um explorador, corsário, espião, escritor e poeta britânico. Ela se parece muito com o eggnog: "Ferva ¼ de galão de leite fresco com açúcar e noz-moscada *quantum sufficit*, acrescente ½ pint de sack [xerez doce] e a mesma quantidade de Ale, e ferva tudo". Raleigh sugere que se deixe tudo descansar em uma tigela de estanho coberta próxima ao fogo por umas duas horas. Eu estimaria que de ½ a uma xícara de açúcar e ⅛ de colher de chá de noz-moscada seriam *sufficit*.

Buttered ale: a Inglaterra do século XVII testemunhou a moda da "Buttered Ale" (Ale amanteigada), que era feita com Ale sem lúpulo (já quase extinta naquela época) misturada com açúcar e canela, aquecida e finalizada com uma colherada de manteiga. Samuel Pepys menciona essa bebida em seus famosos diários, como uma maneira de ganhar energia pela manhã.

COMO MONTAR UM COQUETEL DE CERVEJA

Apesar de alguns coquetéis de cerveja serem muito básicos e não exigirem muito raciocínio para serem preparados, receitas mais complexas requerem um pouco mais de planejamento.

Use o copo certo. Uma caldereta (shaker pint) pode ser usada sem problemas para uma Radler/Shandy, um Bloody Mary ou uma Chelada, mas coquetéis feitos com destilados exigem copos menores - geralmente de 300 ml a 350 ml. Copos baixos servem para tudo, mas os mais altos destacam os drinques feitos com frutas cítricas ou drinques em camadas. Coquetéis de brunch geralmente ficam lindos em taças de champanhe.

Fique de olho no teor alcoólico total. Um coquetel normal como o manhattan ou o martíni tem por volta de 74 ml a 89 ml de destilados, mas alguns drinques usam menos de 30 ml. Em coquetéis com cerveja, provavelmente faz sentido usar de 30 ml a 60 ml de destilados, para manter as coisas sob controle.

Equilibre o doce, o ácido e o amargo. Os coquetéis geralmente equilibram os gostos doce e ácido e muitas vezes também o amargo. Fazer isso corretamente é a fundação de toda a complexidade aromática que você pode querer acrescentar depois. A cerveja certa pode contribuir com qualquer um desses, e também com uma gama de aromas. Se você está fazendo um coquetel de frutas, lembre-se: as frutas precisam de acidez para se sobressair.

Sobreponha os aromas com cuidado. Você quer criar um efeito geral, o que significa ter uma nota de sabor predominante. Outros sabores harmônicos podem ser misturados para acrescentar profundidade. Notas de baunilha provenientes de destilados envelhecidos em carvalho podem amarrar os sabores e acrescentar suntuosidade. Notas apimentadas podem tornar os sabores mais nítidos. Conforme se acrescentam camadas, considere a hierarquia: o que vale mais e o que vale menos?

Deixe a cerveja brilhar; não a afogue. Considere a intensidade da cerveja quando for decidir quanto vai colocar, já que você não quer que ela se perca. O malte traz sabores de caramelo, frutas secas, tostado e torrado que atuam em conjunto com sabores doces, de carvalho e de especiarias. Os lúpulos possuem uma gama de aromas herbais, cítricos e de pinho que se misturam bem com sabores de frutas e gim/zimbro, ao mesmo tempo que rebatem o doce.

Preste atenção na textura. Essa é uma parte grande do que a cerveja traz ao coquetel. As bolhas e o formigamento do gás quase sempre são bem-vindos, e o trigo, o centeio e a aveia acrescentam uma sensação cremosa agradável ao coquetel.

Copie sem medo. Essa é uma tradição de longa data no mundo das artes. Há várias receitas de coquetel por aí que podem ser facilmente adaptadas para funcionar quando a cerveja é o elemento central. Dependendo do perfil da cerveja, você pode considerá-la uma substituta ou um fator que aumenta o poder de bitters, sucos de fruta, refrigerantes ou até alguns dos destilados em si.

As decorações definem o espírito da coisa. Além de servir como um elemento visual, uma decoração bem escolhida é capaz de acrescentar uma nota aromática final de maneira divertida e festiva. Misturas criativas para incrustar a borda do copo podem incluir ingredientes que vão do coentro ao sal marinho defumado, até o verme de Oaxaca, sal com chili ou pimenta-da-tasmânia macerada. Não se esqueça de que também há ingredientes específicos da cerveja: malte cristal moído e peneirado (eu prefiro trigo cristalizado, que não tem casca) ou até malte Black podem ser usados em misturas para adornar os copos, assim como pellets de lúpulo triturados, que também podem ser utilizados para transferir seu aroma para o sal. Se você puder obtê-los durante a época de colheita, cones frescos de lúpulo são lindos, aromáticos, e lembretes comoventes de como a estação é breve.

Divirta-se! Não se esqueça de que estamos trabalhando com felicidade. Anote tudo direitinho para poder fazer isso tudo de novo.

Flip: essa famosa bebida de cerveja quente também é conhecida como *yard of flannel* ("uma jarda de flanela"), uma referência ao fluxo de líquido macio que se forma conforme a bebida cremosa é jogada de um recipiente para outro para criar espuma. A flip durou bastante na Inglaterra, nas colônias da América do Norte e em outros lugares, e era muito apreciada por suas características únicas – uma das quais provavelmente era o fato de ter que enfiar um ferro em brasa dentro dela.

Para fazer flip em casa, coloque dentro de uma panela média ¼ de galão (946 ml) de uma Ale forte, pouco mais de 50 ml de um bom rum envelhecido, 4 colheres de chá de açúcar mascavo, um pedaço pequeno de canela, dois ou três cravos e um pouco de raspas de limão. Aqueça até quase ferver, mas não deixe levantar fervura. Depois que o açúcar se dissolver, desligue o fogo e remova a canela e os outros ingredientes sólidos. Bata 4 ovos em uma tigela pequena e gradualmente adicione um pouco da mistura quente de Ale a eles, sem parar de mexer. Então, acrescente aos poucos essa mistura de ovos na panela e bata vigorosamente até ficar com espuma.

Em seguida vem o passo mais dramático – e, dizem, essencial – da receita da flip: a inserção de um ferro em brasa na bebida quente. Tradicionalmente se usa o atiçador da lareira, aquecido até ficar vermelho e brilhante. Isso faz com que a mistura ferva violentamente e crie um sabor defumado e caramelizado que é muito apreciado pelos fãs da flip. Nem preciso dizer que essa operação deveria ser feita fora de casa, e com todo os tipos de cuidados de segurança. É excelente para um espetáculo de final de ano. Decore-o com chantilly, se quiser, e um pouco de noz-moscada recém-ralada.

A flip está associada a um copo em particular. Ele é largo e afunilado, em geral decorado com desenhos em alto-relevo ou baixo-relevo, e varia de tamanho de 1 pint (473 ml) a uma vasilha de quase 3 litros ou mais. Esses recipientes passavam de mão em mão durante as festas e provavelmente serviam como um teste de coordenação motora e de força – e, quem sabe, até de sobriedade. Eu possuo um copo desses feito por volta de 1800 e decorado com palmeiras estilizadas, e ele chega a pesar uns 5 quilos quando cheio.

Caramelizando a flip.
Um ferro em brasa é usado para caramelizar esse drink feito com cerveja, açúcar e ovos.

Crambambull (beernog): da flip para o eggnog é um pulinho, e, quando se usa Ale, o resultado se chama crambambull. Em uma festa de final de ano no ano passado, nosso anfitrião preparou uma receita de eggnog caseiro sem álcool, pensando que os convidados seriam capazes de apreciá-lo como estava ou então batizá-lo com bourbon ou rum, se quisessem. Como o anfitrião também dispunha de uma coleção de cervejas bem gostosas, eu aproveitei a oportunidade para reconstituir a história e usar Ale para batizar o eggnog. As pessoas ao redor ficaram chocadas, mas depois de alguns goles apreensivos, o nog com cerveja virou carne de vaca. A ideia de colocar cerveja em eggnog pode ser esquisita para nós hoje, mas uma Ale forte provavelmente era parte essencial de todas as bebidas como essa no passado.

George Washington teve a bondade de nos deixar uma receita de eggnog, bem mais apetitosa que sua famosa receita de cerveja leve (veja a página 27): "1 pint de brandy, ½ pint de uísque de centeio, ½ pint de rum da Jamaica, ¼ de pint de xerez, [número não especificado de] ovos, 12 colheres de sopa de açúcar, ¼ e ½ de galão de leite, ¼ de galão de creme de leite". Separam-se as gemas das claras e bate-se o açúcar com as gemas, e então se acrescenta o leite e o creme, e então bate-se tudo com as claras. Ele recomenda: "Deixe descansar em um lugar fresco por vários dias, experimentando com frequência". É, tenho certeza de que ele experimentava bastante.

Uma típica receita moderna de eggnog pede que se separem as claras e as gemas de 4 ovos; as gemas devem ser batidas com ½ xícara de açúcar até a mistura ficar uniforme, e daí juntam-se 1½ xícara de leite e 1 xícara de creme de leite. Pode-se adicionar um pouco de noz-moscada e às vezes de baunilha, e então as claras devem ser batidas para acrescentar à mistura. Muitas receitas recomendam que se bata o creme de leite antes de adicioná-lo, e eu concordo que isso realmente melhora a textura. Devo dizer que o eggnog vendido em caixas de leite está abaixo da linha da decência. Faça o seu fresco ou não se dê o trabalho.

A receita descrita aqui é uma base ideal para se fazer experimentos de beernog. Uma abordagem razoável é encher um terço de um copo de 355 ml com uma boa Ale; acrescentar 15 ml de bourbon, uísque ou rum escuro, e completar com o eggnog já preparado, deixando espaço para uma boa quantia de espuma em cima. Essa é uma bebida que realmente vai deixar você no espírito natalino.

Mas qual é o melhor tipo de cerveja para isso? Em nosso pequeno teste de degustação, achamos que a Anchor Christmas Ale deu certo, e acredito que outras Ales tipo Wassail também vão se dar muito bem. Barley wines, Imperial Stouts, Doppelbocks e Scotch Ales funcionam todas bem, e nós descobrimos que uma mistura doce como essa acabava sendo "bebível" até quando misturada com uma Pale Ale forte e lupulada, apesar de o nível de amargor não agradar a todos.

Você já parou para pensar que, na véspera de Natal, o Papai Noel pode estar cansado de tomar leite e comer biscoitos? Acho que, na verdade, ele iria gostar de uma boa beernog! Depois de beber uma, dificilmente ele não seria generoso com os presentes.

Atenção: essas receitas de eggnog exigem ovos crus. Isso é tradicional e em geral não faz mal, mas há alguns profissionais da saúde que desaprovam. Se você está em dúvida, procure ovos especialmente processados e feitos para serem consumidos crus nas lojas de produtos de saúde mais próximas.

Ponche: essa bebida é uma favorita dos mexicanos durante as festas de fim de ano, servida quente e tradicionalmente feita com cerveja – ou não. Ponche em espanhol e em português querem dizer a mesma coisa, mas a receita pode variar muito. Coloque três garrafas de 355 ml de uma Brown Ale forte ou uma Doppelbock em uma panela de três litros e aqueça lentamente. Acrescente 110 gramas de piloncillo (açúcar de cana não refinado do México), 180 ml de suco de maçã concentrado, 180 ml de purê de goiaba, alguns paus de canela, um bom punhado de uvas-passas, uma laranja inteira (fatiada) e alguns cravos. Aqueça até quase levantar fervura e mexa para dissolver o açúcar que estiver grudado na panela. Acrescente de 170 a 220 gramas de tejocote, uma fruta mexicana amarela que pode ser encontrada para comprar congelada ou até fresca se você der sorte, no final de ano. Quando estiver quase fervendo, tire do fogo e acrescente 120 ml de rum envelhecido ou um brandy – ou tequila añejo se estiver se sentindo ousado. Sirva com paus de canela ou fatias de laranja nas canecas.

Bishop: aqueça 4 xícaras de Ale e 1 colher de açúcar mascavo em uma panela. Pegue 2 laranjas e enfie 4 cravos em cada uma delas, e aqueça-as no forno a 120 °C por volta de 25 minutos até que fiquem bem macias. Corte cada laranja em quatro partes, remova as sementes e acrescente-as na mistura de cerveja. Tire do fogo e deixe descansar por 30 minutos. Reaqueça até chegar a uma temperatura quente o suficiente para servir, mas não deixe ferver. Sirva quente em uma caneca de cerâmica com um pedaço de laranja.

Buttered beer (cerveja amanteigada): comece com 950 ml de uma Brown Ale forte ou Scotch Ale em uma panela média. Acrescente uma colherinha ou duas de manteiga sem sal, ¼ de xícara de açúcar mascavo, uma pitada de gengibre em pó e uma de alcaçuz em pó (se você conseguir encontrar – procure em uma loja de produtos indianos). Aqueça até pouco antes de levantar fervura, mexendo gentilmente para dissolver o açúcar, e sirva em seguida.

Crab ale: a receita autêntica pede que se asse uma maçã silvestre até ficar bem quente, quase fervendo, para depois colocá-la dentro de uma tigela de sopa cheia de Ale, já adoçada com uma colher de sopa de açúcar. Finalize com uma torrada e decore com canela e noz-moscada moída.

Lambswool ("lã de carneiro") de maçã silvestre (wassail): aqueça 950 ml de Ale com 470 ml de xerez e uma boa pitada de noz-moscada ralada até quase chegar à fervura. Acrescente 1 colher de sopa de açúcar mascavo e ½ colher de chá de gengibre moído. Jogue em uma vasilha de ponche aquecida e coloque dentro dela 6 maçãs verdes pequenas recém-assadas (sem as sementes).

Clássicos com cerveja gelada

Duzentos anos atrás, a moda era haver uma profusão enorme de bebidas chamadas "copos de cerveja". Os detalhes da maioria delas já se perderam, mas ficaram nomes intrigantes como "Humpty Dumpty", "clamber-down" (algo como "ladeira abaixo"), "knock-me-down" (algo como "me derruba"), que oferecem algumas pistas sobre a natureza – ou pelo menos o efeito – dessas bebidas, e nos remetem a alguns nomes de coquetel levemente ousados de hoje. A seguir, estão algumas receitas antigas desse tipo para se considerar.

Ale Ponche: coloque 60 ml de açúcar mascavo e as raspas de 1 limão em uma vasilha de ponche. Esprema o suco do limão sobre o açúcar e retire as sementes e a polpa. Deixe descansar por 30 minutos, depois remova as raspas de limão. Acrescente 2 litros de Pale Ale ou Amber Ale, 240 ml de xerez e um punhado de cubos de gelo. Mexa até o açúcar se dissolver por completo e decore com fatias de limão.

Black velvet: criado originalmente durante o período de luto pelo príncipe Albert, marido da rainha Vitória, na Inglaterra, esse drinque consiste em partes iguais de champanhe gelado e Stout, colocados em uma taça alta de vidro.

Brown Betty: essa bebida foi batizada com o nome de uma mulher famosa pelos pães que fazia em Oxford, na Inglaterra. Misture 1 xícara de conhaque, 3 cravos inteiros, 950 ml de cerveja castanha ou âmbar e ½ xícara de açúcar mascavo; mexa gentilmente para dissolver o açúcar. Deixe gelar por 2 horas antes de servir.

Capillare: um refresco antigo e aromático, geralmente servido no verão. Misture 950 ml de Pale Ale ou IPA, 180 ml de vinho branco doce, 60 ml de brandy, o suco e as raspas de ½ limão, uma pitada de noz-moscada moída na hora e alguns raminhos de hortelã (a receita original pede para usar uma erva chamada borragem). Jogue a mistura em 475 ml de xarope simples quente (1 xícara de açúcar dissolvida em 1 litro de água fervente) com 30 ml de água de flor de laranjeira (se você quiser ser realmente autêntico, a água da flor de laranjeira deve ser derramada sobre as folhas de uma samambaia). Acrescente 180 ml de curaçao de laranja e sirva com gelo dentro de uma jarra grande.

Shots com cerveja

Os coquetéis com cerveja mais simples de todos são aqueles em que simplesmente se mistura um shot de algo com um shot de cerveja. As proporções entre destilado e cerveja costumam variar de 1 para 4 até 1 para 8. Esses drinques são bem básicos e em geral são usados para calibrar rapidinho quem está bebendo. Um "levanta-defunto" clássico das cervejarias é o scotchie, um shot de uísque escocês misturado em um copo do primeiro mosto ainda quente de um lote de cerveja.

Boilermaker/Depth Charge: cerveja com 1 shot de uísque, em que literalmente se joga o copo de vidro do shot, cheio, dentro do copo de cerveja.

Irish Car Bomb: nome politicamente incorreto (pelo menos no Reino Unido) para o drinque em que ½ shot de uísque irlandês e ½ shot de licor cremoso irlandês são misturados em 1 copo de shot, e daí se joga a mistura, com copo e tudo, dentro de um copo de Stout. A receita original também tinha Kahlúa. Beba rápido; o licor de creme vai talhar quando for misturado com a cerveja.

Caribbean Night: Stout importada com 1 shot de licor de café, misturados.

Liverpool Kiss (Black & Black): Stout com 1 shot de creme de cassis, misturados.

Teacher's Creature: adicione 1 shot de uísque escocês e 1 shot de Drambuie em 470 ml de Scottish Ale e misture.

Coquetéis modernos com cerveja

Apesar de todo o mundo de encantos e maravilhas que as grandes cervejas artesanais trazem à Terra, os coquetéis também estão na moda hoje em dia, provavelmente porque oferecem uma variedade ilimitada e uma oportunidade para os bartenders exibirem sua criatividade e servirem os drinques de acordo com o ambiente. Não há razão nenhuma para deixar a cerveja fora dessa. Ela é um ingrediente útil para acrescentar sabores ricos e equilibrados e também um pouco de gás, e transforma um drinque pequeno em um drinque grande sem aumentar ensandecidamente o teor alcoólico.

O procedimento mais comum é misturar um ou dois destilados, acrescentar elementos ácidos ou doces (ou os dois), algo como um bitter para um toque a mais de aroma, e então misturar a cerveja logo antes de decorar e servir. Qual tipo de cerveja? Bem, isso depende do que está sendo misturado, mas é improvável que exista alguma cerveja que não possa ser usada. Pare para pensar nos sabores que a cerveja pode trazer: caramelo, frutas secas e elementos torrados; amargor, um elemento importante em muitos coquetéis da velha guarda e da nova também; aromas florais, herbais e cítricos provenientes do lúpulo; notas frutadas e de especiarias derivadas da fermentação; além do brilho da carbonatação, que ajuda a deixar o drinque mais leve e libera aroma. E, é claro, é possível encontrar cervejas especiais com notas de frutas, especiarias, acidez, café, chocolate, carvalho, entre outras.

O amargor da cerveja, que pode ser um grande empecilho quando ela é utilizada para cozinhar, na verdade é bem útil para fazer drinques. Ele equilibra a doçura dos xaropes ou licores e as notas de baunilha que surgem quando se usam destilados envelhecidos, o que dá uma certa estrutura amarga para o coquetel sobre a qual os outros elementos podem brincar.

A seguir, estão vários coquetéis com cerveja criativos feitos por restaurantes, bares, lounges e entusiastas da cerveja contemporâneos:

Hopping in the Rye: IPA, suco de uva, gim com infusão de lúpulo Cascade, limão-siciliano e mel caramelizado. (Do Library Bar, em Los Angeles)

Summer Shandy: Hefeweizen, Hum Botanical Spirit, suco de limão, suco de grapefruit e refrigerante de limão. (Do restaurante Terzo Piano, em Chicago)

Bitches Brew: mistura de mescal e bloody mary, completada com uns 100 ml de tecate. (Do gastro-pub The Breslin, em Nova York)

---

pH: vodca, xarope de lichia, suco de limão-siciliano, purê de framboesa, água de rosas e Framboise Lambic. (Do restaurante WD-50, em Nova York)

Perfect Storm: Lager, Gosling's Black Seal Rum, Domaine de Canton e gengibre. (Do restaurante The Gage, em Chicago)

Green Devil: Duvel, uma Ale belga forte e dourada, gim e absinto. (Do autor Stephen Beaumont, em Toronto)

Dutch Devil: Duvel, Bols Genever, Angostura bitters* e um cubo de açúcar, com um pedaço de gengibre cristalizado por cima. (De Jacob Grier, autor de *Cocktails on Tap*)

Trippel Dubbel: cerveja Saxo (uma Blonde Ale belga), xarope de tangerina ou cunquate, suco de limão, uísque de cevada e licor de laranja com ruibarbo Gran Classico. (Do restaurante Rogue 24, em Washington, D.C.)

Black & Yellow: Ale escura por cima, no fundo uma mistura de gim com infusão de cunquate, suco de yuzu, e licor de flor de sabugueiro St-Germain. (Do restaurante WD-50, em Nova York)

Robert Frost: Magic Hat Nº 9 (uma Ale estadunidense), suco de maçã, licor amaretto e suco de limão-siciliano. (Do bar Spare Room, em Los Angeles)

Orange Hop-sicle: 90 ml de IPA, 60 ml de cointreau (licor seco), 2 fios de Peychaud's Bitters e 15 ml de xarope simples. (Do pub Donnelly Group, em Vancouver)

Cascadian Revolution: 90 ml de Cascadian Dark Ale, 15 ml de licor Grand Marnier, 1 colher de chá de Clear Creek Eau de Vie (um tipo de brandy) sabor Douglas fir, misturado com gelo e coado em um copo de martíni. Adicione uma gota de óleo de lúpulo por cima. (Do site www.NewSchoolBeer.com)

Vim and Vigor: Flemish Red Ale, Leopold Brothers Apple Whiskey e licor GranGala, servidos com um pau de canela e um ramo de tomilho. (Do bar Leopold, em Chicago)

Baverniess: 90 ml de Guinness, 30 ml de bourbon, 30 ml de licor Amaro Averna, 3 fios de Angostura bitters, 15 ml de maple syrup e um pouco de suco de laranja fresco, decorado com nozes trituradas na borda. (Do pub Donnelly Group, em Vancouver)

* Os chamados bitters para coquetéis são substâncias utilizadas para adicionar sabor e aroma e não costumam ser consumidas sozinhas. Angostura e Peychaud's Bitters são dois dos mais famosos. (N. E.)

O NOME É SEU

É muito útil dar um bom nome ao seu drinque, preferivelmente um que seja meio rebelde, ou que faça algum tipo de referência cultural irônica e obscura. Combine os elementos de cada coluna abaixo, para pegar o jeito:

Pinguim	Safado(a)
Caseiro(a)	Malvado(a)
Dona de casa	Gritante
Bispo/Freira	Fugido(a)
Mamilo	Relaxado(a)
Anjo/Capeta	Alienígena
Novinho(a)	Sem-vergonha
Caminhoneiro(a)	Sortudo(a)
Poodle	Desgarrado(a)
Elvis	Peludo(a)

Beggar's Banquet: cerveja, bourbon, suco de limão-siciliano e maple syrup. (Do gastro-pub The Breslin, em Nova York)

Chocolate martini: redução de Green Flash Double Stout, rum escuro, bitters de chocolate e Licor 43 espanhol com aroma de laranja e baunilha. (De Todd Thrasher, gerente do Eat Food Group, em Washington, D. C.)

Ursus Rodeo: 30 ml de Imperial Stout, 30 ml de uísque canadense, 15 ml de Drambuie, 7 ml de Grand Marnier, fios de bitters de laranja, servidos com uma tira de casca de laranja. (Do restaurante Acadia, em Portland)

Uma última palavra

Três ingredientes – grãos, água e lúpulo – são transformados pela levedura. A cerveja é tão simples que assusta, e, no entanto, a gama de sensações valiosas que ela pode oferecer é fascinante. Suas profundezas cor de âmbar contêm mais ideias, sensações e histórias do que podem ser contadas durante uma vida. Espero sinceramente que este livro tenha passado a você uma noção disso tudo, e posso lhe assegurar que há muito mais conteúdo por aí a esse respeito, que vai recompensar generosamente a sua atenção. Sua caminhada ao meu lado está terminando, mas a jornada continua.

Temos a sorte de viver em uma era em que tudo é possível no mundo da cerveja. Isso não aconteceu por acidente; custou os esforços, a imaginação e a teimosia pura e simples de cervejeiros, empreendedores e cultos amantes da cerveja para que se tornasse realidade. A cerveja, como qualquer outra arte, é uma experiência interativa. Uma grande cerveja depende de uma comunidade para se sustentar e lhe dar significado. Sem isso, ela se torna apenas outro produto industrial. A cerveja é tão boa quanto as pessoas que a buscam, a apoiam, a mantêm na linha, e, mais importante de tudo, apreciam os prazeres genuínos que ela tem para oferecer. Nunca deixe de lhe dar importância.

Este livro começou com uma cerveja, então talvez também devesse se encerrar com uma. Abra algo especial e o derrame em um copo dos mais queridos. Dê-lhe tempo para se assentar à perfeição. Aaaah, cerveja! Erga o copo, como inúmeros outros já fizeram antes, e brinde alguém especial. Faça uma pausa para sentir o aroma, e então beba com vontade. Grãos, água, lúpulo, levedura – e, no entanto, tantas coisas mais. Use sua cabeça, seu coração e sua alma, e você será capaz de sentir o gosto do mundo inteiro dentro dela.

Há quem se deleite com esforços épicos.
Outros convidam imagens pastorais
Conforme prevalecem os gostos ou caprichos;
Auxiliem-me, ó nove melodiosas musas,
Apoiem-me nesse grande projeto.
Cantar uma ode à Ale espumante.
Alguns sujeitos fazem barulho pela cidra,
E a cidra tem seus méritos, sem dúvida,
Na falta de bebidas melhores;
O vinho, que é mais rico, e melhor ainda (negue quem quiser)
Também deve dar lugar à Ale espumante.
Oh! Não importa se a ela dedico um abraço
Dentro de uma jarra humilde ou de um jarro castanho
Ou de um canecão que me saúda;
Contido em um barril ou em uma garrafa
Deixo o generoso destilado desabafar,
E ainda assim me regalo com Ale.
Soberana quando sua corredeira passa
Do recipiente puro ao copo alegre
Com encantos que a todos domina;
Aposto, então, cheio de certeza,
Que o néctar, bebida dos deuses pagãos,
Pouco valor tinha comparada à Ale.
Façamos um brinde, sirva-me outra mais:
Observe como ela brilha no copo:
Que deleite me dás!
Pode alguém provar dessa bebida divina,
E então compará-la ao rum, ao brandy, ao vinho,
E pensar que fazem jus à Ale espumante?

Ó poção abençoada! Ainda a teu lado
E ao de tua companheira, a Liberdade,
Seguem a saúde e a alegria;
Permita que coroemos a jarra e o copo,
E passemos nossos minutos dedicados ao esporte
De tragar com vontade a Ale espumante.
Até mesmo enquanto componho estes versos,
Os sinos do balcão me convidam
Para o lugar onde a alegria sempre está presente.
Adieu, musa minha! *Adieu*, eu parto com pressa
Para saciar meu desejo ardente
Com grandes porções de Ale.

— John Gay (1686-1732), "Ballad on Ale"

GLOSSÁRIO DE TERMOS SOBRE CERVEJA E SOBRE SUA FABRICAÇÃO

Observação: para informações específicas sobre os estilos de cerveja, procure os respectivos nomes no índice.

A

AAU: sigla de *alpha acid unit*, ou unidade de alfa-ácido, utilizada para medir o amargor em cervejas.

Acetaldeído: substância química presente na cerveja cujo aroma pode ser descrito como maçã verde, tinta látex, grama molhada, miolo de abóbora ou abacate. Geralmente indica que a maturação foi incompleta.

Acetato de etila: um éster comum na cerveja, com aroma frutado em pequenas quantidades, mas similar ao de solventes em altas concentrações.

Acético: termo utilizado para descrever o aroma de vinagre gerado pela *Acetobacteria*. Comum em cervejas ácidas maturadas em barril.

Ácido lático: ácido orgânico que é subproduto do *Lactobacillus*, responsável pelo gosto ácido da Berliner Weisse e de algumas Ales belgas.

Acróspira: o broto do grão de malte, que se desenvolve durante a malteação.

Adjunto: qualquer elemento fermentável que se acrescenta ao malte de cevada para a brassagem – especialmente arroz, milho, trigo cru não malteado, cevada torrada e açúcar.

Adsorção: processo físico que envolve a aderência de partículas umas às outras em níveis microscópicos. Importante durante o refinamento e outros processos.

Albume: termo antigo para uma classe de proteínas encontrada no malte. Grande parte delas se coagula ou se degenera durante a brassagem.

Alcalinidade: a capacidade da água de neutralizar ácidos fracos, expressa em ppm de carbonato de cálcio.

Álcool: um tipo de composto orgânico simples que contém um ou mais grupos de hidroxila (OH) por molécula. O etanol é o tipo encontrado nas bebidas fermentadas. Outros tipos também ocorrem na cerveja e em outros produtos fermentados, mas em quantidades muito menores.

Álcool etílico: *ver* etanol.

Álcool superior: são álcoois mais complexos encontrados em todas as bebidas fermentadas.

Aldeídos: grupo de substâncias químicas muito importantes para o sabor, encontrado na cerveja e em outros alimentos. Geralmente associado aos sabores da cerveja velha/envelhecida.

Ale: qualquer cerveja produzida com levedura de alta fermentação. Antigamente se referia a qualquer cerveja forte sem lúpulo.

Alfa-ácidos: complexo de substâncias que constituem o componente amargo do gosto de lúpulo.

Alt ou Altbier: tipo alemão de cerveja feito com levedura de alta fermentação. Inclui a Kölsch e é usado como o nome próprio da Düsseldorfer Alt.

Alta fermentação: tipo de fermentação da Ale. Em temperaturas mais altas, a levedura permanece na parte de cima da cerveja durante o processo de fermentação (por isso também é chamada de *top fermentation* em inglês).

Amanteigado: termo que descreve o sabor do diacetil em concentrações moderadas a altas.

Amido: carboidratos complexos, polímeros longos de açúcares que são convertidos em carboidratos simples durante a mosturação.

Amilase (alfa e beta): enzimas primárias de conversão dos amidos presentes na cevada e no malte. Ambas quebram as cadeias longas das moléculas de amido em carboidratos menores e fermentáveis.

Aminoácidos: substâncias químicas orgânicas complexas por meio das quais as proteínas são constituídas. Importantes para a nutrição das leveduras.

ANL (amino nitrogênio livre) ou FAN (*free amino nitrogen*): produto da quebra de proteínas no mosto. Aminoácidos e moléculas menores estão incluídos. Indica o potencial de nutrição da levedura.

Arriar o malte: processo de misturar o malte triturado com água para iniciar a operação de brassagem.

ASBC: sigla da American Society of Brewing Chemists (Sociedade Estadunidense de Químicos de Cerveja). Organização que define os padrões para a análise de cerveja na América do Norte.

Atenuação: refere-se ao grau de fermentação dos carboidratos em uma cerveja pronta.

Atividade diastásica: medida analítica do poder do malte ou de outros grãos de converter amidos em carboidrato na mosturação. É expressa em graus Lintner.

Autólise: autodigestão e desintegração das células de levedura. Esse processo pode gerar defeitos sensoriais de sabão se a cerveja não for retirada da presença das leveduras mortas depois da fermentação primária.

Balling: unidade europeia de medida da densidade específica baseada na porcentagem de açúcar puro no mosto. É expressa em graus. Esse sistema de medida ainda é utilizado na República Tcheca.

Barril: 1 Recipiente ovalado utilizado para servir cerveja. 2. Unidade-padrão da cervejaria comercial. Um barril comercial nos Estados Unidos equivale a 31 galões (117,3 litros); um barril britânico é igual a 43,2 galões norte-americanos (163,5 litros).

Batoque (bung): tampão de madeira para um barril de madeira.

Baumé: escala de densímetro usada para estimar o teor alcoólico ao subtrair-se o valor pós-fermentação do valor pré-fermentação.

Beta-glucanos: grupo de carboidratos pegajosos do malte. Alguns grãos e maltes têm altos níveis de beta-glucanos, o que causa problemas durante o escoamento e a fermentação.

***Brettanomyces*:** gênero de levedura às vezes utilizado na fabricação de cerveja, capaz de produzir aromas de estábulo (cavalo), abacaxi, entre outros.

Burtonizar: tratar a água para que sua composição fique próxima à água de poço da região de Burton-On-Trent, na Inglaterra, famosa por suas Pale Ales e IPAs.

Cálcio: íon mineral importante para a composição química da água cervejeira.

CAMRA: sigla da Campaign For Real Ale, movimento pela preservação da cerveja tradicional da Grã-Bretanha.

Carapils: nome comercial para um malte especialmente processado que costuma ser utilizado para dar mais corpo a cervejas claras. Similar ao malte cristal, mas não é tostado. Também chamado de dextrina.

Caráter de queijo: termo utilizado para descrever o sabor do ácido isovalérico, encontrado mais frequentemente em lúpulos velhos.

Carboidratos: a classe de substâncias químicas que inclui carboidratos e seus polímeros, como o amido e as dextrinas.

Carbonatação: efervescência resultante da dissolução do dióxido de carbono (CO_2) na cerveja.

Carbonatar: adicionar dióxido de carbono a uma cerveja.

Carbonato: íon alcalino da água mineral associado ao calcário.

Casca: invólucro externo da cevada e de outros grãos. Pode transferir um gosto amargo e desagradável para a cerveja se a lavagem (sparging) não for feita corretamente.

Cereal: termo genérico para um grupo de gramíneas cultivadas como grãos alimentícios.

Cerveja: termo amplo que descreve qualquer bebida fermentada e não destilada feita de malte de cevada ou de outros grãos de cereal. Originalmente se aplicava a produtos que continham lúpulo no lugar de outras ervas.

Cevada: grão de cereal pertencente ao gênero *Hordeum*. Quando malteado, torna-se o ingrediente primário da cerveja.

Cheiro de gambá: aroma fraco de borracha causado pela exposição excessiva da cerveja à luz. *Ver também*: lightstruck.

Chocolate (malte): malte tostado até ficar marrom-escuro.

Chope (cerveja na pressão ou Draft Beer): cerveja em barril, em oposição à cerveja engarrafada. Geralmente não é pasteurizada.

Cobre: apelido da tina de fervura, dado por causa do material que tradicionalmente era utilizado em sua construção.

Cold break: precipitação acelerada de proteínas que ocorre quando o mosto é resfriado rapidamente.

Coloide: estado da matéria resultante de partículas minúsculas suspensas em um líquido, aumentando sua viscosidade. A cerveja é um coloide, assim como a gelatina. Condição especialmente ligada ao corpo, à turbidez e à estabilidade da cerveja.

Cone: a parte da planta de lúpulo que é utilizada na produção de cerveja; o termo botânico correto para eles é "estróbilo", não flor.

Conversão: ocorre na mosturação. É a transformação de amido em açúcar.

Corpo: característica da cerveja, determinada em grande parte pela presença de complexos de proteínas coloidais e carboidratos não fermentados (dextrinas) na bebida pronta.

D

Decocção: técnica de mosturação da Europa continental que consiste em remover parte do mosto, fervê-la, e então retorná-la ao mosto principal para elevar sua temperatura.

Densidade específica: medida de densidade expressa com relação à densidade da água. Usada na produção de cerveja desde os tempos mais remotos.

Densidade original (ou OG): medida da força do mosto expressa como densidade específica; o peso do mosto com relação ao peso da água.

Densímetro: instrumento de vidro utilizado durante a produção para medir a densidade específica da cerveja e do mosto.

Dextrina: família de carboidratos que normalmente a levedura não consegue fermentar. Contribui para aumentar o corpo da cerveja.

Diacetil: substância química de sabor poderoso com o aroma de manteiga ou bala de caramelo.

Diastase: complexo de enzimas presente na cevada e no malte, responsável pela conversão de amido em carboidratos.

Dissacarídeos: açúcares formados pela união de dois carboidratos simples. A maltose é um exemplo.

DMS: dimetil sulfeto, uma poderosa substância de sabor com aroma de milho cozido às vezes encontrada na cerveja.

Dry hopping: método de colocar o lúpulo diretamente no tanque ou no barril no final da fermentação para aumentar o aroma de lúpulo sem deixar a cerveja mais amarga.

Duas fileiras: tipo mais comum de cevada para a fabricação de cerveja em qualquer lugar do mundo; tem um conteúdo proteico menor e um sabor mais refinado que a cevada de seis fileiras.

Dunkel: termo alemão para "escura" (em expressões como "cerveja escura"). Geralmente se refere ao estilo escuro Munich.

Dureza: termo que indica a presença de minerais na água, especialmente cálcio. Várias escalas são utilizadas.

E

Enchimento inferior: durante a preparação do mosto, a água é adicionada por baixo para fazer com que os grãos flutuem. Incentiva uma mistura mais rápida e completa.

Endosperma: núcleo cheio de amido de um grão de cereal que serve como reservatório de alimento para a planta jovem. É a fonte de material fermentável para a brassagem.

Entire: termo antigo que significa a combinação do primeiro escoamento, do intermediário e do último em um único lote de cerveja. Começou com as grandes cervejarias mecanizadas que fabricavam cerveja Porter em Londres durante o século XVIII e é uma prática-padrão atualmente.

Enzimas: proteínas que atuam como catalisadoras para reações essenciais na brassagem, como a conversão de amidos, a proteólise e o metabolismo das leveduras. São altamente dependentes de condições como temperatura, tempo e pH.

Enzimas proteolíticas: enzimas naturalmente presentes na cevada e no malte que têm o poder de quebrar as proteínas do mosto.

Equino, cobertor de cavalo: termos usados para descrever os aromas de estábulo gerados pela levedura *Brettanomyces*.

Escoamento/transferência: processo de drenar o mosto durante a lavagem.

Escurecimento/reação de Maillard: reação de escurecimento que ocorre entre os carboidratos e o material nitrogenado, também conhecida como escurecimento não enzimático. É responsável por grande parte da cor e do sabor de malte na cerveja.

Éster: classe extensa de compostos formada pela união de um ácido orgânico e um álcool, responsável pela maioria dos aromas frutados na cerveja, especialmente nas de alta fermentação.

Etanol: álcool (etílico) encontrado na cerveja; seu componente embriagador.

European Brewing Convention (EBC): convenção europeia de fabricação de cerveja. É a organização da Europa continental que define os padrões para a fabricação de cerveja. Geralmente encontrada como um termo associado à cor do malte: graus EBC (equivale aproximadamente ao dobro de graus Lovibond/SRM).

Export: termo comercial geralmente utilizado para designar produtos de alta densidade ou de qualidade superior.

Extrato: 1. Palavra alternativa para densidade. 2. Termo utilizado para se referir ao mosto concentrado em forma seca ou de xarope.

Extrato de malte: refere-se às preparações comerciais de mosto concentrado. Costuma estar à venda em forma de xarope ou em pó, em uma grande variedade de cores, com ou sem lúpulo.

F

Fenol: família química responsável pelos aromas defumados, de especiarias e outros na cerveja.

Fenólico: referente aos sabores e aromas do fenol.

Fermentação: processo bioquímico da levedura que envolve a metabolização de carboidratos e a liberação de dióxido de carbono, álcool e vários outros subprodutos.

Fermentação primária: estágio inicial de atividade acelerada da levedura quando a maltose e outros carboidratos simples são metabolizados; dura por volta de uma semana.

Fermentação secundária: fase lenta da atividade das leveduras em que os carboidratos complexos são metabolizados e sabores de "cerveja verde" são reabsorvidos; pode levar semanas ou meses.

Filtração: processo de filtração final antes do envase na cervejaria tradicional. Faz com que a cerveja fique absolutamente límpida.

Finings (clarificantes): agentes clarificantes que são adicionados após a fermentação para ajudar a remover a levedura e outras partículas sólidas da cerveja.

Firkin: barril britânico que contém 10,8 galões dos Estados Unidos ou 9 galões imperiais (40,9 litros).

G

Gelatina: utilizada na produção de cerveja como agente clarificante.

Gelatinização do amido: mudança de fase irreversível que resulta na liquefação do amido, tornando possível sua conversão enzimática em carboidratos.

Germinação: quando a cevada começa a brotar. É o passo mais importante da malteação.

Gipsita: sulfato de cálcio ($CaSO_4$), um íon da água mineral especialmente bem-vindo na produção de Pale Ales.

Glucose: xarope de milho ou dextrose. Um carboidrato simples que às vezes é utilizado na brassagem.

Grist: grão moído pronto para a brassagem.

Grits: milho ou arroz moído e sem gérmen utilizados na brassagem.

***Gruit*:** mistura medieval de ervas usada na cerveja.

***Gyle*:** termo inglês usado para designar um único lote de cerveja.

H

Headspace: espaço vazio no topo de um barril de madeira.

Heterocíclicos: moléculas de aroma em forma de anel responsáveis por todo o espectro de aromas maltados na cerveja. Produzidos pela reação de Maillard.

Hidrólise: a quebra de proteínas e carboidratos causada por enzimas.

Hop back (retentor de lúpulo): tanque de filtragem utilizado na cervejaria comercial para filtrar o lúpulo e os sedimentos do mosto fervente antes de este ser resfriado.

Hot break: coagulação rápida de proteínas e resinas auxiliada pelo lúpulo durante a fervura.

Humulona: uma das mais abundantes substâncias químicas que dão ao lúpulo seu aroma característico.

I

IBU (International Bitterness Unit): unidade internacional de amargor. A medida-padrão de amargor do lúpulo na cerveja, definida como ppm de iso-alfa-ácidos presentes na cerveja. *Ver*: a discussão de medidas internacionais de amargor nas páginas 112-114.

Infusão escalonada: técnica de mosturação que usa rampas (estágios) com temperaturas controladas.

Infusão simples: a mais simples das técnicas de mosturação, utilizada para fazer todos os tipos de English Ales e Stouts. Conta com uma única rampa de temperatura, em vez de uma série de rampas gradualmente mais quentes, que são comuns nos outros estilos de mosturação.

Íons: minerais presentes na água constituídos de meia molécula com carga elétrica.

***Isinglass*:** tipo de gelatina obtida da bexiga natatória de certos tipos de peixe (geralmente o esturjão), geralmente usado como agente clarificante nas Ales.

Iso-alfa-ácido: resinas amargas de lúpulo que são quimicamente transformadas pela fervura e estão presentes na cerveja. Também se refere ao extrato de lúpulo processado, às vezes utilizado para aumentar o amargor depois da fermentação.

Isomerização: transformação química que ocorre durante a fervura do mosto e que faz com que os alfa-ácidos do lúpulo se tornem mais amargos e solúveis no mosto.

K

Krausen: termo referente à espuma espessa da cerveja em fermentação e também à cerveja em si durante a fermentação.

Krausening: prática de acrescentar cerveja jovem, que está no auge da fermentação, na cerveja que está sendo maturada a fim de acelerar sua maturação.

L

***Lactobacillus*:** gênero grande de bactérias. Pode ser ou um organismo de deterioração ou pode ser adicionado de propósito em produtos como a Gose ou a Berliner Weisse.

Lactose: carboidrato do leite. As leveduras não conseguem fermentá-lo, o que faz com que seja utilizado como adoçante na Milk Stout.

Lager: cerveja feita com levedura de baixa fermentação e maturada a temperaturas próximas do ponto de congelamento.

Lavagem (*sparging*): processo de encharcar os grãos macerados com água quente para recuperar os carboidratos do mosto e dar início à malteação.

Levedura: classe extensa de fungos microscópicos, com várias espécies que são utilizadas na produção de cerveja.

Lightstruck (deterioração pela luz): defeito sensorial da cerveja que surge por causa de sua exposição à luz azul/ultravioleta. Até mesmo uma exposição breve à luz do sol pode provocar esse odor que lembra o cheiro de gambá. Muitas vezes acontece em cervejas envasadas em garrafas verdes que são vendidas em refrigeradores iluminados. Garrafas marrons são excelentes para evitar esse fenômeno.

Lovibond: medida de cor da cerveja (em graus), hoje substituída pelos métodos SRM e EBC, que são mais recentes. Ainda usada com frequência para se referir à cor dos grãos.

Lupulina: substância resinosa presente no lúpulo que contém todas as resinas e os óleos aromáticos.

Lúpulo: trepadeira da família *Cannabaceae*, cujos cones dão à cerveja seu amargor e aroma característicos.

M

Maceração: processo de encharcar o grão em água para dar início à malteação.

Malte: cevada ou algum outro grão que se deixou germinar e em seguida foi desidratado ou torrado.

Malte caramelizado: *ver* malte cristal.

Malte cristal: tipo de malte especialmente processado que é usado para dar cor caramelo e encorpar cervejas âmbar e escuras. Disponível em vários tons.

Maltose: carboidrato simples que é o material fermentável predominante no mosto.

Maltotetraose: tipo de molécula de carboidrato que consiste em quatro unidades de glicose interligadas.

Maltotriose: tipo de molécula de carboidrato que consiste em três unidades de glicose interligadas.

Maturação: o processo de maturação da cerveja, feito em garrafas ou em barris. Ao longo dessa fase, os carboidratos complexos fermentam-se lentamente, o dióxido de carbono se dissolve e a levedura se assenta.

Melanoidina: grupo de componentes coloridos complexos formados pelo aquecimento de carboidratos e amidos na presença de proteínas. Criado na brassagem durante a secagem de grãos e a fervura do mosto.

Moagem: termo usado para se referir à trituração e ao esmagamento de grãos.

Mosto: cerveja não fermentada, líquido carregado de açúcar obtido da mosturação.

Mosto primário: mosto rico em açúcar que é retirado logo no começo da clarificação. Antigamente era usado para fazer cerveja forte; hoje é misturado com o resto do lote.

Mosturação: procedimento culinário central da brassagem, durante o qual o amido é convertido em carboidratos. Várias reações enzimáticas ocorrem entre 43 °C e 74 °C.

Musgo-irlandês (irish moss): alga marinha usada durante a fervura do mosto para melhorar a interrupção quente. Também chamada de carragenina.

N

Nitrogênio: elemento usado como medida de níveis de proteína no malte e importante como nutriente para a levedura. Como gás (N_2) é utilizado para dar pressão às cervejas "nitro".

Oxidação: reação química que ocorre entre o oxigênio e vários componentes da cerveja, resultando em defeitos sensoriais de couro, mel e papelão.

Oxigênio: elemento importante para o metabolismo da levedura, especialmente no início, mas pode causar problemas para o armazenamento a longo prazo. *Ver também*: oxidação.

P

Parada proteica: durante a mosturação, é feito um descanso de 20 minutos ou mais a uma temperatura entre 49 °C e 52 °C para eliminar as proteínas que causam a turbidez a frio (chill haze).

Parti-gyle: prática antiquada de cervejaria em que o primeiro escoamento torna-se Ale forte, o segundo torna-se cerveja comum e os escoamentos finais e mais fracos tornam-se cervejas leves.

Pasteurização: processo de esterilização por meio do calor. Utilizado em quase todas as cervejas engarrafadas ou enlatadas do mercado de produção em massa.

Peptídeo: fragmento pequeno de proteína. Também é o elo que liga os aminoácidos entre si em cadeias proteicas.

Ph (potencial de hidrogênio): escala logarítmica utilizada para expressar o nível de acidez e alcalinidade em uma solução, de forma que 1 = nível máximo de acidez, 7 = neutro e 14 = nível máximo de alcalinidade. Cada valor dessa escala é dez vezes mais forte que o valor anterior.

Plato: escala europeia e estadunidense de gravidade que se baseia na porcentagem de açúcar puro no mosto. É uma versão mais recente e mais precisa da escala Balling.

Polifenol: tanino importante presente na cerveja que tem relação com a coagulação proteica e com a turbidez a frio.

Polissacarídeo: polímero de carboidratos simples. Inclui uma variedade de açúcares complexos que vão das dextrinas até os amidos.

Ppb: partes por bilhão; 1 micrograma por litro.

Ppm: partes por milhão; 1 miligrama por litro.

Precipitação: processo químico que envolve a separação de um material de uma solução.

Priming: processo de acrescentar açúcar na cerveja antes de engarrafá-la ou colocá-la em barris. Reinicia a fermentação e aumenta o nível de pressão com gás dióxido de carbono.

Proteína: molécula orgânica nitrogenada e complexa, importante para todos os seres vivos. Na cerveja, relaciona-se à atividade enzimática, à nutrição das leveduras, à retenção da espuma e à estabilidade coloidal. Durante a mosturação, a fervura e o resfriamento, pode se degradar e se precipitar.

Proteinase: enzima que quebra as proteínas em unidades menores e mais solúveis. É mais ativa à temperatura de 50 °C.

Proteólise: a degradação ou digestão de proteínas por enzimas que ocorre na mosturação por volta de 50 °C.

Quarto: medida inglesa equivalente a 152,4 kg de malte ou a 203,2 kg de cevada.

Racking (transferência): nome dado à transferência da cerveja de um recipiente para outro para evitar o surgimento de defeitos sensoriais que são produzidos pela autólise.

Rauchbier: cerveja Lager feita na Alemanha com maltes defumados.

Régie: escala de gravidade belga/francesa que ainda é aplicada a algumas cervejas belgas (por exemplo, 1,050 OG = 5,0 graus Régie).

***Reinheitsgebot*:** lei bávara de pureza da cerveja, promulgada em 1516.

Resfriador de mosto: trocador de calor utilizado para resfriar o mosto rapidamente da temperatura de quase fervura até a de armazenamento.

Sabor residual/retrogosto: sabor que continua a ser sentido depois que o líquido já deixou a boca.

Sacarificação: conversão de amido em carboidratos na mosturação por meio da atividade enzimática.

***Saccharomyces*:** nome científico do gênero da levedura de cerveja. A *Saccharomyces cerevesiae* é utilizada na alta fermentação (Ale), enquanto a *S. pastorianus* é utilizada na baixa fermentação (Lager).

Sal: 1. Refere-se aos minerais presentes na água que têm vários efeitos no processo de brassagem. 2. Cloreto de sódio.

Seis fileiras: tipo de cevada que geralmente é cultivado em climas quentes. Sua atividade diastásica alta o torna ideal para a mosturação com adjuntos, como o milho e o arroz, que não têm seu próprio poder de converter amidos.

Sensações na boca: características sensoriais da bebida, como o corpo e a carbonatação, que são captadas pelos nervos trigeminais.

Session Beer: tipo de cerveja mais leve em densidade e em teor alcóolico, feita para ser consumida sem exigir demais do apreciador quanto ao sabor nem quanto à intensidade. Em geral, tem menos de 4,5% de teor alcoólico. Exemplos incluem a British Bitter, a Witbier e as cervejas Lager estadunidenses de produção em massa.

Set mash: condição que às vezes ocorre durante a lavagem e dificulta o escoamento.

SRM (Standard Reference Method): método de referência--padrão que mede a cor da cerveja, expresso como dez vezes a densidade ótica (absorção) da cerveja e medido no comprimento de onda azul (430 nanômetros) com um espectrofotômetro. É quase igual à antiga série de cores Lovibond, medida com um conjunto de amostras de vidro especialmente coloridos.

Submodificado: termo utilizado para o malte que não teve tempo para germinar até um estágio avançado.

Taninos: polifenóis, materiais orgânicos complexos com um sabor adstringente característico, extraídos do lúpulo e das cascas de cevada.

Terpenos: substâncias químicas de sabor que formam o principal componente dos óleos do lúpulo.

Terra diatomácea (TD): esqueletos microscópicos de criaturas unicelulares compostos quase totalmente de sílica pura. É utilizada na filtragem da cerveja.

Tina de clarificação (Lauter): recipiente para fazer a lavagem.

Tina de fervura: recipiente para fervura, também conhecida como "cobre".

Tina de mosturação: recipiente em que acontece a mosturação.

Torrefação: processo de aquecimento acelerado do grão para que ele se expanda como pipoca. Tipicamente aplicado à cevada e ao trigo. Costuma ser usado em British Pale Ales.

Trissacarídeo: molécula de açúcar que consiste em três carboidratos simples interligados.

Trub: proteína coagulada e lodo de resina de lúpulo que se precipita do mosto durante a fervura e outra vez durante o resfriamento.

Turbidez a frio (chill haze): resíduo opaco da proteína que se precipita quando a cerveja é resfriada.

Turbidez por amido: opacidade da cerveja causada por partículas de amido suspensas na bebida. Geralmente é causada por uma temperatura de mosturação incorreta, o que provoca uma sacarificação incompleta; ou por temperaturas de enxágue acima de 82 °C, que podem dissolver o amido residual da mosturação.

Weiss: termo utilizado para Ales de trigo alemãs de estilo bávaro, também conhecido como *Süddeutsch*.

Weisse: palavra alemã que significa "branco"; utilizada com as cervejas de trigo azedas do estilo Berliner.

Weizen: palavra alemã para "trigo". Sinônimo de Weiss.

Whirlpool: dispositivo para separar o lúpulo e a borra do mosto depois da fervura. O mosto é mexido em movimento circular e a borra se acumula no centro do redemoinho. O mosto limpo é drenado pelas bordas.

Wind malt: tipo de malte muito claro que é secado ao sol ou pela exposição ao ar, sem passar por fornos. Era utilizado no passado para produzir Witbier.

Xarope de milho: dextrose, às vezes utilizado como ingrediente adjunto.

Zimurgia: ciência da fermentação, também usada como o nome da revista da American Homebrew Association (Associação Estadunidense de Cervejeiros Caseiros) – *Zymurgy*.

ANEXO

ATLAS DE SABORES DE CERVEJA E SUAS ORIGENS

Aromas frutados geralmente estão associados às leveduras e aos ésteres que elas produzem como subprodutos da fermentação. Sabores de frutas secas costumam estar associados aos maltes caramelizados, principalmente no meio do espectro de cores.

Categoria	Subcategoria	Aroma	Malte/adjuntos	Leveduras/condimentos	Fermentação	Envelhecimento/madeira	Selvagem/contaminado
FRUTADOS	Frutas secas	Uvas-passas douradas	●				
		Figo	●				
		Uvas-passas pretas	●				
		Ameixas secas	●				
		Cereja			◐		●
	Frutas silvestres	Morango			◐		
		Uva		●	◐		
		Cereja			◐		
		Framboesa		●	◐		
		Groselha)				○	
	Frutas com caroço	Maçã verde (acetaldeído)[1]			○		
		Maçã (madura; hexanoato de etila)		●	◐		
		Pera		●	◐		
		Damasco		●	◐		
		Pêssego		●			
		Melão					
	Frutas tropicais	Mamão papaya		●			
		Chiclete			◐		
		Banana (acetato de isoamila)			◐		
		Abacaxi (acetato de isoamila)		●			●
		Manga (butirato de etila)		●			
		Maracujá		●			
	Frutas cítricas	Grapefruit		●			
		Limão		●			
		Lima-da-pérsia		●			
		Laranja (doce)		●			
		Marmelada		●			
		Tangerina		●			

1 Perceba que esse é um termo descritivo comum para o acetaldeído, mas essa substância química se apresenta em muitas outras formas.

Aromas florais costumam estar associados ao lúpulo e a outros condimentos utilizados na cerveja.

Categoria	Subcategoria	Aroma	Malte/adjuntos	Leveduras/condimentos	Fermentação	Envelhecimento/madeira	Selvagem/contaminado
FLORAL	Perfumado	Rosa (geraniol)		◐			
		Flor de laranjeira		◐			
		Tuberosa (floral doce)		◐			
	Pungente	Gerânio (geraniol)		◐			
		Calêndula		◐			
	Herbal	Lavanda		◐			
		Jasmim		◐			
	Frutado	Camomila		◐			
		Flor de sabugueiro		◐			

Legenda: ● = atributo positivo na maioria ou em todos os casos; ◐ = pode ser positivo ou negativo, dependendo da intensidade e do contexto; ○ = atributo negativo em todos os casos ou na maioria deles.

(continua)

Aromas de especiarias e fenólicos têm uma gama extensa de origens e podem ser apropriados ou não, muitas vezes dependendo do estilo.

DE ESPECIARIAS/FENÓLICO		Malte/adjuntos	Leveduras/condimentos	Fermentação	Envelhecimento/madeira	Selvagem/contaminado
Acre	Fósforo queimado/sulfítico (dióxido de enxofre)[2]			🟠		
	Caráter de casca de malte	🟠				
	Tanino	🟠			◐	
	Defumado	◐				🟠
Apimentado	Pimenta-do-reino branca		◐	◐		
	Pimenta-do-reino preta		◐	◐		
	Grãos-do-paraíso		◐			
	Quente/*Capiscium*/apimentado			◐		
	Álcool quente			🟠		🟠
Anis	Alcaçuz	◐	◐		◐	
	Erva-doce		◐			
	Semente de anis (hexanoato de etila)[3]		◐	◐		
	Anis-estrelado		◐	◐		
Doce	Cravo		◐	◐	🟢	
	Pimenta-da-jamaica		◐	◐		
	Canela		◐	◐		
	Baunilha		◐			
	Gengibre		◐	◐		

2 Não é um sabor fenólico, mas se encaixa aqui em termos de afinidades de sabor.
3 Essa substância química também é conhecida por seu perfil de maçã madura.

Aromas vegetais e herbais podem apresentar uma gama extensa de origens, mas muitos desses termos são costumeiramente utilizados para descrever os aromas do lúpulo.

VEGETAL/HERBAL		Malte/adjuntos	Leveduras/condimentos	Fermentação	Envelhecimento/madeira	Selvagem/contaminado
Resinoso	Jacarandá/tropical				🟢	
	Carvalho				🟢	
	Pinho		🟢			
	Sálvia		🟢			
	Maconha		🟢			
Seco	Coentro (linalol, outros)	🟢				
	Palha/feno	◐	◐			
	Seco/cebola tostada		◐			
	Seco/alho tostado		◐			
	Tabaco					◐
	Tomilho	◐				
Fresco	Hortelã		◐			
	Orégano		◐			
	Gramíneo		◐			
	Aipo		◐			
	Coentro		◐			
	Endro/carvalho fresco			◐		
	Erva-cidreira		◐			
	Abóbora crua/Squash (acetaldeído)[4]			🟠		🟠
Amendoado	Nozes	◐				
	Coco				🟢	
Assado	Repolho					🟠
	Creme de milho (dimetil sulfeto/DMS)	🟠				🟠
	Molho shoyu				◐	

4 Repare que esse é um termo comum para se descrever o acetaldeído, mas a substância química se apresenta de várias maneiras diferentes. Veja a página 96.

Legenda: 🟢 = atributo positivo na maioria ou em todos os casos; ◐ = pode ser positivo ou negativo, dependendo da intensidade e do contexto; 🟠 = atributo negativo em todos os casos ou na maioria deles.

(continua)

Categoria	Subcategoria	Aroma	Malte/adjuntos	Leveduras/condimentos	Fermentação	Envelhecimento/madeira	Selvagem/contaminado
AÇÚCARES	Cru	Açucarado		±			
		Mosto		±			
		Turbinado, etc.		±			
		Melaço		±			
	Cozido	Caramelo claro		±			
		Caramelo médio		±			
		Bala de caramelo (toffee)		±			
		Caramelo escuro		±			
		Fruta caramelizada		±			
MALTE & REAÇÃO DE MAILLARD	Grãos	Grãos	±				
		Pão branco	±				
		Flocos de milho	±				
	Tostado (seco)	Biscoto salgado	±				
		Biscuit	±				
		Casca de pão	±				
		Pão tostado	±				
	Tostado (doce)	Cookie	±				
		Bolo	±				
		Cookie queimado	±				
	Caramelo	Caramelo	±				
		Bala de caramelo (toffee)	±				
	Queimado	Torrado	±				
		Cappuccino	±				
		Café	±				
		Chocolate	±				
		Espresso	±				
		Cinzeiro/fogueira	±				
COISAS VELHAS/PASSADAS	Papel	Jornal molhado (trans-2-nonenal)					–
		Papelão (trans-2-nonenal)					–
		Caneta esferográfica[5]		–			–
	Carne	Couro (isobutil quinolona)					–
		Molho shoyu (sabor umami)					–
		Ensopado					–
	Vinho	Xerez, Porto, madeira					±
		Vinho					±
		Solvente oxidado					–

A categoria dos açúcares abarca os aromas açucarados, e não a doçura na língua; apesar de que, para alguns degustadores, isso pode ser difícil de diferenciar.

Os aromas de malte derivam quase todos do escurecimento e da caramelização gerados pela reação de Maillard durante o processo de secagem. Como esses processos são comuns nas artes culinárias, o vocabulário tende a refletir o de comidas cozidas.

Aromas de coisas velhas ou passadas causados por oxidação que não se encaixam em outros lugares estão listados aqui. Alguns dos sabores oxidados podem ser encontrados nas categorias "Frutados" e "Terra/Animal".

5 Aroma difícil de categorizar, geralmente produzido por extrato de malte passado.

Legenda: + = atributo positivo na maioria ou em todos os casos; ± = pode ser positivo ou negativo, dependendo da intensidade e do contexto; – = atributo negativo em todos os casos ou na maioria deles.

(continua)

Minerais acrescentam sabores, aromas e sensações de boca. Há algumas poucas situações em que são adequados, mas em geral eles têm impacto negativo no sabor (especialmente os metais).

Categoria	Subcategoria	Aroma	Malte/adjuntos	Leveduras/condimentos	Fermentação	Envelhecimento/madeira	Selvagem/contaminado	Água
MINERAL	Metálico	Metálico (genérico)			●		●	
		Ferro					●	
		Cobre					●	
	Mineral[6]	Gipsita/gesso (sulfato de cálcio)						◐
		Giz (carbonato de cálcio)						◐
		Sal (cloreto de sódio)						◐

6 Todos são minerais dissolvidos em água.

Esta categoria inclui os **aromas ácidos**, não a acidez no palato, e quase sempre são resultado da fermentação e/ou de atividade bacteriana.

Categoria	Subcategoria	Aroma	Malte/adjuntos	Leveduras/condimentos	Fermentação	Envelhecimento/madeira	Selvagem/contaminado	Água
ÁCIDO	Suave	Lático/iogurte (ácido lático)	◐				◐	
		Vinho			◐	●	◐	
		Picante				●		
	Pungente	Cidra				●		
		Cítrico/incisivo					◐	
		Acético/picles/vinagre (ácido acético)					◐	

Aromas químicos geralmente são um indício indesejado de leveduras selvagens, de atividade bacteriana indevida ou de contaminação por produtos de limpeza feitos com cloro ou bromo.

Categoria	Subcategoria	Aroma	Malte/adjuntos	Leveduras/condimentos	Fermentação	Envelhecimento/madeira	Selvagem/contaminado	Água
QUÍMICO	Solvente	Solvente/esmalte de unha (acetato de etila)[7]			●		●	
		Petróleo			●			
		Tíner			●			
	Álcool	Álcool/etanol			●		●	
		Propanol[8]			●		●	
	Plástico	Estireno (fúsel)[9]			●		●	
		Plástico			●		●	
	Fenol	Band-Aid (clorofenol)[10]					●	
		Medicamento (clorofenol)[10]					●	
		Baquelite					●	
		Fogo elétrico					●	

7 O acetaldeído, em grandes quantidades, pode gerar um odor de solvente.
8 E outros fúseis.
9 Alguns fúseis podem ser percebidos como um aroma de plástico/fenólico.
10 Também bromofenol.

Legenda: ○ = atributo positivo na maioria ou em todos os casos; ◐ = pode ser positivo ou negativo, dependendo da intensidade e do contexto; ● = atributo negativo em todos os casos ou na maioria deles.

(continua)

Aromas animais e terrosos costumam ser sinais de que alguma coisa deu errado, geralmente uma fermentação selvagem ou contaminada. Odores de mofo comumente são gerados pela contaminação do malte, do lúpulo, da rolha, ou porque a cerveja está em local úmido.

			Malte/adjuntos	Leveduras/condimentos	Fermentação	Envelhecimento/madeira	Selvagem/contaminado	Exposição à luz
TERROSO/ANIMAL	Gordura	Manteiga (diacetil)[11]			●			
		Queijo (ácido isovalérico)		●			●	
		Manteiga rançosa, vômito (ácido butírico)					●	
		Óleo rançoso				●		
		Sabão				●		
	Animal/fétido	Bode (ácido caprílico)[12]					●	
		Estábulo/cavalo (4-etil fenol)					◐	
		Entérico/latrina					●	
		Lixo/mau hálito (mercaptano)				●	●	
		Ovo podre (sulfeto de hidrogênio)			●			
		Levedura fresca			●			
	Almiscarado	Mel/cera de abelha (etil fenilacetato)				●		
		Borracha/látex				●		
		Gato/urina de gato		●				
		Cheiro de gambá (lightstruck; metil mercaptano)[13]						●
	Mofado	Terroso (geosmina)					●	
		Rolha (tricloroanisol)					●	
		Mofado/bolorento (2-etil-fenchol)					●	

11 Dicetonas vicinais, incluindo 2,3-pentanodiona.
12 Também os ácidos caprílico, cáprico e caproico.
13 Especificamente danificado pela luz.

Legenda: ○ (verde) = atributo positivo na maioria ou em todos os casos; ◐ = pode ser positivo ou negativo, dependendo da intensidade e do contexto; ● (laranja) = atributo negativo em todos os casos ou na maioria deles.

OUTRAS LEITURAS SOBRE ESTILOS DE CERVEJA, SABORES, HISTÓRIA, ETC.

CORNELL, Martyn. **Beer**: The Story of the Pint. London: Headline Book Publishing, 2003.

CORNELL, Martyn. **Amber, Black and Gold**. Gloucestershire: The History Press, 2010.

HIERONYMOUS, Stan. **Brew Like a Monk**. Boulder: Brewers Publications, 2005.

HIERONYMOUS, Stan. **Brewing with Wheat**. Boulder: Brewers Publications, 2010.

HIERONYMOUS, Stan. **For the Love of Hops**. Boulder: Brewers Publications, 2012.

HENNESSEY, Jonathan; SMITH, Mike. **The Comic Book Story of Beer**. Berkeley: Ten Speed Press, 2015.

HERZ, Julia; CONLEY, Gwen. **Beer Pairing**: The Essential Guide from the Pairing Pros. Minneapolis: Voyageur Press, 2015.

HORNSEY, Ian. **A History of Beer and Brewing**. London: The Royal Society of Chemistry, 2004.

JACKSON, Michael. **Michael Jackson's Great Beer Guide**. New York: DK Publishing, 2000.

JACKSON, Michael. **Ultimate Beer**. New York: DK Publishing, 1998.

JACKSON, Michael. **Michael Jackson's Great Beers of Belgium**. 5. ed. Boulder: Brewers Publications, 2008.

MCQUAID, John. **Tasty**: The Art and Science of What We Eat. New York: Scribner, 2015.

MOSHER, Randy. **Radical Brewing**. Boulder: Brewers Publications, 2004.

OGLE, Maureen. **Ambitious Brew**. Orlando: Harcourt, 2006.

OLIVER, Garrett. **The Brewmaster's Table**. New York: HarperCollins, 2003.*

OLIVER, Garrett. **The Oxford Companion to Beer**. Oxford: Oxford University Press, 2009.

* Obra traduzida no Brasil: **A mesa do mestre cervejeiro**: descobrindo os prazeres das cervejas e das comidas verdadeiras. São Paulo: Editora Senac São Paulo, 2012.

ORGANIZAÇÕES E WEBSITES

The American Homebrewers Association
www.homebrewersassociation.org

BeerAdvocate
www.beeradvocate.com

Beer Judge Certification Program (BJCP)
www.bjcp.org

The Brewers Association
www.brewersassociation.org

Cicerone Certification Program
www.cicerone.org

Randy Mosher
http://randymosher.com

RateBeer
www.ratebeer.com

Slow Food USA
www.slowfoodusa.org

Untappd (app)
www.untappd.com

White Labs
www.whitelabs.com

Wyeast Lab
https://wyeastlab.com

CRÉDITOS ICONOGRÁFICOS

Fotos de estúdio por © **Kevin Kennefick**, i (copo), vii, 14 (topo), 24, 68, 100, 103, 115 (esquerda), 118, 173, 174 (centro à esquerda, direita), 176 centro, 181, 190 (todas com exceção do gengibre), 202, 205, 276, 294, 327; © **Lara Ferroni**, 135, 184, 193, 196, 197, 199, 207, 209; **Mars Vilaubi**, viii, 4, 5, 35, 38, 42, 43, 45, 48, 54, 57, 66, 105, 117, 137, 142, 146, 153, 164, 167, 176 (direita), 178, 190 (gengibre), 194 (copos de cerveja), 200, 201, 215, 218, 221, 240, 248, 291, 293, 308, 333, 334; © **Randy Mosher**, 31, 60, 115 (direita), 124, 126, 131, 156, 171 (todas menos as do canto superior esquerdo e direito), 174 (esquerda, centro à direita), 175, 176 (esquerda), 177, 236, 241, 242, 252, 257, 269, 272, 274, 277, 280, 302, 307, 320, 329, 330, 342

Fotos adicionais por Ackland Art Museum, The University of North Carolina at Chapel Hill/Art Resource, NY, 13; © Adam Henderson, 297; © akg-images/James Morris, 12; © MediscanAlamy Stock Photo, 88; © Andre Starostin/Alamy Stock Photo, 194 (brie azul); © Andrew Hasson/Alamy Stock Photo, 84; © Ashley Cooper pics/Alamy Stock Photo, 36; © BnF, Dist. RMN-Grand Palais/Art Resource, NY, 17; © bonzami emmanuelle/Alamy Stock Photo, 194 (Gorgonzola Dolce); © Chris Fredriksson/Alamy Stock Photo, 22; © danielvfung/iStockphoto.com, 14 (embaixo); © David Davies/Alamy Stock Photo, 237; © DEA/G. Dagli Orti/Getty Images, 25 (embaixo); © Erich Lessing/Art Resource, NY, 25 (acima); © Everett Collection, Inc./Alamy Stock Photo, 29; © Florilegius/Alamy Stock Photo, 82; © 2006 Getty Images, 262; © Hemis/Alamy Stock Photo, 283; © Heritage Images/Getty Images, 19; © James Benton/Getty Images, 30; © 2012 John Greim/Getty Images, 310; © JTB Media Creation, Inc./Alamy Stock Photo, 9; © 2016 Jupiterimages Corporation, 170 (centro à direita); © Keith Morris/Photofusion/Getty Images, 32; © Keller + Keller Photography, 337; © kpzfoto/Alamy Stock Photo, 20; © Marc Tielemans/Alamy Stock Photo, 21; © Martin Shields/Alamy Stock Photo, 110; © Mary Evans Picture Library/www.agefotostock.com, 15, 226, 228; Collection of the Massachusetts Historical Society, 27; © Massimo Lama/Alamy Stock Photo, 8; © Matthew Staver/Getty Images, 79; © Michael Olivers/Alamy Stock Photo, 165; © M&N/Alamy Stock Photo, 231; © Mondadori Portfolio/Getty Images, 3; © Museum of London, 170 (centro à esquerda, abaixo à direita); © National Geographic Creative/Alamy Stock Photo, 10; Cortesia do North Carolina Museum of Art, Raleigh, 170 (acima à direita); © North Wind Picture Archives/Alamy Stock Photo, 234; Cortesia do Penn Museum, imagem #152180, 170 (acima à esquerda); ©Picture Partners/Alamy Stock Photo, 194 (Point Reyes Blue); © Prismo Archivo/Alamy Stock Photo, 11, 232; Cortesia do Rijksmuseum Amsterdam, 171 (acima à direita); © Sean Gallup/Getty Images, 220; © SiliconValleyStock/Alamy Stock Photo, 33; © Stephen Dorey–Bygone Images/Alamy Stock Photo, 214; © Sue Wilson/Alamy Stock Photo, 194 (Stilton); © Tetra images/Alamy Stock Photo, 230; © Victoria and Albert Museum, Londres, 170 (abaixo à esquerda), 171 (acima à esquerda); William Hogarth/Wikimedia Commons, 233; Wolfgang Staudt/Wikimedia Commons, 16.

ÍNDICE REMISSIVO

Observação: números de página em *itálico* indicam fotografias ou ilustrações; números de página em **negrito** indicam tabelas ou gráficos.

A

B

C

D

E

F

G

H

I

J

K

L

M

U

W